高等院校市场营销专业系列教材

品 牌 营 销

秦仲篪　袁　超　李　萍　编著

清华大学出版社

北 京

内 容 简 介

　　本书在系统地介绍品牌营销概念和理论的基础上，注重品牌营销战略的实用性和可操作性，做到理论与实际并重，旨在使本书对读者和我国企业进行品牌营销、制定品牌营销策略时，起到积极的指导作用。本书共 12 章，系统阐述了品牌识别与品牌打造、品牌资产价值、品牌形象战略、品牌定位战略、品牌营销战略、品牌推广战略、品牌延伸战略、品牌文化战略、名牌战略、网络品牌营销战略和品牌保护战略等内容。

　　本书内容全面、结构新颖、重点突出，理论与实践紧密结合，既可作为市场营销、电子商务、工商管理、网络营销或其他相关专业的大学本专科、在职研究生的品牌营销教材，也可作为企业品牌营销管理者的培训用书或企业管理人员的参考书。

图书在版编目(CIP)数据

品牌营销/秦仲篪，袁超，李萍编著. --北京：清华大学出版社，2015（2021.9重印）
(高等院校市场营销专业系列教材)
ISBN 978-7-302-41463-6

Ⅰ. ①品… Ⅱ. ①秦… ②袁… ③李… Ⅲ. 品牌营销—高等学校—教材 Ⅳ. ①F713.50

中国版本图书馆 CIP 数据核字(2015)第 209393 号

责任编辑：陈冬梅　李春明
封面设计：杨玉兰
责任校对：周剑云
责任印制：丛怀宇

出版发行：清华大学出版社
　　　　　网　　　址：http://www.tup.com.cn, http://www.wqbook.com
　　　　　地　　　址：北京清华大学学研大厦 A 座　　　邮　　编：100084
　　　　　社 总 机：010-62770175　　　　　　　　　邮　　购：010-62786544
　　　　　投稿与读者服务：010-62776969, c-service@tup.tsinghua.edu.cn
　　　　　质量反馈：010-62772015, zhiliang@tup.tsinghua.edu.cn
　　　　　课件下载：http://www.tup.com.cn, 010-62791865

印 装 者：三河市龙大印装有限公司
经　　销：全国新华书店
开　　本：185mm×260mm　　印　张：21.75　　字　数：529 千字
版　　次：2015 年 12 月第 1 版　　　　　印　次：2021 年 9 月第 8 次印刷
定　　价：66.00 元

产品编号：056132-04

前　言

随着全球经济不断地完善与发展，品牌在企业中的地位与作用越来越重要。企业所塑造的产品品牌应该是该产品对应的消费者情感价值的具体体现，而品牌营销战略在企业的发展中，就是把企业的品牌深刻地印入消费者的心中。品牌营销战略可以增加企业的品牌优势，对自己的品牌进行正确的品牌定位，树立企业的品牌形象，充实企业的品牌文化等。

品牌营销战略对企业品牌树立产生巨大的促进作用，但在中国企业中却没有得到足够的重视，这与我国缺少品牌营销的理论知识和相关的人才有关，也与我国的经济体制有一定的关系。品牌营销战略要全面进入企业，必须加快经济体制改革，创造一个自由、开放的市场秩序；否则，品牌的重视程度难以达到经济发展的要求。

在这个品牌必须得到重视的时期，企业必须加强对自身品牌的建立，并且将企业的品牌进行正确的品牌定位，能够了解品牌对于企业发展的重要意义。为了促使企业从战略的高度认识品牌、认识品牌营销战略的重要性，也为了满足高校培养高素质人才的教学需要，本书将结合实际阐述品牌营销理论知识，培养学生的相关品牌理论知识，根据企业需求强化企业营销人员的综合素质。

本书分12个章节。第1章在全面介绍品牌与品牌作用基本内涵的基础上，引申出品牌名称的由来以及品牌标识的概念，并对比分析了国际知名品牌与国内品牌的区别，重点介绍了品牌价值及品牌的作用。第2章着重阐述了品牌识别与品牌打造，在介绍品牌识别的内容和模式的基础上，重点分析了品牌识别的动态管理及其误区，最后介绍了品牌传播对于打造成功品牌的具体内容。第3章着重阐述了品牌资产价值的基本概念和特征，在介绍品牌资产价值构成的基础上，重点分析了品牌资产价值的评估方法，最后介绍了适合中国市场环境的品牌价值管理体系。第4章主要从品牌形象的内涵及构成要素入手，通过介绍品牌形象的驱动力和驱动要素，引申出塑造品牌形象的原则，同时介绍了品牌个性的概念，重点分析了品牌个性的核心价值，最后介绍了品牌形象战略。第5章主要从品牌定位的理论及意义入手，通过介绍品牌定位的原则和品牌定位点的开发，引申出品牌定位的战略方案，同时介绍了品牌定位创新的动因，最后分析了品牌定位创新的注意点。第6章主要从品牌营销战略的含义及特征入手，通过介绍品牌营销战略的意义和构成，引申出品牌生命周期战略，同时介绍了统一品牌战略，重点分析了多品牌战略的管理，最后介绍了副品牌战略。第7章主要从品牌推广战略的含义及模式入手，对品牌的广告推广、营业推广和公关推广进行了介绍，最后分析了四个阶段的品牌推广策略。第8章主要从品牌延伸的概念与作用入手，通过介绍品牌延伸的准则与步骤，引申出品牌延伸战略的基本内容，最后分析了延伸战略的规律。第9章主要从品牌文化的含义及构成要素入手，通过介绍品牌文化的体现与价值效应，引申出品牌文化战略的价值模式及发展层次，重点对企业品牌与品牌文化进行了比较。第10章主要从名牌战略的含义及构成要素入手，通过介绍企业名牌战略的基本特征和企业创立名牌的核心战略，引申出实施名牌战略的问题，同时介绍了名牌的法律问题，重点分析了名牌的作用和构成要素，最后介绍了名牌战略的心理效应。第11章主要从网络品牌的含义及产生入手，通过介绍网络品牌营销战略的含义和网络品牌营销的核心，引申出网络品牌营销战略，同时介绍了网络品牌营销战略的方法，重点分析了网络品牌与传统品牌的对比，最后介绍了网络品牌的保护。第 12 章主要从品牌保护的内涵及原因入手，通过介绍品牌的自我保护策略和品牌的经营保护策略，引申出品牌的法律保护，同时介绍了品牌危机及其影响，重点分析了主品牌危机预警系统的建立，最后介绍了品牌危机公关。

综合上述内容，本书体现如下特点。

(1) 理论系统性强。在本书中力争对一些基本概念进行详细准确的定义，力图使读者对品牌营销战略的基本理论和方法有清晰的认识，能够全面地理解和掌握品牌营销战略的基本内容。

(2) 实用性强。按照正常、合理的教学顺序设计教材结构与内容，突出教学与管理实践相结合；同时也密切联系实际，更加贴近教学与教改的需要，更有利于学生了解品牌营销战略的相关知识。

(3) 内容精简。与多媒体教学手段相结合，以深入浅出的方式进行表述，增强教材的易读性，使学生便于理解。

(4) 理论联系实际。本书中有许多经典的案例与大家分享，通过案例的分析相信学生能够更好地理解品牌营销战略的知识，并运用到实际的案例分析中。

本书由长沙学院秦仲篪教授负责设计、策划、组织和定稿，由湖南大众传媒职业技术学院袁超老师和长沙学院戴恩勇老师负责统稿，田旖雯、高德华负责图片整理和数据的搜集工作，包头轻工职业技术学院的李萍老师参加了本书的编写工作。在本书写作过程中，我们查阅了大量国内外同行、专家的研究成果，在此一并向有关人士致以诚挚的谢意。此外，对本书在编写过程中参阅的大量教材、专著与期刊，我们已在参考文献中尽可能逐一列出，如有疏漏，敬请原作者见谅。

尽管我们做了大量的准备，尽心竭力地想使本书能最大限度地满足读者的需要，但是由于学术水平有限，肯定有诸多不足和偏颇之处，敬请各位专家、读者提出意见并能及时反馈，以便逐步完善。

本教材为湖南省哲学社会科学基金项目资助(项目编号：11YBA026)、湖南省普通高等学校教学改革研究立项项目(项目编号：2012-475)阶段性成果。

作　者

目　　录

第 1 章 品 牌 概 述

【学习目标】

- 熟悉品牌的发展历史及其定义。
- 掌握品牌的基本属性。
- 了解品牌的特征和功能。
- 掌握与品牌相关的几个概念。
- 掌握品牌名称和标识。
- 掌握品牌价值的含义、构成及其取决因素。
- 熟悉品牌的作用及建立。

1.1 品牌的概念及其基本属性

1.1.1 品牌的发展历史及概念

1. 品牌发展历史的回顾

在西方，品牌出现于 18 世纪末 19 世纪初欧洲工业革命以后，是资本主义发展的产物。资本主义的发展开创了工业化的新时期，产品增加，竞争加剧，生产经营者纷纷打出自己的品牌。品牌进一步商标化、法制化，成为销售商品、打击竞争对手、争夺市场的重要工具。许多经营者开始宣传自己的品牌，刺激消费者购买。1870 年，美国罗利拉公司(Rolila)就曾大肆宣传"熏鸡牌"口吸烟丝，并配有商标图案。这一时期，仿造与假冒别人品牌现象频繁出现，为了对品牌进行法律保护，各国纷纷出台了《商标法》。世界上最早的《商标法》是法国制定的《关于工厂制造场和作坊的法律》，但是该法律不是全国统一的法律。全国统一的法律形成于 1857 年，即 1857 年法国制定的《关于以使用原则和不审查原则为内容的制造标记和商标的法律》。随后，英国、德国、美国、日本分别制定了本国的《商标法》，这标志着商标法的产生以及成熟化。自此，品牌运作有了法律依据和保护，从而使品牌发展变得日益规范有序。

19 世纪末 20 世纪初，西方国家的生产力发生了实质性的变化，电力的出现使电动机器代替了人工操作和蒸汽机作业，高效率机器的普遍采用，使企业规模不断扩大，西方国家企业界掀起了合并热潮。企业规模的扩大，生产能力的提高，使卖方市场走向买方市场，商品竞争日趋白热化。尤其是社会财富日益富足，消费能力急剧增加，人们对产品质量的要求越来越高，对品牌的选择便成为一种精神与信心的需求。由此，品牌作为竞争手段的作用就被凸显出来。

科技革命的推动、企业规模的扩大以及市场竞争的压力使得大批世界品牌诞生于这一时期。1908年，亨利·福特(Harry Ford)推出了福特T型汽车；1913年，雪铁龙公司成立；1926年，戴姆勒(Daimler)-奔驰公司成立；1898年，乔治·伊士曼(George Eastman)发明了小巧简便的照相机，并定名为"柯达"相机；1901年，伊士曼公司(Eastman)正式改名为柯达公司；1916年，美国人威廉·波音(William Boeing)和韦斯特维尔特(Westervelt)创办了"太平洋航空公司"，1917年改名为波音公司；1895年，吉列剃须刀问世；1886年，可口可乐(Coca-Cola)诞生；1919年，烟草业巨子菲利普·莫里斯(Philip Morris)公司创立；1924年，万宝路(Marlboro)香烟问世。

第二次世界大战之后，随着生产力水平的不断提高，资本主义逐渐由自由竞争阶段向垄断阶段过渡。由于信息革命、社会大环境的巨变、电子计算机的出现等一系列带有裂变性的发展，市场竞争进入了一个全新的阶段。人们的消费开始出现高档次化、多样化的特点，产品也呈现出系列化和不断更新的趋势，市场竞争进入白热化，品牌问题越加得到重视。

进入20世纪80年代，西方国家，尤其是美国掀起了又一轮企业购并高潮。在此次购并高潮中，人们发现企业的购并价格与其净资产评估价值总是有较大差距，而且购并企业的主要目的是获取被购并企业产品的品牌。正如一名购并公司总裁所说："我们并不是购买通用食品公司(General Foods)，也不是购买它的工厂，我们购买的是它的品牌。"

当我们走入超市，看到同种产品不同品牌之间的价格以及销量差异，并将其换算为利润差距时，我们就会发现品牌的财务价值。1987年，品牌资产这一概念诞生了。品牌资产成为一个法律概念，品牌被赋予了更为广泛的意义，越来越多的公司将品牌价值正式入账。品牌资产这一概念极大地影响了西方商业社会，《经济学人》杂志(Economist)认为：1988年是品牌年。

品牌不仅是一个名字，更是一个富有品质、服务、形象与承诺的代名词，以至于像苹果2014年的品牌价值已高达1 188.63多亿美元。那么，品牌为什么会具有这么巨大的价值呢？

有人说，农业时代竞争土地，工业时代竞争机器，信息时代竞争品牌，话虽显得有些偏颇，却又不无道理。传统的企业竞争中，关键的是机器、厂房、设备等有形的东西；而现在的企业竞争中，最重要的是品牌、人才、科技、营销网络等无形的东西，即所谓无形的控制有形的。由两个饮料产品就可以看出，无形要素对企业的重要性。在中国南方和北方同时创办了两个饮料厂，同样以1 000万元为投入，结果却大相径庭。北方河北省的企业用800万元购买厂房、机器、设备，再用200万元做流动资金购买原材料，所有的投入换来的东西全部看得见、摸得着，心里很踏实，但殊不知市场经济是埋单经济，没有人为你的产品埋单，你就构不成"经济"。这个饮料厂最终因没有订单，苦苦支撑了三年，老本差不多赔完了便无疾而终。相反，南方广东省的企业用800万元去创品牌、打市场，当订单像雪片一样飞来时，企业连易拉罐生产线都没有，甚至资助中国赴洛杉矶参加奥运会的饮料都是借人家的生产线来生产的。生产线、厂房、设备都可以借，唯独订单是借不来的，市场是借不来的，而订单与市场都来自企业的品牌。10多年过去了，北方那家企业的品牌"维力"鲜为人知，而南方那家企业的品牌"健力宝"依然耀眼夺目，成为中国民族工业的骄傲。

我们所熟知的生产运动产品的耐克公司，则是一家名副其实的"品牌公司"，公司将生产厂家虚拟化，全部力量集中于品牌、研发、营销三个方面。做品牌的人员负责让"耐克"形象永远新颖、健康、有魅力；做研究的人员负责每年推出成百上千款的新设计，引领消费潮流，一旦制成样品，研发的任务就完成了；做市场营销的人员就拿着样品去收取订单，订单交由定点加工的企业生产产品，而厂家获得的只是微薄的加工费而已。

市场由无形控制有形，而品牌则是无形的要素中最核心的要素，足见品牌价值的重要。尤其重要的还在于，随着信息革命和知识经济时代的到来，品牌的价值还在提升。

信息革命和知识经济，大大加快了产品更新换代的速度，新科技一日千里，产品生命周期越来越短，消费者感到眼花缭乱、无所适从。老百姓已经无法依靠自己简单的产品知识和非专业的评判眼光，对产品的先进性进行抉择。在"全数码"、"高智能"等概念下，一个普通消费者根本无法认定谁更好些，唯一的办法是品牌认同，即相信"松下"产品肯定不错，"海尔"是大品牌，质量与服务有保障等。这就使得品牌识别取代了产品识别和服务识别，成为市场选择的唯一要素。

传播媒体的变革，使得老百姓身处信息群的包围之中。几十个电视频道，数不胜数的电台节目，上千种的报纸、杂志，无孔不入的路牌广告、邮寄广告、POP 广告，花样各异、名目繁多的促销，信息量巨大的互联网络，把消费者搞得晕头转向，产品功能记不住，广告词也记不住，甚至连许多新产品的产品名称也记不住。最终，消费者只能记下几个品牌，并通过品牌来决定购买选择。因此，21 世纪是品牌驰骋纵横的世纪，是品牌战略制胜的世纪。全球进入品牌大时代，拥有"品牌"比拥有厂房更重要。

2．品牌的概念

1960 年，美国市场营销协会(American Marketing Association，AMA)首次给出了具有权威性的品牌概念。他们认为，品牌是用以识别一个或一群产品或劳务的名称、术语、标记、符号或设计，或是它们的组合运用，其目的是借以辨认某个销售者或某些销售者的产品或服务，并使之同竞争对手的产品和服务区别开来。

美国西北大学教授菲利普·科特勒(Philip Kotler)指出，品牌不仅是一个名称、术语和标记，而且是销售者向购买者长期提供的一组特定的特点、利益和服务。最好的品牌传达了质的保证，然而，品牌还是一个更为复杂的符号，一个品牌能表达出六层含义。

1) 属性

属性，即一个品牌固有的外在印象。品牌首先给人带来特定的属性。例如，梅塞德斯表现出昂贵、优良制造、工艺精良、耐用、高声誉、高的价格和服务快捷等。公司可以利用这些属性的一个或几个作为广告宣传。许多年来，梅塞德斯的广告语是"其工程质量全世界其他汽车无可比拟"，这就是为了显示该汽车的属性而精心设计的定位纲领。

2) 利益

利益，即使用该品牌带来的满足。品牌不仅仅限于一组属性。顾客不是购买属性，他们是购买利益。属性需要转换成功能和情感利益。属性耐用可以转化为功能利益，"我可以好几年不用买新车了"；属性昂贵可以转化为情感利益，"这车帮助我体现了重要性和令人羡慕"；属性优良制造可以同时转化为功能和情感利益，"万一出交通事故，我也是安全的"。

3) 价值

价值，即该品牌的使用价值和价值感。品牌还体现了该制造商的某些价值观。例如，梅塞德斯体现了高性能、安全、威信等，该品牌营销者必须推测出哪些是在寻找这些价值的特定的汽车购买群体。

4) 文化

文化，即附加和象征该品牌的文化。品牌可能附加和象征了一定的文化。梅塞德斯意味着德国文化的有组织、有效率和高品质。

5) 个性

个性，即品牌可以给人带来浮想和心理定式的特点。品牌还代表了一定的个性。如果品牌是一个人、一种动物或某一标的物时，那么在脑海里会浮现什么呢？梅塞德斯可以使人想起的不会是一位无聊的职员(人)、一头凶猛的狮子(动物)或一座质朴的宫殿(标的物)，而是一群富有的、中年的公司经理。所以，品牌将吸引那些实际的自我形象与品牌形象相符合的人。

6) 使用者

使用者，即品牌还体现了购买或使用这种产品的是哪一类消费者。当我们看到一位年轻的女秘书驾驶梅塞德斯就会大吃一惊。我们更愿意看到的是一位男性高级经理坐在车上。事实上，产品所表示的价值、文化和个性，均可反映到使用者的身上。

一个品牌如果能具备所有含义才是一个完整的品牌，而其核心是品牌的价值、文化和个性，它们是确定品牌的基础。品牌是一个古老的议题，也是一个不断发展、更新的经营领域。中国的品牌之路相当漫长，从百年的"老字号"、需要按号购买的"凤凰"自行车，到今天努力走向全球的一些家电品牌，时代大背景的变动致使中国的营销者走了一条曲折之路。这期间，市场的逐步开放、竞争的日渐激烈、消费者的逐渐成熟都是巨大的压力，也是不竭的动力。我们对品牌的理解也经历了一个从混乱到清晰，从概念到实践，从策略到战略的过程。进入 21 世纪，品牌与经济全球化、信息技术跃进、人类对生存环境和自身命运的再思索等社会动脉相契合，品牌经营的环境发生了巨大的变化。品牌的内涵、内部分层以及表现形式也日益丰富起来。

1.1.2 品牌的基本属性

传统的品牌定义中关于品牌属性的描述难以适应企业品牌建设的需要。因此，有必要从竞争属性和信息属性等方面对品牌的定义进行进一步的完善。从竞争和企业经营的角度来说，品牌已经超越(或者说涵盖)产品而成为企业经营的根本对象；从满足顾客需求的角度来说，品牌也同样超越(或者说涵盖)产品而更好地满足了顾客多样化的需求；而从顾客购买的选择行为角度来说，品牌又是一个相关信息的综合载体，因此，品牌具有如下特征。

1. 资产属性

自从品牌的概念被明确提出以来，人们就把品牌的资产属性作为品牌研究的重要内容和研究基础，并陆续出现了品牌财产(Brand Asset)、品牌权益(Brand Equity)、品牌价值(Brand Value)等相关的专业词汇。并且，资产的品牌属性已经得到普遍的认可，进一步研究和争议的问题主要是品牌资产价值的度量以及如何利用品牌资产的价值来对其他相关问题进行研究。

2. 个性属性

对于每一个品牌，尤其是成功的品牌来说，都具有鲜明的个性特征。甚至可以说，正是由于品牌的个性化特征，才使得品牌真正具有价值。从另一个角度来说，正是由于品牌的个性，才使得品牌能够真正得到目标顾客群体的认可。当然，目前关于品牌个性的构成及其度量问题仍有很多值得探讨的地方。

3. 信息属性

在产品差异化和社会信息化越来越明显的今天，品牌的信息属性应该得到更多的关注。从当前情况来看，信息爆炸虽然一方面使得人们能够有条件和能力了解更多的产品信息；但另一方面，当前社会的产品多元化使得消费者又难以了解越来越多的以几何级数递增的产品相关信息。在这种背景下，信息的集成已经成为现实的需要，而品牌恰恰是承担信息集成任务的最好载体。

4. 动态属性

如前所述，品牌具有帮助消费者了解企业和产品的能力，但这种能力具有很强的动态性和相对性。即使企业的品牌状况没有发生变化，但由于消费者和竞争品牌的相关变化，也会导致企业品牌能力的不断改变。因此，对于品牌价值或者品牌能力的评价都是相对于某一时间刻度的，是一种静态的评价。

5. 双重属性

在关于品牌资产的研究中，人们已经认识到，品牌作为企业的一种无形资产，其所有权和使用权属于企业，但这一资产价值的最终决定权却在消费者手中，并且消费者对于某一品牌的评价还受到竞争品牌的相关行为的影响。因此，在研究企业品牌策略的时候，不能单单从企业的角度来分析，还要考虑消费者和竞争品牌这两个重要因素。

6. 功能属性

随着大量国际知名品牌的出现，人们开始认识到品牌的作用不仅仅是帮助消费者了解企业和产品，同时也在一定程度和一些方面上满足了消费者的某些需求。因此，以前我们认为"企业经营产品(或服务)、品牌是产品的附属"的观点已经难以适应当前社会经济发展的需要，而是要以"企业经营品牌、产品是品牌的基本载体"的观点来重新构建企业的经营管理体系。也就是说，企业出售的不再仅仅是产品，而是包括产品、理念、标志等在内的消费者的多种需求的综合体，也就是品牌。当产品之间的差异性减少时，品牌将取代具体的产品，为消费者提供购买的理由与保证。从马斯洛的需求层次理论来看，品牌实际上是满足了人们更高层次的需要。

1.1.3　与品牌相关的几个概念

1. 牌子

"牌子"是品牌的俗称，是人们对品牌、商标、名牌等的通俗称谓。其基本含义与品牌相同。

2. 商标

商标是经过政府有关部门注册的品牌。企业在政府有关主管部门注册登记以后，就享有使用某个品牌名称和品牌标志的专用权，这个品牌名称和品牌标志受到法律保护，其他任何企业都不得仿效使用。因此，商标实质上是一个法律名词，是指已获得专用权并受法律保护的一个品牌或一个品牌的一部分。商标具有排他性，不同企业的商标不能相同。一般来讲，同行业经营范围内，商标必须独家拥有。

3. 驰名商标

"驰名商标"是众多商标中的"佼佼者"。在我国，"驰名商标"是由国家的主管机构经过一定的法律程序认定的。一个企业使用的商标，首先，它作为商品或服务的标志能够代表良好的质量；其次，它知名度高、美誉度高，而且信任度或忠诚度也较高，那么，这个商标经过政府主管机构认定，即可成为驰名商标。

"驰名商标"作为商标群中的"领先者"，容易成为被人假冒、仿造和损坏的目标。因此，应加强保护意识，运用法律、科技等手段加以保护。今天，在经济全球化及竞争激烈化的市场环境下，出现许多抢注商标、仿冒商标的事件，企业一定要提高商标意识，特别是对驰名商标的保护应该当作战略性问题来对待。

4. 名牌

关于名牌的含义众说纷纭。

学者庄继达认为：名牌是一个全优的综合概念，它要求在质量、款式、价格、服务、信誉和市场占有率方面均有优异的表现。名牌识别上的优势是取得市场强势的基础，并能转化为营销优势。

学者于明阳认为：所谓名牌，就是社会公众通过对组织及其产品的品质和价值认知而确定的知名品牌。

简而言之，"名牌"就是知名品牌，或者是在市场竞争中的强势品牌。苹果、微软、海尔等均可称为名牌。

"知名"的内涵有三度：品牌知名度、品牌美誉度和品牌忠诚度。达到这三度统一的，才是"名牌"。

品牌知名度是使潜在顾客认识并记住某一商标，并将它与某种产品品质等同的能力。因此，品牌知名度涉及产品与品牌名称之间的联系，但是品牌知名度是创建名牌的最低层次，是"万里长征"的第一步，它必须与品牌美誉度、品牌忠诚度相结合，相统一。品牌美誉度涉及消费者对该品牌的态度，是创建名牌的较高层次。品牌美誉度是指消费者对该品牌持有好的观点和好印象的程度。对企业而言，品牌美誉度是比品牌知名度高级的层次；同时，品牌美誉度又以品牌知名度为基础，没有品牌知名度，就谈不上品牌美誉度。

建立品牌忠诚度是创建名牌的高级层次，它以品牌知名度和品牌美誉度为基础。同时，企业通过对品牌忠诚度的管理而提高品牌销量，扩大品牌资产，实现名牌的长远发展。

1.2 品牌的特征、功能及分类

1.2.1 品牌的特征

1. 非物质性

品牌本身不具有独立的物质实体，是无形的，但它以物质为载体，是通过一系列物质载体来表现自己的。直接载体主要有图形、品牌标记、文字、声音，间接载体主要有产品的价格、质量、服务、市场占有率、知名度、亲近度、美誉度等。

2. 资产性

品牌是企业的一种无形资产。品牌所代表的意义、个性、品质和特征具有某种价值。这种价值是我们看不见、摸不到的，但却能为品牌拥有者创造大量的超额利益。多年来，可口可乐品牌价值就是其有形资产的好几倍，创造的利润也是其有形产品创造的好几倍。所以，可口可乐原总经理伍德拉夫曾说：即使可口可乐公司在一夜之间化为灰烬，仅凭可口可乐这块牌子就能在很短时间内恢复原样。这完全是可能的，因为它的品牌无形资产还在那里。

3. 集合性

品牌是一种沟通代码的集合体，是一种错综复杂的象征，它把一个符号、一个单词、一个客体、一个概念同时集于一身，把各种符号如标识、色彩、包装都合并到一起。生产商和服务商把品牌作为区别于其他生产商、服务商产品及服务的标识，以吸引人们，尤其是以引起消费者和潜在消费者对自己产品及服务的注意与识别。从消费者角度看，品牌作为一种速记符号与产品类别信息一同储存于消费者头脑中，而品牌也就成为他们搜寻记忆的线索和对象。

4. 专有性

品牌具有明显的排他专有性。品牌代表一个企业在市场中的形象和地位，是企业进入市场的一个通行证，是企业和市场间的桥梁和纽带。在某种意义上说，品牌是企业参与市场竞争的法宝、武器和资本，同时品牌属于知识产权的范畴。企业有时通过保密和企业保护法来维护自己的品牌权益，有时通过在国家有关部门登记注册、申请专利等形式保护自己的品牌权益，有时又借助法律保护并以长期生产经营服务中的信誉取得社会的公认，如品牌名称、标志，这些都有力地说明了品牌具有专有性。

5. 扩张性

品牌具有极强的扩张力、延伸力和影响力。品牌成为资产重组的旗帜，是公司品牌形成的重要标志。目前，我国许多企业亏损甚至倒闭，而具有品牌价值的企业在市场中却有着越来越高的号召力、影响力。在品牌扩张延伸过程中，逐步形成集团化发展，并且随着公司集团化发展，品牌行业界限越来越模糊，而其品牌的概念却越来越清晰。

6. 风险性及不确定性

品牌具有一定的风险性及不确定性。品牌潜在价值可能很大，也可能很小。它有时可使产品取得很高的附加值，有时则由于企业的产品或服务质量出现意外，或由于企业的资产运作状况不佳，或产品售后服务不过关等，而使企业迅速贬值，出现品牌"跳水"现象。例如，世界第一的可口可乐 2004 年品牌价值为 673.9 亿美元，2009 年品牌价值却为 348.4 亿美元，显然出现了"缩水"的现象。但是到 2014 年，可口可乐的品牌价值又上升到 815.63 亿美元，其中品牌价值变化的不确定性显而易见。

7. 承诺性

品牌是一种承诺和保证，这是以品牌提供的价值、利益和特征为基础的。品牌必须提供给消费者强劲的价值利益以满足消费者的需求与欲望，以赢得消费者的忠诚，取得他们长期的信赖与偏好。

8. 竞争性

品牌是企业市场竞争的工具。在产品功能、结构等因素趋于一致的时代里，关键是看谁的品牌过硬。拥有品牌的企业，就能在未来竞争中处于有利的位置；留住老顾客，开发出大量潜在消费者，树立起良好的品牌形象，提高市场覆盖率和占有率，赢得更大的利润和效益。

9. 忠诚性

现代市场竞争，从某种意义上说，就是品牌竞争。品牌大师史蒂芬·金(Stephen King)曾说过，"产品，是工厂所生产的东西，品牌是消费者所购买的东西"。许多消费者购买的是品牌，而不是产品，他们往往会根据自己消费体验来指牌购买，甚至没有他们指定要的品牌，他们就不购买。例如，有些消费者喝饮料，就专喝可口可乐，其他饮料一概不喝。品牌是赢得消费者重复购买、大量购买的"魔方"，强势品牌比起一般品牌更是棋高一筹。强势品牌可以影响人们的生活态度和观点，甚至可以影响社会风气。

1.2.2 品牌的功能

1. 识别功能

识别功能是指品牌能够尽快地帮助消费者找出他所需的产品，缩短消费者在选购商品时所花费的时间和精力。品牌是一种无形的识别器，是产品和企业的"整体"概念。它能使消费者在购买具有某种使用价值的商品时，面对琳琅满目的商品，很快做出选择。正因为品牌是产品的标志，代表着产品的品质、特色、承诺，才能缩短消费者的购买时间和过程。品牌经过国家有关部门登记注册后，成为企业的代号，代表着企业的经营特色、质量管理要求、产品的形象等。如其品牌在消费者心目中已形成良好的印象，易使消费者在种类繁多的商品中很快做出选择，认牌购买。

2. 维权功能

品牌通过登记注册后，受到法律法规保护，禁止他人非法利用，能有效地保护企业以及消费者权益。如果质量有问题，消费者可以根据其品牌与企业进行交涉，依法向其索赔，使自身的正当权益得到维护。

3. 促销功能

促销功能主要表现在两个方面：一是由于品牌是产品品质、特色、档次的标志，易引起消费者的注意，满足消费者的需求，因此易赢得消费者的选择和厚爱，实现扩大产品销售的目的；二是由于消费者往往依照品牌选择产品，甚至指牌购买，这就促使生产经营管理者更加关心品牌的形象，不断开发新产品，推陈出新，加强质量和服务管理，提高其品牌知名度、美誉度，使品牌走上良性循环的轨道。日本的家电产品进入中国时，就是靠着松下、日立、东芝等大品牌，迅速占领了中国的市场。另外，一个好的品牌名字易记易识，优美动听，也容易帮企业尽快打开市场。小米、魅族，简单好记，又有着某种神秘感，为品牌带来了更多的吸引力，而且小米、魅族都是国产且受大众喜爱的手机品牌，在网上的促销也是得到肯定的营销方式。2014 年 8 月，美国调研公司易观国际(Canalys)发布报告称小米仅 Q2 出货量将近 1 500 万台，超越三星、联想成为中国市场第一名。

4. 旗帜功能

随着中国经济的发展，中国对奢侈品品牌的消费逐年增加，这使得像路易威登(Louis Vuitton)、普拉达(Prada)、古驰(Gucci)等国际知名的奢侈品牌都纷纷入驻中国市场。首先是由这些奢侈品作为旗帜，随后带动了一系列的欧洲奢侈品品牌对中国的输入。

5. 增值功能

品牌是一种无形资产，它本身可以作为商品被买卖，为企业带来巨大的经济效益。随着品牌的知名度、美誉度的提高，品牌本身的价值也在连年攀升。例如，2014 年苹果(Apple)品牌价值为 1 188.63 亿美元，Google 品牌价值为 1 074.39 亿美元，IBM 品牌价值为 722.44 亿美元。与其说是产品给生产经营者带来了财富，倒不如说是品牌给他们带来了财富。

6. 形象塑造功能

品牌代表着企业形象。在消费者的心目中，总是把品牌实力与企业的形象联系在一起。品牌有利于塑造企业的形象，提高其企业的知名度、信赖度，为企业多元化及品牌延伸打下坚实有力的基础。

1.2.3 品牌的分类

品牌可以依据不同的标准划分为不同的种类。

1. 根据品牌的知名度和辐射区域划分

根据品牌的知名度和辐射区域可以将品牌分为地区品牌、国内品牌、国际品牌。地区品牌是指在一个较小的区域内生产销售的品牌，例如，地区性生产销售的特色产品。这些产品一般在一定范围内生产、销售，产品辐射范围不大，主要是受产品特性、地理条件及某些文化特性影响，这有点像地方戏种(秦腔主要在陕西，晋剧主要在山西，豫剧主要在河南等)的现象。国内品牌是指国内知名度较高，产品辐射全国，全国销售的产品，例如电器巨子——海尔、香烟巨子——红塔山、饮料巨子——娃哈哈。国际品牌是指在国际市场上知名度、美誉度较高，产品辐射全球的品牌，例如可口可乐、万宝路、奔驰、苹果、微软、IBM和 Google 等。

2. 根据品牌产品生产经营的不同环节划分

根据产品生产经营的所属环节可以将品牌分为制造商品牌和经销商品牌。制造商品牌是指制造商为自己生产制造的产品设计的品牌；经销商品牌是经销商根据自身的需求，对市场的了解，结合企业发展需要创立的品牌。制造商品牌很多，如 SONY(索尼)、奔驰、长虹等；经销商品牌如"西尔斯"(百货店如"王府井")等。

3. 根据品牌来源划分

依据品牌的来源可以将品牌分为自有品牌、外来品牌和嫁接品牌。自有品牌是企业依据自身需要创立的，如本田、东风、永久、海尔、全聚德等。外来品牌是指企业通过特许经营、兼并、收购或其他形式而取得的品牌。例如联合利华收购的北京"京华"牌，香港迪生集团收购法国名牌商标 S.T.Dupont。嫁接品牌主要指通过合资、合作方式形成的带有双方品牌的新产品，如琴岛—利勃海尔。

4. 根据品牌的生命周期长短划分

根据品牌的生命周期长短可以分为短期品牌、长期品牌。短期品牌是指品牌生命周期持续较短时间的品牌，由于某种原因在市场竞争中昙花一现或持续一时。长期品牌是指品牌生命周期随着产品生命周期的更替，仍能经久不衰，永葆青春的品牌。例如历史上的老字号全聚德、同仁堂等；也有些是国际长久发展来的世界知名品牌，如可口可乐、奔驰和法拉利等。

5. 根据品牌产品内销或外销划分

依据产品品牌是针对国内市场还是国际市场可以将品牌划分为内销品牌和外销品牌。由于世界各国在法律、文化、科技等宏观环境方面存在巨大差异，一种产品在不同的国家市场上有不同的品牌，在国内市场上也有单独的品牌。品牌划分为内销品牌和外销品牌对企业形象整体传播不利，但由于历史、文化等原因，不得不采用。对于新的品牌命名应考虑到国际化的影响。

6. 根据品牌的行业划分

根据品牌产品的所属行业不同可将品牌划分为家电业品牌、食用饮料业品牌、日用化工业品牌、汽车机械业品牌、商业品牌、服务业品牌和网络信息业品牌等几大类。

除了上述几种分类外，品牌还可依据产品或服务在市场上的态势划分为强势和弱势品牌；依据品牌的用途不同，划分为生产资料品牌和生活资料品牌等。

7. 根据品牌的原创性与延伸性划分

根据品牌的原创性与延伸性可划分为主品牌、副品牌、副副品牌，如"海尔"品牌，现在有海尔冰箱、海尔彩电、海尔空调等。海尔洗衣机中又分海尔小神童、海尔节能王等。另外，也可将品牌分成母品牌、子品牌、孙品牌等，如宝洁公司的海飞丝、飘柔、潘婷等。

8. 根据品牌的本体特征划分

根据品牌的本体特征又可将品牌划分为个人品牌、企业品牌、城市品牌、国家品牌、国际品牌等。例如，葛优、姜文、张艺谋、黄渤等属于个人品牌；哈尔滨市冰雪节、宁波国际服装节、CBD 节等属于城市品牌；金字塔、万里长城、埃菲尔铁塔、自由女神像等属于国家品牌；联合国、奥运会、国际红十字会等属于世界品牌。

9. 按照品牌层次理论划分

按照品牌层次理论可以分为四层，即企业品牌、家族品牌、单一品牌(产品品牌)、品牌修饰。以"通用别克"这一系列的车为例，这里"通用"是企业品牌，别克是家族品牌，君威、赛欧、荣御是单一品牌，G 2.0、GS 2.5 是品牌修饰。从红旗的历史来看，"红旗"现阶段只适合做单一产品品牌，不适合做包括高、中、低档轿车的企业品牌或家族品牌。

1.3 品牌名称和标识

品牌名称是品牌中能够用语言表达(称呼)的部分，如可口可乐。品牌标识是品牌中不能够用语言表达(称呼)的部分，如图案、设计、符号。品牌名称和标识是品牌形象识别系统的两个重要组成部分，也是直接与消费者进行沟通，促使消费者接受产品或服务的桥梁。一个品牌要发展，走向市场，第一步就应该是品牌形象识别系统的市场化，即品牌名称和标识的市场化。因为只有这样才能使一个品牌具有与消费者进行沟通的平台，进而在这个平台上建立消费者对品牌的忠诚并且发展和维持品牌价值。

1.3.1 对现有国际知名品牌名称的分析

1. 品牌名称的来源

1) 来源创始人的名字或人名

这是一种比较常用的方法，从著名的品牌中我们可以找到很多例子。例如，派克

(Parker)笔创始人乔治·派克(George Parker)；尊尼获加(Johnnie Walker)酒创始人约翰·沃克(John Walker)；阿迪达斯(Adidas)运动鞋创始人阿道夫·达斯勒(Adolf Dassler)(是其小名 Adi 加上姓的前三个字母 das 的组合)等。用创始人名字命名的方法的扩展是采用与产品相关的名人作为品牌名称，这方面著名的例子是"沙宣"，维达·沙宣(Vidal Sassoon)是一个传奇式的美发师的名字。

2) 以产地命名

肯德基炸鸡来自美国 Kentucky 州，茅台酒来自贵州茅台镇，青岛啤酒来自山东青岛。

3) 现有词的变异组合

以这种方法命名品牌名称往往暗含着产品的功能或性质，如百事可乐(Pepsi)来自英文单词 pepsin(胃蛋白酶)；金霸王(Duracell)电池是由 Durable(持久的)加 Cell(电池)组合成的；雷朋太阳镜(Ray Ban)的功能是抵挡(ban)光线(ray)，其广告口号是"Ray Ban Bans Rays！"

4) 虚构或杜撰而来

虚构或杜撰的名称往往最具特色。例如，柯达(Kodak)是其创始人乔治·伊士曼 (George Eastman)杜撰出来的，因为他想要以一个不寻常的字母开头并结尾；Klim 牛奶是将 Milk(牛奶)反写而来，同样的还有 Paos 洗洁精也是将 Soap 反写而得来的；七喜(7-up)汽水最初是装在 7 盎司的瓶内，并借用另一名牌饮料"Bubble Up"的 Up 而形成的名称。

5) 直接来自辞典或现有词

用这种方法可以选用名词、形容词、动词等，可以用有关的动植物、一般事物或神话故事中的人物、事物名称等。例如，Tide(潮汐)洗涤剂、Pampers(溺爱)纸尿布、Nike 运动鞋。

2. 新品牌命名的来源

1) 地域法

地域法就是企业产品品牌与地名联系起来，使消费者从对地域的信任，进而产生对产品的信任。著名的青岛牌啤酒就是以地名命名的产品，人们看到青岛二字，就会联想起这座城市"红瓦、黄墙、绿树、碧海、蓝天"的壮美景色，使消费者在对青岛认同的基础上产生对青岛啤酒的认同。同样，飞速发展的蒙牛牌乳制品，也是将内蒙古的简称"蒙"字，作为企业品牌的要素，消费者只要看到"蒙"字，就会联想起"风吹草低见牛羊"的壮观景象，进而对蒙牛产品产生信赖。再如，一种叫"宁夏红"的酒，就是以宁夏特产枸杞为原料酿制的滋补酒，其品牌就是以突出产地来证实这种酒的正宗。由此可见，将具有特色的地域名称与企业产品联系起来，确定品牌的方法，有助于借助地域积淀，促进消费者对品牌的认同。但企业都用地域命名企业或产品，也会产生混乱。

2) 时空法

时空法就是将与产品相关的历史渊源作为产品品牌命名的要素，使消费者对该产品产生认同感。例如，1996 年 6 月凌川酒厂的老厂搬迁时，偶然挖掘出穴藏于地下的木酒海(古时盛酒容器)。经国家文物局、锦州市人民政府组织考古、酿酒专家鉴定，这批穴藏了一个半世纪的贡酒封存于清朝道光廿五年，也就是 1845 年，实属"世界罕见，珍奇国宝"。企业于是抓住历史赋予的文化财富，为用这种酒勾兑的新产品取名"道光廿五"。"酒是陈的香"，消费者只要看到"道光廿五"，就会产生喝到祖传佳酿的感觉。因此，运用时空法确定品牌，可以借助历史赋予品牌的深厚内涵，迅速获得消费者的青睐。

3) 目标法

目标法就是将品牌与目标客户联系起来，进而使目标客户产生认同感。"太太口服液"是太太药业生产的女性补血口服液，此品牌使消费者一看到该产品，就知道这是专为已婚妇女设计的营养补品；同样，"太子奶"品牌，可使人联想起孩子们消费的乳制品，还有"好孩子"童车、"娃哈哈"儿童口服液、"乖乖"儿童食品，也是儿童产品的绝好品牌；著名的品牌"商务通"，把目标客户定位于那些在商场上"大有作为"的老板们，创造了一个电子产品的奇迹。运用目标法来命名品牌，对于获得消费者认同具有强大的作用。

4) 人名法

人名法就是将名人、明星或企业首创人的名字作为产品品牌，充分利用名字的价值，促进消费者认同产品。例如，体操王子李宁利用自己的体育明星效应，创造了一个中国体育用品的名牌，即李宁牌。世界著名的"戴尔"电脑，就是以创办人戴尔的名字命名的品牌。还有"王致和腐乳"、"张小泉剪刀"、"福特汽车"、"邓亚萍牌体育用品"、"惠普"、"乔丹运动鞋"、"松下电器"、"本田汽车"等。用名人名字来命名品牌，可以提高认知率。

5) 中外法

中外法就是运用中文和字母或两者相结合来为品牌命名，使消费者对产品增加"洋"感受，进而促进产品销售。例如，"TCL"单独使用英文字母；"雅戈尔"品牌用英文"YOUNGER"音译作为品牌，增加了"洋气"；"海信"的英文"Hisense"，在外国人眼中是"High Sense"，即"高灵敏、高清晰"的意思，为产品推向世界做了很好的铺垫。同样，外国名牌在翻译成中文时，巧用中文音义与字义，取得了很好的效果，如奔腾(PENTIUM)、宝马(BMW)汽车、潘婷(PANTEN)洗发液、舒肤佳(SAFEGUARD)、苹果(Apple)电脑、家乐福(CARREFOUR)超市。还有音译和意译相结合的品牌命名，如可口可乐(Coca-Cola)、百事可乐(PEPSI)、可伶可俐(CLEAN&CLEAR)等。运用中外法，要巧妙结合，切忌为洋而洋，或为中而中，尤其是防止乱用"洋名"，使消费者产生厌倦，甚至产生反作用。

6) 数字法

数字法就是用数字来为品牌命名，借用人们对数字的联想效应，促进品牌的特色。例如，"三九药业"的品牌含义是："999"健康长久、事业恒久、友谊永久。还有"7天连锁店"、"555香烟"、"零点"、"三星电子"、"三一重工"等。运用数字命名法，可以使消费者对品牌增强差异化识别效果。

7) 功效法

功效法就是用产品功效为品牌命名，使消费者对产品功效产生认同。例如，"脑轻松"就是一种"健脑益智"的营养口服液的品牌；"飘柔"洗发水，以致力于让使用者拥有飘逸柔顺的秀发而命名；"康齿灵"、"六必治"牙膏，则是用牙膏对牙齿的防治功效来进行品牌命名。运用功效法命名品牌，可以使消费者看到品牌名称就联想起产品的功能与效果。诸如此类还有"快译通"、"快e点"、"好记星"、"泻痢停"等。

8) 价值法

价值法就是把企业追求的凝练语言来为品牌命名，使消费者看到产品品牌，就能感受到企业的价值观念。例如，上海"盛大"网络发展有限公司以及湖南"远大"企业，都突出了企业志存高远的价值追求；福建"兴业"银行，体现了"兴盛事业"的价值追求；武汉"健民"品牌突出了为民众健康服务的企业追求；北京"同仁堂"、四川"德仁堂"品牌，突出了"同修仁德，济世养生"的药商追求。因此，运用价值法为品牌命名，对消费者迅速感受企业价值观具有重要的意义。

9) 形象法

形象法就是运用动物、植物和自然景观来为品牌命名。例如，"七匹狼"服装，给人以狂放、勇猛的感受，使人联想起《与狼共舞》的经典情节；"圣象"地板，使人产生大象都难以踏坏的地板形象；还有"大红鹰"、"熊猫"、"美洲豹"、"牡丹"、"翠竹"等。运用形象法命名品牌，借助动、植物的形象，可以使人产生联想与亲切的感受，提升认知度。

10) 企业名称法

企业名称法就是将企业名称作为产品品牌来命名。例如，飞利浦电器、索尼电器、三洋电器、海尔、海信、格力、美的、万宝路、荣事达等。国外著名品牌一般是采用缩写的形式，像 IBM、3M、NEC，采用的是缩略语，即将企业名称的每一个词的第一个字母组织起来构成一个新词，其特点是简练，但不能说明企业的特征。运用企业名称法来进行产品品牌命名，有利于形成产品品牌、企业品牌相互促进，达到有效提升企业形象的目的。

总之，企业在进行品牌命名时，要结合企业实际情况和市场需求，有创意地为品牌命名，使中国品牌走向世界。

3. 共同特征

通过对众多国际知名品牌名称的分析，其共同特征主要有以下几种。

(1) 以英文字母和阿拉伯数字作为名称的构成元素。由于英文字母与阿拉伯数字是世界各地不同民族、文化、肤色的知识人群都认识的符号，故以英文字母和阿拉伯数字为元素的品牌名称能世界通行。由其他任何语言中的符号元素组成的名称都会因带有浓厚的地域性、民族性而加大传播难度。

(2) 大多数品牌名称都只包含一个单词，而且这个单词具有独特性。这样可保证消费者在接触到这个单词时头脑中能够产生清晰的联想，有助于品牌的传播和认知。这一单词拼读容易，音律优美，易于记忆和口头传播。

事实上，日韩企业在进入国际市场的过程中就充分地研究了国际知名品牌的名称，并为自己的品牌起了一个国际化的名称，如索尼(SONY)、东方(HONDA)、松下(PANASONIC)、雅马哈(YAMAHA)、东芝(TOSHIBA)、丰田(TOYOTA)、佳能(CANON)、三星(SAMSUNG)、卡西欧(CASIO)等，从而为其成功打入国际市场奠定了基础。

1.3.2 对我国现有知名品牌名称的分析

通过对国际知名品牌名称的分析，可以看出，中国品牌要走向国际化就必须有一个以英文字母或阿拉伯数字构成的国际化名称。从品牌名称国际化的角度来看，我国品牌的名称大致可分为三类。

1. 采用品牌名称的汉语拼音形式

品牌名称采用汉语拼音形式这种方法最简单直接，但是也有它致命的缺点。由于汉语拼音的发音方式与欧美语系大不相同，所以难以正确发音。即使发音确定了，那么这个发音在其他国家代表什么意义也很难确定。

2. 采用现有英文单词

采用现有英文单词的品牌如联想(Legend)。这种方法的优点是不会触犯国外禁忌，而且寓意明确。但是采用这种方法时经常会发现在其他国家该名称已经被其他公司抢先注册了，这也是联想在 2003 年 4 月 28 日把其英文名称改为一个由 Legend 的前两个字母 LE 和一个代表"新意，创新"的拉丁词根"NOVO"组合，即"LENOVO"的原因。

3. 杜撰一个不存在的英文单词

杜撰一个不存在的英文单词的品牌如海尔(Haier)、海信(Hisense)、美的(Midea)、格力(Gree)。这种方法目前运用得最广泛，而且取得了很好的成效。因为这样不但能从语形和语音上符合品牌国际化的要求，而且公司还可以根据自己的意愿给它赋予一定的内涵。

1.3.3　品牌名称应遵守的准则

品牌名称设计时一定要慎重，要仔细斟酌并耐心加以推敲，因为它是与市场营销学、广告学、管理学、心理学、语言学、社会学等多种现代学科广泛联系在一起的。品牌名称国际化的过程中除了要考虑以上因素外，还要综合考虑世界各国的法律、语言、文化和风俗等因素。表 1-1 对品牌名称设计应遵守的准则进行了总结。

表 1-1　品牌名称设计的准则

市场营销的要求		(1) 产品利益的暗示
		(2) 具有促销、广告和说明的作用
		(3) 适合包装
		(4) 与公司形象和产品形象匹配
法律的要求 竞争的要求		(1) 在世界市场上具有法律的有效性
		(2) 相对于竞争对手的独一无二性
语言的要求	语形的要求	(3) 容易发音
		(4) 当读到或听到时令人愉快
		(5) 在国际市场上能够统一发音
		(6) 简洁与简单语音的要求
	语义的要求	(1) 肯定、积极的、不触犯禁忌的
		(2) 具有现代感和当代感
		(3) 容易理解和记忆

注：本表参照 Chan & Huang：Brand naming in China-a linguistic approach.Marketing Intelligence and planing.1997；略有调整。

下面按照表中所列的准则，分别以正反两方面的例子加以解释和说明。

1. 市场营销的要求

产品利益的暗示，如金霸王、劲量、雷朋、康柏、伟哥等，其原英文品牌名称都是暗示着产品的利益；

促销、广告和说服的作用，比如中国的"红豆"(服饰)，让人自然地联想起唐代大诗人王维的《相思》一诗："红豆生南国，春来发几枝。愿君多采撷，此物最相思。""红豆"在中国传统文化中含有挚爱、美满、思念、吉祥、幸福等多层含义，因而能适应多层次消费者的心理需要，自然对产品有促销力。福建某公司的茶饮料取名为"好日子"，给广告创意留有很大的空间，它在一个诚征各地经销商的广告中说"你的好日子到了"。

适合包装主要是指名称支持标识物。如果采用具象的名称，像"棕榈"、"红萝卜"、"苹果"、"美洲狮"、"熊猫"等动物和花草水果等名称就容易发展包装和包装上的标识物。描述性差的名称就得不到这样的效果。

与公司形象和产品形象匹配，比如"养生堂"与从事健康事业的企业形象非常匹配；"水仙"品牌非常适合洗衣机的产品形象；"椰树"品牌非常适合椰奶的产品形象等。

2. 法律的要求

法律保证品牌名称，要求具有专有性，一旦注册，商标拥有者具有独享的权利，并受到法律的保护。如果未经其同意或授权，任何使用该商标名称者都可视为侵权行为。对于竞争的独一无二性，取名为长城的产品或企业就有 200 多个，此外还有像东方、新世纪、新天地之类的名称。尽管这些名称因使用于不同的产品类别而被法律许可，但显著性却大打折扣。品牌名称越具个性，则越具竞争力，如"三枪"、"朵而"、"魅族"等。

3. 语言的要求

1) 语音的要求

(1) 要容易发音。例如，"娃哈哈"三个字的元音都是"a"，是婴幼儿最易发音和模仿的。一些国际品牌如柯达(KODAK)、佳能(CANON)、飞利浦(PHILIPS)等，国内的品牌如"中华"、"小米"、"光明(蚊香)"、"立白"等，都是易于发音的例子。

(2) 读起来或听起来让人感到愉快。尽管"娃哈哈"此词是杜撰而来，但既顺口，又蕴含高兴、快乐之意。此外，还有雅虎(YAHOO)、可口可乐(COCA-COLA)和百事可乐(PEPSI)等。

(3) 当商品出口时能在所有的语言中以单一方式发音。"SONY"在字典上并不存在，是由公司创办人盛田沼夫自创，他先把自己挑出的拉丁文"SONUS"(表示"声音"之意)英语化，得到"sonny"(蕴含乐观、明亮之意)，但是日文发音的"sonny"意思是"赔钱"。盛田沼夫就圈掉一个"n"。这一改不要紧，一个知名品牌名称就诞生了。"SONY"这个名称的优势正如盛田沼夫自己坦言的："在任何语言中，'SONY'都没有什么实际意义，但是在任何语言中，'SONY'的发音都一样"。我国的海信跟索尼的情况是一样的，英文是"Hisense"，与原来的海信存在着一些差异。

2) 语形的要求

简洁与简单有助于提高传播效果，日本《经济新闻》的一项调查表明，4 个字的名称认知率为 11.3%，5～6 个字为 5.96%，7 个字为 4.86%，而 8 个字以上就只有 2.88%。因此，原则上品牌名称应少于 4 个字。我国的果冻品牌"喜之郎"可谓是标新立异的上乘之作，不但有趣，而且无比简洁。这方面的例子还有"太太"(口服液)、"派"(服饰)、"和酒"等。

3) 语义的要求

(1) 要避免引起不悦、淫秽和消极的感觉。例如，我国南方某厂将产品命名为"舢板"，并以英文对应词"Junk"为出口外销商标，试图打入国际市场，殊不知"Junk"一词多义，在英文中还有"垃圾"的意思，结果可想而知，后来改译成"Junco"才幸免于难。当年美国通用汽车公司出口南美洲的"Nova"(新星)牌轿车，在南美洲国家滞销，因为在西班牙语中"Nova"是"走不动"的意思，显然闹出了笑话。

(2) 要具有现代感，不受时间限制。例如，中国的"乐百氏"(对应的英文名称意为强壮、健康)品牌，无论是中文和英文都具有长期使用的价值。

(3) 要容易理解和记忆。例如，巧克力品牌"Cadbury"在中国市场上转译为"吉百利"，遍布世界的大型连锁超市；"Carrefour"译为"家乐福"，都是上佳的表现，迎合了中国普通消费者的心理认同，显然比原文更易被中国大众理解和记忆。此外，还有"金利来"、"博士伦"(原英文名称是 bush&lomb)、"肯德基"、"步步高"、"康师傅"等。

1.3.4 品牌标识

1. 品牌标识的作用

与品牌名称一样，品牌标识也是品牌形象识别系统的重要组成部分。它们都是一种信息传递的载体，把产品特征、品质以及品牌价值和理念等各种要素以融合化的符号形式传递给公众和消费者。尽管品牌标识可以由品牌名称构成，但经过艺术化的设计后，它包含了非语言符号的成分。一个优秀的品牌标识能够创造出品牌认知、品牌联想和消费者对品牌的偏好，进而影响品牌体现的质量和消费者对品牌的忠诚度，之间的关系如图 1-1 所示。

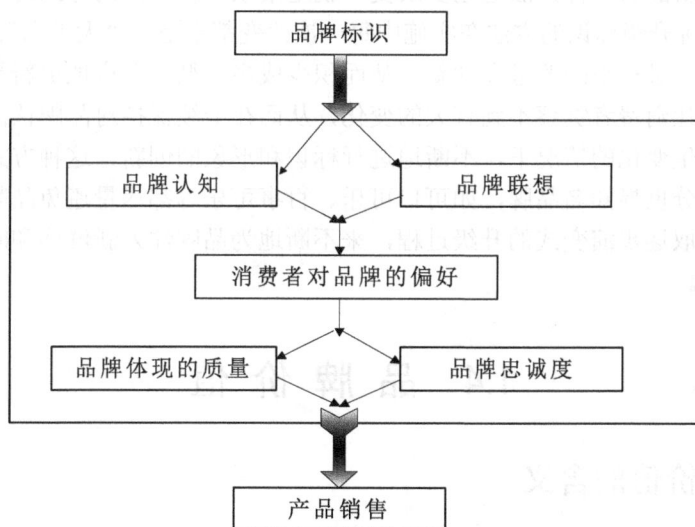

图 1-1 品牌标识的作用

2. 我国品牌标识设计的不足之处

对品牌认知的不断深入，使得我国企业认识到了品牌形象识别系统的重要性，开始不断改进品牌标识。但是由于历史和观念等多方面的原因，我国企业品牌标识的设计还存在一些不足之处，特别是在国际市场上进行推广的时候。具体表现在：第一，难以摆脱传统的表达方式，给人以陈旧的感觉；第二，许多标识之间存在着雷同和近似的设计；第三，不能很好地传达品牌的价值理念；第四，缺乏现代感和国际化意识。

3. 我国品牌标识更新的途径

对于我国企业来说，应该始终敏锐地把握市场变化，不停地设计出新的标识，以适应市场竞争和消费者变化的需求。这也是可口可乐(COCA-COLA)、百事可乐(PEPSI)、吉列(GILLETTE)、耐克(NIKE)、壳牌(SHELL)等世界超级强势大品牌能够跨越上百年而不衰的品牌管理"精髓"。对我国企业来说，品牌标识的国际化有两条途径。

1) 彻底更换标识

这种方法存在着较大的风险：第一，破坏顾客对品牌已有的认可和记忆；第二，消费者对一个品牌产生的信任和品牌忠诚，是靠日积月累长期积淀的结果，突然剧烈地改变品牌标识，会导致消费者的不信任，严重时可能会导致消费者的强烈不满和拒绝，进而导致企业丧失已经积累起来的品牌权益和品牌资产；第三，彻底改变品牌标识，和新推出的一个品牌没有大的差别，这不仅意味着过去投入的大量的广告、促销、公关费用的浪费，而且也意味着需要再次投入巨大的品牌传播费用。但并不是说在所有情况下都不能使用彻底更换标识的方法，例如，在以区域文字为主要元素，在面向全球市场的营销传播中不利于推广、有不当含义时；或者品牌标识使用不当、形象被毁、被他人恶意抢注时；或者品牌定位发生重大变化、进行品牌再定位时，都要用到这种方法。

2) 逐步升级

品牌标识更新的另一种方法是逐步演变，就是采取一种迂回的方式对标识和包装不断地进行改变。这种升级标识的方法在实施中每一次改变都不是动"大手术"，而是在继承原标识精髓的基础上进行小的改进和创新，从而积少成多、循序渐进地更新品牌形象。逐步演变更新标识，让消费者觉察不到有大的变化，从而在继续保持对品牌认同感、忠诚度、归属感等都不发生变化的情况下，不断地进行标识和形象的创新，这种方式最容易被消费者接受。绝大部分世界知名品牌，如可口可乐、百事可乐等都尽量避免品牌标识彻底、剧烈的变化，而采取逐步演变式的升级过程，来不断地为品牌注入新鲜感和时代感，从而保持品牌的生命力。

1.4 品 牌 价 值

1.4.1 品牌价值的含义

理解品牌价值的含义必须要有一个明确的出发点。当我们以提高企业的品牌决策和管理水平为目的时，品牌价值应该是指品牌对于企业的价值；而当我们从消费者的角度来进行研究时，品牌价值则主要指的是品牌对于消费者的价值；而从社会角度来探讨时，品牌的价值则体现为一种对社会整体的价值。在有些情况下，我们需要综合考虑这些品牌价值的不同表现方面。基于品牌营销的研究目的，所谓的品牌价值，基本上是指基于企业角度的品牌价值。品牌的价值就是指品牌所具有的在一定的时间区段内给企业带来收益的能力。同时，这种能力具有很强的不确定性，其能力的实现程度受到宏观经济环境、市场竞争格局、消费者偏好以及企业自身状况等多种因素的影响。

此外，还需要强调的是，品牌的价值是一种潜在价值，这种价值的最终实现，一方面存在一定的不确定性，另一方面也需要有适当的条件支持。比如，对于一个拥有知名品牌的企业来说，它可能用较低的成本将这一品牌延伸到一些相关的业务领域。这可以看作是品牌价值的一个表现方面，但这一价值实现的前提是企业决定实施品牌延伸策略并进行相应的投入。

1.4.2　品牌价值的构成

在品牌价值的构成方面，不同学者也给出了不同的分析思路。张昆仑在《商标品牌价值构成探究》一文中认为，品牌价值由劳动价值、质量价值、稀缺价值、服务价值、文化价值、时间价值、渠道价值、欣赏与炫耀价值等要素共同构成。国外关于品牌价值的研究，最经典的表述是大卫·艾克(David A. Aaker)的"品牌价值五星模型"。他认为，分析品牌价值的元素大约有五种：即品牌忠诚度、品牌知名度、品质认知度、品牌联想和其他资产。可以说，当前关于品牌价值构成的论述实际上论述的是品牌价值的表现形式，并且所列举的各个方面之间往往也存在着交叉和重复的现象，因此并没有全面系统地给出品牌价值的逻辑框架。

从品牌形成的角度来说，品牌的价值构成主要体现为品牌建设和维护过程中所投入的货币资本和劳动(尤其是脑力劳动)。但实际上，这些已经投入的资本和劳动只是一种沉没成本，他们能否转化为企业的收益以及收益到底多少已经不完全等同于原来投入的资本量了。所以说，这种对于品牌价值构成的描述仅仅有利于我们对品牌价值的了解，并不能用于对品牌真实价值的评价。基于这种分析，有些学者把品牌建设的成本称为品牌的成本价值，并把它作为品牌价值的一部分的做法是不科学的。

既然品牌的价值就在于给企业带来潜在收益，那么就完全可以从品牌可能带来收益的不同方面出发，来分析品牌的价值构成。品牌的价值至少包括以下几个主要方面。

1. 功能价值

所谓功能价值就是指作为品牌载体的产品所具有的各种功能和质量给顾客带来满足的能力，从另一方面也体现为顾客对某品牌产品的功能和质量的综合评价。从某种角度来说，功能价值的历史成本往往已经转化成了后面所说的信息价值和荣誉价值。我们经常所提及的"顾客满意度"等指标都可以作为衡量品牌功能价值的重要尺度。

2. 信息价值

所谓信息价值就是指品牌使顾客更容易了解产品的相关信息，降低了顾客获取信息的成本并增加了信息的可信度。在产品差异化和多元化的发展背景下，品牌的这一价值得到了越来越多的重视。可以说，品牌的信息价值实际上就是品牌作为一个信息载体所具有的价值。在一般情况下，我们可以用"第一提及率"等指标来作为衡量品牌信息价值的尺度之一。

3. 荣誉价值

如前所述，顾客在购买某品牌的产品之后，不仅获得了产品相关功能的使用价值，同时也获得了品牌中所蕴含的文化价值，这种价值使得消费者得到心灵上的满足和相应的荣誉感。因此我们称为品牌的荣誉价值，或者叫地位价值。从马斯洛的需求层次理论角度来说，品牌的功能价值和荣誉价值共同满足人们不同层次的需求。品牌的荣誉价值往往与品牌美誉度等指标存在密切的联系。当然，对于品牌价值的总量评估来说，还要有一个时间范围和领域范围的界定。比如是否考虑一个品牌延伸之后可能形成潜在价值，这些将在后面的品牌延伸中详细阐述。

1.4.3 品牌价值决定

品牌价值首先是由产品的客观质量或品质决定的，客观质量是品牌价值的内在基础。广告等外在因素虽然可以提升品牌价值，但品牌价值的大小最终还是由产品的客观质量所决定。客观质量高且一致性高的产品，其品牌价值就高。客观质量在卖方市场条件下成了决定品牌价值的唯一因素。在买方市场条件下，客观质量虽然也是品牌价值的决定因素，但其唯一性却受到消费者行为因素的影响。这些因素包括消费者预期质量和感知质量。

消费者预期质量是消费者在没接触到产品之前，在提到某产品名称时所联想到的产品质量。预期质量并不是产品的客观质量，而是消费者根据所获得的信息，通过大脑判断所形成的主观质量。受信息源及消费者自身等因素的影响，消费者预期质量是一个不确定的变量。消费者感知质量是消费者在接触使用产品之后，通过自身体验对产品的客观质量所做的主观解释，是客观内容和主观形式的统一。即感知的对象和内容是客观的，而感知的方式和结果又是主观的。受消费者个性、经验、知识和身体状况等主观因素的影响，感知质量也是不确定的变量。消费者预期质量和感知质量比较的结果就是消费者的满意度。

在市场经济条件下，消费者满意度的大小，是决定品牌价值的重要因素。基于此，企业管理者要想在激烈的竞争中维护并提高品牌价值，就必须重视消费者行为因素对品牌价值的影响。产品的客观质量虽然也很重要，但在导入消费者行为后，可被质检部门界定的客观质量随之也成为一个不确定的变量。而且，产品线中一种产品表现差，就会损害消费者对产品线其他产品的质量预期，即使其他产品的质量客观上都很高。

1. 从消费者角度分析品牌价值

品牌资产价值表现就是品牌产品价值表现。一般来说，顾客购买品牌产品就是购买品牌产品的价值。那么，品牌产品价值是由哪些因素构成的？品牌产品价值是由品牌的让渡价值与品牌的认知价值这两部分构成的。

1) 品牌的让渡价值

参照顾客让渡价值理论，我们引入"品牌让渡价值理论"。品牌让渡价值理论认为，顾客购买某一品牌的产品，必须支付一定的品牌成本，其中有货币成本、时间成本、精力成本和心理成本等。同时，顾客获得一定的品牌价值，其中有产品价值、服务价值、人员价值和形象价值等。这两项指标的差，则成为品牌的让渡价值，是为顾客带来的实际利益。

2) 品牌的认知价值

消费者对品牌价值有一个认知的过程，因而存在品牌认知价值。品牌资产可视为将产品或服务冠上某一品牌之后，所产生的额外收益。因此，品牌资产是品牌所赋予的价值。品牌又是顾客识别产品的一种符号、名称。所以说，品牌价值的大小又与顾客的认知有密切的关系。按照大卫·艾克(David A. Aaker)的观点，品牌资产价值的构成要素为品牌知名度、品牌美誉度、品牌忠诚度、品牌联想以及品牌其他资产、专利、商标。

(1) 品牌知名度。一个全新的产品在上市之初，在顾客当中处于没有知名度的状态。如果经过一段时间的品牌传播，品牌在部分顾客心目中有了模糊的印象，在提示之下能记起该品牌，即到了提示知名阶段。下一个阶段，在无提示的情况下，能主动记起该品牌。消费者在选择和购买商品之前，大多数情况下都要对有关品牌进行考虑，被考虑的品牌构成考虑域。产品的预期质量必须达到一定限度才能进入消费者的品牌考虑域。当产品的品牌知名度过低，消费者的品牌考虑域中就不会包含此品牌，从而也不会产生相应的选择和购买行为；当品牌在市场上处于"领头羊"的位置时，顾客会第一个脱口说出或在购买时第一个记起该品牌，即达到了品牌知名度的最佳状态。品牌知名度的高低取决于品牌的传播渠道、传播方式以及营销模式等。

(2) 品牌美誉度。所谓品牌美誉度，是指顾客对某一品牌在品质上的整体印象，实质是指顾客对该品牌的赞誉程度。它的内涵包括功能、特点、可信赖度、耐用度、服务度、效用评价、商品品质及外观。它是品牌差异定位、高价策略和品牌延伸的基础。有些品牌在知名度上达到了一定高度，但在销售上却没有旺盛的增长趋势，这说明顾客对品牌内在品质尚无太多的认知，自然难以产生购买欲望。

(3) 品牌忠诚度。顾客能够持续地购买和使用同一品牌，即为品牌忠诚。品牌忠诚是一种行为过程，是顾客对某种品牌的心理决策和评估过程，是一种在一个购买决策单位中，多次表现出来的对某个品牌有偏向性的而非随意的行为反应。品牌忠诚度是品牌资产的核心，它由五级构成：品牌忠诚者、品牌习惯购买者、满意品牌购买者、情感品牌购买者、品牌承诺购买者。品牌资产的实质是品牌忠诚，如果品牌没有顾客的忠诚，品牌不过是一个几乎没有价值的商标或用于区别的符号。用营销学来分析品牌忠诚，可以发现销售并不是最终目标，它只是与顾客建立持久有益的品牌关系的开始，即建立品牌忠诚，把品牌购买者转化为品牌忠诚者。一般来说，忠诚度越高的品牌，顾客对其重复购买行为发生的次数越多。所以，某一品牌拥有的忠诚顾客越多，那么该品牌竞争力就越强。

(4) 品牌联想。所谓品牌联想，是指透过品牌而产生的所有联想。品牌联想是在品牌认知的基础上产生的一种顾客行为，它是品牌特征在顾客心目中的具体体现。这些联想往往能组合出一些意义，形成品牌形象。品牌联想提供了购买的理由和品牌延伸的依据。品牌联想的种类包括产品特性、地域、竞争对手、产品属性、生活方式、名人、顾客、应用、价格、顾客利益、无形的价值等。

(5) 品牌其他资产。除了上述品牌的四要素外，其他与品牌有关的资产统称为品牌其他资产。它包括商标、专利、品牌所有者所拥有的客户资源、管理制度、企业文化、企业形象等。总之，顾客的这种品牌认知价值，与企业的营销努力、经营管理水平等有关，还与品牌之间竞争形势的变化有关。

2．从企业角度分析

对企业来说，品牌价值就是在不完全竞争市场上品牌产品差异优势价值带来的超额利润的现金流。准确地说，品牌资产价值就是将品牌资产所带来的现金流量按一定折现率折现成的现值额。品牌的作用大小取决于许多因素，有历史的因素与预测的因素，有企业外部的因素和企业内部品牌延伸策略的因素，其中又有直接因素和间接因素影响。对品牌的成长过程来讲又包括品牌创立、品牌扩张和品牌维护期间的品牌竞争战略的实施。而现在有人将其综合为七个方面，就是品牌的领导地位、品牌的稳定性、品牌面临的市场情况、品牌的地理分布情况、品牌的发展趋势、品牌的支持系统、品牌的保护。因此，品牌的价值体现在品牌与消费者的关系之中。

1.5　品牌的作用及建立

世界著名品牌战略研究专家 L．D．彻纳东尼(Leslie De Chernatony)和 M．麦克唐纳(Mac Donald)在其合著的《创造强有力的品牌》一书中指出："一个企业的品牌是其竞争优势的主要源泉和富有价值的战略财富。"

1.5.1　品牌的作用

现代社会，无论是高科技产品，还是牙刷、洗发液等日常生活用品的销售，品牌均是一个强有力的市场营销工具。特别是计算机和互联网的发展，使品牌已经跨越国界和文化障碍，成为企业与企业、地区与地区、国家与国家之间经济较量的杠杆。品牌越来越成为企业争夺市场竞争地位的主要工具。现代企业已经进入品牌营销的高层次阶段，品牌在现代市场营销和竞争中发挥着越来越重要的作用。正如美国著名品牌策略大师莱瑞·莱特(Larry Light)所断言："拥有市场比拥有工厂更重要，而拥有市场的唯一办法是拥有占市场主导地位的品牌。"如今世界各国的大多数产品都规定要有品牌，创建品牌虽然使企业增加了成本费用，但也可使企业充分利用品牌的作用。

1．品牌是建立品牌差异化竞争的强有力手段

随着产品供过于求，产品的同质化越来越明显，顾客购物趋于理性和成熟。竞争者要在市场中突出其产品优势，必须千方百计地通过强化品牌个性，提供产品附加值，特别是精神价值，来形成产品的独特差异性。近年来中国市场上的彩电价格大战，导致的是一场恶性竞争，用降价来走品牌差异化的道路，最后谁能在这场竞争中生存下来，能否最终成功，其结局是显而易见的。而市场竞争的实践证明，只有品牌体现的差异化，才是竞争制胜的有效手段。

2. 品牌是所有者的标志

目前，市场竞争转化为品牌竞争，其中很重要的一个原因就是品牌代表着一种产品或服务的所有权。从根本上来说，它是财富所有权的象征。谁生产和销售产品已经不重要，重要的是谁拥有这一品牌。世界 500 强进入中国本土设立工厂，实施当地化生产销售。国际著名品牌，如汽车中的奔驰、奥迪、本田、别克；家电中的松下、东芝、索尼、西门子、飞利浦、LG；服装中的皮尔·卡丹、金利来；运动类的耐克、阿迪达斯；电信行业的苹果、三星等产品都在中国的土地上加工生产，均取得了品牌全球扩张的市场效应和增值效应。

3. 品牌是功能特性的标志

品牌从其诞生之初，就与品牌产品的质量保证联系在一起。制造商期望通过品牌建立起产品的质量保证。消费者对品牌的最先认知也是通过产品本身特定的功能特性获得的。

纵观现在的广告促销，有众多产品力图通过广告显示其独特功能而建立起品牌形象。例如，滚筒洗衣机强调其洗衣不损伤衣物；手机、笔记本强调其体积小、重量轻、功能强大；冰箱强调保鲜、节电；彩电强调画面清晰、数字化、网络化等。

4. 品牌是一种象征手段

在服装、化妆品领域，品牌往往容易和有某种特定含义的东西联系在一起，购买者已经把品牌的象征意义和他们自身所要体现的价值联系在一起。品牌的符号和名称转化成另一种非语言所能表述的附加值。例如，像"LV"已经是奢侈品的代名词了，象征着财富与地位；劳力士是成功男士的象征。

中国消费者已注重选择品牌。要问出入服装名店的顾客，他们为什么要选择皮尔·卡丹、爱马仕、迪奥、古驰、香奈儿……他们的回答有着相同之处，他们寻找的是具有鲜明个性的品牌，是最能体现其实际的或渴望的自我概念的东西。

5. 品牌是一种风险减速器

面临市场上越来越多的同类同质产品，消费者都在试图尽力减少购买决策过程中的风险。特别是当消费者在一个新的产品领域面对许多竞争品牌时，他们就会感到有风险。例如，在近年的计算机、新药品、新家电市场中，我们常常会看到一些举棋不定的顾客，他们常常担忧购买的产品是否保险，性能、质量是否可靠，价格、价值之比是否合算，服务是否能长期得到保障，品牌形象是否适合自己的身份、地位，是否体现自我价值等。

6. 品牌代表了产品的附加值

产品是具体解决消费者问题的手段，也是企业达到其目的的手段。产品和品牌的主要区别在于"附加值"。对于同一种功能的产品，消费者之间为什么会出现选择不同牌子的差异呢？这是因为，附加值是一种难以具体描述的情感或人文价值，这些价值通过市场包装、促销、价格、使用方便等市场营销组合要素传递到产品中去。

7. 品牌具有促销作用

品牌对大多数产品来讲具有促销作用。就像洗衣粉这类的品牌有汰渍、立白、雕牌等，都是我们所熟知的，它们的广告都会有各自的强调点。以立白为例，在促销的过程中通过让消费者进行对比实验，一个用立白，一个不用立白，看洗完后的效果，明显立白的效果更佳，从而在消费者心中留下深刻的印象，并对其产生好感，从而树立了自己的品牌形象。品牌的促销作用主要表现在两个方面。

(1) 由于品牌是产品品质的标志，消费者常常按照品牌选择产品。因此，品牌有利于引起消费者的注意，满足其需求，扩大产品销售。

(2) 由于消费者常常依照品牌选择产品，这就促使企业更加关心品牌的声誉，从而加强质量管理，树立良好的品牌形象，促进产品销售。

1.5.2 品牌的建立

1. 品牌建立要遵循一个循序渐进的过程

品牌的建立是一个循序渐进的过程，很多企业只看到了品牌的巨大作用，而一味地将眼光盯在"品牌"二字上，试图通过大量的广告宣传来达到树立品牌的目的，而不是脚踏实地通过加强质量建设、品牌文化建设、企业信誉建设等方面来逐步树立良好的品牌。甚至很多企业为了树立品牌，过度地增加宣传费用和不适当的开支，最终不但没有树立品牌反而加速了企业的衰落，甚至导致企业的破产。因此，企业尤其是中小企业在品牌的建立过程中一定要遵循由小到大逐步发展的过程，坚持以提高产品质量为基础，以科技创新为突破，通过个性化的广告宣传来树立良好的企业品牌。品牌的建立主要有十大步骤。

(1) 决定核心产品。一些集团公司因为长时间的并购以及上市，消费者往往不知道其核心业务是什么，好像他们的核心业务是资产运作。因此，要决定核心产品。

(2) 制定企业目标。制定目标至少5～10年，目标要大胆且成熟。20世纪60年代，汽车普及化是福特公司最清晰的一个目标；迪士尼建立的目标是把欢乐带给世界；索尼的目标是要把产品卖到世界各地去，改变西方对自己产品品质的印象；耐克开始时的目标是打败阿迪达斯，实际上在10年之内它真的超过了阿迪达斯。由此可见，企业需要有一个核心的价值观。

(3) 建立企业识别体系。企业需要解答的是：企业员工是否知道自己企业的长远目标？供应商或经销商是否知道与其业务来往的是一家什么样的公司？顾客怎么看企业形象？这些问题如果回答不出来，就需要做企业形象识别。

(4) 确立消费关系。当企业面对很多消费者时，就要先确认产品品牌跟消费者的关系，包括探讨品牌影响、消费者认定价值、厂商认定价值等。

(5) 制定品牌策略。制定清楚的品牌策略才会有清楚的品牌识别。基本的品牌策略是什么？是单一品牌还是多元品牌，是母体品牌还是副品牌，是企业品牌还是产品品牌。当这些问题弄清楚之后，品牌识别系统才可以调整。每一个企业都应该有品牌架构，这是一个关系企业生存的大事。

(6) 明确品牌责任。很多公司把品牌责任放在新闻中心或者是广告公司，这是不合理的。

比较理想的是建立一个组织体系来对品牌进行有步骤的建设。实际上，一些企业对品牌运作以及运作的流程是什么都不大清楚。这个系统如果只当作所谓的品牌识别手册、企业识别手册，实际上只是一个管理工具。行销或者业务跟传播的功能分开，会影响一个品牌的信誉度。

(7) 整合传播计划。所谓品牌资产形成因素，从商用角度看，比较偏向于企业在公众中的形象，包括销售渠道、相关视觉、视觉形象、产品质量和价值等。这些项目实际上是建立新品牌的工具，然后用这些确定与品牌之间的差距。根据这个基础做行销品牌传播，整合所有的传播渠道和工具，然后用这些工具再去验证品牌资产。不同品牌资产方向有不同的传播方式。一般整合行销传播比较偏向于四个方面：广告、公共关系、促销和直效行销。说到促销、广告、公关，一般人都很清楚，但直效行销是未来的关键。企业与企业之间竞争的关键是掌握了多少有信誉度的顾客。比如，很重要的是维持一个长期代理商的伙伴关系，这个观念在时间当中逐渐完善，长期协助规划整个品牌。

(8) 培育品牌忠诚度。实践证明，20%的顾客买80%的产品销量，面临的挑战就是如何取得20%的顾客资料库。越来越多的数据证明，取得新客户的成本比维持一个老客户的成本高很多。开发新客户的时候，整个公司的营运利润必然会下降，一对一的传播会越来越重要。一对一的传播实际上可以逐渐创造效果。

(9) 健全评估系统。每一年的行销行为的改变都需要一个经常性、持续性的统一的调查方法，以这个评估基础解释整个计划，并做一些调整。

(10) 投资品牌一致。建立品牌是需要时间的，这个过程一定要坚持下去。实际上，当分销的整个关系越来越远的时候，品牌形象可以很明确。然后从持续的全面的角度去运作，天长日久，这个品牌就能建立起来。

2. 中国如何建立自己的品牌

一个好的产品不单只是质量的保障，还需要一个良好的品牌形象，这样才会有更多的客户，才会影响更多的消费者成为自己的忠实客户。所以企业在保证产品质量基础上也应该想方设法地建立品牌形象。现今如果一个企业想在中国市场发展，并不是简单地把东西销售出去，而是如何构造知名度、如何能长久生存。因此，越来越多的人体会到企业的成功和品牌的成功是紧密联系在一起的。在我接触到的很多企业中，都开始考虑怎样建立自己的品牌。在中国品牌的建立，既不可以完全照搬菲利普·科特勒(Philip Kotler)的理论，也不能靠本土"郎中"的营销点子，更不能套用其他国际品牌成功的模式。中国企业真正需要的是来自实战不耍花架子的真功夫。

品牌是一个公司最终的财富，它赋予普通产品或服务特定的内涵，超越了其产品本身。有了产品，不等于有了品牌。

品牌，是一种情感。当不少企业还在卖产品、卖功能、卖个性或者不知道该卖什么的时候，为什么不能给产品添注一些情感，为什么不能用"心"去跟消费者沟通，为什么不能从我们最容易忽视的爱情、亲情、友情、激情、温情、离别之情、相聚之情、等待之情、期盼之情、师生之情、风土人情来出发，甚至用一些最平常、最通俗、最朴实的话语表现出来。那么一个产品的品牌应如何建立呢？可口可乐给出了一个很好的答案，它把自己的产品、自己的品牌映入到消费者的思想里，成为自己的终身客户。可口可乐的执行总裁伍德拉夫就很有经济头脑和锐利的双眼。第二次世界大战伊始，伍德拉夫发表特别声明："不管我们的军队在什么地方，也不管公司要花多少成本，我们一定能让每个军人只花 5 美分就能买到一瓶可口可乐。"随即他就派出了很多技术员带着 64 套生产线被运往世界各地，可口可乐真正走向了世界。这样虽然利润低了，但是却树立起一个别人永远都超不过的品牌形象，并且从思想里影响着他的消费者，吸引了更多的消费者成为他的忠实顾客。可见，品牌的树立不单要从市场环境出发，还要考虑到时政的因素。一个好的品牌并不是一两天就能建立起来的，成功的品牌至少需要好几年时间。一旦品牌建立起来，不管市场如何变化，品牌一般不会随着变化。中国企业中王老吉也像伍德拉夫一样发现了一个绝好的机会，在汶川地震中王老吉的捐款举动，很快地提升了它的知名度，树立起了高大的品牌形象。那么中国企业如何建立自己的品牌呢？

(1) 市场细分。没有任何产品或服务能满足所有人的需要，企业要根据自身产品的特色，对市场进行细分。按照一句市场化的话来说："人无我有，人有我优，人优我特。"因此，如何把握细分市场是个关键。

企业在细分市场中，首先，应从产品的特点去挖掘，发现自己产品本身具有哪些特性，这些特性中又有哪些是竞争对手没有的；其次，让产品去细分客户，根据产品的特性，从而了解自己的目标群体应该是哪些。

(2) 品牌个性化设计。进行市场细分和产品定位以后，便可进行品牌形象设计。品牌形象设计除了需要美工的创新以外，更需要关注的是品牌的内涵。企业在做品牌形象设计的时候，一是美工，二是企业管理人员，决定权归属管理人员而不是美工。这样做的目的是在使品牌具有外观创新以外，更多的是在品牌个性化设计过程中赋予企业文化特色和企业宗旨。品牌形象设计要有一个系统的整体观念，从产品功能、产品包装、产品广告宣传等表达出来的个性要一致。

(3) 经营品牌个性。当一个品牌具有设计得很好的个性时，消费者将与它建立良好的关系，就像日常生活中的人际交往一样。人与人之间的关系与人们的行为、态度有直接关系，消费者与品牌之间的关系也取决于相互之间的行为与态度。

(4) 保持品牌个性稳定。一个品牌绝不是一两天就能建立起来的，成功的品牌至少需要好几年时间，正因为品牌的专一性，所以不管市场如何变化，品牌一般不会随着变化。品牌可以适当调整一下，或者给出一种新的倾向，但它们基本的特性(个性)绝不会变化。只要中国企业按照品牌个性设计、经营的自然规律，为品牌注入独一无二的特质，并持之以恒地坚持下去，与消费者达到互动沟通，扎根于消费者的心中，品牌才能经得起时间的考验，经得起风吹浪打，成为真正的强势品牌。

有效的战略是品牌成功的要素。在品牌管理的过程中，要通过不断研究消费者心理与情感，与他们达到心灵相通，才可以建立长久的品牌忠诚度。有效的品牌管理能够增加品牌价值，然而企业也须将生产、品质控制及物流程序等纳入其整体战略，以提升产品素质，确保消费者能享受最佳的产品，兑现企业承诺，才能将品牌管理的效用发挥得淋漓尽致。所以完备而有效的企业战略，是品牌成功的要素。

建立品牌后还要注重品牌的文化素养。无论是产品还是服务，企业都应以追求品牌的核心价值为目标，既能自主创新，又能满足消费者心灵上的需要或彰显某种文化，这样企业才能渡过艰难时期。好的品牌能够透过品牌达到对人的尊重，大规模的生意不一定值得敬佩，而那些透过出色的品牌管理体现企业文化素养的品牌更值得学习和借鉴。

本 章 小 结

在新的经济形势下，对于品牌的理解会更加的丰富，且对于品牌的需求更加的强烈。因为消费者选择、购买商品，常常依据自己所熟知的商标，因此商标是树立品牌的重要环节。确立自己的品牌，树立自己的品牌形象对于企业的发展是至关重要的。

本章主要从品牌的概念入手，分析品牌的基本属性，了解与品牌相关的知识，以及品牌的特征和功能。在此基础上，我们引申出品牌名称的由来以及什么是品牌标识，并对比分析了国际知名品牌与国内品牌的区别，强调了注册商标的意识对于发展自己品牌的作用。重点介绍了品牌价值及品牌作用。通过本章的学习，可以获取关于品牌的相关知识，对于了解知名品牌有很大的帮助。

思 考 与 练 习

1. 品牌的基本概念是什么？
2. 品牌的基本属性有哪些？
3. 品牌的特征及其功能是什么？具体分析。
4. 对比分析国际知名品牌与国内品牌的异同点。
5. 品牌价值构成及其要素分析。
6. 品牌建立的步骤。
7. 中国企业应该选择何种方式建立自己的品牌？

案 例 分 析

宏碁——告诉你如何选好企业名称

被誉为华人第一国际品牌、世界著名的宏碁(Acer)电脑 1976 年创业时的英文名称叫 Multitech，经过十年的努力，当 Multitech 刚刚在国际市场上小有名气时，一家美国数据机厂商通过律师通知宏碁，指控宏碁侵犯该公司的商标权，必须立即停止使用 Multitech 作为公司及品牌名称。经过查证，这家名 Multitech 的美国数据机制造商在美国确实拥有商标权，而且在欧洲许多国家都早宏碁一步完成登记。商标权的问题如果不能解决，宏碁的自有品牌 Multitech 在欧美许多国家恐将寸步难行。在全世界，以"～tech"为名的信息技术公司不胜枚举，因为大家都强调技术(tech)，这样的名称没有差异化；又因雷同性太高，在很多国家都不能注册，导致无法推广品牌。

因此，当宏碁加速国际化脚步时，就不得不考虑更换品牌。宏碁不计成本，将更改公司英文名称及商标的工作交给世界著名的广告公司奥美(O&M)广告。为了创造一个具有国际品位的品牌名称，奥美动员纽约、英国、日本、澳大利亚、中国台湾省分公司的创意工作者，运用计算机从4万多名字中筛选出1 000多个符合命名条件的名字，再交由宏碁的相关人士讨论，前后历时七八个月，终于决定选用 Acer 这个名字。

宏碁选择 Acer 作为新的公司名称与品牌名称，出于以下几方面的考虑。

(1) Acer 源于拉丁文，代表鲜明的、活泼的、敏锐的、有洞察力的，这些意义和宏碁所从事的高科行业的特性相吻合。

(2) Acer 在英文中，源于词根 Ace(王牌)，有优秀、杰出的含义。

(3) 许多文件列举厂商或品牌名称时，习惯按英文字母顺序排列，Acer 第一个字母是 A，第二个字母是 C，取名 Acer 有助宏碁在媒体资料中排行在前，增加消费者对 Acer 的印象。

(4) Acer 只有两个音节，四个英文字母，易读易记，比起宏碁原英文名称 Mutitech，显得更有价值感，也更有国际品位。

宏碁为了更改品牌名和设计新商标共花费近一百万美元。宏碁没有在法律诉讼上过多纠缠而毅然决定摒弃平庸的品牌名 Multitech，改用更具鲜明个性的品牌名 Acer，是一项明智之举。在不良名称上只有负的财产价值；如今，Acer 的品牌价值超过一亿八千万美元。

(资料来源：杨文京. 全球著名品牌的产品定名案例. 全球品牌网)

思考

(1) 在竞争国际化、品牌化的背景下，能做的最重要的营销决策是否是先给品牌起什么名字？

(2) 从宏碁的案例中能得出怎样的体会？

第2章 品牌识别与品牌打造

【学习目标】

- 掌握品牌识别的内容。
- 了解品牌识别的模式及如何诠释品牌识别。
- 掌握如何动态地管理品牌识别。
- 了解品牌识别的误区。
- 熟悉品牌内涵的打造以及传播。

品牌理论从西方传入我国开始就受到了营销界的热烈追捧。可口可乐、万宝路、奔驰、苹果、麦当劳、微软这一个个强势品牌成了众多企业心中的梦。我们开始跃跃欲试，欲打造自己的"世界名牌"，因为我们自认为已从"西天"取到了品牌的"真经"。于是我们就吹响了创建世界强势品牌的号角，当我们回头审视成果的时候，发现那些曾经辉煌一时的名字：凤凰牌自行车、太阳神、燕舞(收音机)……在市场上早已淡出了我们的视野，留在我们记忆中的只有岁月冲淡的渐行渐远的印象。是什么原因令它们离强势品牌的梦那么遥远呢？原因在于不少业内人士认为品牌战略规划和管理就是做做营销策划、发布广告、开展公共关系和终端促销等活动而已。但实际上，品牌战略规划的主要内容是提炼品牌核心价值，在此基础上创建个性鲜明、联想丰富的品牌识别系统。同时，选择合适的品牌化战略，架构协调、清晰和平衡的品牌结构，以"咬定青山不放松"的韧劲长期传播品牌核心价值和个性，从而达到增加品牌资产的目的。

2.1 品牌识别的内容及作用

2.1.1 品牌识别的内容

品牌识别，其英文为 Brand Identity，国内有的翻译为品牌特性。为了与品牌个性相区别，这里采用品牌识别的译法。品牌识别的概念是美国著名品牌管理专家大卫·艾克(David A. Aaker)教授在《创造强势品牌》一书中提出的。他认为，品牌识别是品牌战略者们希望通过创造和保持能引起人们对品牌美好印象的联想物。从这个定义中可以知道"品牌识别是一种联想物"，目的是为了"引起人们对品牌的美好印象"。品牌识别是品牌的一个部分，强调品牌识别具有引发消费者对品牌积极联想的作用。

我国本土品牌专家翁向东在《本土品牌战略》一书中对品牌识别做了以下的定义：品牌识别是指对产品、企业、人、符号等营销传播活动具体如何体现品牌核心价值进行界定，从而形成了区别竞争者的品牌联想。该定义强调品牌识别是品牌的所有者的一种行为，作用是通过传播建立差别化优势。

大卫·艾克教授对品牌识别的定义体现的是一个联想物，是一个形象，是一个系统；

而翁向东的定义则强调品牌识别是一种行为，建立差异化优势的行为。二者对品牌识别的定义虽然表述各不相同，但是对品牌识别的具体内容看法相似。在大卫·艾克的品牌识别理论中，品牌识别有三个方面的内容，包括品牌精髓(Soul of Brand)、品牌核心识别(Core Identity of Brand)和品牌延伸识别(Extended Identity of Brand)三个方面的内容。而翁向东的品牌识别理论包括品牌核心价值、品牌基本识别和品牌延伸识别。虽然具体的名称不相同，但可以认为内容是一样的。由此可以认为，品牌识别是作为品牌的一种本质属性而存在，而不是一种具体的动作行为。

关于品牌中哪些要素能够成为引起人们对品牌美好印象的联想物，中外专家有不同的看法。表 2-1 中列出了中外专家对品牌识别内容的不同看法。

表 2-1　品牌识别的内容

大卫·艾克	翁向东
产品：产品类别、产品属性、品质/质量、用途用户、原产地 企业：企业特性、本土化或全球化 人：个性、品牌/消费者关系 符号：视觉形象/标识和品牌历史	产品：类别、特色、品质、用途、使用者、档次 企业：领导者、理念与文化、人力资源、品质理念及制度与行为、对消费者需求与利益的关注 气质：即品牌性格 地位：市场占有率、财力与资产规模、管理的先进性、技术领先性 责任：成长性、创新能力、品牌/消费者关系、符号

上述两种模式，虽然归类不同，但其中也有很多的相似之处。从广度上来看，大卫·艾克的最广；从深度上看，翁向东对企业这个维度的挖掘更为深入。为了叙述方便，这里仍采用大卫·艾克的四个维度，只是对每个维度的内容做了细微的调整。

1. 产品

人们常说，健康是一，事业也好，爱情也好，其他的所有东西都只是后面多个零而已，没有了健康，事业、爱情对我们来说都是没有意义的。对品牌而言，产品是一，没有高品质的产品，没有能够给消费者带来价值的产品，品牌的其他方面都只能是没有意义的零。产品是品牌识别的主要内容，也是品牌识别的主要载体，所以，规划好产品层面的识别内容对于提升品牌资产尤其重要。

品牌的产品类别识别是指：一提到某一品牌，消费者就会联想到它是什么产品。例如，当有人提到奔驰时，我们马上会想到高档轿车；提到"IBM"，马上会想到计算机；提到哈根达斯，我们马上会想到冰激凌；提到苹果(APPLE)，就会想到"iPhone"手机。一个品牌的产品类别识别特别突出的时候，消费者一旦需要购买这类产品马上就会联想到该品牌，从产品到品牌的联想远比从品牌到产品的联想要重要得多。让消费者在提到长虹时想到电视机，远没有让消费者在需要购买电视机时想到长虹重要。

强势品牌的一个共同特征就是产品品质卓越。每个企业都知道质量是品牌的生命，所以，品质识别是品牌识别的基础，是品牌参与市场竞争的前提。要做好这项工作必须注意以下几点。

1) 坚持质量第一的方针

质量是品牌的最低保障，必须让全体员工深入理解、贯彻执行该方针，同时还必须有相应的制度和组织机构来监督执行该方针。

2) 树立品牌的全面质量观

品牌品质的含义是全方位的，它包括产品质量、工作质量和服务质量。工作质量是产品质量的保证，产品质量是工作质量的结果。另外，服务质量也是创立品牌与发展品牌的关键。服务质量是否全面、系统，直接影响到顾客的忠诚度。高质量的服务已成了市场竞争的主要优势之一。正因为如此，各知名企业皆不遗余力地强调服务质量。

3) 追求产品品质要持之以恒

国外的市场营销研究证明，要成为行业的领导品牌或强势品牌，需要数十年的努力，实践也证明了这一点。例如，施乐复印机历经 15 年才创出品牌，西尔斯兄弟公司的速溶咖啡历经 32 年才创出品牌。因此，世界上众多品牌企业都十分强调持之以恒地追求卓越的质量。IBM 公司追求"尽善尽美"，德国宝马汽车公司追求的质量宗旨是"力臻完善，永不罢休"。无论是产品质量还是服务质量，都应全力杜绝失误，一旦出现重大失误，品牌形象必定会受到严重损害。树品牌难，毁品牌却是瞬间的事，正因为如此，更应该时时刻刻强调品质。

4) 准确理解高品质的含义

一般情况下，品质越高，品牌的形象越好。但是，也应该注意到，这里我们强调高品质是指适当的品质，即与品牌承诺和品牌定位相匹配的品质。原因在于，质量越高，加工越困难，成本也越大，过高的质量，特别是对消费者的需求来说，冗余的质量只会徒增产品的成本乃至价格，降低品牌的市场竞争力。

5) 彰显消费者身份、地位的产品

特别是奢侈品，要以优异突出的品质为基础，以配套的营销组合，突出这类品牌的产品档次，以便同消费者的身份和地位相一致。这类品牌严禁向下延伸。派克钢笔曾经是名贵笔的代名词，但自从向下延伸到 30 元一支的笔后，很少有消费者愿意购买 1000 元以上的派克笔。派克原以为可以通过式样、颜色等来区分不同档次的钢笔，但消费者却往往没有相应的背景知识或精力来区分。

2. 企业

企业是生养品牌的父母，它给了品牌最初的品性、文化、期望。任何产品都或多或少地具有一定的企业联想，即从品牌到企业的联想，这种联想也可以成为品牌识别的一部分。从企业层面来建立品牌识别，原因有二：第一，许多行业由于产品和技术同质化严重，很难从产品的属性、使用者和用途上建立鲜明的品牌识别。产品可以是相同的，但是生产产品的企业却可以是千姿百态的。从企业层面规划品牌识别，可以为我们提供许多实现鲜明识别的方法和素材。第二，突出品牌的企业识别有利于提升品牌延伸的杠杆力。对于使用综合品牌战略的企业，如果该品牌的产品类别和产品属性过于突出，那么将极大地限制该品牌的延伸能力。例如，"荣昌肛泰，治痔疮，快！"这句广告词知名度相当高，但是，试想一下，"荣昌"二字还能延伸到其他产品吗？有人说，食品不行，药品总行吧，那么，请问有哪个消费者愿意服用荣昌牌感冒灵或荣昌牌急支止咳糖浆？

应注意，品牌识别中的有些属性，有时既可以归为产品属性，又可以归为企业属性，甚至是二者的结合。如果品牌识别主要与产品优点、功能、用途或使用者相关，那么应归入产品属性，如潘婷的"含维他命原B5，头发当然亮泽"。如果品牌识别主要与企业的文化、价值观、传统历史等相关，那么就归入企业属性，如"IBM就是服务"，这主要体现了企业的理念和文化。有时很难把品牌的产品属性和企业属性区分开，例如，沃尔沃的"安全"识别，既是产品本身的一种属性，同时也是企业长期坚持提升驾乘人员的安全性。对安全技术研究的强调和对各种最新安全设备的采用等都凸显了企业的安全理念，这里很难把企业属性和产品属性区分开。其实，区分品牌识别中的产品属性和品牌属性并不重要，重要的是要知道二者都可以为品牌识别增添光彩。

有的企业很幸运，有一位能清楚代表企业形象或表达企业理念和文化的领导人，这个人往往能够让企业的新闻稿更有新闻价值，进而带来成本低廉的曝光机会。比如说，比尔·盖茨(Bill Gates)或柳传志受邀在全国性媒体中出现或讲话时，微软或联想旗下的所有产品都会免费得到宣传的机会。如果企业的创始人也具有类似的个性，则能让企业更加个性化，从而有助于与消费者建立良好的关系。例如，沃尔玛的老板山姆·沃尔顿(Sam Walton)，很多人认为他很有说服力，也很讨人喜欢，可以这样说，沃尔玛与消费者的良好关系多来源于此。

如果企业领导人的个性与企业品牌的个性一致，那么就应该特别注意对企业领导人进行专业的包装和策划，使二者相得益彰。这方面的典型代表首推红牛的创始人马特希茨(Mateschitz)，马特希茨是狂热的极限运动爱好者，他身上的极限运动精神与红牛要表现的勇于挑战、每天精力充沛有着相得益彰的作用；他每天至少喝10罐红牛，这本身就是"红牛的活招牌"。国内企业也有类似的例子。柳传志与联想、张瑞敏与海尔、段永平与步步高、王石与万科、俞敏洪与新东方，这些企业家对其品牌识别的推动无论怎么估计都不过分，他们各自的性格和行为魅力都为企业品牌的识别增添了无穷的魅力。企业领导人是品牌核心价值和企业文化理念的人格化象征，在中国这样一个崇拜英雄的国度，企业领袖对品牌的提升作用就更为明显了。

目前，国内很少有企业对其领导人进行专业的包装策划，大多是一些无意识的、不系统的或应急式的宣传。然而，系统的宣传策划必须首先对产品的特点、消费者的心理、竞争品牌的特点、企业领导人的个性特征等进行综合分析，提炼出与品牌识别相一致的领导人形象，这样才能相互配合、互相促进。海信集团根据周厚健本人的特点和海信品牌识别的需要，把周厚健的形象定位为"稳健、创新、睿智、厚道、志存高远"。对他的宣传及接受媒体采访都围绕这个定位来开展。

企业领导人形象的塑造方式很多，如卓越的价值观、非凡的胆略、创新精神、以人为本的理念等，甚至是富有生活情趣、热爱体育运动、擅长舞文弄墨与吟诗作赋等。如果与品牌识别相匹配，或者说只要与品牌识别不矛盾，都能为提升品牌识别添砖加瓦。例如，王石的登山探险、段永平的高尔夫球技、张瑞敏深厚的哲学与中国古文化功底等。关于企业领导人的形象塑造，翁向东提出了八项重点，分别从领导人与消费者、竞争者、合作伙伴、社区、政府、媒体、内部员工和股东八个方面的关系入手。从某种意义上说，企业领导人就是企业人格化的综合体现，他的行为必须与企业形象相一致。

3. 品牌就是人

品牌的拟人化，即把品牌看作一个人，可以使品牌认同更丰富、更有趣。和人一样，品牌也会有各种不同的认同和"牌格"，例如真诚、值得信赖、风趣幽默、青春时尚等。海尔就给人一种真诚、值得信赖的感觉，好像生活中一位可靠忠诚的朋友。通过品牌拟人化来塑造品牌认同有利于建立强势品牌，原因在于消费者通常会选择符合自己个性或能够表达自己思想的品牌。2014 年，通过调查发现，可口可乐和百事可乐的人格可以分别描述如下。

可口可乐，40 岁左右，已婚，乐观进取、积极向上，打扮成熟，热爱生活，关注时事新闻，喜欢跑步和网球等运动。

百事可乐，20～30 岁，未婚，性格外向、活泼、勇于尝试，打扮新潮、前卫，关注流行时尚，喜欢足球、舞蹈等运动。

同样是可乐，在消费者眼中的形象却各不相同，可口可乐是一个中年化品牌，而百事可乐是一个年轻化的品牌。这也就是为什么时尚前卫的年轻人越来越多地选择百事可乐的原因。下面从两个方面来阐述这一主题。

1) 品牌个性

个性(Personality)原本是心理学上的概念，它指个体之间相互区别的独特特征，这些特征导致个体对环境的行为和反应有所不同，而且这种不同具有一定的持续性。现在"个性"一词已经扩展到产品品牌甚至一个城市、地区、国家。杭州的妩媚、苏州的精致、拉萨的神秘、重庆的火辣、成都的休闲、长沙的娱乐，简简单单的一个词就把一个城市的魅力凸显纸上。具有个性的人物总是令人难忘的，戏剧大师卓别林的一撮毛毛虫似的胡子、大礼帽与他的滑稽表演已成为其个性中不可分割的一部分。品牌也不例外，它就像一个人，有自身的形象和内涵，而具有特殊文化品格和精神气质的品牌，无疑是最具有吸引力的。

此外，消费者在与品牌互动的某些时间里，他们会把品牌当作一个真人。尤其是当品牌是附着在衣服或汽车等具有象征意义的产品上时，许多消费者会给这类产品一个昵称，如宝来轿车的驾驶者常称呼其坐骑为"宝宝"。即使使用者没有为这类产品起个昵称，常常还是听到消费者以拟人化的口吻谈起它们，例如，"我的汽车出毛病是想激怒我"，"我的计算机休息一会儿后心情会好一点儿"。

哈雷摩托车是品牌个性塑造较为成功的例子之一，哈雷摩托车不仅仅是一辆摩托车，它还是一种经验、一种态度、一种生活方式、一种表现身份和个性的工具。

虽然说个性要突出鲜明，但凡事应有一个度，鲜明的个性迎合了一部分消费者的心理，但也会妨碍其他潜在顾客对品牌的选择。例如，高价位的产品常给人一种世故的感觉，因而要调和这种个性的负面效应，可利用大众化的幽默感，嘲讽自己，从而软化个性中尖锐的部分。

2) 品牌与消费者的关系

强势品牌的一个突出特征就是与消费者建立了信任、友好、亲切的关系，这些品牌已成为消费者生活中的朋友。前面已经指出，品牌可以拟人化，这样，品牌与消费者关系就变成了人与人之间的关系，鲜明的品牌个性又能深化这种关系。

一般总是从消费者看待品牌的角度来研究品牌与消费者的关系，既然品牌可以拟化为人，那么它自然也可从自己的角度来看待消费者。国际研究公司的麦克斯•布莱克斯顿(Max Blacksten)以实证研究证明了品牌看待消费者角度的存在。它把二者的关系假设为医生与病人的关系，如果病人认为该医生有技巧、细心、有趣，那么可以断定病人是认可这位医生的。但是，一旦病人认为医生对其有看法甚至看不起他，二者的关系就会发生变化，这种情形下病人很难认同医生。这种描述也适用于品牌与消费者的关系。所以，麦克斯•布莱克斯顿认为很有必要研究"消费者认为品牌是如何看待他们的"。

品牌个性可以从多个方面来提升品牌识别：①品牌个性可以是使用者表达认同的工具，个性越鲜明，自我表达越清晰；②品牌个性有助于建立品牌与消费者的关系；③品牌个性能有效地代表和揭示其优异的功能或产品属性。

鲜明、突出而又符合目标消费者心理的品牌个性是一项持久的竞争优势，是提升品牌认同和实施有效沟通的有力工具。所以，个性鲜明的品牌应该考虑加强它的个性，使之成为品牌识别中的一个杠杆点。没有个性的品牌是脆弱的，就像静止的要塞一样容易受到攻击。

4. 符号

品牌符号包括名称、标志、标准色、象征物和包装等。一个成功的标志符号是品牌个性的浓缩，是品牌与竞争者形成区别的基础。品牌符号承载了一个品牌的大部分信息。品牌标志是消费者获得关于品牌视觉形象的主要载体，它把产品特征、品质以及核心价值和理念等要素融合成符号传播给消费者和公众。品牌标志既可以由品牌名称构成，也可以是一些抽象的图形，或者是二者的组合，因此，品牌标志既包括语言成分，又包括非语言成分。

标志设计需要考虑设计原则、风格、方法和标准色的应用，由于这属于平面设计的内容，所以这里就不展开探讨了。这里仅以奔驰轿车的标志(三叉星徽)为例做一简单分析。自1900年12月22日戴姆勒汽车有限公司(Daimler AG)的首辆梅赛德斯(Mercedes)汽车问世至今，梅赛德斯-奔驰公司总共生产出了近2 000万辆梅赛德斯-奔驰(Mercedes-Benz)汽车，梅赛德斯三叉星徽成为世界最知名的品牌之一。1909年，戴姆勒根据儿子们的提议，正式将三叉星徽作为其品牌标志推出。三个叉分别代表动力化的三个分支：在陆地、在水中以及在空气中。与标志相辉映的品牌承诺也有三项：卓越的工艺、舒适和风格。经过几代人的不懈努力，今天梅赛德斯已是世界上最成功的质量上乘的高档汽车品牌，其三叉星徽不仅为全世界广泛认知，而且成为非凡技术实力、上乘质量标准和卓越创新能力的品牌象征。梅赛德斯-奔驰品牌的个性恰如其创始人所说："我们的车是工程师们精湛工艺的凝结。"今天，无论在地球上的任何一个角落，只要你看到车头前有一个三叉星徽标志的梅赛德斯-奔驰牌汽车，它都诠释着这样一种品牌价值：个人成就的外在象征、安全和舒适的结合、经典和恒久的统一。

关于象征物前面已有论述。包装也是符号系统中一个不可或缺的因素。优秀的产品包装能增加产品在货架上的吸引力。超市中产品摆放在货架上，直接与消费者接触，有些产品的包装设计甚至比品牌名称更能吸引人；同时，包装也是产品价值的重要体现。所以，包装设计无论在图案、色彩还是造型、材质上，都是需要巧妙构思的，它直接决定了消费者能否对品牌一见钟情。

2.1.2　品牌名称的作用

成就品牌是从命名开始的，一个好的名字，对品牌策略的形成以及后续的发展至关重要。孔子说过："名不正，则言不顺；言不顺，则事不成……"一个好的品牌名称是品牌被认知、接受、满意乃至忠诚的前提。品牌的名称在很大程度上影响品牌的联想，并对产品的消费产生直接影响。品牌的名称作为品牌的核心要素甚至会直接导致一个品牌的兴亡。

因此，一个企业一开始就要确定一个有利于传达品牌定位方向，且利于传播的名称。品牌命名的目的是尽可能服务于营销。我国台湾地区在一年一度的"行销突破奖"评定中，特意设立了"最佳产品命名奖"，把品牌命名纳入行销最主要的一部分中。正因为人们品牌意识的增强，企业才开始感到一个名称的好与坏对于品牌能否畅销有很大关系，甚至花数倍的广告费远不如起个好名字。因而，品牌命名的重要性便成为一种不可逆转的趋势。

有的企业在开发出新产品时，委托专业的命名专家来设计并制定品牌名称。这些对命名有专长的人才，一般是文学或语言学专家，他们能熟练地利用语言要素进行构词，能利用英语词根组成新词。国内外均有专门为品牌设计名称的机构，它们的主要业务就是命名，给产品命名已成为一个产业。随着工商业的发展，商品越来越多，而给产品命名变得更加困难，要设计并制定一个新颖不重复的品牌名称已不是一件容易的事。随着其他边缘科学的发展，品牌命名已成为一门学科。与此相适应，就出现了一些专业的命名机构，于是品牌命名产业应运而生。目前，全球著名的命名机构有英国的国际品牌集团(Inter brand)、新标志公司(Nova mark)和美国的命名风暴公司(Name stormers)、兰多(Landor)、词霸命名公司(Lexicon)及命名实验室 (Namelab)。与其说它们是命名机构，不如说它们是品牌发展机构。因为除了命名以外，它们还从事更多的工作，如 Inter brand 是一个集品牌评估、咨询、设计于一体的全球性著名品牌发展机构，是品牌理论研究和实践的先驱者，它每年为全球评定世界驰名商标，十分权威，命名仅是它从事的业务之一。品牌名称的作用主要体现在以下几个方面。

1. 有利于累积品牌资产

品牌资产需要长期积累，消费者对品牌的认知度、美誉度、联想、忠诚度等都是从品牌名称开始的。如果没有一个好听、好说、好记、好联想的名称，人们很快就会忘记，那么品牌资产的积累从何谈起呢？

2. 提升品牌档次和品位

人们从品牌名称中就能解读出品牌个性和品牌文化。好的品牌名称，洋溢个性，耐人寻味，引发形象而优美的联想，给顾客留下美好深刻的印象。例如，宝洁公司的护舒宝卫生巾，中文非常贴近产品特点，而其英文"Whisper"意思是：低声地说、私下说、悄悄话；中文和英文的发音也很优美，音调基本一致，这是一个非常优秀的成功的商品命名。能如此讲究和重视品牌名称的企业，其产品本身就很值得尊重和信赖。

3. 便于塑造鲜明的品牌识别

优美、个性的名称,易于识别,易于编织品牌故事。例如,法国的"Guess"女装,意思是"猜",非常形象、生动、有趣。我国的"七匹狼"(Septwolves)命名起点是一部电影,"七匹狼"巧借其名,并且深入地进行文化挖掘,很聪明地将狼的勇敢、自强、桀骜不驯等特点与男性休闲服装联系起来。聘请响彻全国的流行歌曲《狼》的作者,也是演唱者齐秦做形象演绎,相得益彰。好名字能演绎优美的意境或爆发轰动的效用。

4. 好的品牌名称易于传播

一个不能引导顾客产生美好联想的品牌名称,在开拓市场时,将不得不投入更多的宣传费用,即便如此,其品牌识别和品牌文化仍很难塑造,这是先天不足。相反,一个优秀的品牌名称,将减小品牌推广阻力,可以大大减少品牌推广成本,这就是名称的力量。

特别要强调的是,品牌名称对不同行业的不同产品其作用是有明显差异的。对于日用消费品、时尚产品,特别是服装服饰行业,品牌名称的力量更大,名称对于品牌的意义更大。因为人们购买的除了具有服饰功能的衣服外,还得到了他所希望的品牌风格、身份、文化、时尚等,后者正是品牌的意义和魅力所在。对于机械制造等生产原材料和制成品企业,如一家铝合金门窗或标准件的生产企业,品牌名称的作用就弱化得多,机械产品更重视产品的数据指标、规范和过硬的产品质量。

2.2 品牌识别的模式及其诠释

2.2.1 品牌识别的模式

不同的行业、产品可以根据各自具体的特点选择不同的模式和框架。如果把四类品牌识别工具或来源视为法国大餐的"原料",那么,品牌识别模式就是不同的菜系,而具体的品牌识别就是那一道道美味可口的法国菜肴。

在大卫·艾克的品牌识别理论中,品牌识别模式有三个方面的内容,包括品牌精髓、品牌核心识别和品牌延伸识别,如图2-1所示。而翁向东的品牌识别理论包括三个方面内容,分别为品牌核心价值、品牌基本识别和品牌延伸识别。虽然具体的名称不相同,但可以认为内容是一样的。下面重点介绍大卫·艾克的品牌识别框架。

1. 品牌精髓

提炼品牌精髓往往为品牌识别提供了更多的着眼点。品牌精髓并不只是简单地把一堆反映核心识别的词组串为一句话或一段话,这么做除了复述一遍核心识别外没有其他任何意义。相反,品牌精髓在捕捉品牌内涵的同时,还要从稍微不同的角度来诠释品牌内涵,品牌精髓是品牌核心识别各要素的黏合剂,是核心识别各要素协同工作的平衡点。

品牌精髓必须具备两个特征,即与消费者共鸣和推动企业的价值取向。它是品牌所专有的,能持续不断地造成本品牌与竞争品牌的差异化,它必须不断向企业员工和合作者进行灌输和激励。即使非常简单的话,如飞利浦的"让我们做得更好"等,也会对认真思考和品味其中含义的人们有所启发。

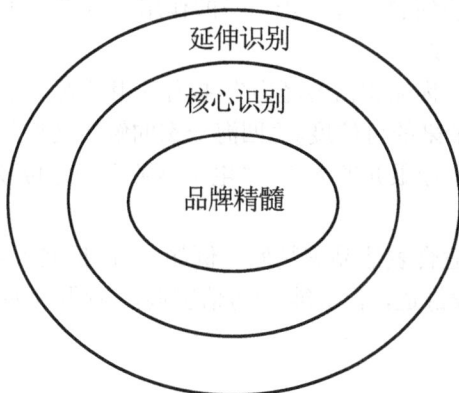

图 2-1　大卫·艾克品牌识别模式

出色表达品牌精髓的语言往往耐人寻味，从而广为人知。耐克的品牌精髓是"超越"，它包含了耐克品牌识别的各项内容，如卓越的技术、一流的运动员、进攻型的人格、生产跑鞋的历史和附属品牌"飞腾乔丹"以及所有希望超越的人们。

品牌精髓要考虑的问题很多，但关键的有两个。一个是品牌是什么，另一个是品牌能为消费者做什么。后者又包含两个问题：是以理性的诉求强调功能性利益，还是激发与品牌内容相关的情感。功能性利益是"里"，情感性利益是"表"，没有功能性利益，情感性利益就会成为无根之草。在产品日益同质化的今天，情感性利益往往成为消费者对品牌识别认同的主要驱动力。提炼品牌精髓更要突出以下三个特点。

(1) 差异化。品牌精髓应是独一无二的，具有可识别的明显特征，并与竞争品牌形成鲜明区别。

(2) 感召力。品牌精髓还必须能引发消费者的共鸣，拉近品牌与消费者的距离。

(3) 包容力。一是空间包容力，品牌精髓应包容企业的所有产品，并且为企业日后进行品牌延伸留下充分的空间；二是时间包容力，品牌精髓一经设定，便应咬定青山不放松，使品牌内涵能延续百年，成就百年品牌。

例如，沃尔沃宣传的重心一直是"安全"，从未曾听说沃尔沃头脑发热去宣传"驾驶的乐趣"。久而久之，沃尔沃品牌在消费者大脑中就留下了明确的印记，获得了独占的山头。但这不是说宝马就不够安全，驾驶沃尔沃就没有乐趣，而是在核心利益点的宣传过程中必然要有主次之分。沃尔沃能成为全美销量最大、最受推崇的豪华车品牌，与其对品牌核心价值的精心维护及在企业的经营活动中忠实地体现核心价值是分不开的。沃尔沃不仅投入巨资研发安全技术，而且其广告、公关也总是不失时机地围绕着"安全"的核心价值而展开。

品牌精髓不等同于广告口号，二者的区别如下。

(1) 品牌精髓反映品牌识别的内容，它的主要功能之一是与企业内部人员进行交流和激励，而广告口号反映的是品牌定位或传播目标，其作用是与企业外部人员沟通。

(2) 品牌精髓是永恒的，或者至少说会存在相当长的时间，而广告口号一般寿命有限。

(3) 品牌精髓能跨越市场和产品类别，而广告口号则局限在一定范围。在找到有效的品牌精髓表达方式的同时也能使它发挥广告口号的作用，这看上去固然是好，但如果强求二者兼顾则犯了本末倒置的错误。

"IBM"的品牌精髓是"你能相信的魔力"，抓住了其产品和服务员有价值的内容和公司的长期历史、规模和实力带来的可信度。"四海一家的解决之道"这句广告口号针对的是寻求便捷的解决方式和具有全球眼光的人士。"电子商务"的定位使"IBM"成为他们寻找电子贸易帮手时的首选。

众多的广告口号并不适合表达品牌精髓，例如，"你雅虎了吗？""娃哈哈，今天你喝了吗？""味道好极了""我舒适，你节能"(海信空调)"看得到的品质，尝得到的VC、VE"(纳爱斯)。

2. 核心识别

品牌核心识别是对品牌精髓的具体化，具体体现一个品牌的本质，是品牌持续发展和沟通的原则性信息，而且不会随时间的流逝而改变。例如，海尔——真诚到永远；米其林轮胎——为懂轮胎的驾驶者制造的先进轮胎；特步——飞一般的感觉。

通过考察以下四个问题就很容易找到品牌的核心识别：品牌的灵魂是什么？品牌背后的根本信仰和价值观是什么？企业的竞争力是什么？企业的理念和文化是什么？

有时广告口号只能抓住核心识别的一部分，例如，麦斯威尔咖啡的"滴滴香浓，意犹未尽"，高露洁牙膏的"清洁牙齿，清新口气"。

3. 延伸识别

延伸识别包括除核心识别之外的所有识别要素，它使品牌识别内涵更加丰富，为核心识别增添色彩，让品牌理念更加清晰，让品牌精髓落到实处。核心识别往往过于简化，无法让品牌识别充分发挥作用。延伸识别包含了许多品牌营销计划和品牌传播的细节。举例来说，"为客户带来安全感"是一家保险公司的核心认同，从这里我们不但可以知道这是家保险公司，而且还可以推断出其服务对象。但是，宣传这个核心认同的策略却不止一个，例如，可以宣传公司的财力和从业历史，可以宣传防患于未然的重要性，也可以宣传对人的照顾和关爱。具体选择哪个方案，在分析了市场需求、竞争者特色和企业的传统与特点后马上就可以找到答案。

2.2.2 诠释品牌识别

品牌精髓往往高度浓缩，品牌的核心识别虽然是品牌精髓的具体化，但也仅仅是几句话或几个词的概括。这种简洁的表达方式虽然易于传播和记忆，但也容易引起歧义甚至是误解，从而无法对品牌识别的塑造进行引导和激励。延伸识别有助于解决歧义问题，但准确地找到合适的词组成句子来反映核心识别是一件难事。但不能因为困难就除去诠释品牌识别，因为准确地诠释品牌识别有三个目的：①可以减少歧义，从而便于确认各种决策和计划；②清晰的诠释有助于企业决策者理解品牌识别，明确品牌差异，从而更好地与消费者进行沟通；③诠释品牌识别的过程本身就是一个制定品牌塑造方案的过程。

大卫·艾克归纳了四类品牌诠释的操作方法，如图 2-2 所示。

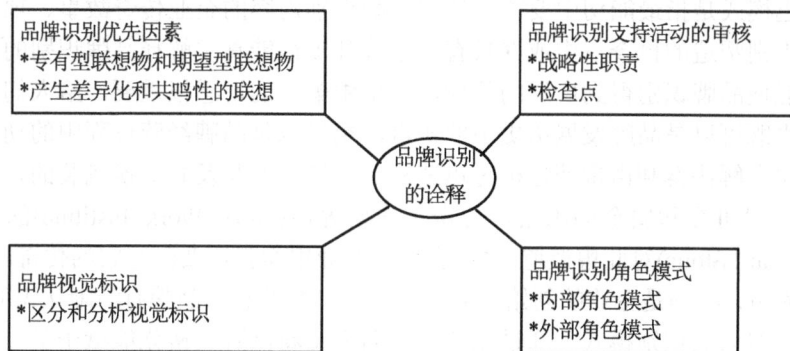

图 2-2 品牌识别诠释方法

1. 品牌识别支持活动的审核

一个企业围绕品牌识别塑造的活动和项目很多，管理者必须通过认真的审核来确定哪些能够真正支持创建和传播品牌识别，从而找到判断取舍活动项目的标准和方法，这一步骤有助于具体形象地解释品牌识别的内容。

品牌识别的内容蕴含着品牌和企业对消费者的承诺，实现这些承诺需要企业具备相应的资产和能力，企业必须为此进行投资。而战略性职责的目的就在于说明企业为了完成品牌识别的基础工作必须经过的序列步骤。任何时候创建品牌都需要一个清晰的时间表和资金预算的投资规划，战略性职责就是为了考察品牌战略的可行性和投资的重点。例如，一种家用清洁产品希望塑造成高附加值的品牌，其核心识别是使品牌成为产品质量极具竞争力的高附加值品牌，其战略性职责包括：一是成为低成本的制造商；二是建立具有成本意识的企业下属单位。如果企业没有低成本优势，那么这个品牌战略本身就是不现实的。从这里我们也可以看到战略性职责与企业竞争战略之间的关系，战略性职责是为了检验品牌战略与企业竞争战略之间的关系。如果企业具有清晰的竞争战略，建立品牌识别的工作就相对容易些，反之则会举步维艰。在另一种情况下，战略性职责借助品牌识别来配合竞争战略的梳理。

支持性活动的另一个内容就是检查点。检查点就是指为核心识别提供基础的项目、建议和资产，它有助于品牌识别的传播。战略性职责涉及的通常是耗资较多、风险较大的工作，而检查点就相对较多而且可以马上实施。例如前面提到的低成本家用清洁产品，其检查点至少应包括：低成本生产的技术能力；有保障的低成本的原材料和劳动力；产品生产是否存在规模经济，如果是，最小规模和最佳规模是多少及其相应的投资额是多少；是否具备相应的资金；目标消费者对该类产品的重点关注点是否是低价格等。

2. 品牌识别角色模式

如果单单把品牌识别内容当成传播的教条，那么很可能会导致歧义，形式也会比较枯燥。确定品牌识别的角色模式能丰富品牌传播内容，使其富有感性，从而促进和引导品牌识别的塑造工作。大卫·艾克提供了两种角色模式：内部和外部角色模式。

1) 内部角色模式

内部角色模式是指最能切中要害，体现品牌识别内容的企业传奇故事、项目、活动和人员。品牌识别塑造的检查点中或许只有一项或几项最能真实解释品牌识别的内容。公司的经典故事能使品牌识别得到广泛的传播，故事中蕴含的情感很重要，给人们以启发和感动。这些故事既可以是品牌发展历史中的传奇，也可以是品牌经营过程中的动人故事。例如，强生公司在解决泰利诺毒药危机时迅速从商店撤下产品及时更换包装的行动，就很好地体现了公司对可靠和安全的承诺。传奇工作研究所(Story Work Institute)的领导人理查德·斯通(Richard Stone)对此曾谈道："改变一个企业组织就需要改写它的传奇。"

企业的人员，特别是企业的创始人或者是高度知名并且对品牌有清晰认识的 CEO 都可以作为企业强有力的识别模式。通过企业的知名人士将品牌人格化能赋予员工和合作者明确的、情感性的责任。如果公司或品牌的创始人的形象能够作为品牌的人格化符号，他们的影响就会更加明显。微软(Microsoft)的比尔·盖茨和维珍(Virgin)的理查德·布朗逊(Charles Branson)的形象广为人知，虽然他们不是直接的具体品牌符号，但对企业员工和消费者的影响是显而易见的。当然，这只是品牌人格化的一种方式。另外，我们还可以通过品牌代言人的方式使品牌人格化，典型的例子就是耐克的迈克尔·乔丹(Michael Jordan)。同样，企业员工也可以代表品牌形象，例如，海信品牌传播中的工程师形象的员工。

2) 外部角色模式

内部角色模式通常存在于品牌的背景中，因此效用往往很好，但它们也主要局限在企业内部已完成的工作中。因此，我们也需要从外部捕捉更多的相关内容来丰富角色模式，从而使品牌识别更具影响力和想象力。

(1) 可以从不同行业的成功强势品牌中寻找自身的外部参照模式，既可以是本企业欣赏的品牌，也可以是与本企业设想一致的品牌。

(2) 深入了解已找到的模式，分析其优点何在，它是如何赢得其目标消费者厚爱的，它有哪些故事和内部角色模式，它的相应支撑点是什么，它代表的文化是什么等。

(3) 聚焦于自身品牌的核心识别元素，主要目的是检查还有哪些品牌也关注同样的内容。通过这些不同种类产品品牌的类似核心识别，可以找到建立和阐释品牌核心识别的多个角度。

(4) 进一步分析具有类似品牌核心识别的角色模式，考察哪些是正面的，哪些是我们为建立自身品牌核心识别正在寻找的，哪些能有效地传播识别内容。同样，也要分析哪些品牌为这一核心识别所建立的识别模式是负面的，原因何在，哪些品牌未能有效地传播这一识别。这样正反两方面的分析既有助于我们找到借鉴之处，又可以避免犯类似的错误。

3. 视觉标识

视觉标识是把品牌识别视觉化，这一点前面已经提及，但这里还要进一步强调的是，选择视觉标识一定要以消费者的理解为基础，让他们来选择最能阐释品牌核心识别的图形。

4. 品牌识别优先因素

品牌识别的来源共有 17 项，它是对品牌全方位的展示。那么，如何从众多的识别因素中找到优先需要塑造和传播的因素呢？确定这一问题的一个标准就是其在阐释和传播品牌精髓和核心识别过程中的作用程度，另一个方法就是确认和比较不同的视觉形象的影响力。

许多成功的历史悠久的品牌都有人们非常信赖的联想内容，但同时也有老化和迂腐之嫌，这时需要做的就是区分品牌联想中哪些是需要保持的，哪些是需要加强的，哪些是需要削弱的，哪些是需要增加的。上述区分完成后，下一步工作就是选择哪一项工作应该优先，选择的标准有两个。

(1) 现有的联想能否承担参与市场竞争的重任，是否需要新的联想物来替代。

(2) 引入新联想物的理由是否充分，基础何在。请注意，引入新联想物的举动风险是非常大的，因为这有可能与原有的核心联想物不匹配，从而损害核心识别的建立。

一旦企业决定引入新的联想物，下面两项工作不容忽视。首先，新联想物的选择问题。应该引入什么样的新联想物，至少有两个标准：一个是差异化，差异性是建立强势品牌的关键，是品牌发展的重要动力，失去差异就等于失去生机和活力；另一个是能否与消费者产生共鸣，无法与消费者产生共鸣的联想物是很难被市场所接受的，这会为以后的传播增加许多困难。其次，新联想物的内部传播工作。所有的员工和合作者都是传播对象，只有内部对新联想物的认识没有偏差以后，对外传播才能顺利成功进行。内部认识的偏差往往是外部传播失败的根本原因。

品牌识别一经正确阐释，就需要对内、对外传播，常用的方法是：品牌代言人演讲；制作品牌传播录像带，如众多电视厂家制作的在售点播放的录像带，但遗憾的是很多企业并没有在这里很好地阐释和传播品牌识别的内容；撰写特定书刊，如沃尔沃的《传播沃尔沃汽车：世界上最伟大的品牌之一》；编制品牌手册，用以准确说明品牌识别，品牌识别的表现形式和传播策略以及执行准则；整理企业故事和典故；制作内部员工和合作者的家庭学习材料。

品牌识别从设计直接进入传播阶段往往会导致传播方案脱离整体的识别系统，甚至是错误地阐释品牌识别的内容。通过广泛地注释品牌识别和审查品牌识别的塑造活动，可以帮助企业实现高效协调的传播工作。

2.3 品牌识别的动态管理及其误区

2.3.1 品牌识别的动态管理

品牌识别必须长期始终如一地在品牌精髓的统率下，经过长期坚持不懈地塑造才能发展，但这并不意味着墨守成规、停滞不前，而是要持续保持旺盛的生命和活力。众多品牌的身影伴随着时间的流逝一批批地淡出了人们的视线，但有时我们也惊喜地发现，时间老人也给我们留下了一批弥足珍贵的百年金字招牌。他们因厚重的历史沉淀彰显出持久的魅力，同时也因为始终与时代的脉搏一起跳动而永葆青春活力。这说明，品牌识别在保持品牌精髓持续稳定的前提下，应对品牌的核心识别，特别是延伸识别进行适度的调整，以适应生活方式、消费者需求、科技和市场的变化，一言以蔽之，品牌识别也必须进行动态管理，与时俱进。品牌识别动态管理的内容主要包括调整时机的选择、调整内容的决策和调整方法的应用。

1. 品牌识别调整的时机

当出现以下状况时应考虑调整品牌识别。

1) 品牌识别跟不上消费者需求的步伐时

随着社会的进步，消费者收入水平不断提高，消费观念也发生变化，这时品牌识别必须适应这些变化。例如，沃尔沃从原来的只注重强调品牌精髓安全性到时尚元素和驾驶感觉的引入。

2) 品牌识别淡化时

原有品牌战略发生变化，而旧的品牌识别无法涵盖新领域时，特别是跨行业品牌延伸后。"TCL"原来是电话设备制造厂，但后来逐步进入彩电、手机、IT产业等，如果继续保持原来电话设备制造的识别，将会对后来的产品推广增加不少难度。所以，今天的"TCL"被诠释为"Today China Lion——今日中国雄狮"，大大提高了品牌的包容力，而且很受消费者的推崇。通用电气原来主要生产电器，后来逐步延伸到金融、塑料、发动机、医用设备等，这时如果继续强调原有识别将是非常荒唐的，所以，通用电气逐渐淡化电器识别。

3) 品牌识别老化时

这里有两种情形：首先，行为方式和价值观的变化使原有识别因素过时。第二次世界大战以后，牛奶制品大量使用牛的形象来作为品牌视觉识别，原因在于牛是大自然的象征，但自从疯牛病肆虐欧洲以后，奶牛标志逐渐减少，连牛奶盒上都已不再有奶牛标识。其次，消费习惯的变化。20世纪80年代中后期，随着健康意识的增强，人们逐渐认识到肯德基炸鸡的高油脂和高热量，转而选择提供较健康食品的餐厅。1991年，肯德基应时而变，其品牌标志缩短为"KFC"，避免与油炸食品产生联结。

4) 适应品牌国际化战略而调整品牌识别时

品牌国际化的基本要求是调整品牌识别以使它成为跨民族和跨文化的品牌。首先，品牌名称应该适应不同的国际市场，这一点跨国企业尤其值得注意。一般情况下有两种选择，一种是单独为某一地区市场取一个名字，另一种是把原有品牌翻译成适应当地市场的名称。美国宝洁公司的飘柔洗发水，在美国名为"Pert-Plus"，在亚洲地区更名为"Rejoice"，在中国则名为飘柔。中国企业在这方面的教训太多了，名牌电池白象在美国市场被译为"White Elephant"，结果成了"无用而累赘的东西"。其次，企业在品牌命名之初就考虑未来的全球化。宏碁电脑最初的名字是"Multitech"，可刚在国际市场有点名气就被美国一企业指责侵权，最后，宏碁委托奥美进行品牌更名工作，花费近100万美元。我国联想集团也面临过类似的问题，最后从"Legend"改为"Lenovo"。

2. 品牌识别调整的内容和方法

在确定品牌识别变还是不变之后，接下来的问题显然是要决策哪些识别内容应该改变，哪些应该保持稳定。科普菲尔(kapferer)提出了品牌识别动态管理的金字塔模式，如图 2-3 所示。

金字塔最上层是品牌核心，是品牌的核心价值与灵魂，这一层面代表品牌完整统一的战略思想。最下层是品牌主题，代表品牌广告宣传和产品定位。中间部分是传播风格和品牌形象的应用。

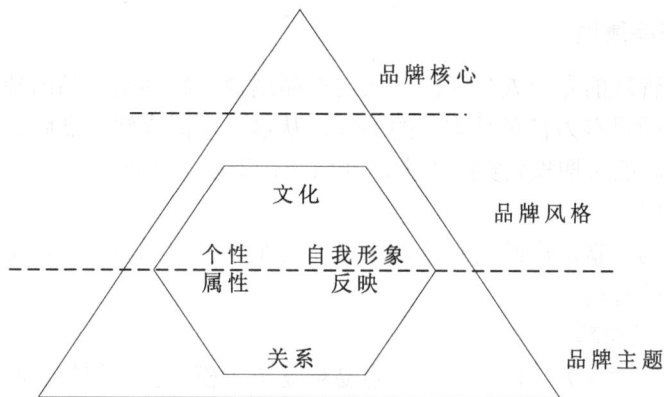

图 2-3　品牌识别动态管理的金字塔模式

最上层的品牌核心是必须保持长期稳定的部分，不能轻易调整，一旦做出调整的决定，必将是整个品牌战略的转向，风险非常大。

中间部分是品牌识别塑造长期既定的风格，它反映品牌的内在因素，个性、文化和自我形象。品牌的核心识别往往位于这个层面。对这一层面的改变需要相当谨慎，但也不是说不能改变。为了适应时代的变迁，应该做些循序渐进的小变动。如同一个人的签名，风格是品牌通过文字或图像传递的有特定意义的信息，也是品牌核心识别的反映。奔驰轿车的商标从 1909 年起已做了六次修改，这些修改大多保持核心标识不变，即使有变化也是一种渐变，消费者很容易从新标识中找到原来标识的身影。

最下层是品牌塑造的主题，它反映产品同性、关系和使用者形象，消费者正是通过这些因素来认识品牌的。在保持品牌精髓和核心识别长期稳定的前提下，品牌传播的主题可以随市场的不同而有所调整，这也正是国际大品牌的实际做法。耐克的核心是超越，但它在各个时期、各个地区的表现主题和形式是不同的，这是为了适应当地消费者的需要而做出的调整。

调整品牌识别的常用方法有，引入新产品保持品牌的现代化，这里的新产品既可以是原有产品的升级换代，也可以是品牌延伸后进入新的领域；另一种方法是逐步调整品牌识别，特别是其中的符号、象征物、标识等，以便品牌识别后能与当前的品牌战略相一致。

2.3.2　塑造品牌识别的误区

品牌识别的内容包括四个方面，但并不是每个品牌都要面面俱到。品牌识别内容的选择主要与产品类别、行业特点、竞争状况相关。例如，矿泉水、小食品、洗发水、牙膏等快速消费品往往从产品层面来塑造品牌识别更为有效，而像汽车、住房等大件耐用消费品则需要良好的信誉，所以塑造这类品牌是绝对不能忽视企业这个层面的识别，因为企业识别可以为品牌的品质和信誉进行担保。提供服务的酒店、银行、保险等行业的品牌则更适宜从品牌拟人化的角度强调品牌与消费者的关系来塑造识别。实践中，塑造品牌识别时易陷入的误区主要有以下几种。

1. 过分强调产品属性

许多从事品牌管理的专业人员片面地认为产品属性，特别是产品的独特卖点是吸引消费者打破竞争对手的最有力甚至是唯一的手段。从这一层面来塑造品牌识别往往只具有短期效益，对品牌资产的长期积累贡献不大，其原因在于以下几点。

1) 难觅独特的卖点

今天的产品极为丰富，产品的独特功能已非常难觅，找到独特卖点实属不易，这样往往令品牌管理者无所适从。

2) 产品属性的易超越

在技术如此发达的今天，产品属性很容易被竞争者模仿甚至超越。昨天，手机还是高科技产品；今天，能上网、可拍照、智能的手机是潮流；明天，可作为消费者个人数据助理(PDA)的手机、商务通、掌上电脑的三合一才是极品。消费者对产品属性的喜好是随时间的变化而不断变化的。产品必须具备一些功能和属性，这是品牌立足市场的基本要求，品牌识别无法凭此获得消费者的认同。

3) 忽视感性因素的重要

过度强调产品属性往往忽视感性因素的重要，产品带给消费者的利益，既有功能性的，更多的是情感性的，甚至是自我表现性的。这一点在化妆品、时装、香水、香烟等产品上尤其突出。同一厂家生产的服装，面料、制作水平、式样相同，但贴上不同的品牌、消费者愿意支付的价格就完全不同，这里的原因就在于品牌给消费者带来的自我表现利益不同。

4) 品牌的延伸力降低

过分强调产品属性会降低品牌的延伸力，强调产品属性短期确实能为销售带来立竿见影的效果，但这样会导致消费者对品牌的认知和联想局限在某一特定的产品属性上，这样品牌就很难再延伸到不同的产品类别上。这一点需要中小企业在创建品牌时尤其注意，创建品牌是一项费时费力的长期工程，积累起来的品牌资产要充分利用。

2. 品牌识别过于重视消费者

品牌识别要反映品牌的精髓，是品牌对消费者的长期承诺和未来要达到的理想，品牌识别不能过分迎合消费者。虽然消费者至上是营销的中心原则，但这主要是指产品的设计生产、定价、服务、渠道的选择和传播沟通等。过分重视消费者往往会掉入品牌认同的陷阱里，因为这会导致让消费者来决定品牌现象。这是在品牌形象很不错时容易出现的现象，此时不会有人反对利用这个成功的品牌形象来作为品牌识别，这样就掉入陷阱了。因为品牌形象是品牌识别的一部分，品牌形象是指消费者如何看待品牌，而品牌识别是指企业希望消费者如何看待该品牌。所以，塑造品牌识别必须保持一定的稳定，否则，几十年甚至几百年的塑造也无法给消费者留下一个鲜明的印象。

3. 错把品牌定位当作品牌识别

品牌定位是指经常向消费者传播的那部分品牌识别，直接目的是通过建立品牌的差异性在消费者心目中占据一个独特的位置。品牌定位决定品牌传播的内容和策略，品牌识别中某些因素并不会经常被提及，特别是基本要素。例如，一个餐厅的卫生、干净很重要，但这是基本要素，试想一想，一家餐厅只强调其干净、卫生能建立起有效的品牌识别吗？另外，随着品牌的成熟，一些既定的识别要素已深入人心，它们在品牌定位中也会逐渐淡出。因此，如果错把品牌定位当作品牌识别，就会严重阻碍品牌识别的全面塑造，因为品牌管理人员往往忽视品牌定位之外的识别要素。例如，有的定位于产品的独特卖点，就会忽略品牌识别的企业层面、品牌与消费者的关系等。

2.4　品牌打造内涵

近年来人们认识到，品牌打造对企业产品比较顺利地进入市场，并为目标顾客所认知，引起他们的尝试购买具有举足轻重的作用，但对什么是品牌打造则不甚了解。

"品牌打造"是指通过一整套科学的方法，从品牌的基础入手，对品牌的成长、飞跃、管理、扩张、保护等进行流程化、系统化、科学化的运作，使之发展成为名牌的过程。打造品牌是一项艰巨的工程，也是一项复杂的系统工程，必须采用多学科、多角度、多层次的方法，通过企业内多部门联合运作，深入研究市场态势和消费者需求，在科学的原则指导下开展。

人们早已熟知的麦当劳是世界著名品牌，20 世纪 80 年代是其发展的最辉煌时期，它曾创下了平均每 17 小时就在全球建立一家分店的纪录，它在快餐业的霸主地位至今仍无人可以企及。麦当劳品牌能有今天，第一，与其优秀的产品质量和服务质量分不开，在世界的任何地方，人们都可享受到标准统一的食品和饮料。其快捷、方便的服务，轻快优美的音乐、干净卫生的就餐环境，总能使人心情舒畅。第二，麦当劳在发展中还不断地创新，麦当劳食品会依据世界各地区消费者的习惯和口味随时调整餐谱，推出新款式。第三，在广告、公共关系、服务和管理等方面的运用上不断推陈出新，不愧为策划大师。它的促销广告连绵不断，每年广告投入十分巨大，常借公关活动，推动企业新形象，提升品牌。比如，对奥运会和世界杯的赞助、捐助中国的希望工程。第四，麦当劳在管理、服务、文化等方面也都有不俗的表现，麦当劳的管理为其开展活动、实行标准化服务提供了保障。麦当劳快餐是典型的美国快餐文化，由此吸引了众多中国和其他国家的消费者。

品牌从表象上看仅是一种有价值的标识，但品牌相对于企业的经营战略又是始终相同的，所以，品牌又是一种价值系统。品牌经过不断的打造，成长为著名品牌，是企业依据自身的内在属性在外部环境创建起来的可以使企业长期生存的资源。企业可以根据自身的经营战略寻求并发现打造品牌的规律和原则。

1. 科学性原则

品牌的打造不是盲目的，只有用科学的方法、程序才可能成功。这就需要深入细致地市场调研，了解消费者需求变化趋势，来不得半点马虎和敷衍。有些企业对市场不做科学的调查与分析，错误地认为，只要对产品的广告投放量大、占领的市场份额大、企业资产雄厚，自己品牌的"价值"就会高，就会成为名牌，这是一种盲目的乐观。在当今"买方市场"态势下，消费者认同才是第一重要的，现在很多实力强大、资本雄厚的大企业不像过去那样受欢迎了，消费者的消费心理成熟了，不会因为你的实力强就选择你。

2. 个性化原则

美国著名品牌策略大师大卫·奥格威(David Ogilvy)曾说过，最终决定品牌市场地位的是品牌自身的性格，而不是产品间微不足道的差异。品牌个性使一种没有生命的物体或服务人性化了。品牌具有价值，是企业最宝贵的无形资产。品牌价值存在于消费者的意识里，是消费者对企业品牌的某种感知和理解。消费者不会接受所有的品牌，由于现代产品的"同质化"程度的提高，品牌的个性化最能代表一个品牌与其他品牌的差异性，因而导致个性鲜明者容易脱颖而出，企业通过品牌定位，发掘和创造出比同行竞争者品牌更多的优越性，并为消费者所赞同和接受，就有助于品牌价值的提升。

3. 全面性原则

所谓"全面性"，要从两个方面考虑。第一，行业、部门和消费者群体，诸如媒介、广告公司品牌打造涉及与企业经营相关的竞争对手、企业合作者、政府、消费者和其他社会公众，它们都和企业产品在市场上的表现有经济或利益上的关系，这就要求企业在打造品牌时，要考虑到各种关系的相关者，综合衡量，寻找恰当的定位。第二，品牌打造是一项系统工程，"从品牌的基础入手"，涉及质量、服务、形象、文化、管理、创新、广告与公关等诸多方面。当然，这些方面的打造不是始终如一、力量平均的，企业根据市场变化会有自己不同时期的工作重点。另外，在品牌打造过程中还会涉及品牌战略、品牌定位、品牌管理和品牌保护等战略内容。尽管企业在不同时期的工作重点会有不同，但必须坚持全面性的品牌打造原则。

4. 持久性原则

品牌的培育不是权宜之计，品牌打造也不可能一蹴而就，它是一项艰巨而复杂的系统工程，需要企业全体员工长期不懈的努力。企业经营者应树立全局观念，从长远考虑，统筹安排，有计划地、不懈地进行品牌打造。有的企业认为，只要树立了品牌，它的价值就会随着时间延长而提升。时间只是测试一个品牌价值的历史底蕴的指标，品牌树立起来后，只有制订切合实际的打造品牌计划并加以实施，才能保证随着时间的流逝，使品牌发展成为名牌。品牌打造策略有很多种，其中最重要的就是创新，"流水不腐，户枢不蠹"，品牌的生命不息在于创新。例如，苹果、三星不断推出手机新概念，美的集团开发出的"健康"空调，格力开创节能变频空调，使品牌不但获得较高的市场声誉，而且也获得品牌"常青树"的赞誉。这些品牌都是在不断地创新、提高品质或保持一种同类竞争产品无法达到的价值水平。但是，一旦在这种革新和质量改进方面的投资停滞下来，品牌就会处于困境。

2.5　品牌打造要从品牌基础入手

打造品牌并不仅仅是提高品牌知名度，而是要全方位地、扎扎实实地从品牌基础入手，注重品牌的质量与服务，不断创新，正确地选择传播品牌的方式，稳打稳扎地进行品牌的打造。

2.5.1　质量与服务永远是品牌打造的核心

1. 名牌的价值首先在于高质量

质量是品牌的本质、基础，也是打造品牌工作的核心。名牌的显著特征就是能提供更高的可感觉的高品质。世界上的知名品牌，如奔驰、路易威登、苹果、宝洁等无不体现着高质量。质量是品牌的灵魂，为什么有些品牌消费者对它不屑一顾，而对名牌产品却格外青睐，甚至不惜高价购买，因为名牌所体现的是它的质量优势。高品质是使顾客产生信任度和追随度的最直接的原因，也是品牌大厦的基础。忽视了质量，等于丢掉了企业创建名牌的可能，甚至会导致企业经营的失败。

1) 质量是品牌价值的重要源泉

(1) 有利于提高消费者的品牌忠诚度。品牌忠诚度是指消费者在购买决策中，多次表现出来对某个品牌有偏向性的(而非随意的)行为反应。它是一种行为过程，也是一种心理(决策和评估)过程。品牌忠诚度的形成不完全是依赖于产品的品质、知名度、品牌联想及传播，它与消费者本身的特性密切相关。提高品牌的忠诚度，对一个企业的生存与发展，扩大市场份额极其重要。

2014 年的一系列食品安全事件也不断地警示企业：质量对于品牌价值的重要性。其中以"速冻食品"为例，2014 年 1 月 11 日的"速冻食品"齐陷"细菌门"事件。频频发生的"细菌门"事件让速冻食品行业集体步入"寒冬"。继思念、三全之后，"湾仔码头"在南京、广州等地也被检测出含有金黄色葡萄球菌。

有企业用即将发布的新国标将允许少量检出金黄色葡萄球菌来为自己开脱，虽然有的企业表示已开始召回问题产品，但这样做并没有使消费者满意。速冻水饺究竟还能不能吃，成了消费者最大的疑问。

1 月 11 日，卫生部针对这一问题在其官网上做出解释，表示金黄色葡萄球菌在 80℃加热 30 分钟可被杀灭。同时新的食品安全国家标准《速冻面米制品(征求意见稿)》目前正在卫生部网站上公开征求意见。在新国标中，金黄色葡萄球菌从"不得检出"变为设定"限量范围"。

这对于"速冻食品"行业无疑是一次严重的打击，消费者对这一行业的怀疑，使他们的忠诚度势必大打折扣，因此除了保证质量，食品安全对于行业的发展也至关重要。

美国的一项商业研究报告指出：多次光顾的消费者比初次登门者，可为企业多带来20%～85%的利润。固定消费者数目每增长 5%，企业的利润则会增加 25%。品牌忠诚可以给企业带来如此丰厚的利润。难怪所有企业都会把提高质量作为培养品牌忠诚的主要手段。

(2) 高质量可以给企业带来稳定的收入。品牌的高质量，必然意味着产品会有较高的价格，但这并不会影响产品的销售量。因为优质优价会给消费者带来"货真价实"的品牌联想，高质量的品牌给消费者以信心的保证，并能提供消费者所期望的附加利益。

(3) 品牌的高质量有利于缓解企业的竞争压力。品牌的高质量有利于企业在当今激烈的品牌竞争中获得直接和间接两方面的利益。首先，产品的高质量使品牌更具竞争力，有利于企业开拓市场。其次，产品的高质量有利于培养品牌忠诚。消费者的品牌忠诚是至关重要的，它既是企业的利润来源，也是衡量品牌价值的一项重要指标。例如，海尔公司非常重视消费者的忠诚，他们把消费者对海尔的忠诚看作是自己的市场资源。他们以质量为依托，努力开发这块无穷"资源"。在海尔产品畅销的时候，海尔也没有盲目扩大产量，而是在保证质量的前提下不断扩大生产规模，也就是把生产规模的扩大与职工素质的提高联系在一起，因为海尔人懂得，没有良好的职业素质，也不会有长久的产品质量。尽管当时市场对冰箱的需求量很大，但海尔宁可牺牲利润，也要保证质量。

(4) 高质量的品牌有利于企业开拓市场。名牌的高质量在于高技术含量。发达国家为阻止海尔向国际市场的拓展曾设置了三道"鸿沟"：第一道"鸿沟"是反倾销。反倾销主要针对的目标是低价格产品。中国市场的生产要素价格非常低，在全球市场都具有价格优势，但这并不等于有价格优势的家电产品就可以在全球市场上自由地流通。发达国家的家电企业为阻止中国低价产品对其本国市场的冲击，用所谓的反倾销方式给中国产品"扣帽子"，以此抑制中国生产要素的优势。第二道"鸿沟"是技术壁垒。技术壁垒与反倾销所要达到的目的是一致的，就是要阻止中国产品对其本国市场的进入。主要做法是在产品材料以及产品本身的技术标准方面设置重重障碍，提高产品的出口门槛。第三道"鸿沟"是生活方式的创新设计。为应对中国家电的冲击，拥有产品技术优势的外国企业开始跳出单一技术进步的圈子，从新的生活方式的设计入手设计产品，这样可以形成与中国产品的差异，增加自己产品的高附加值。

为跨过发达国家设置的这三道"鸿沟"，海尔不在空调价格上做文章，而是以提高技术以自主创新能力为突破口，科学地从消费需求入手，从而找到新的市场空间，然后将这种需求与自己的技术创新能力结合起来创造新的独有的市场。中国首推海尔公司，海尔空调首开技术输出先河，向发达的欧洲国家输出直流变频技术，这足以说明其在技术自主创新上的优势，同时也成为支撑海尔空调自主品牌出口的强大后盾。不仅如此，在生活方式的创新设计方面，因为海尔主调率先跨出国门，与全球不同区域市场都有紧密的接触，这种接触锻炼了海尔空调从生活方式入手研发新产品的能力，所以海尔空调能针对日本市场、美国市场、欧洲市场提供不同的产品系列，深受这些地区消费者的欢迎和喜爱。正是因为拥有技术的自主创新能力，才使得海尔空调可以轻松地跳过发达国家的一些企业设置的"鸿沟"，在全球市场顺利发展。

2) 提高产品质量应注意的问题

质量是产品的生命，是企业提高竞争力的源泉。质量对于品牌有如此重大作用，那么，对于品牌经营者来说，如何实现品牌高质量呢？

(1) 设计产品时要考虑到顾客的实际需要。顾客是产品成败的唯一检验者，产品质量作为带给顾客核心利益的表现，应考虑其实际的需要。产品功能并非越多越好，也并非越先进越好。例如，轿车、手机和一些家电类产品的设计，要考虑到我国社会、经济仍处于发展阶段中这一具体国情；虽然"空荡荡的汽车今天没有任何人想要了"，但轿车、手机等有些配置确属多余，有些在国内用不上或一年也用不上一两次。配置的增多会增加企业成本，当然产品价格也会提高，这对企业经营也并非就是有利的。因为一般情况下，产品质量与企业投资收益成正比，但若质量超过一定高度，则收益会递减。所以，企业要从多方面、多层次、多角度考虑顾客的实际需要，进行产品设计。

(2) 建立独特的质量形象。适合所有顾客的产品是不存在的，也不可能在质量体系的各方面都是优秀的。企业应注重品牌质量定位，以贴近消费者的诉求，抓住独特的"交点"，树立独特的质量形象。例如，IBM 的"最佳服务的象征"的形象，奔驰车的舒适和一流的质量形象，以及德国产品的高品质的形象。建立独特的质量形象，有利于企业在产品同质化程度不断提高的现代市场竞争中，制造品牌差异，培养消费者肯定品牌的态度，有利于企业的市场竞争。

(3) 随时掌握消费者对质量要求的变化趋势。需求的复杂多变是消费者和消费者市场的主要特征。随着社会生产的发展和人民生活水平的不断提高，在产品的选择上，人们越来越挑剔，对品牌也是越来越采取审视的态度。美的集团正是运用了准确地把握市场的法则，了解消费者对质量要求的变化趋势，而一举成为中国空调市场的领先者。2008 年，中国空调市场注重"节能"，而 2009 年消费者开始讲求"健康"，2010 年，消费者又转向"绿色"空调的新理念。美的集团密切关注消费者对质量要求的变化，通过广泛的市场调查，发现有 87.2%的消费者认为"保持室内空气清新"是必要的，更有高达 90%的消费者认为"与外界交换新鲜空气"的功能至关重要。由此，美的集团提出"健康=换气+制冷"的新概念，并推出了换气制冷二合一空调"清爽星"，深受市场青睐，并一举成为行业的领导者。

(4) 倾听各方的意见和要求。企业要随时注意倾听顾客意见以便改进，注意倾听专家意见以便突出建立消费者对品牌的忠诚，企业首先应对消费者忠诚。海尔把"真诚到永远"的理念落实到实际工作中去，即把用户看作是上帝，消费者对海尔的忠诚就来源海尔的这种理念。例如，在新产品的开发上，海尔根据市场需求进行市场细分，并充分考虑到顾客的诉求，倾听他们的意见，以便改进和提高。同时，在产品设计之初和进入市场的最初阶段，海尔也会组织顾客和专家积极参与，请他们把握质量方向，以便突出产品特色。

2. 用优质的服务提升品牌价值

服务是一种无形的产品，是维系品牌与顾客关系的纽带，而从企业应对竞争的角度看，服务已成为商品整体不可分割的一部分。有关专家曾指出，在当今日趋激烈的市场竞争中，企业的生产条件、生产技术、生产成本等都是大致相同的，企业在市场竞争中成败与否，就在于能否提供更多更好的额外服务。

在产品同质化程度日益提高的今天，缔造优质的品牌服务体系，为客户提供满意的服务越来越成为企业打造品牌、创名牌的重要武器。服务应从售前了解市场需求开始，包括市场调研和市场推广活动，然后是对消费者的售前咨询、售中培训和售后服务等工作。世界知名企业在创名牌时，无不把服务作为一个重要手段。

1) 服务对企业打造品牌有重要意义

(1) 培养顾客对品牌的忠诚度。完善的服务可以减少顾客的风险和损失，有利于培养顾客对品牌的忠诚度。美国著名的管理学家托马斯·彼德斯(Thomas Peters)和罗伯特·沃特曼(Robert Waterman)广泛调查了全美最杰出的 43 家企业，总结了它们的成功经验。他们认为"服务至上"是这些企业的共同特征，"我们调查研究的最主要结论之一，就是不管这些公司是属于机械制造业，或是高科技工业，或是卖汉堡包的食品业，它们都以服务业自居"。

这种认识充分说明，企业在打造品牌过程中，服务与质量同等重要。因为影响产品质量的因素是多方面的，产品的"完美无瑕"、"零缺陷"只是企业的一种追求，任何产品都难以真正做到"完美无缺"。但是企业在产品设计、生产及经营过程中，若加强服务意识就可以减少或弥补顾客的损失，从而取得顾客的谅解，赢得顾客的信任。

一家美国的市场营销研究机构的调研资料表明，尽管服务较好的公司的产品比服务较差的公司的产品售价平均要高出 9%，但其销售额却增长很快，市场占有率每年提高 6%，而服务较差的公司市场占有率则每年下降 2%；服务较好的公司的销售利润可达 12%，而服务较差的公司的销售利润只有 1%。

美国的弗雷德里克·莱希赫尔德(Frederick Reichheld)对服务行业进行广泛调查后，在其《忠诚的价值：增长、利润与持久价值背后的力量》著作中认为：消费者之所以会对企业不满意而进行品牌转换，同行竞争者的行动是次要的原因，而主要原因则是服务商的服务存在问题。这些问题包括以下几个方面。

核心服务出错(44%)——如洗衣店洗坏了顾客的西装。

服务不周(34%)——服务人员对顾客漠不关心、无礼、不负责任等。

价格问题(30%)——高价、涨价、不合理计价和欺诈性定价等。

不方便(21%)——不方便的地理位置、营业时间，过长的等待时间或预定时间等。

对服务失误的反应(17%)——不情愿的反应、没有反应或消极反应等。

伦理道德问题(17%)——不诚实、恐吓、不安全、不健康的做法或出现利益冲突。

来自竞争者的吸引(10%)——更友善、更可靠、更高的质量和价值等。

不情愿的转换(6%)——服务商或消费者搬迁等。

由此可见，提供令消费者满意的产品和服务是培养消费者忠诚度、减少他们的购买风险和损失的主要因素。

(2) 提升公司的品牌信誉。完善的服务可以增加顾客的利益和价值，提升公司的品牌信誉。消费者在购买产品或服务时，总希望把有关成本，包括货币、时间、精力和体力等各项支出降到最小程度；而同时又希望从中获得更多的实际利益，以使自己的需要得到最大限度的满足。因此，企业为在竞争中战胜竞争者，吸引更多的潜在顾客，就必须向顾客提供比竞争对手具有更多让渡价值的产品。例如，缩短顾客的等候时间，提高服务质量，快捷方便，以降低顾客的精力支出和体力消耗，以此增加顾客的购买利益和价值，使自己的产品让顾客喜欢，从而树立公司的品牌声誉。

美国哈佛商业杂志曾发表的一项研究报告指出："公司只要降低 5%的顾客流失率，就能增加25%～85%的利润，而在吸引顾客再度光顾的众多因素中，首先是服务质量的好坏，其次是产品的本身，最后才是价格。完善的服务是企业创名牌、提升企业市场声誉的保证，并且随着商品差异化程度的日益缩小，商品包含的服务会越来越重要。

2) 树立品牌就是服务意识

(1) 加强对顾客至上的理解。品牌在成长过程中，搞好服务是至关重要的一个环节，从其重要性来说，"品牌就是服务"并不为过。搞好企业的服务，首先要树立"顾客至上"的观念。沃尔玛发展的始终，山姆就一直强调这一点——商品零售成功的秘诀就是满足顾客的要求，即顾客至上，以满足顾客需求为己任。因此，在山姆的准则——"顾客第一"的指引下，沃尔玛逐步扩大，发展为世界一流的零售王国。山姆刚开始创业的时候，就将这一观点和信念转达给他身边的每一个人。沃尔玛始终坚持软件——服务与硬件——价格、品种的统一。山姆要求每一位采购人员在采购货物时态度坚决。他告诫他们："你们不是为沃尔玛商店讨价还价，而是在为顾客讨价还价，我们应该为顾客争取到最好的价格。"因此，沃尔玛的价格始终是最低的，而且沃尔玛商店的低价政策为当地小镇上的人民节约下数十亿美元的支出。在为顾客服务方面，沃尔玛一再告诉自己的员工："我们都是为顾客工作，我们公司最大的老板是顾客。"有一次，一位顾客到沃尔玛商店寻找一种特殊的油漆，而店里却没有这种商品，他们不但没有退却了事，而是由其部门经理亲自带这位顾客到对面的油漆店里购买，这使顾客和油漆店老板感激不尽。"让我们以友善、热情来对待顾客，就像在家中招待客人一样招待他们，让他们感觉到我们一直在为满足他们的需要而努力。"山姆就是这样努力地为顾客着想。为使顾客在购物过程中自始至终地感到愉快，沃尔玛要求它的员工的服务要超越顾客的期望值：永远要把顾客带到他们寻找的商品前，而不仅仅是指给顾客，或是告诉他们商品在哪里；熟悉各自部门商品的优点、差别和价格高低，每天开始工作前五分钟熟悉一下新产品；对常来的顾客，打招呼要特别的热情，让他们有被重视的感觉。沃尔玛一贯重视营造良好的购物环境，经常在商店开展种类丰富且形式多样的促销活动，如社区慈善捐助、季节商品酬宾、竞技比赛、幸运抽奖、店内特色娱乐、特色商品展览和推介等，以吸引广大顾客。为了顾客，山姆可以以任何方式或是特殊方式，甚至是全美行业都绝无仅有的方式，为公司服务，为股东服务，为员工服务，为社区服务，为顾客服务。

(2) 完美的服务是留住顾客的最有效方法。美国的 IBM 公司是世界计算机业巨子，为什么其品牌价值可高达数百亿美元？正如该公司副经理罗杰斯(Rogers)所指出的那样："IBM 是以顾客市场为导向，绝非技术。"该公司的口号是"IBM 就是最佳服务"。他们以服务为企业经营的最高准则，为客户提供优质、完善的服务。公司规定，"对任何抱怨或疑难，必须在 24 小时之内给予解决"。正是这种从一贯之的服务使 IBM 产品名扬四海，使 IBM 的用户遍及五洲，使 IBM 这一品牌百年来长盛不衰。确实如此，企业在服务过程中，能为顾客着想，急顾客之所急，提供周到、细致完美的服务，才能最终赢得顾客。

(3) 提高服务水准的十字诀。在当今的市场竞争中，服务已不再是企业的分外工作，而是品牌整体的一部分，是市场竞争的焦点。服务是打造品牌的重要武器，它可以为企业赢得市场，赢得顾客，赢得信誉，赢得利润。企业搞好对顾客的服务，除了要树立"顾客至上"的观念外，还要在具体服务过程中做到主动、热情、快速、优质和周到，以全方位的优质服务树立企业形象。

服务要主动。主动服务指的是企业在顾客购买之前为其提供咨询服务、信息服务，在其购买之后主动地、自觉地为其提供免费送货、免费安装、调试、保修及定期检修、保养等服务。这可以使顾客获得更多的满意，从而提升品牌形象。

服务要热情。热情服务要做到积极、态度和气，并且有耐心。例如，一位陌生的顾客从街上走进花旗银行的一家营业所，要求兑换一张崭新的 100 美元钞票，以当作奖品。区区小事花费了职员 15 分钟的时间，并且他还打了两次电话，好不容易才找到一张崭新的 100 美元的钞票。最后，该职员把它放在一个盒子里送给这位顾客，盒子上还写着："谢谢您想到了我们银行。"后来这位偶然光顾的顾客在该营业所开了账户，在以后的 9 个月里，他所在的法律事务所在花旗银行存款达 25 万美元之多。

服务要快速。快速服务是指企业一旦接到顾客要求提供服务的请求，就应立即赶到现场为顾客提供服务。这种情况，多出现在发生突如其来的特殊事件的时候，企业为顾客解了燃眉之急，也就赢得了顾客的厚爱和信任。

服务要优质。高质量的服务会产生良好的效果，不但会减少顾客的损失，提高顾客的满意度，而且也有利于企业形象的传播。企业为提高服务质量，应从两方面着手：一是增强服务人员的服务意识；二是要提高服务人员的服务水平。这就需要注重观念的改变，注重针对提高服务水平的培训。

服务要周到。为让顾客获得更大利益，就要想顾客之所想，对顾客体贴入微；做顾客未要求之所做，服务范围广，且细致周到。

2.5.2 不断创新，把品牌打造成世界名牌

品牌创立之后并非一成不变，其长远发展要靠创新。只有通过持续、稳定的创新，企业才能在日趋激烈的市场竞争中占据一席之地，才能在国际市场上获得一定份额。海尔集团首席执行官张瑞敏指出：中国企业目前必须进行全方位、全过程的自主创新，如果不提高自己的自主创新能力，"走出去"就是一句空话，即使"走出去"也会失败。

最早从经济学角度提出系统创新理论的是美籍奥地利经济学家约瑟夫·阿洛伊斯·熊彼特(Joseph Alois Schumpeter)，他将创新方式分为五种类型：开发新产品的新性能、采用新的生产方式或新工艺、开辟新市场、取得控制原材料或半成品的新供应源及实现新的产业组织方式或企业重组。从大的方面讲，是指技术创新和制度创新。对于企业的自主创新，长虹集团董事长赵勇认为：技术创新、产品创新、机制创新、营销创新是企业发展的根本保证，而技术创新又是决定性因素。当然，从品牌打造的角度看，还应包括品牌创新、质量创新、服务创新、广告创新、公关创新、文化定位创新、形象创新等多方面的内容。

1. 创新是企业摆脱困境，激发企业活力的重要手段

产品创新和品牌创新的成功案例莫过于人们所熟知的菲利普·莫里斯公司(PM)，它因著名的"万宝路"香烟而闻名于世，但随着 20 世纪 70 年代全球性反烟运动的开展，使其高利润的烟草生意遭到惨重打击。市场前景的暗淡和日渐萎缩，迫使 PM 公司进行产品创新和市场创新。从那以后，该公司陆续开发出"卡夫"奇妙奶、"麦斯维尔"咖啡、"米勒"啤酒、"果珍"饮品、"Parkay"人造黄油、"芝乐士"饼干、"贺城"奶酪等众多世界级食品品牌，一跃成为世界第五大食品公司。现在的 PM 公司不再被局限于是烟草公司，而被列为食品加工和经销企业，这都是创新给公司带来的结果。

2. 品牌创新有利于企业的市场细分，提高市场占有率

具有 160 多年历史的美国宝洁公司是运用品牌创新战略的高手，它的经营特点一是产品种类多、许多产品大都是一品多牌。在消费品市场中，消费者的购买动机是不同的，而且所希望获得的利益也是不一样的。以洗衣粉为例，有些人看重洗涤和漂洗能力，有些人

认为洗衣粉使织物柔软最重要，还有人则希望洗衣粉应具有气味芬芳、碱性温和的特征。宝洁公司就根据消费者的不同偏好而追求同类产品之间的差异，进行市场细分和品牌创新。宝洁公司的创新战略并不是把一类产品简单地换上几种不同的商标，而是强调它们彼此之间的差异，包括功能、包装和宣传等多方面的特点。仅洗衣粉产品，宝洁公司就设计了汰渍、奇尔、格尼、达诗、波德、卓夫特、象牙雪、奥克多和时代 9 种不同的品牌名称。该公司对洗衣粉这一看似简单的产品，不仅从功能、价格上加以区别，还从心理上加以划分，赋予洗衣粉不同的品牌个性。通过对各具特色产品的品牌创新，宝洁已占领美国洗涤市场份额的 55%，这是一个普通品牌所无法达到的。

品牌创新的方法有多种，除了自主创新外，依靠收购创新也是充实产品种类、壮大企业实力的行之有效的好方法。例如，2013 年 9 月 2 日晚间，微软宣布，将以 37.9 亿欧元(约合 50 亿美元)的价格收购诺基亚旗下的大部分手机业务，另外，再用 16.5 亿欧元(约合 21.8 亿美元)的价格购买诺基亚的专利许可证，因此这项交易的总价格大约为 54.4 亿欧元(约合 71.7 亿美元)。作为这项交易的部分内容，诺基亚将向微软出售一份 10 年期的非独占专利许可证。微软也将把它自己的、基于地理位置的专利以互惠方式授权给诺基亚。微软还将享有永久性的续约权。微软还将购买诺基亚 Here 平台的许可证，它将成为诺基亚 Here 部门的最大客户。双方将为此另外签订一份授权协议。售出设备与服务部门后，诺基亚的战略将集中在 3 项核心技术上面，即 NSN(网络基础设施)、HERE(地图与地理位置服务)和先进技术(技术授权与开发部门)。微软打算将其 Windows 8 业务与诺基亚的设备及服务业务整合在一起，从而获得跨硬件和软件的一体化解决方案。相对于微软，诺基亚在手机领域有着自己强大的支持团，其品牌忠诚度高，且诺基亚的市场占有率高，知名度也高，微软的这次收购无疑让它在手机领域的发展减小了许多的阻力；同样的，收购诺基亚可以获得更多的专利许可证，为公司的技术提供了较大的帮助，就 2014 年微软推出的手机来看，都是采用的 Windows 8 系统，这也是手机运行程序的一大创新。

3. 创新有利于促进品牌国际化，提高国际竞争力

海尔已成为 2008 年北京奥运会的家电赞助商，这是中国家电历史上意义最大的一件事情，在此之前还没有一个中国家电品牌成为奥运会的赞助商。其重要意义就在于，一个品牌成为奥运会的赞助商，等于这个品牌获得了全球的认可。这对中国的家电制造业来讲，具有划时代的意义，中国已经产生了自己的具有全球意义的世界品牌。在此次成为北京奥运会赞助商的海尔家电中，空调是重要的组成部分。

中国有很多比海尔空调价格更便宜的空调，但是这些空调的生产企业没有成为奥运会的合作伙伴，这充分说明奥运会选择的首先是品牌，而不是工厂。一个世界级的品牌具有全球一流的技术、品质、产品、声誉，以及遍布全球的网络系统，奥运会可以借助这些品牌的组织肌体在全球范围内去推广自己的品牌，而海尔经过多年的快速发展，已经具备了成为奥运会赞助商的条件。

海尔海外创牌的成功，关键是抓住了技术创新。海尔空调的主要做法是不在价格上做文章，而是不断提高自己的创新能力，科学地从消费需求入手，找到新的市场空间，然后将这种需求与自己的技术创新能力结合起来，创造新的独有的市场。为提高海尔产品设计能力，海尔成立了中央研究院；同时，整合全球技术资源，利用海尔在世界各地的 6 个设

计中心、19 个合作伙伴积极开展研发与创新。目前，海尔在海外已经拥有营销网点 3.6 万个，售后服务网点 1 900 个，这为海尔空调自主品牌出口奠定了坚实基础。海尔空调作为首开技术输出先河的中国企业，向发达的欧洲国家输出直流变频技术，这足以说明其在技术自主创新上的优势；同时，这也成为支撑海尔空调自主品牌出口的强大后盾。

2.5.3　成功的品牌打造借助于品牌传播

品牌传播就是将品牌的信息传递给消费者的一种传播行为，它包括广告、公关、促销等企业行为。通过品牌传播，不但可以使品牌为广大消费者和社会公众所认知，还有助于使品牌成为强势品牌。同时，品牌通过有效传播，还可以实现品牌与目标市场的有效对接，为品牌及产品占领市场、拓展市场奠定宣传基础。当然，品牌传播的效果，不仅取决于传播的数量，如广告、公关的次数、支付多少费用等，而且还取决于传播方式的选择及其设计。

1. 品牌传播的原则

作为实施企业名牌战略重要组成部分的品牌传播，其传播内容、手段和方式的确定必须要遵循客观的经济规律，尤其是要遵循信息接收者——消费者的心理活动规律，而要符合企业名牌战略的客观要求，使信息传播确实能够最大限度地提高企业的知名度和美誉度，必须树立企业的良好形象。因此，企业要做好传播，必须遵循以下原则。

1) 整体性原则

所谓整体性原则是从两个方面对企业品牌的传播整合做出规范。一方面，要求传播方式与诉求与企业其他的营销战略相适应，如品牌定位、形象定位和企业文化等，以发挥传播的最大效力。切忌互不相关，各吹各的调，各唱各的曲，甚至互相矛盾。另一方面，企业要将品牌传播的各种手段有机组合、综合运用、协同一致，发挥整合传播作用。

2) 真实性原则

真实性原则即实事求是地传播信息，据实报告企业的动态、发展状况、产品性能等。切不可为追逐利润而短视，或随意编造，对产品功效无限吹嘘，或瞒天过海，对经营中的问题不与消费者坦诚沟通。因为这样做，从长远看对企业是有害的，社会公众在长期的经济生活中，已基本上形成了对大量信息鉴别和选择的定式心理，他们对每日每时所收到的大量信息都会主动地判断它的真实性和可靠性，他们并不是传播内容的消极接受者。信息的可靠性、真实性是使公众接受的前提之一，也只有传播的信息可信，企业才有可能可信，名牌企业的美誉度和信誉价值才可能建立、巩固和提高。

3) 新颖性原则

随着社会产品更新换代节奏的不断加快，社会公众对企业传播的方式、传播信息内容和传播手段等也不断提出更高的要求。由于人们对事物的记忆是有限的，因而，企业传播信息内容的新颖性、重要性和它激发公众的注意与兴趣的能力，同公众对信息的记忆要保持长久成正比例关系。这就要求企业不断地将新情况、新动向传递给公众，以增强传播的时效性。目前，不少企业向公众传播的信息主要集中在简单的商品信息、促销信息上，单调且乏味，失去了对公众的吸引力。对于传播手段，企业也要讲求新意，特别要注意与竞争者相区别,这是提高传播效力的重要保证。

4) 适时性原则

企业信息传播要讲究时机效果,抓住时机,容易产生轰动效应。所以,企业信息传播既需要真实贴切,又需要有好的传播效果,这要求企业应经常、及时地将有利于企业形象的信息传播给社会公众。坚持适时性原则,绝不仅仅单纯地局限在广告、公关和促销等几种手段。其实,诸如举办座谈会、新闻发布会、专家鉴定会、经验介绍会或参加社会的善事义举等,都能不失时机地把企业重要信息传播给公众。

2. 品牌传播的内容

品牌传播是为企业实施名牌战略服务的,所以它的内容是多方面的。凡是有利于提高企业的知名度和美誉度,有利于扩大市场占有率,提高销售额、巩固企业市场地位的信息,都可以成为企业传播的内容。企业品牌传播内容可分三大类。

(1) 企业精神和企业文化。企业精神和企业文化包括企业经营理念、员工风貌、行为规范等。

(2) 企业经营和管理。企业的发展战略目标、管理措施和特色、商品信息和营销信息等。

(3) 企业介绍。企业实力、企业成就、企业人才阵容和企业对过失的改正和补救措施等。

企业的信息传播影响着社会及公众对企业形象认知程度的高低,因此,准确地把握传播内容,是企业为创建名牌进行有效传播的关键。

3. 品牌传播的手段

为了能有效地把企业所要传播的内容及时、有效地传播给社会公众,品牌传播采取的手段一般有三种形式。

1) 人际传播

人际传播是人与人的直接沟通,主要是通过企业人员的讲解咨询、示范操作、服务等,使公众了解和认识企业,并形成对企业的印象与评价。这种评价将直接影响到企业形象,尽管人际传播是较为原始的信息传播形式,但由于具有交流性强这一特点,对企业而言,其意义就尤为重要。顾客购买企业的产品,他可以不和企业生产人员发生任何接触(或直接关系),但他与企业销售人员的联系要密切、直接得多。在接触中,顾客能直接感受到由销售人员的言行所代表和反映的企业风貌与形象。因此,企业的每一位销售人员都是信息传播、创建企业名牌的参与者。

2) 大众传播

大众传播是一种传播速度快、范围广的信息传播方式,它是企业利用大众传播媒体,将信息大量地、系统地传递给社会公众的过程,其主要形式有广告、公共关系宣传、企业形象标语等。企业利用大众传播,更多的是要影响社会舆论、公众看法和潜在顾客。由于大众传播速度快、影响面大、形式多样,因而在企业名牌创建中有其特定作用。

企业利用大众传播,首先,要结合自身发展目标、目标市场及传播内容,选择合适的媒体,应考虑媒体的影响面、声誉、特色及成本等因素,它们会影响传播效果。适合企业使用的大众传播媒体主要有报纸、杂志、广播、电视、户外广告牌、公共交通工具等。其次,传播的内容、形式要统一与多样化,不能仅局限在商品、促销信息及单一媒体上,企业要将丰富的传播内容和传播形式统一起来，使企业的形象更鲜明，提高传播效果。

3) 展示活动

这是介于人际传播和大众传播之间的一种由人和物组合的信息传递活动。购物场所将企业与顾客紧紧地联系在一起，店堂布置、商品陈列及企业营造的店内气氛和主题活动是企业形象、风格、定位的有形展示，这些展示会影响顾客的购买心理和行为，也会影响顾客对企业的感受和认知，是企业信息传播的重要渠道。

当然，无论采取何种传播方式，均应突出企业自身的特点和不同阶段的具体目标。

4. 品牌传播过程中的注意事项

在品牌传播过程中，要保证信息传播的有效性，要以消费者为导向，要摒弃传统的"由内而外"的模式，采用"由外而内"的模式，实现从"消费者请注意"到"请消费者注意"的转变。对于给消费者的信息采取什么样的处理方式是确定传播方式的立足点，在传播中有几点需要注意。

1) 要简洁明了

在信息爆炸的时代，传播的信息过多，如此多的媒体，如此多的产品，如此多的信息，使消费者无所适从，不能有效地引起消费者注意。信息过多也使重点不突出，影响到记忆质量，也必然降低知觉质量。这就要求企业所传播的信息一定要简洁明了。

简洁明了，就是要直截了当，尽量用准确的词语，给消费者明确的信息，抛弃意义含糊、模棱两可的词语；要集中力量把一个重点清晰地深入到消费者的心中，将重要的诉求点告诉消费者，不需要长篇大论；要使用一些简单明了的信息象征符号，好记易记，容易回想，通过品牌联想，为消费者的购买行为提供理由。简洁明了，还可使品牌魅力永驻；一句"味道好极了"，让雀巢咖啡畅销全球，简单而又意味深远，朗朗上口，由于发自内心又是脱口而出，故而魅力永恒。

2) 要独具一格

品牌传播的信息千千万万，要引人注意，给人留下深刻印象，就要凸显所要传播信息的特征。凸显的主要手段就是独具一格，满足消费者求新的心理。要做到品牌传播的独具一格，就要与众不同，抛弃"千人一面"的简单、呆板、了无新意的"克隆"方式。传播方式要个性化，不人云亦云，抓住自己最本质的东西进行传播，通过个性化特点来展示与别人的不同之处。

3) 要耳熟能详

在品牌传播过程中，要取得传播效果就要调动消费者已有的感知和体验。因为了解的产品比不了解的产品更能激起消费者的购买信心，嫁接自己的理念，从而收到事半功倍的效果。要让消费者能够接受自己的理念，做到耳熟能详，就要坚持通俗易懂、直截了当、不卖弄玄虚。要让新信息与消费者原有的观念相契合，可以在手段、方式和内容上适当延伸和引导，切不可与原有观念相冲突。在消费者已熟悉的基础上，也可以提出新意，使消费者对品牌认识"更上一层楼"。

4) 注重情感诉求

品牌传播过程中，信息如果能以一种有趣、亲切、难忘的创意演绎出来，以一种消费者乐于认同的特质做沟通，则具有冲击力，能产生诉说品牌故事的特殊视觉效果，这种倾注了情感的信息可用于描述性的文案，能激起消费者的购买行动。倾注情感，首先要让创意来自于生活、紧贴生活，这样才能与消费者产生共鸣。在广告创意中，有所谓 3B 原则，即 Beauty、Baby 和 Beast(美女、婴儿和动物)，这样在沟通中，运用可爱、有趣的代言人，传达亲切的情感，效果显著。

5) 传播诉求始终如一

要使一个品牌的信息传播在各媒体上清晰一致地传达，就要在传播时间上坚持定位、坚持风格、坚持核心传播要素稳定不变，在媒体空间上做到口径一致，做到意义实质上一致。品牌传播的清晰一致，并非指一成不变，而是指品牌传播的核心价值不变，品牌概念不变，创意策略上的风格不变。创意素材可能千变万化，创意主题也会"因地制宜"，但应在变化中坚持一致，在坚持一致中有所创新。

5. 品牌传播整合战略

企业在品牌建立、发展和成熟的各阶段还需要对不同的传播方式(广告、公关、促销)等的效果进行比较和评估，并通过广告、公关、促销等手段的统筹配合，使分散的信息得到明确的、一致的、最大程度的沟通，从而实现品牌整体形象的快速传播，以达到扩大知名度、提高美誉度和尽快占领市场的目的。在品牌整合这个战略性工作中，"整合"有多重含义。

(1) "整合"是不同工具的整合，各种营销传播工具用"一个声音"实现传播的整合。

(2) "整合"是不同时间的整合，在与消费者建立关系的各个不同时期、不同阶段，传播的信息应协调一致。

(3) "整合"是不同空间的整合，即品牌全球化整合，全球品牌在不同国家和地区，应传达统一的定位、形象和个性。

(4) "整合"是不同利害关系者的传播整合，在对品牌各种不同的利害关系者(中间商、零售商、顾客、股东、政府)进行传播时，应保持统一的品牌形象。

企业运用品牌整合传播方式来实现品牌的快速建立和稳固市场定位，这就需要有明确的传播目的、计划及详尽的品牌推广方案，还要进行准确的市场定位调查和分析，采用科学有效的传播手段和传播艺术。

本 章 小 结

品牌识别是品牌营销者希望创造和保持，能引起人们对品牌美好印象的联想物。在各个领域都会有我们立刻想到的品牌，这就是我们对这个品牌进行的品牌识别。这些联想物暗示着企业对消费者的某种承诺。品牌识别将指导品牌创建及传播的整个过程，因此必须具有一定的深度和广度。

本章着重阐述了品牌识别和品牌打造。在介绍品牌识别的内容和模式的基础上，重点分析了品牌识别的动态管理及其误区，最后介绍了品牌传播对于打造成功品牌的具体内容。通过本章的学习，读者可对品牌识别的基本内容与品牌打造的实际应用有一个初步的认识，明确现代企业在经济全球化的发展过程中实施品牌战略发展的必要性。

思考与练习

1. 简述品牌识别的基本内容。
2. 品牌识别诠释的方法是什么？
3. 在塑造品牌的过程中可能会出现的误区有哪些？并相应给出解决方案。
4. 品牌打造过程中应该遵循的原则是什么？
5. 在品牌的打造过程中要注意的问题有哪些？
6. 品牌传播过程中的注意事项有哪些？

案 例 分 析

芭比娃娃成功后的隐忧

2006 年 3 月 9 日，芭比娃娃已经 47 岁了，世界上出售芭比娃娃的国家达 140 多个，平均每秒钟就出售 2 个芭比娃娃。她拥有 35 种宠物，10 亿双鞋子，有姐妹和朋友，围绕她已经形成了一个女孩子梦想的玫瑰帝国，而这个帝国每年为她的拥有者带来 20 亿美元的收入。芭比娃娃的成功主要原因在于，芭比娃娃追随时代的设计，永远制造女孩的喜爱。47 年来，潮流和时尚不知逝去与回归了多少回，儿童们的欣赏点随着时代的进步不断变化，马特尔公司一直在捕捉着细微的时尚变化，40 年间她被重新设计过 600 次以上。

也许是成功的时间太久了，她做霸主的时间太长了。如同当年的可口可乐一样，在美国市场上，被竞争对手追赶得气喘吁吁。1997 年以来，芭比娃娃的制造商美泰公司(Mattel)销售额不断下滑，股价跌落，加上新的竞争对手相继出现，使得公司的处境颇有雪上加霜的味道。尤其是美国 MGA 公司，推出了与芭比娃娃风格迥异、贴近流行文化的"闪亮小天后"Bratz 娃娃系列，竟然面对面与美泰直接抗衡，并且表现抢眼。随着网络与影视等行业带来的各类信息，使得许多八九岁的孩子思想成熟度已经像是十三四岁，甚至更成熟的青少年。过去，12 岁的女孩可能还会玩芭比娃娃，可是今天美国洋娃娃最主要的消费人群却是 3~5 岁的小女孩。较大的女孩正在对旗舰产品失去兴趣，甚至 6~7 岁的小女孩们也被姐姐们影响，开始与芭比娃娃疏远起来。

就在这时，美国 MGA 公司的突然横空出世，针对 7~12 岁女孩，速度推出了一组"绝对危险、绝对野蛮和绝对另类"的流行时尚娃娃，大胆挑战芭比的形象。再也不是 40 年来芭比那标志性的形象：金发碧眼、甜甜的微笑，以及完美的不现实的身材。Bratz 四位成员，分别叫作雅斯敏(Yasmin)、科洛(Cloe)、小玉(Jade)和萨莎(Sasha)的"街头美少女"，一改芭比娃娃端庄、高贵的完美造型，令人耳目一新。14 个月之后，美泰推出一款芭比娃娃的分支产品，My Scene 娃娃，面对竞争，美泰做出的决策失误重重，干扰了它的正确发展。除了反应缓慢、没有及时出售和创新之外，其他策略也是不令人满意的。所以就当年，MGA 公司推出的 Bratz 娃娃组合的销售额在时装玩偶中排名第一，芭比的"散步与游戏"系列落居第二。

美泰公司在夏季上市的一组名为"Flavas"的街舞娃娃成为许多玩具店的滞销商品，甚至被不满的家长投诉，理由是雍容华贵的爸爸变成了街头的妓女形象；而久负盛名的车模系列最新版"Hot Wheels 100"也没有燃起多少男孩子们的热情。2004年情人节美泰甚至决定让芭比与"相恋"43年的"男友"肯尼分手，重返可口可乐的低级错误，引起芭比Fans的悲伤。

失败的教训，人们总爱忘记；成功的案例，人们时常挂在嘴边。其实，现在的人们犯的许多错误，别人也曾经犯过。芭比娃娃在某种程度上，就是过去的可口可乐，当成功太久太久的时候，企业的品牌惰性就会显露出来，对自己的品牌做出错误的判断。

竞争对手用芭比过去的利剑与芭比对抗，希望芭比能够重新找回丢失的利剑。那把利剑就是让核心理念回归。芭比的核心理念是："永远追求时尚，让消费者满意。"本案例中芭比犯了两个大错误。

品牌识别的核心永不松懈。当企业在进行内部整合时，眼睛应该看着市场，品牌识别的核心应该永不松懈。当芭比在缔造更大的"芭比帝国"的时候，当它忙于内部问题解决的时候，竞争对手最容易出现。

虽然芭比娃娃的购买者大多为儿童，儿童心理即使成熟再早，企业也应该照顾社会氛围。当芭比娃娃推出自己的街头娃娃系列之后，超前大胆的设计，让美国父母为之惊呼"妓女"，这是对市场以及自我发展的错误识别，没有给好自己应该有的定位。

对于芭比过去的成功来说，芭比完美地理解了品牌识别理论的三大系统之间的关系——品牌理念识别(永远追求时尚，让消费者满意)是最核心的品牌识别，它影响、制约并统率其他的品牌识别最终在顾客的心中形成鲜明的品牌形象；品牌行为识别(芭比娃娃给人带来的端庄高贵的美丽，Bratz则是野蛮和另类)是企业有关品牌的行为总和，它提供了实际层面的品牌价值；品牌符号识别(金发碧眼、甜甜的微笑，以及完美的身材)是品牌的外在形象，它提供传播层面的品牌信息。三者以品牌理念识别为根本原则，行为识别为设计原则，品牌符号识别为设计要素。

(资料来源：陈亮. 谈中小企业的营销识别(十一). 全球品牌网)

思考

通过芭比娃娃的案例分析，总结在发展品牌识别的过程中应注意哪些要素的变化，才不会影响品牌的发展。

第3章 品牌资产价值

【学习目标】

- 熟悉品牌资产价值概论。
- 掌握品牌资产价值的构成。
- 熟悉品牌忠诚度、品牌知名度、品牌认知度、品牌联想。
- 了解如何进行品牌资产的评估及其意义。
- 掌握适合中国市场环境发展的品牌价值管理体系。

企业为什么需要品牌?因为对于企业来说,品牌具有经济价值,是企业拥有的主要资产之一。显然,与厂房、机器、设备等有形资产不同,品牌是一种无形资产,其价值甚至可能超过全部固定资产的价值。美国耐克公司委托他人加工一双鞋子只需几十元,贴上耐克标签,身价就立刻上升到数百甚至上千元,而且大受市场欢迎。但如果没有耐克那一品牌,恐怕几十元亦无人问津。耐克公司(NIKE)没有一条完全属于自己的制鞋生产线,当然也就谈不上节省什么固定资产。耐克公司 2014 年品牌价值为 198.75 亿美元,排在全球第22 位。

3.1 品牌资产价值概述

3.1.1 品牌资产理论发展历程

20 世纪 80 年代所出现的最重要、也是最为人所知的营销概念就是品牌资产(Brand Equity)。在此之前,它只是经营者在实施品牌战略时所使用的一个词汇,企业经营者都认为品牌资产非常重要,但在公司的资产负债表和会计报表上,这项最重要的无形资产却无法得到体现。企业经营者认识到品牌资产的重要性,实现品牌资产研究的突破是 20 世纪 80 年代之后开始的。这一概念于 80 年代由广告公司最早使用,出现后便日益引起营销管理人员和学者的广泛兴趣和关注,并引发了对有关品牌资产的定义、测度及运行机制大量、全面且系统的研究。品牌资产研究之所以会成为营销实践人员和学者的研究热点,最主要的原因在于两方面。

1. 财务方面的需求和股东的压力

财务方面的需求以及股东的压力要求给品牌赋予价值,而进入 20 世纪 80 年代以后频频发生的品牌收购、兼并案。例如,1985 年英国卫生用品公司"Reckitt & Colman"并购了另外一家公司汽巴嘉基(Ciba-Geigy)所属的"Airwich"公司。Reckitt & Colman 公司为这次并购所付出的代价一共是 6 500 万英镑,令人震惊的是,这 6 500 万英镑中,有 5 580 万英镑被列入公司该年的资产负债表中,表示对"Airwich"品牌价值的认定。后来瑞士的雀巢公司以 25 亿英镑的价格买下了英国的一家名为"Rowntree"的糖果公司，原因在于这家公司拥有诸如八点以后(After Eight)、保罗(Polo)、奇巧(Kit Kat)和花街(Quality Street)等一系列食品品牌，而当时 Rowntree 公司的资产净值只有 3 亿英镑，从而显示了品牌真正的巨大资产性。又进一步要求承认品牌资产的存在并给予品牌资产正确的测评方法。

2．各行业的价格竞争压力

来自各行各业的频繁价格竞争压力要求企业更加重视品牌资产，建立强势品牌以谋求长远利益，同时可以避免价格促销对品牌资产本身所造成的负面影响。品牌资产的概念影响到我国是在 20 世纪 90 年代初。当时《经济日报》举行"中国驰名商标"评选活动，以及后来比较有影响的北京名牌资产评估事务所借鉴金融世界(Financial World)公司方法，从 1995 年开始每年开始发布和提供《中国品牌价值研究报告》，都表明品牌资产已开始为中国企业所重视。

然而品牌资产的概念引入我国后，由于对该概念缺乏一个全面系统的了解，在使用过程中更是出现了种种混乱与问题，具体表现在下面三个方面。

1) 品牌资产评估方法的不统一

由于对于品牌资产概念理解的不统一，在我国目前还没有形成一种权威的具有中国特色的品牌资产评估方法。

2) 使用品牌资产概念的动机复杂

品牌资产概念的诞生主要是为了便于企业更好地了解企业品牌的价值和更好地管理品牌，然而中国企业使用品牌资产的动机却十分复杂，而且更糟糕的是，有些企业或品牌资产评估公司为利益驱动，发布的品牌资产评估报告具有较强烈的商业色彩，缺乏其应有的中立性和客观性。这种非中立或非客观的评估甚至会激化企业之间的矛盾，并最终导致对品牌资产评估的反感。

3) 短期利益导向

现在中国许多国内企业对于品牌资产概念的使用都仅仅着眼于品牌财务价值的评估或者只关心品牌的知名度，很少有企业把品牌资产的概念真正用于品牌与消费者关系的管理，着眼于品牌价值的长期增长。

3.1.2　品牌资产的界定

在品牌资产起源的西方，迄今为止，对于"品牌资产"也尚未形成一个广泛被接受的定义。正如克林·凯勒(Kelin Keller)在《品牌战略管理》一书中所说的："品牌资产概念的出现，对于营销人员，既是一个好消息，也是一个坏消息。好消息是品牌资产提高了过去相对为人所忽视的品牌在整个营销战略中的作用，并引发了营销人员对于品牌管理的兴趣和研究人员对品牌研究的重视；但坏消息是不同人出于不同的目的对于品牌资产概念进行了大量的定义，结果却导致了对品牌资产概念理解的混淆甚至误用。"因此，对品牌资产概念进行系统地回顾和研究本身具有重要的意义，可以使目前支离破碎的各种品牌资产概念更加系统化，使品牌资产的概念得以正确理解和深化，并为品牌资产评估提供基础。

品牌资产这一概念是个舶来品。因此，在剖析品牌资产概念之前，有必要说明其中文翻译用语以及其英文原意。在国外,除了品牌资产外,还存在着一个与"Brand Equity"相近的概念——Brand Asset。有人把"Brand Equity"译为"品牌权益",却将"Brand Asset"译为"品牌资产",但"Brand Asset"是一个基于会计学的财务概念,保留着较强烈的财务意义色彩,将其理解为"品牌财产"似乎更贴切。"品牌财产"(Brand Asset)一词较早使用、含义较窄,在西方有关文献中已逐渐被 Brand Equity 所替代。而国内有学者把"Brand Equity"译作"品牌权益"也并不贴切,"品牌权益"从字面上看则较强调自我利益为中心,并不符合品牌资产理论的概念内涵,没有体现品牌的实质是品牌与消费者的关系,难以用于品牌具体管理。

将"Brand Equity"译为"品牌资产"(不主张"品牌资产"与 Brand Asset 对应)是较为合适的:①体现了品牌的财务价值;②体现了品牌是会成长增值的;③强调了品牌管理者的责任,有效地管理好品牌即处理好品牌与消费者的关系才能使品牌增值。

为了对"品牌资产"有一个更好的理解,首先来了解一下"品牌资产"(Brand Equity)的本义,即字面上的含义。根据韦氏词典,"Equity"被定义为"公平,公正;资产净值或股东权益;在法律上象征着一种对等的原则"。从这些定义中,我们可以看到"Equity"两个主要的含义:第一个是强调净值或残值;第二个是公平。公平很显然并非我们所关心的"Equity"的定义。

同样在韦氏词典中,"Brand"则被定义为:在盒子、桶等包装外的标志(主要是用来描述产品的名字或内容);独特的东西。因此,"Brand"主要是指生产商用来区别其产品的名字、标志或者设计,"Brand"应该具有独特性。

但在具体操作使用"品牌资产"这一概念时,不同的使用者仍然可能有自己的不同理解,从而导致"品牌资产"形成不同的定义。因为品牌本身虽然是有形的,但是它所提供的服务在本质上却是无形的,因此品牌资产仍应归入"无形资产"一类中。

那么,应当怎样正确地理解品牌资产这个概念?迄今为止,尚没有一种被所有的品牌理论研究者和企业经营者所接受的概念。但归纳起来,比较有代表性的主要有以下几种观点。

(1) 品牌资产就是与品牌名称、品牌标志相关联的一组资产,它有助于提高品牌所附着的产品或服务的价值。品牌资产的构成包括品牌忠诚、品牌质量认知、品牌识别和品牌联想及其他附属要素。

(2) 品牌资产是一种超越生产、商品、所有有形资产以外的价值。

(3) 品牌资产是一种超越商品有形实体以外的价值部分。它是与品牌名称、品牌标识物、品牌知晓度、品牌忠诚度相联系的,能够给企业带来收益的资产。

(4) 品牌资产就是顾客、渠道成员、母公司对于品牌的联想和行为,这些联想和行为使得产品可以获得比在没有品牌名称的条件下更多的销售额或利润,可以赋予品牌超过竞争者的强大、持久和差别化的竞争优势(美国市场营销科学研究院的定义)。

综上所述,品牌资产是与某种品牌名称或标志相联系的品牌资源或保证,它能够为提供这种产品或服务的公司以及购买这种产品或服务的顾客增加或减少价值。

3.1.3　品牌的经济价值

品牌的经济价值最终体现在它所创造的竞争力及由此为企业带来的巨大经济效益上。品牌除了因能为消费者提供相应的价值而为企业创造顾客的品牌忠诚之外，它还通过其他方式为企业积累品牌资产和创造经济价值。

1. 提高产品售价

市场经济过去遵循的基本定价原则是"优质优价"，产品的价格差异主要源自产品的质量差异。但是，在目前的国际市场上这种情形已经发生了重大变化，即优质不一定优价，相同款式、质量、功能的同类产品之间的价差可能相差甚远。例如，我国苏杭生产的丝绸服装每年都大量出口到美国，若贴上国内生产厂家的标签，每件售价仅是 20 美元左右；但如果换上美国公司的品牌后，每件售价则会高达 300 美元。上海某家企业生产的录音机，卖给日本索尼公司每台售价仅为 30 多元人民币，但索尼公司转手换上自己的品牌，售价立刻升到 560 元一台。一般来说，品牌产品比同档次的其他产品的售价高出 20%～80%，有的甚至超出几十倍。

为什么同样的产品在售价上会产生如此之大的差别呢？这就是品牌资产价值所产生的巨大威力。难怪重庆力帆集团提出了"变中国制造为中国创造"的品牌建设使命。力帆集团在开发东南亚市场时，与日本本田公司展开了激烈的竞争，可是力帆集团出产的摩托车在东南亚市场上售价只能卖到本田摩托车三分之一的价钱。经国际权威质量检测机构的测试，两个厂家生产的摩托车在质量和性能方面都不相上下，甚至力帆摩托车的发动机性能还优于本田。董事长尹明善说："为什么？就是因为没有品牌。可口可乐是什么？不就是糖和水吗？但有了可口可乐这块牌子，就可以行销世界的每一个角落。"一个没有品牌的企业，注定是个做不大的企业。可见，品牌支持高价位，是创造产品附加价值最主要的源泉。

2. 促进品牌延伸

品牌是其所有者拓展经营范围的坚实基础和强有力的战略性武器。品牌延伸能够丰富企业的产品线，给消费者更多的选择，扩大自己的规模和实力；同时，能够有效地阻止竞争者的进攻，占领更大的市场份额。

已成功的品牌推出的新产品比没有品牌的新产品在启动和扩展市场方面要容易很多。对于没有品牌的企业来说，推出新产品不但需要付出巨额成本来开发市场，而且成功的概率也比较小。据调查，大约有 80%以上新产品会遭到市场的拒绝。然而，在现有品牌基础上进行品牌延伸，只要新产品与原品牌成功地联系起来，就能极大地增加成功的概率，因为消费者对原有品牌的优良印象将会相应地传导到新产品上来。例如，我国合资企业顶新国际集团进入中国大陆市场后，经过周密的市场调查，发现那些经常出差或户外活动较多的人吃饭很不方便，于是该公司首先推出了康师傅方便面。由于该产品找准了市场，且简单方便，味道鲜美，故受到了消费者的欢迎。加之康师傅的名字给人以亲切、健康的联想，所以该品牌给消费者留下了美好的印象。接下来，顶新集团的经营活动皆围绕"康师傅"品牌展开，从一个新产品扩张到一系列新产品，在食品及饮料市场上不断延伸品牌系列产品，产品从方便面发展到八宝粥、饼干、果汁、茶饮料、纯净水、香米饼等产品项目。由于这些新产品是优质产品和品牌形象的组合，该公司几乎不必做广告就顺利地打入并畅销市场。

3. 创造竞争优势

与各种促销手段相比，品牌的竞争力更为持久和稳定。品牌为其所有者创造了许多方面的竞争优势。

1) 品牌生命没有必然的衰退过程

与产品比较，品牌生命没有必然的衰退过程。我们知道，产品一般都将经历以下几个阶段：进入市场、被消费者接受、快速增长、进入成熟、步入衰退、退出市场。但是，品牌市场生命周期特别长。只要它能跟上时代发展，随着市场需求变化不断创新，就可以长盛不衰。

2) 增加成为市场领导者的机会

大多数拥有品牌的企业能够成为市场领导者。在同等条件下，品牌产品比一般产品卖得多、快、好，强势品牌所产生的稳定销量能取得规模经济效益，并能实施更有效的成本控制，这几者结合起来就意味着更大的利润空间。这种市场地位一旦建立起来，巨大的市场份额、优势的市场地位、强大的品牌亲和力以及高额的市场利润就会随之而来。

3) 品牌增加企业经营的稳定性

拥有品牌的企业更具有吸引投资、聚集人才、改进技术、扩大规模、开拓市场的能力，这些有利因素能够极大地增强企业的竞争力，从而为企业带来稳定的经济收益。因而，品牌竞争越来越成为今天市场竞争的焦点，成为企业获取生存权和发展权的法宝。

4) 品牌具有资源利用的优势

品牌是一种资源，贴牌生产和品牌授权是当今利用品牌资源、获取更大利润的两种主要形式。所谓贴牌生产，就是品牌所有者委托其他制造商加工产品，然后贴上自己的商标销售产品的一种品牌经营方式。一般来说，品牌所有者从这种合作方式中获取的利润率高达80%甚至更高，而加工者的利润率仅为20%甚至更低。品牌授权，又称为品牌许可，是指授权者将自己拥有或代理的商标或品牌以合同形式授予给被授权者使用、被授权按合同规定从事经营活动，并向授权者支付一定数额的使用费用；同时，授权者给予被授权者有关现场布局、人员培训、组织设计、经营管理等方面的具体指导与协助。目前，美国零售市场上各种品牌授权产品已占零售市场销售量的三分之一，并且成为增长最为迅速的一股销售力量，如迪士尼、麦当劳、肯德基、可口可乐、花花公子等公司经常授权许可其他厂商使用自己的名称和商标，并从中获取巨额利润。

在西方，品牌被企业界称为经济的"原子弹"，被认为是最有价值的一项投资。而我国许多厂家虽然具有生产世界一流产品的能力，却疏于品牌行销。因此，重新认识品牌的经济价值并付诸行动已经刻不容缓。

3.1.4　品牌资产价值的经济意义

对于企业来说，品牌之所以存在意义就在于它有经济价值，即品牌资产价值。美国市场营销协会就品牌资产价值给出的定义是：一部分消费者、渠道成员对母公司所起的联想和行为，品牌借此而获得比无品牌产品较大的收入和较大的边际利润，并借此而比竞争者获得强势、持续的差异化的优势。

1. 品牌与消费者之间的关系在品牌资产价值中居于核心地位

基于顾客的品牌资产价值概念认为，品牌之所以对企业和经销商等有价值，根本原因在于品牌对顾客有价值。该观点实际上是强调品牌资产价值是由消费者最终决定的，是消费者对品牌价值的理解。当然，如果品牌对于消费者而言没有任何价值，那么它也不可能向品牌投资者和占有者提供任何的价值。从消费者角度看，品牌资产价值就是由于顾客头脑中已有的品牌知识和印象所导致的顾客对品牌营销活动的差别化反应。

2. 品牌资产价值与其市场表现相联系

基于市场的品牌力模型认为，品牌资产价值的大小应体现在品牌自身成长与扩张能力上，如品牌延伸能力。该观点认为，品牌在财务方面的评估当然重要，它可以使公司知道在某一具体时刻品牌的价值，而且可以基于品牌过去的表现来预测品牌未来的增长潜力，但是品牌成长和扩张对于品牌资产可能更为重要。正如大卫·艾克和凯勒(Keller)所指出的，总体上说品牌延伸的成本要比引入全新品牌的成本低，而且还可以使现有品牌资产中的贡献因素实现延伸，这些因素包括品牌名称、品牌形象、消费者对品牌的态度、品牌的忠诚度等。因此，基于品牌成长的观点除了探索消费者与品牌的关系外，还将品牌资产价值的出发点从公司的短期利益转向了公司的长期目标。

3. 品牌资产价值可以采用会计的方法加以定量化

品牌资产价值是"品牌赋予产品的增值或者溢价"。大卫·艾克将其定义为"与品牌及其名称、符号相关的资产和负债"。基于财务的观点为品牌资产赋予了会计意义的价值，按照该观点，所有投入到品牌建立与维护上的费用都应累计计入品牌资产价值。也有人认为，品牌资产价值是公司总的市场价值中减去有形资产的部分，从而得到品牌等无形资产的价值，然后得到品牌资产价值。

4. 具体品牌的资产价值不相同，而且它们的价值也在不断地变化

不同的品牌在市场中具有不同的经济价值。菲利普·科特勒(Philip Kotler)对出现这种现象的解释是，不同的品牌代表了不同的产品品质与服务，具有不同的文化内涵和个性，因而具有不同的市场渗透力、感召力和辐射力，从而使品牌的价值千差万别。具体来讲，品牌在市场中的表现存在以下几种情形：极端情形是绝大多数购买者不知道某些品牌；稍好一些是购买者对某些品牌有一定程度的品牌认知(用品牌回忆或认可方法测量)；较好一些是有相当高程度的品牌接受力，大多数顾客将不拒绝购买它们；再较好一些是购买者有高程度的品牌偏好，他们选择它们甚于其他品牌；最后一种是高程度的品牌忠诚。

根据明略行咨询公司(Millward Brown Optimor)的评比结果，2013 年全球最具价值的十大品牌依次是：苹果为 1 850.71 亿美元，谷歌为 1 136.69 亿美元，IBM 为 1 125.36 亿美元，麦当劳为 902.56 亿美元，可口可乐为 784.15 亿美元，AT&T 为 755.07 亿美元，微软公司为

698.14 亿美元，万宝路为 693.83 亿美元，维萨公司为 560.60 亿美元，中国移动为 553.68 亿美元。

2014 年 10 月，全球著名品牌咨询公司"Inter brand"公布"2014 年全球企业品牌价值排行榜"(Best Global Brands)。排在前 10 名的世界顶级品牌分别是：苹果为 1 188.63 亿美元，谷歌为 1 074.39 亿美元，可口可乐为 815.63 亿美元，IBM 为 722.44 亿美元，微软为 611.54 亿美元，通用电气为 454.80 亿美元，三星为 454.62 亿美元，丰田为 423.92 亿美元，麦当劳为 422.54 亿美元，梅赛德斯 奔驰为 343.38 亿美元。

这些数据表明，不同品牌的资产价值相差悬殊，特别是小国的一流品牌与世界一流品牌尚存在较大的差距。此外，品牌资产价值并不是一成不变的，随着时间的推移，品牌可能会增值，也可能会贬值，所以即便是作为世界十大最有价值的品牌，每年跻身其中的品牌也不尽相同。

综上所述，品牌资产价值是品牌所具有的影响消费者的力量，它是对品牌的综合评价，即对品牌进行人为的量化研究结果，它也是品牌之所以存在的意义。

3.1.5 品牌资产价值的实质与特征

1. 品牌资产价值的实质

尽管不同的专家、学者对于品牌资产价值的理解不同，但最终都必须归结到市场中去，由消费者对品牌做出的差异化反应来确定。虽然品牌资产价值的实现要依靠消费者购买行为，但消费者购买行为根本上还是由消费者对品牌的看法，即品牌的形象所决定的。因为尽管反映消费者购买行为的指标可用以反映品牌资产价值的存在，但它们都并不能揭示在消费者心目中真正驱动品牌资产价值形成的关键因素。国际市场研究集团(Research International)提出的品牌资产价值模型认为，品牌资产价值归根到底是由品牌形象所驱动的。影响品牌形象的因素可以分为两类：一类是"硬性"属性，即对品牌有形的或功能性属性的认知；另一类属性是"软性"属性，这种属性反映品牌的情感利益。

西方某些研究者认为，一个品牌首先必须拥有知名度；其次必须建立与消费者需求的联系，能够满足消费者的某种核心需要；再次是品牌的产品功能和绩效必须达到消费者的要求；最后是品牌必须展现出相对于竞争对手独特的优势，与竞争对手相区别，在这个阶段品牌必须与其最终消费者建立某种情感联结。品牌经理只有知道了品牌处于金字塔的哪一位置，才能制定适宜的战略和策略来维持或提高顾客忠诚度。

结合上述两种观点，品牌资产价值实质上就是由品牌个性在作用于消费者或潜在消费者过程中所产生的积极影响，即吸引力和感召力。也就是说，品牌资产价值的实质是企业与顾客关系的反映，而且是长期动态关系的反映。我们必须重视品牌真正获利的来源——购买品牌的消费者。

2. 品牌资产价值的特征

1) 品牌资产是一种组合的无形资产

品牌是企业竞争的关键性资产，这一资产不同于有形资产，不能使人凭借眼(看)、手(摸)等感官直接感受到它的存在及大小，所以品牌资产是一种无形资产，而且是一种组合无形资产。这种组合的无形资产是由为数众多且错综复杂的要素构成的，比如精明的管理队伍、卓越的销售机构和业务网络、有效的广告宣传、企业商誉、企业文化、人力资源的利用水平、产品品质、良好的财务管理以及卓越的服务等多方面。经过企业长期有效的经营，最后通过品牌知名度、品牌认知度、品牌联想、品牌忠诚度及其他相关资产的形式展现出来。一个企业其品牌资产价值越高，它的竞争优势就越突出。而其品牌竞争力越大，越能促进品牌资产价值的提高。由于品牌资产的无形性，增加了人们对它予以直观把握的难度。正是由于品牌资产这种不易感知性的原因，目前，我国相当一部分企业还未能对品牌资产给予足够的重视，甚至没有把品牌资产提升到与有形资产同样重要的高度。

2) 品牌资产具有开发利用的价值

品牌资产不像企业有形资产那样，完全生成于生产过程，生成后价值随着磨损而不断减少；也不像应收款项等债权，具有向债务人收取款项的权利。品牌资产是随着科研与创新工作的展开，在企业长期有效的经营中，通过与有形资产相结合的办法，从无到有、从有到多、从劣到优逐步培育积累而成的。不断开发品牌资产，精心维护，不仅可以使品牌"青春常在"，还可以使品牌资产不断增值。

3) 品牌资产价值难以准确计量

品牌的价值现在已广泛为人们所认知，如何计量品牌资产现已成为企业非常关心的问题。但品牌评估是一项全新而又复杂的技术，需要利用一系列指标体系进行综合评价。品牌反映的是一种企业与顾客的关系，而这种关系的深度与广度通常需通过品牌知名度、品牌形象、品牌联想、品牌忠诚等多方面予以透视。另一方面，反映品牌资产价值的品牌获利性受许多不易计量的因素影响，如品牌投资强度、产品市场容量、产品所处行业及其结构、市场竞争的激烈程度等，所以品牌资产价值的评估与有形资产不同，难以准确计量。

4) 品牌资产价值具有波动性

品牌从无到有，从消费者感到陌生到消费者熟知并产生好感，这是品牌营销者长期不懈努力的结果。但是，由于市场风云莫测、千变万化，像技术创新、理念创新以及市场环境变化(如竞争策略的变化、消费者心理的变化)等因素，都会让品牌的价值产生波动。如IBM 公司 1992 年第四季度严重亏损，迫使总裁辞职。新总裁上任后，重新进行市场定位，从巨型计算机向微型计算机延伸，使得 IBM 在很短的时间内就重振雄风，IBM 品牌的价值也回升到 2005 年的 171.47 亿美元。2011 年，美国《商业周刊》公布的 IBM 品牌价值已经达到 699 亿美元，成为全球第二大品牌。2013 年，由品牌调查公司(BRANDZ)调查评选出的全球最具价值品牌百强排行榜中 IBM 则以 1 120 亿美元的品牌价值位居第三。2014 年，根据全球著名品牌咨询公司 Inter brand 公布的全球品牌价值排名，IBM 以 722.44 亿美元居于第四位。

5) 品牌资产价值是衡量企业营销绩效的主要指标

品牌资产的实质是卖主支付给买主的产品特征、利益和服务等方面一贯性的承诺，为了维系和发展企业与消费者之间互利互惠的长期交换关系，需要积极开展营销活动，履行各种承诺。可以说，品牌资产是企业不断进行营销投入或开展营销活动的结果。每一种营销投入都或多或少地对品牌资产存量的增减变化产生影响。正因为这样，分散的、单一的营销手段难以保证营销资产增值，必须综合运用各种营销手段，并使之有机协调和配合。

像世界著名品牌之所以能够长盛不衰，与品牌营销者拥有丰富的营销经验和娴熟的营销技巧是密不可分的。这样看来，品牌资产大小是各种营销手段和营销技巧综合作用的结果，并在很大程度上反映了企业营销的总体水平。

3.2   品牌资产价值的构成

品牌策划大师大卫·艾克将品牌资产价值分为五个部分，即品牌忠诚度、品牌知名度、品质认知度、品牌联想和其他资产，该理论受到业内人士的一致肯定与高度评价，并被称作品牌资产价值的五星模型，如图 3-1 所示。

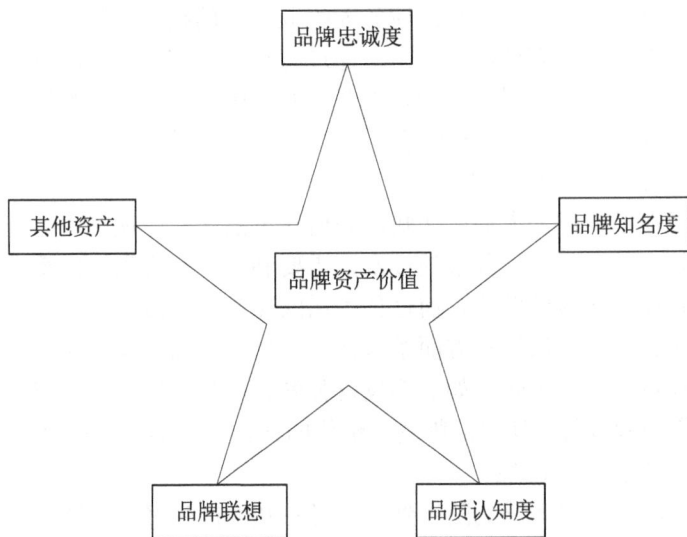

图 3-1   品牌资产价值的五星模型

3.2.1   品牌知名度

1. 品牌知名度的含义

品牌知名度是指品牌为目标市场消费者所知晓的程度，故也称品牌知晓度。品牌认知首先是对品牌的了解，包括对品牌形式和内容两方面的了解，这是消费者的一个动态的品牌学习过程。其次是对品牌的记忆。如果消费者仅仅对品牌有所了解是构不成品牌资产的，还必须有所记忆。品牌只有被消费者记住，才可能形成品牌资产。品牌记忆也包括品牌形式和内容的记忆。再次是对品牌的识别。品牌形式的识别比较容易，比较难的是品牌内容的识别。

通常，某品牌的知名度需要通过目标消费者总体中知晓该品牌人数的相对数来测定。不同品牌的知名度是不同的。当提及某个产品大类时，消费者能在第一时间想到的品牌名称，该品牌就具有最高的品牌知名度；而需要对消费者给予相应的提示才能想到的品牌，则具有较高的品牌知名度；若直接给出品牌名称，消费者表示一无所知，则该品牌没有知名度。

2. 品牌知名度的价值

由于顾客不会购买自己毫不知道的商品，因此，知名度和顾客购买之间存在明显的关联，尤其对那些消费者介入程度高、单位产品价值高的商品来说，知名度和顾客购买之间有正相关的关系。

品牌知名度的资产价值主要表现在提高品牌影响力和抑制竞争品牌知名度两方面。一方面，由于消费者购买商品时一般倾向于自己熟悉的品牌，所以，品牌知名度越高，越容易进入消费者的选择范围，越有可能成为被选购的对象。可见，品牌知名度的高低，会影响消费者对品牌的信念，并在此基础上影响消费者的购买选择，进而影响品牌的预期收益。另一方面，品牌知名度还会起到抑制竞争者品牌知名度提高的作用。对品牌来说，存留在消费者记忆中的品牌整体形象是经由品牌传播一次一次地累积形成的。知名度越高的品牌，越容易突破消费者吸纳或接受信息的选择屏障，从而进入消费者记忆中，并成为消费者选购商品的重要影响因素。于是，该品牌的有关信息就极有可能成为消费者在吸纳竞争者品牌信息时的干扰因素和屏障，即阻碍新品牌及其信息顺利进入消费者的记忆。可以说，具有较高知名度的品牌，客观上对竞争品牌知名度的提高起到了抑制的作用，进而降低竞争品牌的市场影响，提高自身品牌的市场竞争力。

3. 如何提高品牌知名度

影响品牌知名度的因素包括品牌独特性、品牌传播、品牌行为、消费者经验、消费者需要和消费者特征等。根据这些影响因素，可相应地提出以下策略。

1) 通过塑造品牌独特性来提高消费者对品牌的知晓度

品牌形式的设计越独特，越容易引起消费者的注意和兴趣，而注意和兴趣是认知行为的前提。消费者对注意到和感兴趣的品牌，更有认知的积极性，也更容易记忆和识别。品牌内容的独特性则进一步加深消费者对品牌的认知，如品牌产品的特色往往给消费者很强的刺激信号，使消费者容易感知和建立较深的印象。

2) 通过加大品牌传播力度来提高消费者对品牌的知晓度

品牌广告、品牌宣传、品牌展览和品牌促销等传播形式和内容，促进消费者对品牌的认知。品牌广告等传播的知识虽然是理性知识，不是消费者对品牌的直接感知，但可以大大提高消费者对品牌的认知效率。尤其是通过广告这样的大众传媒，可以在较短的时间建立品牌的认知度。在广告中的广告语很重要，如在广告中加入一句口号或顺口溜，这样容易让顾客回忆起这则广告。

3) 通过品牌行为来提高消费者对品牌的知晓度

品牌产品的定价、创新和品牌公司的行为都会影响品牌认知。例如，德国名牌轿车奔驰和宝马因昂贵的定价而被消费者看作高质量、高性能、高品位品牌加以认知。

4) 通过增加消费者自身经验的积累来提高消费者对品牌的知晓度

品牌经验丰富的消费者对某一品牌的认知比品牌经验缺乏的消费者更全面、更深入。大城市与中小城市相比，商业更发达，品牌更多，相对应消费者的品牌经验更丰富。因此，大城市的消费者对品牌的认知更多一些，认知积极性更高一些。

5) 通过加强消费者的需要来提高品牌的知名度

消费者对某种产品的需要越迫切，对这种产品的品牌就越关注，品牌认知的积极性和品牌认知度就越高。

6) 通过消费者的社会特征、文化背景和个性来提高品牌知名度

消费者的理性程度影响品牌认知的积极性，理性强的消费者，更重视品牌认知，对品牌认知的积极性更强，因而他们身上更容易形成品牌资产。

这里需要注意的是，品牌知名度可以促进消费者的首次购买，但消费者是否会持续购买，则取决于消费者的品牌忠诚度。从消费者层面看，随着市场竞争的深入，消费者的消费意识不断趋于成熟，消费者购买行为除了出于对品牌知名度的考虑外，同时还包含了对品牌其他要素的综合评价。现在，长期的广告传播与知名度打造已经不足以支撑品牌认知和品牌购买，当然更不足以建立品牌忠诚。

3.2.2　品质认知度

1. 品质认知度的含义

所谓品质认知，也称为品质认定，就是顾客在对竞争品牌进行各方面的对比和选择之后，对某种产品的整体质量和优点所形成的定论和概念。品质认定要根据产品自身的定位目标及其系列竞争品牌进行对比之后才能形成确定的概念。品质认定不同于满意度，一个顾客可能因为其期望值很低而很容易满足。高品质认定并不与低期望值保持一致。品质认定是顾客对于某个品牌的一种无形的整体的感觉。一般情况下是以与品牌相关的方面如可靠性和功能为基础来对产品进行评价。品质认定可分为以下几种类型。

(1) 品质认知。产品的物理构成及其质量属性在心理上的反应。

(2) 档次认知。人们对产品品质及质量标准的主观评价。

(3) 功能认知。正常状态下人们认知产品所达到的功能与效果。

(4) 特色认知。与同类产品相比，认知该品牌具有独一无二的功能与效果。

2. 品质认知度的价值

对于品质的认识，我们了解它的价值主要从消费者、企业自身出发，给出以下品质认知度的价值。

1) 给消费者提供了购买的理由

顾客在购买决策时缺乏全面信息，往往依据自己心目中的品质认知来决定买哪一个品牌的产品。以索尼为例，该品牌被扩展到电视机、录音机、随身听等多种产品上，这些产品的功能、规格、使用条件、使用对象大不相像，但一提到索尼，大多数人，包括那些从来没有使用过该产品的人由于对其品质的认知，都会大胆购买。在消费者心中，索尼就是高品质电子产品的象征。

2) 品质认知度是品牌差异化定位的基础

品质差异化是品牌差异化选择的重要方面，是许多强势品牌取得差异化竞争优势的源泉。不同的品牌通过长期的产品经营和品牌传播，在消费者心中形成了相对稳定的品质认知。一个明显的事实是，一个大众化的消费品牌如果要转化成为一个高档品牌，就需要付

出高昂的代价；相反，一个高档的品牌，如果转换为大众化品牌，就会损害自己的品牌形象。

3) 品质认知度是高价值的基础

内外强势品牌通过长期的积累，在消费者心目中形成了高档、时尚、高品质、高性能的认知价值，因而这些品牌的产品能够卖到较高的价位，而且能为消费者接受。同时，普通消费者由于不是这些消费品的专家，无从辨别产品的品质，而只能从品牌加以识别，这样就使得贴牌生产的产品也能顺利实现高价销售。

3. 影响品质认知度的因素

根据专家的研究以及论证，得出的影响品质认知度的因素有以下几个。

1) 产品的性能

产品的性能包括基本的产品操作特征。有些顾客注重产品的使用性能，而有些注重产品的经济和舒适。

2) 产品的特征

品牌独具一格的产品特征，也是该品牌的独特卖点，使其与竞争产品区别开来，以自己产品的特征来吸引顾客的注意力，而且也可以反映出这个公司更关心顾客的需求。

3) 追求完美

追求完美(即零缺点)是对质量所持的一种传统的、以生产为指导的观点。追求质量完美，是每一个厂商的宗旨，企业尽可能使其产品质量完美。例如，日本的汽车制造商站在顾客的立场上减少产品的缺点而取得巨大成功。

4) 产品的可靠性

产品的可靠性与产品行为保持一致，也可以使顾客连续购买，让顾客感到他们总能买到功能良好的产品。

5) 产品的耐用性

产品的耐用性反映出产品的经济寿命即产品可以使用时间。

6) 企业提供服务的可能性

产品在使用过程中出现质量问题，企业的售后服务部门能否及时、可靠地进行维修。

7) 产品使用时给人的舒适感

这是纯粹的外观或感觉。对于汽车而言，可以指其油漆的情况，车门缝是否严合，这些极小的地方却极有可能引起顾客对其产品质量的判断。

4. 如何提高品质认知度

提高品牌的品质认知度，对于企业经营者而言，是一件十分重要的工作。提高品牌的品质认知度与提高品牌的知名度不同，品牌的知名度可以通过高频率的广告投放建立，而对于品质认知度的提升，则主要侧重于企业的技术优势、产品领导、优秀服务等方面的工作，使消费潜移默化地加强对品牌优质品质的认知。

1) 长期保证产品高质量

要较长时间持续地保持高质量是件很困难的事。如果不是公司将质量看作最高的信条，要保持高质量几乎是一件不可能的事。高质量是品质认定的基础。

2) 加强企业文化建设

对质量的承诺应该在企业文化中反映出来，企业应该有一套行为、标志以及价值准则来约束企业员工。

3) 注重顾客评价

顾客最终决定质量，企业要定期就客户满意度进行调查，进行集体访问，并了解顾客对其产品和竞争对手的产品质量的看法进行调查。

4) 生产标准化的产品

口头承诺和实际提供服务之间是有距离的，正因为有距离，所以可以设定一定的目标，并将实现目标的过程纳入一个可操作体系。只要设定标准化，而企业又能按照标准化的要求去完成，这样才能保证品质认定。

5) 发挥职员的主观能动性

企业职员对企业的产品质量和形象的影响是比较大的。日本企业已经证明了，通过团队合作，职员往往能够找到一种有效地提高产品质量的方法。

6) 满足顾客的期望

如果顾客的期望过高，他们就会认为产品的质量很低。所以产品质量和服务要超出顾客的期望为好。

3.2.3 品牌忠诚度

1. 品牌忠诚度的含义

品牌忠诚度是指消费者在购买决策中，多次表现出来对某个品牌有偏向性的而非随意的行为反应。它是一种行为过程，也是一种心理决策和评估过程。品牌忠诚度的形成不完全依赖产品的品质、知名度、品牌联想及传播，它与消费者本身的特性密切相关，依靠消费者的产品使用经历。提高品牌的忠诚度，对一个企业的生存与发展，扩大市场份额极其重要。品牌忠诚度是品牌价值的核心。它由五级构成。

1) 无品牌忠诚者

这一层消费者会不断更换品牌，对品牌没有认同，对价格非常敏感。哪个价格低就选哪个品牌，许多低值易耗品、同质化行业和习惯性消费品都没有什么忠诚品牌。

2) 习惯购买者

这一层消费者忠于某一品牌或某几种品牌，有固定的消费习惯和偏好，购买时心中有数，目标明确。如果竞争者有明显的诱因，如价格优惠、广告宣传、独特包装和销售促进等方式鼓励消费者试用，让其购买或续购某一产品，就会进行品牌转换购买其他品牌。

3) 满意购买者

这一层的消费者对原有消费者的品牌已经相当满意，而且已经产生了品牌转换风险忧虑，也就是说购买另一款新的品牌会有风险，会有效益的风险、适应上的风险等。

4) 情感购买者

这一层的消费者对品牌已经有一种爱和情感，某些品牌是他们情感与心灵的依托。例如，一些消费者天天用黑人牙膏、蓝月亮洗衣液，一些小朋友天天喝的旺仔牛奶，可口可乐改配方招致了游行大军以及个性的包装等。能经久不衰，就是已经成为消费者的朋友、生活中不可或缺的用品，且不易被取代。

5) 忠诚购买者

这一层是品牌忠诚的最高境界，消费者不仅对品牌产生情感，甚至引以为傲，如欧米茄表(Omega)、宝马车(BMW)、劳斯莱斯车(Rolls-Royce)、阿迪达斯(Adidas)、鳄鱼服饰、耐克鞋(NIKE)的购买者都持有这种心态。

2. 品牌忠诚度的价值

品牌忠诚度的价值主要体现在以下几方面。

1) 降低行销成本，增加利润

忠诚创造的价值是多少？忠诚、价值和利润之间存在着直接对应的因果关系。营销学中著名的"二八原则"，即80%的业绩来自20%经常惠顾的顾客，对企业来说寻找新客户的重要性不言而喻，但维持一个老客户的成本仅仅为开发一个新客户的七分之一。在微利时代，忠诚营销愈见其价值。我国很多企业把绝大部分的精力放在寻找新客户上，而对于提高已有客户的满意度与忠诚度却漠不关心。一个企业的目的是创造价值，而不仅仅是赚取利润。为顾客创造价值是每一个成功企业的立业基础。企业创造优异的价值有利于培养顾客忠诚观念，反过来顾客忠诚又会转变为企业增长的利润和更多的价值，企业创造价值和忠诚一起构成了企业立于不败之地的真正内涵。

2) 易于吸引新顾客

品牌忠诚度高代表着每一个使用者都可以成为一个活的广告，自然会吸引新客户。根据口碑营销效应：一个满意的顾客会引发 8 笔潜在的生意；一个不满意的顾客会影响 25 个人的购买意愿。因此，一个满意的、愿意与企业建立长期稳定关系的顾客，会为企业带来相当可观的利润。品牌忠诚度高就代表着消费者对这一品牌很满意。

3) 提高销售渠道拓展力

拥有高忠诚度的品牌企业在与销售渠道成员谈判时处于相对主动的地位。经销商当然要销售畅销产品来盈利，品牌忠诚度高的产品自然受经销商欢迎。此外，经销商的自身形象也有赖于其出售的产品来提升。因此，高品牌忠诚度的产品在拓展通路时会更顺畅，容易获得更为优惠的贸易条款，比如先打款后发货，最佳的陈列位置等。

4) 面对竞争有较大弹性

营销时代的市场竞争越来越体现为品牌的竞争。当面对同样的竞争时，品牌忠诚度高的品牌，因为消费者改变的速度慢，所以可以有更多的时间研发新产品，完善传播策略应对竞争者的进攻。

3. 如何创造品牌忠诚度

忠诚联系着价值的创造，企业为顾客创造更多的价值，有利于培养顾客的品牌忠诚度，而品牌忠诚又会给企业带来利润的增长。

1) 人性化地满足消费者需求

企业要提高品牌忠诚度，赢得消费者的好感和信赖，企业一切活动就要围绕消费者展开，为满足消费者需求服务，让顾客在购买使用产品与享受服务的过程中，有难以忘怀、愉悦、舒心的感受。因此，品牌在营销过程中必须摆正短期利益与长远利益的关系，必须忠实地履行自己的义务和所应尽的社会责任，以实际行动和诚信形象赢得消费者的信任和支持。品牌有了信誉，何愁市场不兴、品牌不旺。这是品牌运营的市场规则，是一个普遍的经营规律，也是提高品牌忠诚度最好的途径。品牌应不遗余力地做实做细，尽心尽力，切忌为追求短期利益犯急躁冒进的错误，否则必将导致品牌无路可走，最终走向自我毁灭。人性化的满足消费者需求就是要真正了解消费者。国内绝大多数品牌只提供了产品的主要使用价值与功能，但对细腻需求的满足远远不能与国外品牌相比。我国的火腿肠味道营养俱佳，外出携带方便，但食用时没有拉开的口子，必须要找一把剪刀剪开。然而像美国的吉列手动刮胡刀的手柄不仅用一圈圈凸纹来增加摩擦力，以防止刮胡刀滑出手而刮破脸，并且还想到了在凸纹上套上一层橡胶皮，让顾客使用时提在手中更贴合皮肤、更舒服，每一细微之处都为消费者想到了。麦当劳、肯德基等一些西餐厅的洗手间，洗手的地方有高低两个洗手台，小朋友们在用餐过程中要洗手不用家长陪同或抱起来就可以自己完成，而国内的中餐厅很少满足消费者的这种细腻需求。

因此，大老板和市场总监们，应该都离开写字楼，去市场第一线和零售终端，与顾客保持紧密接触，这样才有可能深入地了解顾客的内心世界和潜在需求，为产品和服务的改进提供第一手翔实的信息。既要到大市场中去坐坐公交车、吃吃大排档；也要到集贸市场找人聊聊，了解大众消费者的购买心理。要运用规范的调查手段，如入户问卷调查、小组座谈会等，连续追踪调查顾客满意度。

2) 产品质量的不断创新

产品质量的不断创新是顾客对品牌忠诚的基础。世界上众多名牌产品的历史告诉我们，消费者对品牌的忠诚，在一定意义上也可以说是对其产品质量的忠诚。只有过硬的高质量的产品，才能真正在人们的心目中树立起"金字招牌"，受消费者喜爱。产品的创新让消费者感觉到品质在不断提升。海尔的空调、洗衣机每年都会有新功能、新技术产品推出；苹果、三星每年都会推出新款手机；宝洁公司的玉兰油、海飞丝等产品也时不时推出新改良配方，让其产品有新的兴奋点，让人感觉到企业一直在努力为消费者提高产品品质。

3) 提供物超所值的附加产品

产品的好坏要由消费者的满意程度来评判。真正做到以消费者为中心，不仅要注意核心产品和有形产品，还要提供更多的附加产品。海尔的维修人员不仅准时修好冰箱、空调，还能获得更多顾客。维修人员温暖人心的礼貌问候，自带饮料不喝用户一口水，套塑料鞋套避免对用户家里地板污损等，海尔的售后服务正是因为给消费者提供了意想不到的贴心，大大提高了消费者对品牌的评价与认同度。在产品同质化的时代，谁能为消费者提供物超所值的额外利益谁就能最终赢得顾客。

4) 有效沟通

企业通过与消费者的有效沟通来维持和提高品牌忠诚度，如建立顾客资料库、定期访问、公共关系、广告等。建立顾客资料库，选择合适的顾客，将顾客进行分类，选择有保留价值的顾客，制订忠诚客户计划；了解顾客的需求并有效满足顾客所需；与顾客建立长期而稳定的互需、互助的关联关系。以广告为主的传播，广告能提升消费者对品牌的熟悉、信赖感，使消费者产生对品牌的挚爱与忠诚。

4. 如何衡量品牌忠诚度

1) 顾客重复购买次数

在一定时期内，顾客对某一品牌产品重复购买的次数越多，说明对这一品牌的忠诚度就越高，反之就越低。应注意在确定这一指标的合理界限时，必须根据不同的产品加以区别对待。

2) 顾客购物时间的长短

根据消费心理规律，顾客购买商品，尤其是选购商品，都要经过比较、挑选过程。但由于信赖程度有差别，对不同产品，顾客购买、挑选时间的长短也是不同的。一般来说，顾客挑选时间越短，说明他对某一品牌商品越偏爱，对这一品牌的忠诚度越高，反之则说明他对这一品牌的忠诚度越低。在运用这一标准衡量品牌忠诚度时，必须剔除产品结构、用途方面的差异而产生的影响。

3) 顾客对价格的敏感程度

消费者对价格都是非常重视的，但并不意味着消费者对各种产品价格敏感程度相同。事实证明，对于喜爱和信赖的产品，消费者对其价格变动的承受能力强，即敏感程度低；而对于不喜爱的产品，消费者对其价格变动的承受能力弱，即敏感度高。据此亦可衡量消费者对某一品牌的忠诚度。运用这一标准时，要注意顾客对于产品的必需程度、产品供求状况及市场竞争程度三个因素的影响。在实际运用中，衡量价格敏感度与品牌忠诚度的关系，要排除这三个因素的干扰。

4) 顾客对竞争产品的态度

人们对某一品牌态度的变化，多是通过与竞争产品相比较而产生的。根据顾客对竞争对手产品的态度，可以判断顾客对其他品牌的产品忠诚度的高低。如果顾客对竞争对手产品兴趣浓、好感强，就说明对某一品牌的忠诚度低。如果顾客对其他的品牌产品没有好感，兴趣不大，就说明对某一品牌产品忠诚度高。

5) 顾客对产品质量问题的态度

任何一个企业都可能因种种原因而出现产品质量问题，即使名牌产品也在所难免。如果顾客对某一品牌的印象好、忠诚度高，对企业出现的问题会以宽容和同情的态度对待，相信企业很快会加以处理。若顾客对某一品牌忠诚度低，则一旦产品出现质量问题，顾客就会非常敏感，极有可能从此不再购买这一产品。

3.2.4　品牌联想

1. 品牌联想的含义

品牌联想指记忆中与品牌相连的每一件事，即一提到品牌名称消费者脑海中出现的所有事物。品牌名称的价值在于一系列的联想，它是制定品牌决策和建立品牌忠诚的基础。品牌联想不是杂乱无章的，而是构成一个联想网络。根据心理学家提出的联想网络记忆模型，人们头脑中的记忆是由一些节点 (Node) 和链结 (Connecting Link) 组成的网络。节点代表了存贮的概念或信息，链结代表了信息和概念间联系的强度。任何信息都可以存贮在这个记忆网络中，包括文字的、视觉的、抽象的和背景的信息。人们通过长期接触企业有关品牌营销的信息，通过直接的消费经验或与他人的沟通等途径，在头脑中形成有关品牌信息的记忆网络。在品牌名称的外在刺激下，人们会激发头脑中已有的品牌联想记忆网络。

例如，当看到耐克这个品牌名称时，人们可能会联想到运动鞋、耐克的品牌标识、NBA巨星乔丹等；提到麦当劳品牌时，可能会联想到黄色的大"M"型标识、麦当劳大叔、儿童餐、汉堡包、美国文化等；看到海尔品牌时，可能会想到海尔兄弟、青岛、高质量、中国造、国际化等。这些信息是顾客通过与品牌长期的接触形成的，它们反映了顾客对品牌的认知、态度和情感，同时也预示着顾客或潜在顾客未来的行为倾向。品牌联想从总体上体现了品牌形象，决定了品牌在消费者心目中的地位。

品牌联想是指透过品牌而产生的所有联想。它是独特的销售利益传播和品牌定位沟通的结果，这些联想往往能组合出一些意义，形成不同的品牌形象。消费者通过对不同品牌产生不同的联想，使品牌间的差异得以显露。品牌传播的主要目的是试图使消费者"产生联想、产生差别化认识、产生好感、产生购买欲望"。这种品牌联想所形成的对品牌的印象最终将成为消费者选择品牌的重要依据。

2. 品牌联想的价值

一个好的品牌联想价值具体体现在以下几个方面。

1) 有助于消费者正面联想

消费者对品牌会有理性的联想和感性的联想，理性的联想为消费者提供购买的理由，而感性的联想则牵动着消费者的情感。例如，别克汽车的广告"有空间就有可能"的理性诉求，使需要大空间的车主找到了购买别克的理由。广告片所展现的美丽的画面，奔跑的小鹿以及精心设计的音乐，都能带给我们精神上的愉悦，当消费者购买这些车的时候，脑海里就可能会闪现这些画面。

2) 有助于消费者联想到品牌利益点

当消费者面对琳琅满目的商品无所适从，无法决定购买何种产品时，他的头脑便会迅速地放映有关这些品牌的联想。而这些联想大部分反映的是品牌的利益点，通常是通过广告画面、广告语或者周围人的影响而获得的，这些利益点如果符合消费者的需要，就为消费者购买某个品牌提供了重要的动机。

3. 品牌联想的策略

品牌应该是一种消费者体验，要真正做到不同凡响，就要建立起一种与消费者的联系。在购买某种品牌的逻辑推理形成之后，还要靠附加的情感联系来区分不同的品牌。有时候，甚至在大众消费品市场上，只要掌握了消费者对某种产品的感情需求，就能左右他们的消费。因此，如果品牌不仅与消费者建立了理性联想，而且让他们感受到强烈的情感联想，那么品牌联想的创建就是成功的。

具体来说，建立能引起消费者正面联想的策略主要有以下几种。

1) 创造品牌故事是为品牌建立联想的有效方式

譬如，肯德基的香辣鸡翅、原味鸡块、鸡腿汉堡等食品，让人回味无穷，百吃不厌。一个主要的原因是，1930年桑德斯上校(Colonel Saunders)用11种香料调味品配出了今天的美味，"我调这些调味品如同混合水泥一样"，桑德斯这样说道，这种有趣的说法本身就是一个可以流传的故事。而这个"混合水泥一样"方法却是价值数百万美元的配方，目前正存放在一个神秘而安全的地方。

一些企业为了更好地制造故事，成立了专门的新闻中心。由新闻中心组织撰写新闻稿件，再联系新闻媒体发布。通过这些故事，可以最大限度地传播品牌的理念与文化，让品牌悄然走进消费者心中，使他们在不知不觉中接受品牌。

2) 为品牌设计灵魂人物

企业为品牌设计灵魂人物是一种有效的品牌传播策略，因为有了灵魂人物，品牌便有了更多的宣传机会，比如新闻报道、人物传记等。苹果的乔布斯、微软的比尔·盖茨、海尔的张瑞敏、联想的柳传志、万科的王石等，人们在想起这些品牌时，自然而然地会想起这些品牌的灵魂人物；而人们在想起这些灵魂人物时，也会想起相应的品牌。

3) 借助有名望的消费者

在企业品牌营销中，一些最佳的传播机会往往来自有名望的消费者，借助他们的影响力进行传播，从而建立起品牌联想。比如，一些品牌服饰为电视主持人提供服装，通过电视台每天的"主持人服饰由××品牌提供"的宣传来增强品牌知名度。

4) 迎合消费者心理

在品牌传播过程中，除了具体陈述促使消费者购买的理由外，还要去塑造一些能够迎合消费者心理、具有感染力的"品牌感动"。例如，伊利集团广告将环保的主题深入人心，从而创出了自己的品牌影响力。来自草原的伊利公司推出了"心灵的天然牧场"广告词，广告画面风格清新朴实，体现出一种对人类健康的关怀，并且在不同的媒体上以一致的理念进行传播，并令消费者为之感动，从而拉近了消费者与伊利之间的距离。这使得消费者在购买伊利时，感觉仿佛得到了某些附加利益——可能出自消费者对大自然的关爱心理。

3.2.5　其他资产

作为品牌资产价值的重要组成部分，被称为附着在品牌之上的其他资产是指那些与品牌密切相关的、对品牌的增值能力有重大影响的、不易被准确归类的特殊资产，如专利、专有技术、商标等。例如，可口可乐公司津津乐道的、令其感到自豪的"7X"配方即是一种专有技术，正是"7X"配方的神秘感，使得可口可乐品牌具有了无可比拟的价值，对可口可乐的个性与形象产生着积极的正面影响。

3.3　品牌资产价值的评估

品牌资产的评估方法体系建立的时间并不长，同时也是一件难度很大的工作。它是要在种种不确定的因素中计算出一个确定的数，因此，无论什么评估方法都不可避免地带有主观性和不确定性。尽管评估很难做到完全准确，但品牌资产是重要的无形资产，完整的品牌资产价值评估可以填补短期财务评估和长期策略分析间的落差，取得一个平衡点。

3.3.1 品牌资产价值评估的意义

自从 20 世纪 80 年代以来，作为企业最具价值的无形资产，即品牌资产价值的评估成为企业界关注的一大焦点。通过品牌价值量化，测量品牌的市场竞争力，已成为国际上通行的做法。目前，国际上有关权威机构每年或每两年发布的全球品牌评估报告，备受世界的广泛关注。那么，品牌资产价值评估到底具有什么样的意义呢？

1. 品牌资产价值评估使企业资产负债表结构更加健全

近年来，越来越多的企业开始使用品牌资产进行融资活动。通过将品牌资产化，使得企业资产增加，资产负债率降低，获得银行贷款的可能性大大提高。资产负债表也是股票市场投资者分析公司股票价值的主要财务依据，考虑品牌资产价值能够使市场投资者对公司资产状况有更全面、更准确的了解，有利于激励投资者。

2. 品牌资产价值评估有利于企业对品牌组合投资做出明智的决策

对企业各个具体品牌的资产价值做出相应评估后，有利于公司的营销管理人员对品牌投资策略做出选择，优化品牌组合，合理分配资源，减少投资浪费。

3. 品牌资产价值评估能够激励企业员工，提高企业声誉

品牌资产价值经过评估，可以告诉世人自己的品牌能值多少钱，以此可以显示品牌在市场中的地位。因而，评估品牌资产价值，不但能起到向企业外部传达品牌发展状况方面信息的作用，提高企业的声誉；更重要的是向企业内部员工传达企业品牌发展的健康状态，明确品牌长期发展的目标，激励员工的信心，从而增强品牌向心力。积极稳健的员工队伍，有利于企业的长远发展。

4. 品牌资产价值评估是品牌兼并与收购的需要

经济全球化的发展使得市场结构和企业生存环境发生了巨大变化，企业面临新的威胁，随时可能受到来自世界其他市场或行业中的企业与品牌的冲击，尤其是全球性的品牌兼并、收购热潮兴起，使得许多企业深刻意识到对现有品牌资产价值进行更好地掌握是必需的。对于兼并与收购的参与方来说，评估企业品牌资产价值是非常重要的事情。

5. 品牌资产价值评估有利于合资事业的发展和品牌增值

将品牌从公司其他的资产中分离出来，当作可以交易的财务个体的做法，有日渐增加的趋势。很明显，这种做法为合资与品牌增值奠定了基础。过去，国内一些品牌在与外商合资时，未进行相应的品牌资产价值评估，就草率地将自己的品牌以低廉的价格转让给外方，因此而吃过大亏。

6. 品牌价值评估是企业品牌运营和资本运营的需要

将品牌从其他资产中分离出来，作为一项独立的资产去投入甚至控股新的合资企业，此时需要评估品牌的价值。品牌价值评估为合资与品牌繁衍奠定了基础。在企业重组、改制、上市等过程中也应对品牌资产进行评估，其价值应该直接反映在企业的资产负债表中。品牌价值只有经营评估之后，才能兑现。近年来兴起的品牌兼并、收购热潮，使得许多企业意识到对现有品牌资产的价值进行评估的重要意义。合资企业的不断出现，也产生了传统上认为不能联合的联合品牌名称。

总之，研究品牌资产价值评估的原则和方法对于建立和管理品牌资产是非常有意义的。品牌资产是个战略性问题，它是竞争优势和长期利润的基础。企业实施品牌战略的目标不仅要创立品牌、管理品牌，更要建立品牌资产。可口可乐公司总裁伍德拉夫曾自豪地对世界宣布：即使公司在一夜之间化为灰烬，凭着可口可乐的品牌资产，可口可乐仍会在很短的时间内重建帝国。钢铁大王安德鲁·卡耐基(Andrew Carnegie)也有过类似的豪言壮语，一切源于对其品牌价值的自信。

3.3.2　品牌资产价值的评估方法

品牌资产的评估方法是多种多样的，根据不同的对象会有所不同，这里是从三个角度对品牌资产进行评估的，分别是财务要素、消费者、市场因素。

1. 基于财务要素的品牌资产价值评估方法

1) 成本法

(1)历史成本法是依据品牌资产的购置或开发的全部原始价值进行估价的。最直接的做法是计算企业过去在该品牌上所进行的各种投资，包括创意、设计、广告、促销、研发、分销等各种费用。但是，这种方法面临着许多问题。比如，如何确定哪些成本费用需要考虑计入品牌资产价值，品牌营销者付出的管理方面的费用是否需要计算在内，如何计算等。众所周知，品牌的成功归因于企业各方面的配合，因此，我们很难计算出真正的成本。即使可以，它也无法全面反映品牌资产现在的价值，因为它没有将过去投资的质量和成效等因素考虑进去，尤其是使用这种方法会高估失败或较不成功的品牌价值，这是历史成本方法存在的一个最大问题。

(2)重置成本法是按品牌的现实全新开发创造成本，减去其各项损耗价值来确定品牌价值的方法。重置成本可以看作是第三者购买品牌所愿意出的价格，它相当于重新建立一个在品牌影响与品牌效益方面、相当于原有品牌的全新品牌所需付出的总费用。

其计算公式为

$$品牌资产价值＝品牌重置成本×品牌成新率$$

按来源渠道，品牌可能是自创或外购的，因而两者重置成本的构成是不同的。企业自创品牌由于受到财会制度的制约，一般没有品牌的账面价值，因而只能按照现时费用的标准重新估算其重置价格总额。外购品牌的重置成本一般以品牌的账面原值为依据，用物价指数计算，公式为

$$品牌重置成本＝品牌账面原值×(评估时物价指数÷购置时物价指数)$$

成新率是反映品牌的现行价值与全新状态重置价值的比率。一般采用专家鉴定法和剩余经济寿命预测法。品牌成新率的计算公式为

$$品牌成新率＝剩余使用年限÷(已使用年限+剩余使用年限)×100\%$$

这里需要注意，品牌原则上不受使用年限的限制，但在评估实践或品牌交易中常受到年限折旧因素的制约，不过它不同于技术性无形资产的年限折旧因素。前者主要是考虑经济性贬值(外部经济环境变化)和形象性贬值(品牌形象落伍)的影响，而后者主要是考虑功能性贬值(技术落后)的影响。

但这两种成本法有着突出的缺点。历史成本法无法反映品牌经营成功或失败带来的影响，很多时候会高估不成功品牌的价值或低估成功品牌的价值；而重置成本法也是难以实施的，因为一个品牌的成长环境一般是不可再现的，其方方面面的影响因素往往超越人的理性范围，难以完全真实的复制。此外，采用成本法先天的弱点在于，评价品牌更应该注重的是价值而不是成本，这决定了成本法的适用范围非常有限。

2) 现行市价法

现行市价法(market approach)也叫作市场法、交易案例比较法等，是国际公认的一种常用的品牌资产评价方法，也是一种理想化的方法。它建立在替代原则的基础上，即"人们不会为一项事物支付超过获得其替代物成本的价格"。这种方法认为，如果存在可以进行包括品牌在内的各种资产交易的资本市场，那么可以将品牌的市价作为品牌的评估价值。另外更通常的是，可以参照市场上相同的或类似的品牌价格，将参照物与被评价对象进行对比分析、调整差异，最后从参照物已交易价格得出品牌价值。其基本公式可概括为

品牌价值＝品牌上市交易价格(或调整后参照物品牌现行市场的平均值)

这种方法的优点在于：评价原理简单易懂，评价过程直接反映品牌资产的市场状态，评价结果易于被接受。但是，现行市价法的几个应用前提是其实用化的障碍，包括需要一个发育成熟、公平活跃的资产市场；能寻找到若干的类似交易实例；能收集到参照物品牌的交易信息资料；能收集到参照物品牌的财务和经营数据。

现实的情况是，极少数发达国家才存在这样的无形资产市场，也很难找到可比的上市交易的类似品牌。此外，品牌交易都是买卖双方私下协商的产物，掌握其财务、经营数据以及交易资料也存在一定的困难。因此，总体来说，这种评价方法是理想化的，是难以操作的。

3) 收益现值法

收益现值法(calculation of net present value of the projected brand earnings)是基于资产的"未来经济利益观"定义。美国财务会计准则委员会(FASS)在 1980 年的 SFACNo.3《财务会计概念公告》中对"资产"进行了这样的定义：资产是可能的未来经济利益，它是特定个体从已经发生的交易或事项中取得或加以控制的。

这种观点是一个具有世界影响的定义，对包括品牌价值资产化评价在内的资产评价产生了巨大的影响。在品牌价值资产化评价中，收益现值法的应用最为广泛。它试图通过计算品牌的未来收益或现金流量来评价品牌价值。这种方法的思路是：首先预测未来品牌产品的销量和收入，然后扣除成本和费用计算其利润并折为现值，品牌未来超额收益折现值的累加即为品牌价值。

这种方法的争议在于，它过多地建立在"预测"基础之上。例如，需要对品牌的未来收益进行预测，需要估算折现率，需要预测品牌的剩余寿命等。考虑到未来市场情况变化等外部因素的影响，这些预测往往会存有争议，特别是在我国较特殊的国情下。除此之外，

对于多品牌企业，可能难以将某品牌的费用分离出来，无法计算某一品牌本身带来的超额收益。

4) 其他评价方法

除了上述三种基本的评价方法外，还有一些具有一定影响或特色但应用相对较少的品牌价值资产化评价方法。

(1) 萨特勒品牌评价方法。萨特勒(Sattler)等人认为，在品牌评价中还应该考虑两个重要的因素。一个是消费者心目中的品牌潜能(brand psychological potential)，另一个是品牌延伸到新市场中的潜在收益。它提出了品牌潜能因子(brand potential index)的概念，并提出了一个模块化的品牌评价系统(modular evaluation system)。它是一种较为新颖的方法，萨特勒等人的论文在 ESOMAR 2002 年大会上曾被评选为最佳论文。

(2) 特许权免除法。特许权免除法(royalty relief method)也是经常采用的一种品牌评价方法。其基本假设是，如果从原拥有者手中获取一个品牌的使用权，必须支付特许权使用费。但如果拥有该品牌，则不需再付特许权使用费了。因此，品牌价值就是被免除的特许权使用费累积值。特许权免除法需要估计品牌产品未来可能的销售额，并使用适当的特许权使用费率。

(3) 英国品牌价值咨询公司的评价方法。英国品牌价值咨询(Brand Finance)公司提出的一种评价方法也得到了较广泛的应用。它是折扣现金流法(Discounted Cash Flow，DCF)的一种改进，是一种动态的品牌评价。其基本假设是，企业过去的业绩不是未来收入的保证，品牌评价必须建立在对未来较精确的预测的基础上。由于涉及对未来的预测，这种方法相对较为复杂。它由四步组成：财会预测(financial forecasts)、品牌附加值分析(brand value added，BVA)、未来收入风险分析(brand eta analysis)、品牌评价和敏感性分析(valuation and sensitivity analysis)。

(4) 顾客忠诚因子评价法。复旦大学管理学院市场营销系范秀成教授等人认为，品牌价值具体体现为品牌给企业带来的未来增量收益，而未来增量收益有赖于广义的顾客忠诚度。与其他大多通过已有的财务数据来估算品牌价值的方法相区别，他们提出了一种以消费者行为为基础的测评方法。在他们看来：

品牌价值=忠诚因子×周期购买量×时限内周期数×理论目标顾客基数
×(单位产品价格－单位无品牌产品价格)

其中，忠诚因子是该方法的关键。它是一个百分数，反映了整个市场对品牌的忠诚度和品牌吸引力，是一个体现消费者群体行为的指标。

2. 基于消费者要素的品牌资产价值评估方法

这类评估方法主要依据消费者对品牌各方面属性的认知和感受进行评价，评估结果可以反映出消费者对品牌真实的感受，反映了现在品牌资产理论越来越重视品牌与消费者关系的发展趋势。这类评估方法具有代表性的是：品牌价值十要素(brand equity ten)模型、品牌资产评估者(brand asset valuator)模型。

1) 品牌资产十要素模型

大卫·艾克将品牌价值看作是品牌力量，即衡量有关消费者对该品牌产品需求的状况。

他研究了品牌价值的五种构成要素：品牌忠诚度、品牌知名度、消费者感知质量、品牌联想和其他品牌资产，如专利权、分销渠道以及网络关系等。

大卫·艾克在参考了扬·罗比凯(Y&R)、美国整体研究(Total Research)、国际品牌集团(Inter brand)公司的研究成果后，提出了品牌价值十要素模型，如表 3-1 所示。

表 3-1　Aaker 品牌资产的 10 项衡量指标

忠诚度指数	价格优势
	满意度与忠诚度
认知品质与领导力指标	认知品质
	领导力声望
联想/差异性指标	可感知价值
	品牌个性
	组织联想
知名度指标	品牌知名度
市场行为指标	市场份额
	市场价格和分销渠道

2) 品牌资产评估者模型

品牌资产评估者模型由扬·罗比凯广告公司提出。根据品牌资产评估者模型，每一个成功品牌的建立，都经历了一个明确的消费者感知过程。在调查中，消费者用以下四方面指标对每一个品牌的表现进行评估：①差异性(differentiation)，品牌在市场上的独特性及差异性程度；②相关性(relevance)，即品牌与消费者相关联的程度，品牌个性与消费者适合程度；③品牌地位(esteem)，即品牌在消费者心中受尊敬的程度、档次、认知质量以及受欢迎程度；④品牌认知度(knowledge)，即衡量消费者对品牌内涵及价值认识和理解的深度。

3. 基于市场因素的品牌资产价值评估方法

1) 国际品牌集团模型

英国的国际品牌(Inter brand)公司是世界上最早研究评价品牌的机构，世界十大驰名商标就是由这一机构评选的。当一种品牌在出售时，应有其确定的价格将品牌作为一项无形资产，列在资产负债表上。根据这一思想，该公司设计出了衡量品牌价值的公式，其公式为：$E=I×G$。其中，E 为品牌价值；I 为品牌给企业带来的年平均利润；G 为品牌强度因子。

品牌强度由七大因素构成，这七大因素对于品牌实力的影响也有所不同。按照国际品牌集团(Inter brand Group)评价体系，每个因素在品牌评价中所占的比重是不一样的。

国际品牌方法是基于资产评估的收益法而对品牌价值进行评估的方法。此方法对过去和未来年份销售额、利润等方面的分析和预测，对处于成熟且稳定市场的品牌而言，是一种较为有效的方法。但是评定品牌强度所考虑的七个因素是否囊括了所有重要的方面，以及各方面的权重是否恰当，还是值得考虑的。

2) 北京名牌资产评估事务所品牌资产评估法

北京名牌资产评估事务所参照《金融世界》的评价体系，结合中国的实际情况，建立起了中国名牌的评价体系。这一评价体系所考虑的主要有：品牌的开拓占领市场的能力(M)，品牌的超值创利能力(S)，品牌的发展潜力(D)。一个品牌的综合价值(P)可简单表述为如下公式：P=M×S×D。品牌价值的量化分析，作为品牌的影子价格，实际上是品牌市场竞争力的客观表现。

评估者认为，品牌资产是品牌未来收益的折现。因此，在实际操作时，对传统的财务方法进行了调整，加入市场业绩的要素。自 1992 年以来，使用该品牌资产评价方法所得出的评价结果在国际上得到了比较广泛的引用，因而，选择这一评价体系，较适合中国实际。

总之，品牌资产价值事实上是一种不可辨认的无形资产，品牌资产价值的主要部分与商誉价值浑然一体，这就从根本上决定了品牌资产价值评估存在"先天"困难。所以，无论采用何种具体的评价方法，品牌资产价值评估都只能是相对合理而无法做到绝对准确。同时，影响品牌价值的因素是多方面的，因此，从多个角度进行品牌资产评估都有其合理性。这就意味着，品牌资产价值评估方法的多样化各具客观基础，我们不必要求趋于统一。这也意味着，按多种不同的方法评估同一品牌资产的价值出现结果上的不一致是不可避免的。品牌资产价值评价方法的选择，应该依评估目的而定。

3.4　适合中国市场环境的品牌价值管理体系

管理是指如何充分利用各种资源，使管理对象发挥最大效用，主要包括组织、协调、领导、控制与决策等行为。品牌的发展离不开管理，品牌价值的增长也是杰出管理的结果。利用管理合理、科学地开展广告、公关等营销推广活动，控制成本，提升效用；利用管理加强服务，处理危机；利用管理不断创新产品，使品牌长久不衰；利用管理开发品牌资源。可口可乐被誉为世界第一品牌，在其 100 多年的发展历史上，它一直被小心谨慎地管理着，这种管理使其保持了可观的品牌价值，并为其创造了不断提升的巨大空间，成为强势品牌管理中的榜样。同样，麦当劳从创立到发展至今天的规模无不透射着科学管理的气息。人们一提到"麦当劳"就想起它的管理带来的标准化的服务——快捷、卫生、方便，全世界同样的快餐食品、全世界同样的快餐文化。麦当劳管理的特许经营方式不仅在美国，而且在全世界取得了巨大成功。如今，快餐业模仿其做法的企业越来越多，但麦当劳的管理仍被视为全球的领先者。本节将基于对品牌价值的内部评价模型，提出有效提升品牌价值的途径及对品牌建设在战略层面的管理。

3.4.1　中国品牌特征

现在，人们的品牌观念得到了极大的加强，所以品牌的数量、种类也是多种多样的，但中国多数品牌，甚至许多知名品牌与国外著名品牌有很大不同。

(1) 从总体上看，我国品牌的生命周期相对短暂，不少品牌从兴到衰只有短短的两三年时间。

(2) 品牌导入迅速、知晓期短暂，默默无闻的品牌在强大的广告宣传下，几个月，甚至几周内就能够成为所谓的"知名品牌"，而国外著名品牌往往都经过数十年的历练才造就了目前的地位。

(3) 品牌退出突然，由于管理不善，不少品牌在出现危机后无力应对，很快销声匿迹。

(4) 品牌竞争力不强，在面对国外品牌的竞争时，许多品牌失去了市场地位。

(5) 过分依赖广告，一旦广告投入下降，品牌价值随即急剧缩水。

(6) 缺乏对品牌文化特征和技术特征的整体性培育，品牌形象相对杂乱、僵硬。

因此，应针对中国品牌发展的现状，建立具有中国特色的品牌价值管理体系。

3.4.2　品牌价值管理的新理念

从中国品牌价值管理的现状出发，中国的品牌价值管理应树立四种新理念，即生命周期观、竞争观、文化观和科技观。

1. 生命周期观要求

生命周期观要求管理者从生命周期的角度对品牌价值实施管理。一个品牌的正常发育和成长要经过进入期、知晓期和知名期，这是一个漫长的积累过程，需要企业认真地进行塑造、经营，任何急功近利的行为势必导致品牌发育的缺陷，并最终成为品牌夭折的隐患。在品牌的进入期，品牌必须依靠产品具有竞争力的功能特性来赢得特定的市场，即合理的产品定位同相适应的市场定位相结合。此时，品牌价值管理的重点是将特有的产品功能传递给需要的客户群，让他们熟悉品牌的名称、标识、符号、图案以及品牌所传递出来的品牌意识。在知晓期，企业应着力打造品牌的美誉度、忠诚度，利用口碑作用吸引更多的潜在顾客、实现品牌的重复购买和价值增值。在知名期，品牌价值已经达到高位，管理的重点就在于对品牌价值的维护。一旦品牌不幸进入衰退期，此时就应通过投入产出分析，抉择对品牌进行重振或放弃。

2. 竞争观要求

竞争观要求管理者在进行品牌价值管理时应将整个管理过程置于竞争分析的框架之内。即分析品牌所处"五力"竞争环境，包括潜在对手的竞争力、供应商的议价实力(竞争力)、客户的议价实力(竞争力)、替代产品或服务的竞争力以及现实对手的竞争力，并据此制定相应的管理规划，提升品牌的竞争力和价值。由于竞争环境极大地影响了品牌生命周期的变化，所以五种竞争力的变化也决定了管理手段要随之变化，并适时地调整品牌战略，制定相应的品牌定位、品牌延伸、品牌投入、品牌传播以及品牌保护等。

3. 文化观要求

文化观要求管理者在产品和服务两个层面对品牌进行塑造和管理。一般品牌能否成为高文化品牌，主要看产品文化含量的大小和美学附加值的高低。高文化品牌所体现的外在美学价值显而易见，它的内在本质，主要体现为消费者在接受产品时，企业通过产品传达给他什么样的人生意义、社会价值或其他文化启迪。包装和商标是品牌的外在形象，品牌的包装和商标设计同产品内在品质应该一样考究。名牌企业在进行商标和包装设计时，都刻意追求一种文化价值，不仅注重商标和包装的形状和色彩吸引力，更注重通过商品和包装传达品牌的一种思想观念，增强名牌商标的寓意和文化感召力。

4. 科技观要求

科技观要求管理者对品牌的质量和产品创新进行有效管理。通过加大科研投入，将科研开发与生产经营之间的断环连接起来，加快产品市场化、商品化速度，更好地面向市场开发适销对路的产品，提高产品开发创新的效率，增强企业的核心竞争力。同时，通过树立科技观，加大技术投入，确保产品或服务质量，以质量求生存，以质量求发展，以质量铸就品牌。将专业技术、经营管理、数理统计和培训教育结合起来，建立起产品的研究、设计、生产、服务等全过程的质量体系，从而有效地利用人力、物力、财力、信息等资源提供符合标准要求和用户期望的产品或服务。

3.4.3　以客户为导向的品牌价值管理体系

对于品牌管理，西方发达国家创立并不断发展了品牌经理制。这是一种以销售为导向的管理方式，销售额成为最基本的考核指标。但对于中国市场而言，用销售来反映品牌价值及其管理绩效显得过于单纯，因而往往难以揭示品牌管理的内在规律。

事实上，品牌依存于客户，对中国本土品牌更是如此。品牌生存和品牌价值提升的前提在于拥有一定数量的客户，市场竞争的本质在于品牌对顾客忠诚的争夺。品牌要赢得客户，就必须明了客户的期望并通过自身的管理来满足甚至超越客户的期望。关注客户、服务客户已成为品牌管理的准则。只有将品牌价值管理的目标和客户的需求和期望有机结合起来，品牌才能生存、壮大，品牌价值才能提升。根据中国品牌不够成熟、品牌管理基础相对薄弱的特点，应在吸收品牌经理制优点的基础上，强化对品牌价值的整体控制与管理，建立具有中国特色的以客户为导向的品牌管理体系，如图 3-2 所示。

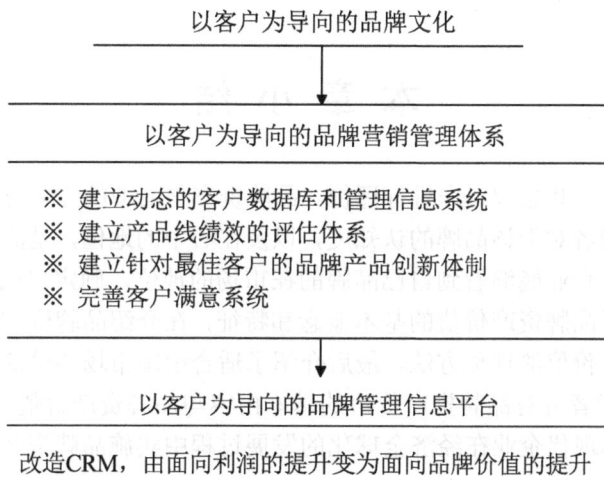

```
          以客户为导向的品牌文化
                  │
                  ▼
        以客户为导向的品牌营销管理体系

   ※　建立动态的客户数据库和管理信息系统
   ※　建立产品线绩效的评估体系
   ※　建立针对最佳客户的品牌产品创新体制
   ※　完善客户满意系统

                  │
                  ▼
        以客户为导向的品牌管理信息平台

   改造CRM，由面向利润的提升变为面向品牌价值的提升
```

图 3-2　以客户为导向的品牌价值管理体系

1. 建立以客户为导向的品牌文化

确立客户决定企业命运的核心价值观，培养各部门的客户意识，把客户利益和企业利益统一起来。特别是企业的最高管理者必须积极主动地向企业员工宣讲客户满意度的重要

性，并在实际工作中体现顾客至上的管理理念，提倡换位意识，倡导员工从顾客的角度来看待问题、解决问题。

2. 创新以顾客为导向的品牌营销体系

产品或服务的最终使用者是客户，他们的需求应该成为企业努力开发的指导方向。这就需要企业不断地升级客户数据库和管理信息系统；加强产品线绩效的评估，建立评估体系；找出最佳客户，并追踪不同顾客群的消费能力；迅速区隔客户群，针对最具吸引力的客户群提供更高品质的产品；建立和完善客户满意系统。依据麦肯锡对中国城市高收入消费者的调查现实，在金融服务方面，中国高收入阶层的贷款消费意识迅速提高，同时他们还有着比亚洲其他国家更高的风险偏好。但由于他们对现有的金融产品和金融服务不满，已经有许多优质客户离开了中国的国有银行，投入以顾客为导向的外资银行的怀抱。很多消费者对洋品牌产生消费偏好，这与中国同类品牌市场的细分不够、品牌升级迟缓有关。

3. 利用客户关系管理系统进行品牌价值管理

客户关系管理(customer relationship management，CRM)系统是将科学管理理念通过信息技术的手段集成在软件上面，形成一个前台系统，包括市场、销售和服务三大领域。使用信息技术，对相关业务功能进行重新设计，并对相关工作流程进行重组，以达到留住老客户、吸引新客户、提高客户利润贡献度的目的。在目前的管理实践中，CRM 普遍作为企业对客户的管理手段，其目的是为了提升企业利润，而品牌价值的提升只是 CRM 的副产品。但作为以客户为导向的品牌价值管理而言，应当主动而充分地借助 CRM 所提供的信息平台，将 CRM 扩展为品牌价值管理的支柱，对品牌所针对的客户进行全面管理，将单纯孤立的品牌营销转化为满足顾客需求的管理实践，从而达到扩大市场、延长生命周期、提升品牌价值的目的。

本 章 小 结

建立品牌，必将对其品牌资产进行评价，品牌资产与品牌的许多方面有着紧密的联系。品牌资产代表着消费者对于该品牌的认知度，以及在心中的地位，是品牌的一种无形资产。了解品牌的资产，让企业能够看到自己品牌的在市场的地位，确定自己的目标。

本章着重阐述了品牌资产价值的基本概念和特征，在介绍品牌资产价值构成的基础上，重点分析了品牌资产价值的评估方法，最后介绍了适合中国市场环境的品牌价值管理体系。通过本章的学习，读者可对品牌资产价值的基本内容与品牌资产价值评估的实际应用有一个初步的认识，明确现代企业在经济全球化的发展过程中实施品牌资产价值评估的必要性。

思考与练习

1. 简述品牌资产的内涵。
2. 品牌资产价值的特征和经济意义？

3. 简述品牌资产价值的构成，并解析它们其中的关系。

4. 如何进行品牌资产的评估，有哪些方法、步骤？

5. 适合中国市场环境的品牌价值管理体系是什么样的？

案 例 分 析

红牛——从默默无闻到英雄

所有的故事都始于 1982 年，迪特里希·马特希茨(Dietrich Mateschitz)意识到"体能饮料"是一种在亚洲广受欢迎的产品，他有把这种体能饮料销出亚洲的伟大想法。

两年以后，马特希茨创立了红牛股份有限公司。1987 年，马特希茨开始在奥地利销售红牛体能饮料。红牛获得了飞跃式的发展。2013 年，销售 33 亿罐红牛，销售额达 155 亿美元；2014 年，红牛能够维持 30%的增长。

1. 高深莫测的品牌人物

关于马特希茨这个很少出现在公众面前但是富有才华和创造力、有着坚韧性格的销售大师，公众对他的了解很少。马特希茨经常被人们称作"旅行牙膏营销员"，因为之前他是德国牙膏品牌 Blendex 在曼谷的销售总监。他遇到了销售当地名为 Kratingdaeng(泰语"红牛")的差莱·尤维亚(Chaleo Yoovidhya)，马特希茨试图收购这个配方并一举成功。之后，他发现了 Livita 体能饮料的生产商大正制药股份有限公司，该公司是日本最大的纳税企业，马特希茨从中受到启示。这促使马特希茨把泰国体能饮料拓展到欧洲市场。

马特希茨是狂热的极限运动爱好者，他每天至少喝 10 罐红牛，这本身就是"红牛的活招牌"！

2. 掌握竞争节奏

红牛的成功，最终使它出现在饮料大游戏机的雷达屏幕上。仅在美国市场就超过 30 个品牌，体能饮料以两位数的增长率统占了饮料市场。红牛开创的体能饮料行业成为饮料生产商的新竞争战场。根据 Mintel(全球十大市场研究公司之一)的调查，由于诸如可口可乐的"KMX"、百事的激浪"AMP"、索贝的"激情奔放"、汉森公司的"魔鬼"和"迷失"相继在这个赚钱的行业站住脚，红牛的市场份额近几年有轻微下降的趋势。不过，红牛在美国仍然占统治地位。同样，在中国市场也占据了一定的市场地位，每年在中国饮料行业的销售额居于第二位，仅次于加多宝。

3. 品牌资产、定位、价值和传播

有趣的是，红牛没有通过口味测试，实际上红牛创造了一个新行业，并且在短时间内从一无所有到成为饮料行业的有力竞争者。这种成长归功于品牌建设，迪特里希·马特希茨认为："如果我们不能创造市场，市场就不存在。"为了使这个观点深入人心，马特希茨在创造红牛品牌时仔细运用构造元素和信息。

(1) 红牛强调功能成分。红牛包含多种营养成分，有促进新陈代谢，补充体力，提高注意力及反应速度，提神等功能，同时在全球通过极限运动来传达品牌情感。这使红牛具有完好的双重品牌市场发展战略，致力于全方位发展。

(2) 红牛品牌全球定位为"红牛给你能量和活力"。它在美国、加拿大、英国和澳大利亚翻译成更易记和使人振奋的广告语"红牛给你力量"的口号。这与能量有关，是产品的宣传，同时也是对消费者的承诺，然而，在口号的运用上也有一些不一致的地方，例如，在马来西亚，根本就没有广告语。

(3) 品牌价值。红牛市场开发战略的每一个步骤都蕴含着品牌价值。这些决定了红牛品牌如何通过大众媒体与观众交流的独有特色——个性、幽默、创新、突破传统。在全球市场开发中，这些都是红牛品牌的核心价值和灵魂，通过这些特色与消费者建立关系。

(4) 整合品牌传播。在传播方面，红牛做出了明智的决定，使品牌价值成为整体系统并且开发适合的、可持续的整合传播平台。例如，赞助有亲和力的体育项目，拥有高强度的媒体覆盖率，这实际上使得消费者更接近品牌。所以，我们发现红牛通过赞助极限运动和赞助 500 位世界级极限运动员来持续建设其品牌。这些极限运动员在引人注目的项目经常打破世界纪录。此外，红牛集中支持各种各样的极限和耐力体育项目，例如，X-Games 赛车运动。这些概念与红牛独特的品牌形象十分吻合，红牛也创建了自己的"红牛特技队"，被认为是世界上顶级特技飞行队之一。任何看过他们表演的就知道为什么这样称呼。

4. 红牛具有的品牌优劣势

(1) 品牌优势：在世界性范围内创建了行业；杰出的公司和品牌领导人；世界级的品牌传播策略。

(2) 品牌劣势：仍然只停留在体能饮料行业的部分；品牌投资组合有限并且需要保护；成为领导者之后，有成为跟随者的危险。

(资料来源：保罗·泰柏勒. 亚洲明星品牌(第二章). 2009)

思考

从红牛的案例中，我们可以得出哪些品牌资产管理经验？

第4章 品牌形象战略

【学习目标】

- 掌握品牌形象的基本概念。
- 掌握品牌形象的构成要素。
- 了解形成品牌形象的驱动力及其要素。
- 熟悉品牌形象塑造的原则。
- 掌握品牌个性的概念及核心价值。
- 熟悉品牌形象战略。

4.1 品牌形象概述

21世纪的企业竞争主要是品牌的竞争，其背后是品牌形象的竞争。品牌形象通常是指企业或某个品牌在市场上、社会公众心中所表现出的个性特征，它体现的是公众特别是顾客对品牌的评价与认知。美国著名品牌专家莱瑞·莱特(Larry Light)曾说过："拥有市场比拥有工厂更重要，拥有商场的唯一办法是拥有居市场主导地位的品牌。"现代企业要做大做强，靠的就是品牌。耐克是著名的运动品牌，它几乎没有自己的一家制鞋厂，而把别人生产的鞋子，贴上商标，赚数倍于生产厂家的钱。为什么？因为它卖的是耐克这个牌子。牌子为什么这样值钱？因为它有光辉的形象。牌子为什么会有这么大的魅力？也是因为它有光辉的形象。可见形象在品牌构架中占有十分重要的地位，是企业营销策略中的一项核心要素。

4.1.1 品牌形象的内涵

1. 品牌形象的含义

品牌形象(Brand Image)的概念虽然在20世纪60年代就已提出，而且在当今的市场上也被商家更为关注，但它的内容却随着市场、媒体及人们对形象的深入认识而不断变化，至今尚没有一个被业内人士和学者所认同的确切含义。俗话说，产品是企业的，品牌却都在消费者的心里。要想在消费者心中建立起占据一定位置的品牌形象，没有良好的企业形象是很难办到的。因此，如果说品牌的背后是文化，那么品牌的脸面就是形象。

衡量品牌建设的重要标准是品牌资产，而品牌资产归根结底是由品牌形象驱动的，品牌资产的实现要依靠消费者的购买行为，而消费者的购买行为实际上是由消费者对品牌的看法，即品牌的形象所决定的。品牌形象与品牌不可分割，形象是品牌表现出来的特征，反映了品牌实力与品牌实质。品牌形象由顾客评价，它是赢得顾客忠诚的重要途径。另外，品牌形象也直接影响着企业职工的凝聚力，影响着企业的生存环境。品牌形象曾解决了产品同质化给市场销售带来的难题，由于品牌形象的创造和形成基本上是基于心理和传播的结果，因此这个概念更为广告界所重视。相对于依靠产品属性的营销策略，品牌形象代表着一种更为细腻微妙的软促销策略。运用的广告大多数围绕着暗示和联想展开，运用撩人心魄的广告词、华美的艺术设计和巧妙的构思，向收入稳步提高的消费者传递优雅、完美、优质和信誉等消费者企盼的诉求，其目的是通过创造的附加价值把这些产品同与营销策略有联系的产品区别开来，拉近产品与消费者之间的距离。

1) 形象的含义

对"形象"的解释真是见仁见智。从文学角度讲，它是能引起人的思想或感情的具体形状或姿态；从心理学角度讲，它是人们反映客体而产生的一种心理图示，这种图示可看作是感知的联想集合体；从经济学角度讲，它是一个抽象概念，包括过去的促销活动、市场声誉的影响和对这两者的深入评价，还包括消费者的期望。经济学上关于"形象"的解释往往与"品牌形象"联系在一起。

肯尼斯·博尔丁(Kenneth Boulding)在他的著作《形象》里也提出，一个象征性形象"是各种规则和结构组成的错综复杂的粗略概括或标志"。综合上述专家及各学科对"形象"的理解和解释。简言之"形象"的含义就是：由于主体与客体的相互作用，主体在一定的知觉情境下，采用一定的知觉方式对客体的感知。

2) 品牌形象的含义

在经济发展过程中，不同时代提出的品牌形象各有差异，基本着眼于影响品牌形象的各种因素上，如品牌属性、名称、包装、价格和声誉等方面。早在 1955 年，大卫·奥格威(David Ogilvy)就提出，每一个广告都必须要对品牌个性的培养给予长期的支持，并提出品牌形象、品牌个性和市场占有率三者之间的关系的新观念。他主张做广告时需注意的根本一点就是必须树立起品牌形象。1957 年，纽曼(Newman)认为，品牌形象可能包括功能的、经济的、社会的、心理的等，通过风格化与广告物建立品牌形象与产品的其他方面一样存在着局限性。1978 年，利维(Lev)认为，品牌形象是存在于人们心中的关于品牌的各要素的图像及概念的集合体。利维是侧重于心理学上的分析，强调与产品相比，品牌形象更依赖于消费者的心智中的解释。1984 年，罗诺兹(Reynolds)和顾特曼(Gutman)提出，品牌形象是在竞争中的一种产品或服务差异化的含义的联想集合体，并列举了一般的特征、产品的认知、情感或印象、信任度、态度、品牌个性等策略性的途径。1985 年，斯兹(Sirgy)提出，品牌应像人一样具有个性形象，这个个性形象不是单独由品牌产品的实质性内容确定的，还应该包括其他一些内容。1986 年，帕克(Park)提出，品牌形象产生于营销者对品牌管理的理念中，品牌形象是一种品牌管理的方法。

以上这些观点都从不同层面描述了人们对于品牌形象的认识过程。我们认为，品牌形象是一个综合性的概念，是营销活动渴望建立的，受形象感知主体、主观感受、反感知方式、感知前景等影响。从而在心理上形成的一个联想性的集合体；品牌形象是一种资产，它应具有独特的个性；品牌形象是企业经营管理内在素质的外显，也可以说是企业经营管理的全面显示。

2. 品牌形象的价值

品牌形象既是建立强势品牌的基础，又是品牌经营的核心。品牌形象是社会公众和消费者对品牌长时间的认知与评价所形成的观念，这种观念一经形成后就难以改变。正是由于品牌形象具有此种"惯性"特征，因此，品牌营销者一开始就应当打好基础，塑造良好的品牌形象，力争不要出现重大工作失误而影响品牌形象，从而影响顾客对品牌的忠诚。

1) 品牌形象是赢得顾客忠诚的一条重要途径

品牌形象越好，顾客对品牌的评价越高、依赖度越高，因而顾客的品牌忠诚度就越高；反之，品牌形象越差，品牌忠诚度就越低。没有顾客愿意反复购买形象差的品牌产品，这样就会危害企业的生存与发展。

2) 品牌形象直接影响企业凝聚力的大小

良好的品牌形象表明企业的工作环境、人与人的关系、行为规范、管理水平等都比较好，因而员工工作时心情愉快。良好的品牌形象还能够给员工带来良好的经济收益和社会认同，而且它是员工长期努力的结果，绝大多数员工都会像"爱护自己的眼睛一样"爱护自己亲手培育出来的品牌形象。此外，良好的品牌形象有利于吸引社会优秀人才，这也有利于提高品牌形象，进一步增强企业员工的凝聚力。

3) 良好的品牌形象有利于形成良好的企业外部环境

良好的品牌形象比较容易得到社会公众、政府、金融机构、顾客、股东的支持与合作，有利于企业开展各项经营业务，相应地提高企业品牌的竞争能力、生存能力和发展能力。

3. 品牌形象的魅力

魅力，是一个极具诱惑力的概念，它充满神秘色彩，又有十分丰富的内涵。美国《财富的五种仪式》一书的作者托德·巴斯哈特(Todd Bazzhart)曾直言："魅力，在好莱坞，被称为充满魔力；在华尔街，被称为影响；在华盛顿，被称为权力；在异性之间，被称为吸引力。"在社会生活中，品牌魅力是指品牌通过沟通与传播而产生的积极影响力与吸引力。当人们一提到海尔、美加净、娃哈哈、麦当劳等品牌时，消费者头脑中的反应已不单单是它们提供什么产品，而是联想到一系列与该品牌有关的特性与意义。例如，"海尔"，首先想到的是中国的自主品牌和周到的售后服务。这些内容深深地根植于消费者的思想和感情中，让消费者感到它们与其他同类技术、同类产品的差别和所具有的鲜明个性，最终会影响消费者的购买决策。这就是品牌魅力之所在，也就是所谓品牌形象的存在提供的形象效用。

当然，魅力离开了主体，便成了无源之水、无本之木。魅力离开了客体，也不能得以实现。因此，要获得魅力的最佳效果，就离不开魅力主体与客体的共同配合，只有当主客体协调统一，魅力才能发挥最大效能。品牌魅力的主体是品牌载体，主要表现为产品，也包括企业的形象，客体主要表现为消费者。品牌魅力主要反映的是产品与消费者的供给与需求的关系，企业提供满足与消费者购买价值之间的关系。

4. 品牌形象的维护

1) 维护品牌形象的核心价值

品牌核心价值是品牌资产的主体部分，它让消费者明确、清晰地识别并记住品牌的利益点与个性，是驱动消费者认同、喜欢乃至爱上一个品牌的主要力量。品牌形象的维护，就是要求企业尽力地控制和掌握目标消费者对品牌的感觉和信念，根据目标消费者群体趋势，充分利用那些能赋予和提升该品牌价值的感觉。同时，消除那些不能变动相适应的感觉，随时根据消费者需求的变化对品牌核心价值进行维护。不断维护核心价值的目的就是要凸显品牌形象的独特性。这种独特性不仅应具有良好的品牌形象，而且产品要在性能、形状、包装等方面满足消费者的偏好，更要在等级、身价和高雅形象上满足消费者的心理需求。

2) 不断提升产品质量

质量是构成品牌形象的首要因素，也是决定品牌形象生命力的首要因素。对企业来讲，对顾客负责任，是从产品的资料开始的。出色的质量才是赢得顾客、占领市场的敲门砖。没有一流的质量，就不可能获得消费者的信任，更谈不上品牌形象的塑造。

以产品质量驰名天下的奔驰汽车，号称 20 万公里不用螺丝刀。跑 30 万公里以后，换个发电机还可以再跑 30 万公里。在生产过程中，奔驰公司更是严把质量关，要求全体员工兢兢业业、一丝不苟。在产品检测上，为了绝对保持"奔驰"品质，奔驰公司在全球各大洲都设有质量检测中心，有大批质检人员和高性能的设备，每年抽检上万辆奔驰汽车。公司还有一个试车场，每年拿出 100 辆新车进行破坏性试验，以时速 35 公里的车速撞击坚固的混凝土厚墙，以检验前座的安全性。这样的质量文化，使奔驰这个品牌形象总是充满活力。

3) 不断创新

品牌形象的生命力一半来自创新。创新使品牌形象与众不同，让品牌生命加入无穷活力，是延伸品牌形象生命力的重要途径。

技术创新就是专门研究同类产品的新技术、新工艺，不断提高产品的技术含量，开发新工艺，研究产品的市场生命周期和更新、改进、换代的时限和趋势，不断地发展产品有价值的特色，不断推出"热点"产品，保证产品旺盛的销售势头。市场竞争的激烈化，使产品生命周期缩短，今天的名牌，明天就有可能成为过时产品，被更具吸引力的新品牌所代替。世界已经进入知识经济时代，没有超越时代的先进技术，难以生产出高起点、高质量、高份额的产品，品牌形象就会沦为平庸，最终失败。除了技术创新之外，企业还需要进行管理创新和营销创新。营销创新是指不断研究市场消费需求，消费者购买行为的走势，消费者购买习惯的变化和消费流行动向，不断地在营销方式、价格、渠道选择、促销措施上推陈出新，引导消费，满足消费。

4) 诚信度管理

信誉是一个品牌能够在消费者心目中建立其"品牌偏好"和"品牌忠诚度"的基本要素。

企业在产品质量、服务质量等各方面的承诺，是消费者对此品牌产生偏好和忠诚的保证。良好的信誉是企业的无形资产，可以增强品牌形象的竞争力，带来最大化的利润。

诚信是企业的立身之本，没有诚信就没有市场。例如，三鹿奶粉事件是造成整个中国奶制品行业的诚信危机，中国奶制品企业的品牌形象集体坍塌，企业道德形象在公众眼中发生质变，行业发展遭受重创。所以诚信给品牌形象带来的价值是不可估量的。一个诚信的形象，将维护客户的美誉度和忠诚度，为企业的可持续发展奠定坚实的基础。因此，诚信应当成为一切企业的经营哲学基础，这也应当是企业维护品牌形象的必要工作之一。

总之，品牌形象的塑造与维护是员工长远的系统性工程，这需要企业全体员工的共同努力。只有优秀的品牌形象才能促进企业无形资产的保值、增值，使企业在激烈的市场竞争中立于不败之地。

4.1.2　品牌形象的构成要素

品牌形象和品牌实力一起构成品牌的基石，形成坚实的品牌基础，是企业整体形象的根本。品牌实力决定和影响着品牌形象，仅有良好的形象而没有雄厚的实力，无法树立起坚实的品牌；同时，品牌形象表现品牌实力，仅有雄厚的实力而没有良好的形象同样不能构成真正意义上的品牌，这是品牌形象与品牌实力的辩证关系。

树立品牌形象的最重要因素是人们对品牌的联想，良好的品牌形象是企业在市场竞争中的有力武器，深深地吸引着消费者。品牌形象就其表现形式可分为内在形象和外在形象两个方面。内在形象主要包括产品形象及文化形象；外在形象则包括品牌标识系统形象与品牌在市场、消费者中表现的信誉。

1. 产品形象

产品形象是品牌形象的基础，是和品牌的功能性特征相联系的形象，所以也称为"品牌的功能性"。潜在消费者对品牌的认知首先是通过对其产品的认知来体现的。一个品牌不是虚无的，而是因其能满足消费者物质的或心理的需求，这种满足和其产品息息相关，所以品牌的内在形象是最基本的，是品牌形象生成的基础。例如，奔驰轿车豪华高贵的品牌形象首先来自其安全、优质以及舒适等令人信服的内在形象。当这种内在形象把奔驰轿车提供给消费者的功能性满足展现在人们面前时，就会使潜在消费者对产品的评价很高，产生很强的信赖感。品牌的产品形象与品牌形象紧密联系，形成消费者的感性认识，从而树立了良好的品牌形象。

2. 文化形象

品牌文化形象是指社会公众、用户对品牌所体现的品牌文化或企业整体文化的认知和评价。消费者对某种产品的选择，除了对产品的品质和价值上的认同外，品牌的文化形象也在影响着消费者的购买行为。品牌文化与消费者内心认同的文化和价值观一旦产生共鸣，这种力量就显得非常强大，因为它是品牌所赋予产品的又一附加值。正是这种无形的附加值影响了消费者对同质化产品的选择。

品牌是企业市场竞争的强有力手段，同时也是一种文化现象，优秀的品牌都具有良好的文化底蕴。消费者购买产品，不仅选择产品的功效和质量，而且，也非常看重产品的文化品位。企业在建设品牌时，文化必然渗透和充盈其中，并发挥着不可替代的作用。创建品牌就是一个将文化精髓充分展示的过程，文化起着凝聚和催化的作用，使品牌更有内涵。一个成功的品牌应该是品质与文化的有机结合。

品牌文化不同于企业文化，品牌文化和企业文化的统一构成了企业形象。企业文化是企业的经营理念、价值观、道德规范、行为准则，也体现一个企业的精神风貌，对其消费群和员工产生着潜移默化的作用。而品牌文化是企业整体社会形象的外在表现形式，它定位于目标市场的需求，服务于消费者的需要，目的是要与既定的目标消费者产生对品牌文化认同的共鸣，进而促进其产品的销售。这两种统一于企业形象中的文化又针对不同的群体宣传。品牌文化是面向现有或潜在的目标消费者，而企业文化大多是面对企业及行业或相关群体做宣传。

品牌文化形象的树立需要媒介传播，只有让消费者首先接受产品或服务之中所承载的文化精神，消费者才会对产品和服务产生感情认同。当然，文化形象传播要与品牌的性格相一致。例如，因生产"万宝路"香烟而驰名全球的菲利普·莫里斯公司一直都积极赞助各项国际体育活动，尤以国际一级方程式车赛最具声望，这是莫里斯公司最有影响、最重要的赞助活动之一。在大众心目中，一级方程式车赛被视为自由、奔放、竞争、极具挑战性的运动。一级方程式赛车手的形象正符合万宝路要塑造的"男人形象"，一级方程式车赛所体现的精神正是万宝路牛仔具有的精神。莫里斯公司赞助一级方程式车赛可以说是赞助活动与品牌形象完美结合的典范。

3. 品牌标识系统

品牌标识系统是指消费者及社会公众对品牌形象的认知与评价。品牌标识系统包括品牌名称、商标图案、标志字体、标准色以及包装设计等产品和品牌的外观。社会公众对品牌的最初评价来自其视觉形象，是精致的还是粗糙的、是温暖明朗的还是高贵神秘的等。喜爱吸烟的人一定都知道"骆驼"这个近百年的品牌。因为"骆驼"烟标上那昂首向天、傲视天外的骆驼形象，再加"为一包'骆驼'，我宁可走上 20 里"这句著名的广告词相衬，曾使无数的"骆驼"烟民为之倾倒，这使之在激烈的烟草行业竞争中盛名不衰、傲视群雄。实际上，"骆驼"香烟驰名中外，不仅因其上佳的品质，还在于"骆驼"烟标形象的独特设计。浅黄的基本色，如同浩瀚无边的沙漠，再加上背景图案中金字塔和棕榈树，使"骆驼"香烟外观设计充满神秘的东方情调，而烟标中引人注目的则是那驻足沙海、昂首天外、愤世嫉俗的骆驼。"骆驼"问世至今已有 100 多年(1913 年)的历史了，它是世界名牌香烟中的常青树，更是品牌形象标志设计成功的典范。

通过品牌标识系统把品牌形象传递给消费者是最直接和最快速的一条途径。尤其是在现代社会中，产品极大丰富，同质化程度极高，新产品的推出令人目不暇接，所以一个品牌只有先抓住消费者的视线，才能进一步抓住他们的心灵。例如，北京红星酿酒集团生产的二锅头酒，消费者最初只知道二锅头酒，不知道牌子是什么。而实际上，二锅头只是一种生产工艺并非品牌，所以在众多二锅头酒中，尽管他们的产品质量突出，但销量并未占据很大份额。在这种情况下，红星酿酒集团从 20 世纪 90 年代开始调整品牌战略，突出红星，淡化二锅头。通过采取一系列措施，红星的品牌形象开始清晰起来，消费者购买二锅头时，也开始指名要"红星"牌二锅头。

4. 品牌信誉

品牌信誉是指消费者及社会公众对一个品牌信任度的认知和评价，品牌信誉源自产品的市场信誉。品牌信誉的建立需要企业各方面的共同努力，产品、服务、技术一样都不能少，并注重按合同规定的交货期交货，以及及时结转应付账款等。IBM 享有"世界上最讲以服务为中心的公司"这一声誉。这一品牌信誉不是来自一次成功的广告宣传，也不是来自一次成功的公关活动，而是来自多年来 IBM 人员不懈的努力和始终坚持"顾客至上"的服务精神。例如，IBM 并非专业的搬家公司，但当一个客户决定搬家时，它的服务人员总是尽心尽力地帮忙。麦道自动化公司决定把其设在圣路易斯的总部搬进一座 7 层楼的学校时，IBM 为了重新安装麦道公司的电脑系统，调派 24 名服务人员分成 3 组，一天 24 小时连续奋战，用了 1 700 多个工时，才完成了这项巨大的系统连接工作。有一年，在感恩节的前一天，费城信赖保险公司大楼的机房突然起火。IBM 分区经理虽然在着火 5 分钟后就得到失火的消息，但直到早晨 8 点 30 分保险公司才准许他检查损失情况。此时，所有的导线被烧化，20 个镀盘、10 个驱动器、5 个通信系统和 18 个主要输入设备也都受到不同程度的损害。这位分区经理立即调来 IBM 各服务小组，进行 24 小时不停顿地抢修。由于 IBM 服务人员连续三天抢修，信赖保险公司又恢复了正常业务，几乎没耽误什么工作。

品牌信誉是维护顾客品牌忠诚度的法宝，是品牌维持其魅力的重要武器。IBM 几十年如一日地为顾客提供优质服务，奠定了公司繁荣兴旺的基础，IBM 成功的秘诀就在于它"卓越的企业理念"。IBM 的前任总裁沃森(Watson)先生曾这样总结说："我们相信一家公司的成功和失败的真正差别可以归因于：公司是否充分发挥了全体雇员的精神与才能；是否使雇员认识到彼此具有共同的奋斗目标；各雇员之间能否求同存异，向一个正确的目标前进。"虽然公司前一代与后一代之间存在许多变化，但彼此仍能保持共同的事业心和发展宗旨。IBM 正是充分地凝聚和发挥了团队及团队中每个成员的精神和才能，并用心向所有用户提供最优质的服务，才取得如此令人瞩目的成绩。

4.1.3　品牌形象的有形要素与无形要素的区分

1. 品牌形象的有形要素分析

品牌形象的有形要素代表"品牌的功能性"。从消费者的角度来看，"品牌的功能性"就是品牌产品或服务能满足其功能性需求的能力。例如，洗衣机具有减轻家庭负担的能力，照相机具有留住人们美好的瞬间的能力等。品牌形象的有形内容是最基本的，是生成形象的基础。品牌形象的有形内容把产品或服务提供给消费者的功能性满足与品牌形象紧紧联系起来，使人们一接触品牌，便可以马上将其功能性特征与品牌形象有机结合起来，形成感性的认识。

品牌形象的有形要素包括：产品形象、环境形象、业绩形象、社会形象、员工形象和视觉形象等。其结构如图 4-1 所示。

1) 产品形象

产品形象是品牌形象的代表和物质基础，是品牌最主要的有形形象，其主要是通过产品形象表现出来的。与众不同的产品能够形成品牌特色，在市场竞争中，各品牌都极其重视产品的创新，以吸引消费者的眼球。例如，通灵翠钻成功研制出的国内首款钻石香水吊坠"午夜妖姬"，它就是把钻石和香水巧妙结合起来，艺术化地解决了香水可能造成皮肤过敏、挥发过快等难题，只需在钻石吊坠里滴入一小滴香水，性感的香味就能均匀地散发出来，在周围可持久弥漫这充满诱惑的芬芳。这款非常有新意设计的产品，大大提高了产品在人们心目中的形象。

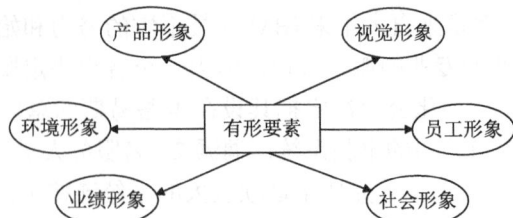

图 4-1　品牌形象的有形要素

2) 环境形象

环境形象是品牌向社会展现自己的重要窗口,其主要是指品牌的生产环境、销售环境、办公环境和各种附属设施。品牌厂区环境的整洁和绿化程度,生产和经营场所的规模和装修,生产经营设备的技术水准等,无一不反映品牌的经济实力、管理水平和精神风貌。特别是销售环境的设计、造型、布局、色彩及各种装饰等,更能展示品牌文化和品牌形象的个性,对于强化品牌的知名度和信赖度,对提高营销效率有更直接的影响。

3) 业绩形象

业绩形象是提升企业品牌形象的有力保证,其是指品牌的经营规模和经营水平。它是品牌生产经营状况的直接表现,好的品牌形象总会为企业带来好的销售业绩,而好的业绩形象必然增强投资者和消费者对品牌的信心。

4) 社会形象

社会形象是提升品牌亲和力的有效途径,其是指品牌通过非盈利的以及带有公共关系性质的社会行为塑造良好的品牌形象,以博取社会的认同和好感。

例如,在太合瑞视文化传媒公司网站的边角位置写着这样一段话:"几乎任何事物都能被赋予品牌——无论是一篮子鸡蛋还是整个国家。"太合瑞视认同这样一种观念:品牌是拥有感情的——它们能够抓住整个世界的心和思想,并激发出无比的忠诚和情感。同时,品牌也是一种强有力的武器,它能够彻底改变顾客行为,并支配整个世界格局。在太合瑞视传媒看来,不能说做了公益广告就能成就"某个品牌",但是,它必能提高品牌的美誉度和公信力,使大众对企业和品牌产生好感。也就是说,公益广告能为"某品牌"的建设添砖加瓦,提高其含金量,在企业大品牌建设过程中助其一臂之力。

5) 员工形象

员工形象是品牌形象的直接塑造者,其是指品牌员工的整体形象,即品牌全体员工的服务态度、职业道德、行为规范、精神风貌、文化水准、作业技能、内在素质和装束仪表等给外界的整体形象。品牌是员工的集合体,员工形象好,可以加强品牌的凝聚力和竞争力,为品牌长期发展打下牢固的基础。

6) 视觉形象

视觉形象是品牌的虚拟代言人。所谓虚拟代言人,就是品牌的视觉偶像,即一个被大家所熟知的虚拟形象,但并不是和奥特曼、加菲猫、Tom 猫等卡通形象一样。视觉偶像不是单纯的卡通人物、形象代表,它是有生命力、号召力和创造力的,能与我们互动,并且产生共鸣。

2. 品牌形象的无形要素分析

斯兹提出，品牌应像人一样具有个性形象，这个个性形象不是单独由品牌产品的实质性内容决定的，还应该包括其他方面的内容。因此，对品牌形象的认识进入到品牌个性层次，这就体现了品牌形象的无形要素的实现。

品牌形象的无形内容主要指品牌的独特魅力，是营销者赋予品牌的，并为消费者感知、接受的个性特征。可以说，品牌的个性越强，消费者就会越清晰地感受到品牌的与众不同，下意识地与其他一般品牌区分开来。随着社会经济的发展，商品丰富，人们的消费水平、消费需求也不断提高，人们对商品的要求不仅包括了商品本身的功能等有形表现，也把要求转向商品带来的无形感受、精神寄托。由此，品牌形象的无形内容主要反映了人们的情感，显示了人们的身份、地位、心理等个性化要求。

在消费者挑选产品的时候，一定会根据自己的情感诉求去挑选适合自己性格的，并能代表自身形象的品牌。隐藏在消费者内心的情感需求其实有很多，例如，自我、向往、怀旧、爱慕、归属、享受、模仿等。这也是品牌实现消费者满足所要努力的方向和目标。

如今，我们生活在一个个性张扬、展现自我价值的时代，所以要在品牌诉求中强调自我。例如，中国移动的全球通品牌提出"我能"的诉求，鸿星尔克的"To be No.1"的自我要求，就是能够较好地迎合消费者内心的需要。品牌一旦真的能够引发深层的情感，这个品牌就能在消费者心目中"活起来"，一个人只要将意义和产品连接在一起，就已经进入了品牌形象所创造出的情感世界。例如，"耐克"所创造的品牌形象的原型是英雄，这样的英雄形象能够帮助我们"做出勇敢的行为"；苹果电脑以"亡命之徒"为形象，带领我们"打破规划"；香奈儿香水则是一个情人，引领有情人"寻找爱并去爱人"。

宜家是年轻人都知道的家具品牌，它的品牌建设拥有几个方面：一是优秀的设计，将传统工艺与现代技术相结合，拥有人性化、时尚的设计；二是宜家在销售产品的同时也是在销售生活方式，将先进的企业理念和现代化的管理相结合；三是客户体验服务，全球 220 多家宜家商场拥有共同特征的体验式样板间，鼓励消费者亲身体验，独一无二的销售方式让消费者有种回家的感觉。然而除了这些管理上的优势，更重要的是它抓住消费者的心理。作为年轻人，已经不只是把宜家当作一个家具城，更愿意把它当作一种生活态度、一种时尚潮流。宜家的品牌形象体现了它独特的性格魅力，吸引了和它有着同样个性的群体，同时满足这些群体的消费需求和心理需求，它的平易近人也让消费者觉得十分亲切。

3. 有形要素与无形要素对品牌形象的影响与作用机制

竞争全球化的时代，市场上的竞争已不再是产品的竞争，而是观念的竞争。"品"从功能上满足人们的实际需求，具有一定的使用价值；而"牌"满足人们的精神或心理需求，通过产品为人们提供"附加价值"，也就是品牌有形和无形要素的重要作用。品牌的有形要素和无形要素之间相互影响、相互促进，共同为企业品牌形象的塑造提供动力。其中有形要素与无形要素对品牌形象的影响，如图 4-2 所示。

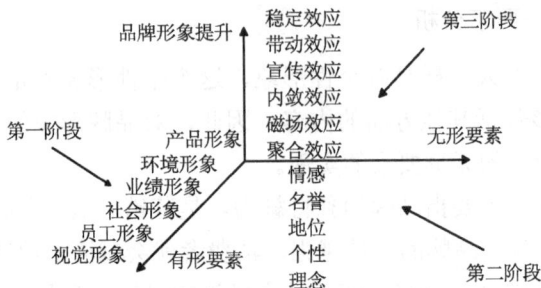

图 4-2　有形要素、无形要素的作用模型

从时间上来看，有形要素和无形要素的形成与影响主要分为三个阶段。第一阶段是有形要素的形成阶段，也是将产品品牌引入市场，树立品牌形象、品牌定位的阶段。应该充分从品牌的性质和要素出发，强调性能与技术的差异和优势，找到品牌功能与消费者感知的切合点。第二阶段是品牌感知价值的提升阶段，也即是无形要素的形成阶段，在现有的品牌形象的基础上，通过与消费者的沟通与交流，通过对社会文化和心理要素的分析，在现有品牌功能的基础上，激发人们对某方面的心理感知，如地位、个性、情感的联想，实现消费者对品牌角色和自我认同的协调。第三阶段是品牌形象的加强阶段，也就是充分发挥有形要素和无形要素的相互作用，实现形象捆绑战略，将品牌与其他相关产品配套，创造并形成一种生活方式的整体形象，使品牌形象的作用得以升华。

企业通过逐步构建起品牌形象的有形要素和无形要素，最重要的目的就是实现二者的有机结合，使二者相互补充、相互影响，成为提升品牌形象的动力，从而实现品牌形象的概念联合。其中更重要的是，在提升企业品牌形象的同时，实现品牌的各种社会效应。如图 4-2 所示，一个成功的品牌形象，可以为其产品和企业乃至社会带来诸多效应，如聚合效应、磁场效应、内敛效应、宣传效应、带动效应、稳定效应等。产品获得社会的认可，成为名牌，那么社会的资本、人才、管理经验甚至政策都会倾向该品牌；消费者反复购买、使用，形成品牌的良性循环；品牌积累、聚合了足够的资源，就会不断衍生出新的产品和服务，形成新的名牌；同时也能更好聚合员工的精力、才力、智力、体力甚至财力，使企业得到提升；名牌的知名度、美誉度可以传播企业名声，宣传地区形象，甚至宣传国家形象，对城市经济、地区经济，甚至国家经济都有带动作用；即使某一地区经济出现波动，名牌可以稳定军心，使社会资源不至于流走。

4.2　品牌形象的驱动力和驱动要素

我国经济发展进入新常态，品牌形象树立的最重要因素是引起人们对品牌的联想，或者说一提到品牌名，消费者便会想到一些东西，更多依靠驱动力提升和加强。

品牌联想(Brand Association)是指消费者一听到或看到该品牌名称时所想到的一切，或指消费者记忆中与品牌相关的任何事情，是最直观的理解。品牌形象就是消费者对品牌具有的联想。品牌形象是各种品牌联想的有机结合，是消费者对一个品牌所形成的总体认识。当消费者想到麦当劳时，他会想到"新鲜"、"儿童"、"下雨时借雨伞"、"代售月票"等，所有这些联想可形成一个有意义的总体印象："友好"、"亲切"。

在某些条件下，较高的品牌认知度所带来的熟悉感有可能引发消费者的购买行为。但在大多数情况下，仅有较高的认知度远远不够，品牌还应具有鲜明独特的、符合消费者心理需求的形象。品牌必须为产品加进一些东西，使其在某些方面与满足某种需要的其他同类产品相区分。为产品赋予联想就是塑造品牌形象。品牌形象是消费者脑海中的品牌联想所造成的品牌感觉。品牌联想可分为三类：品牌特性、品牌利益、品牌态度。品牌特性是形成品牌产品特色的各种特征。其中有些产品特性与产品有关，是实现产品功能所必需的元素，它决定着产品的特性和水平；而另一些特性与产品无关，它们只影响消费者购买，但不影响产品使用。品牌利益指消费者从产品和服务中得到的价值，即消费者认为产品能为他做些什么或品牌代表什么。最抽象和最高水平的联想是品牌态度，它是消费者对品牌的总体评价，它通常取决于消费者对品牌特性和品牌利益的认识，取决于品牌特性和利益的强度及受欢迎的程度。品牌态度十分重要，它是消费者品牌行为的基础。消费者脑海中品牌特性、品牌利益、品牌态度就构成其脑海中的品牌形象。

屈臣氏的蒸馏水就很好地体现并阐释了品牌联想，成为快速消费品营销案例中的典范。从产品属性上来说：相比矿泉水而言，许多倡导健康消费理念的消费者对蒸馏水并不是非常青睐，这可以说是所有蒸馏水产品在特征属性上的硬伤；而从效用及价值属性上来说，无论是蒸馏水还是矿泉水，都是为了满足人们对水的生理需求；而这一细分市场的产品及品牌可以说是数不胜数，竞争几近白热。然而难能可贵的是，屈臣氏蒸馏水营销团队成功地从产品的简单物理属性和功效中跳了出来，从心里情感认知的角度对蒸馏水做了重新定义："爱——至清至纯"，用两个简单的形容词将蒸馏水的物理特性和懵懂清纯的美好情感紧密地联系了起来，起到了意想不到的效果。品牌故事讲述了年轻的男女主人公偶遇相恋的故事，剧情清新而自然，但不乏新意；迎合了许多人，尤其是目标青年人群的情感倾向，产品形象在消费者头脑中打上了深刻的联想烙印。曾有人说过，但凡优秀的产品总是能够充满人类美好的情感，给消费者留下许多感动；品牌联想的最高境界也莫过于此。

由以上案例可以看出：一个品牌具有的积极、肯定、美好的联想，有利于品牌形象的塑造，能给品牌增添巨大价值。联想越丰富，品牌资产也就越大。因为好的联想为消费者提供了购买理由，是一个品牌吸引消费者的根本，也是培养消费者品牌忠诚的基础，更是一个品牌相对于竞争品牌的优势所在。当然，无论是品牌联想还是品牌形象，都是消费者对品牌的一种主观反应，因而不一定反映品牌的客观实际。二者虽不以品牌经营者的意志为转移，但却可以通过营销努力，向经营者期望的方向引导品牌联想、塑造品牌形象，这就需要品牌定位策略了。

4.2.1　品牌形象的驱动要素

对树立品牌形象、驱动品牌资产来说，能让消费者联想起的一个品牌的周边资产越多，对于这个品牌价值的建立也就会越有帮助，促使消费者产生这种联想的要素大体有三个方面：产品或服务提供者的形象、使用者的形象、产品或服务自身的形象。

1. 产品或服务提供者的形象

这类形象的硬性构件有科技水平、企业规模、资产状况、服务状况、人员素质等；软性属性有领导者水平、个性等。在品牌形象的树立过程中，营销者通常利用已有的企业自身形象。例如，同仁堂制药厂就利用"炮制虽繁必不敢省人工，品味虽贵也不敢减物力"这一条古训，来塑造产品的形象。又如，当五粮液集团推出"五粮春"新品牌时，使用了"系出名门"这样的广告语，也是借"五粮液"的美好形象来驱动新品牌形象的确立。

2. 使用者的形象

使用者主要是指产品或服务的消费群体，通过使用者的形象，反映品牌形象。其硬性构件有使用者的年龄、职业、收入、受教育程度等；软性构件有生活观念、个性、气质、社会地位等。以劳斯莱斯轿车为例，它不仅是一种交通工具，而且还是英国富豪生活方式的一种标志。100多年来，劳斯莱斯公司生产的劳斯莱斯和本特利豪华轿车总共才十几万辆，最昂贵的车"银魂"高达1亿英镑，也是全球最贵的轿车。据调查，拥有这两种品牌轿车的消费者有以下五大特征。

(1) 他们中2/3的人拥有自己的公司，或是公司的合伙人。

(2) 几乎每一个人都有数处房产。

(3) 每个人都拥有一辆以上轿车，除劳斯莱斯或本特利外。

(4) 50%以上的人有艺术收藏，40%的人拥有游艇。

(5) 他们平均年龄在50岁以上。

从劳斯莱斯使用者的构成来看，他们都居于成功、富有的阶层，也衬托出劳斯莱斯所体现出的豪华、地位显赫的生活方式，并驱动为劳斯莱斯优质、高贵的品牌形象。

使用者的形象包括两个方面：一是"真实自我形象"，即通过产品使用者的认知来联想品牌形象，它往往借助合适的模特或消费者自身来表现；二是"理想的自我形象"，即通过产品的使用者对自己的期待，也就是希望自己成为一个什么样的人来联想品牌形象。例如，"万宝路"广告，它品牌形象的改变并非易事。它的品牌定位由女士改为男士，为此推出了美国西部牛仔形象，牛仔的目光深邃、皮肤黝黑，袖管高高挽起，露出多毛的手臂，骑在马背上，指间总是夹着一支冒着青烟的万宝路。

3. 产品或服务自身的形象

产品或服务的功能性本身构成了品牌形象的内容基础。其硬性构件有价格、速度、功能、耐用性、舒适性、应用性等；软性构件有青春感、高雅、体面、珍爱、豪放、贵族气质等。

世界上首次发明速溶咖啡的雀巢咖啡品牌正式公布全新品牌形象，这也是85年来雀巢第一次在全球统一标志、口号乃至声音等品牌元素。雀巢咖啡品牌形象升级，让品牌更加富有活力，就如雀巢咖啡给人香醇且浓郁的感觉一样。雀巢这个老品牌也让我们有那种历久弥新的感觉，以致更加保持对它的喜爱，这就是产品为我们传达出的信息。

日本汽车品牌雷克萨斯(LEXUS)是用于创新的代名词，它用自己独特的人性化的设计理念诠释着不断创新的品牌形象。LEXUS虽卓然超前，但却总是以低调细致的方式，将其低调的奢华的品牌形象清晰地传达给消费者。这样做就是让汽车品牌能够深入消费者并且与消费者产生共鸣。质量——就是让自己的汽车说话。

4.2.2　塑造品牌形象的原则

品牌形象是消费者对品牌的评价和总体印象，这些评价既可以通过购买该品牌产品或服务而产生，也可以通过各种新闻媒介的推广传播来形成。因此，塑造品牌形象应把着眼点放在使消费者了解该品牌产品和服务上来。企业在进行品牌形象塑造时应遵循以下几条原则。

1. 民族化原则

"只有民族的，才是世界的"，随着互联网的普及推广和通信工具的发展，世界日益成为一个大市场，各民族之间的融合也日益紧密，但无论怎样融合，各民族文化中总有一些非常有本民族特点的东西保留下来，并且为世界所接受和欣赏。抓住这些具有民族特色的东西并赋予品牌一定的形象，往往能获得意想不到的效果。美国于 20 世纪 50 年代和日本于 70 年代掀起企业形象热时，均为美、日企业向外大举拓展之际。品牌形象策划的民族化对创造世界名牌有着重要意义。

事实上，任何一个品牌都无法摆脱自身被刻上的民族文化的烙印。提起奔驰车，人们总会想到日耳曼民族的严谨认真和对完美主义的不懈追求，这样的民族制造出的产品品质自然令人信服。而美国文化的功效性、实用性、开放性和个人主义精神也会处处体现在美国品牌形象上，麦当劳干净舒适的用餐环境和典型的美国口味；可口可乐一直强调的欢乐享受每一天的品牌定位……民族性深深根植于每个人心中，具有民族特色的品牌形象常常更容易使消费者敞开心扉。

2. 特色性原则

特色性原则是指品牌形象策划上的差异化或个性化。品牌形象策划的目的就是要使该品牌具有独特的个性，以在众多同类品牌中脱颖而出，迅速抓住消费者的心理。因此，特色性原则是品牌形象塑造的重要原则，否则，策划便失去了意义。例如，南方的椰树集团就是以资源特色为形象而取得成功的。集团利用海南岛所特有的椰子、芒果、菠萝、杨桃等热带水果优势，以及海南火山口地下优质的矿泉水资源优势，生产各种天然饮料，由此享誉大江南北。

鲜明的形象来自准确的定位，假如定位千篇一律、随大流，品牌形象就不可能突出。例如，对家用电器来说，大多数企业都将它定位在品质、节能、省电等实用性功能上，如何从众多品牌中突出个性是其能否取得成功的关键。然而海尔做的是，不仅在这些方面做好，而更加注重其优质服务，看到海尔"真诚到永远"的广告词，我们就会想到海尔的优质服务，就增强了对海尔的好感。这就是海尔留给我们的印象和促使我们产生购买的行为倾向。这种个性化、人性化的品牌形象吸引了众多消费者的目光，这是一种追求特色形象的定位。其他可供选择的特色形象还有经营策略特色形象、文化特色形象、技术特色形象等。

3. 整体性和兼容性原则

品牌形象是企业形象的一个重要组成部分，企业形象是一个整体，包括各个子系统。品牌形象和企业形象塑造的目的都是为了发展企业实力，营造竞争优势，最终创出名牌，实现企业的长远发展战略。因此，品牌形象必须与其他各子系统协调一致，相互配合，共同发展。

4. 社会化原则

日本心理学家小林重顺认为，品牌形象策划的意义就在于公司职员对企业政策的同化和熟悉，以及消费者对企业文化的接受与实现。企业是社会大系统中的一个小单位，其生产、经营活动都必须和社会协调一致，服从和满足社会的需求。品牌形象的塑造只有得到全体公众的认可和赞同才具有意义，因此，品牌形象的塑造要遵循社会化原则，顺应时代潮流。

5. 标准化原则

品牌形象的标准化和差异化并不矛盾，前者是指形象设计时应遵循的技术性原则，即企业所采用的品牌名称、标志、标准色、包装等视觉系统必须统一标准，不能随意使用和变动；而后者则是指品牌形象作为一个整体和其他品牌形象间的差异，突出本品牌的个性。

具体来说，品牌形象的标准化表现为以下几个方面。

(1) 简化。简洁生动，既在视觉上给人以美感，又便于认知和传播，关键是充分体现企业的经营理念和所要表现的形象主题。例如，可口可乐的品牌形象设计："Coca-Cola"流线型字体、朗朗上口的发音和红白相间冲击力极强的包装设计，充分体现了简洁流畅的美感原则。

(2) 统一化。统一化即把同类事物两种以上的表现形式合并为一种或限定在一定范围内。例如，同一产品的名称在不同国家和地区要统一，尤其是音译或意译的名称，不能随意采用，如三星、苹果等。

(3) 系列化。系列化即对同类对象的设计中的组合参数、尺寸、大小等做出合理的安排和规划，尤其是对实行的品牌策略的企业而言，各品牌之间的协调统一非常重要。

(4) 通用化。通用化即形象设计可以在各种场合使用，可彼此交替互换。例如，麦当劳的标志是黄色大写的"M"既可以制作得很大，悬挂在百米的高空中，也可以缩小尺寸，镶嵌在门把手上。

(5) 组合化。组合化即设计出若干通用的单元，以便在不同场合组合使用。例如，具体规定标准字、标准色、标志性符号及其之间的合理搭配，具体使用时再根据情况进行选择，这对于连锁企业的品牌形象尤为重要。

4.3 品牌形象塑造重在突出品牌个性

在琳琅满目的商品世界里，有着不计其数的商品同台竞争。然而，消费者只能记住其中极少数品牌的名称和标志，绝大多数商品在生生不息的商战中，都只能算是过眼烟云，没有多久便会让人忘到脑后，也只有个性鲜明的品牌才能持久地留在人们的心中。

4.3.1　品牌个性的概念

个性原本只用于表述人的性格特征，现在已被扩展至产品甚至城市及社会生活等各个方面。有人评价，上海最奢华、大连最男性化、杭州最女性化、苏州最精致、南京最伤感、拉萨最神秘、重庆最火爆、西安最古朴等。一个形容词就能把一个城市的魅力概括殆尽，足见个性描述的特殊功效。个性的魅力源泉在于差异，就是自己与别人的区别，这种差异越大，个性也就越鲜明。市场上的商品越同质化，消费者对品牌个性的呼唤就越强烈。就像人一样，越是个性化的面孔，越容易让人牢记。就国内的品牌建设而言，尽管我们的许多品牌知名度已达到一定的高度，但在许多同类产品中，各个品牌形象雷同，差异化不明显，缺乏品牌个性。无个性已成为现阶段我国企业品牌建设过程中普遍存在的一个问题。

1. 品牌个性与品牌形象的关系

品牌形象同品牌个性相比是一个涵盖更为广泛的名词，不仅包括品牌个性，还包括产品属性、使用者与品牌公关的利益等。如果把品牌形象同品牌个性做一番比较，那么它们之间的区别是：品牌形象包括硬性和软性的属性，而品牌个性强调其软性的属性。例如，可口可乐的品牌形象包括独特的口感、弧线形瓶包装、历史悠久、品质过硬、真实、可信等。但它的品牌个性是真实和可信。因此可以说，品牌个性是品牌形象中最能体现差异、最活跃激进的部分。它通常用形容词加以描述。所以，品牌个性并非是抛弃品牌形象，而是找到了塑造形象差异的一条有效途径——把品牌当作一个人，创造它的性格(个性)，而非特征。外表的形象是可以模仿的，但个性无法模仿。个性具有许多特征，如气质、性格、情绪等。个性心理学家们提出了许多形容词来描述人的各类个性特征，对品牌个性的描述同样适用，如表 4-1 所示。

表 4-1　品牌个性的描述

著名品牌	品牌个性
可口可乐	年轻、活泼、刺激
李维斯	纯真、刺激、称职、强壮
锐步	野性、户外、冒险、年轻、活力
柯达	纯朴、顾家、诚恳
奔驰	自负、富有、世故
惠普	有教养、影响力、称职

2. 品牌个性的概念

美国著名品牌策略大师大卫·奥格威(David Ogilvy)曾说过，最终决定品牌市场地位的是品牌自身的性格，而不是产品间微不足道的差异。品牌个性使一种没有生命的物体或服务人性化了。

品牌就像一个人，一旦确定下来，就会有自身的形象和内涵，而具有特殊文化品格和精神气质的品牌，无疑是最具吸引力和令人难忘的，这就是品牌个性。

1) 品牌个性是指每个品牌向外展示的品质

品牌情感诉求的体现是通过品牌个性来完成的。品牌战略个性既是品牌带给生活的东西，也是品牌与现在和将来的消费者相联系的纽带，它具有的魅力使其可以与消费者和潜在消费者进行感情方面的交流。例如，强生公司的儿童洗发液专为儿童设计，并以"不再刺激眼睛"的特征，支持它的稳妥定位。通过名称、标签、产品表现和抚爱孩子的电视广告，这个品牌的个性多年来一直在展示着，这个品牌特征也使这个品牌有可能实现第二种定位，说服成人若想保护自己的头发，也可以选择这种洗发液。在这种情况下，尽管品牌个性使品牌变换了最初的定位，但却能使两种定位都得到保全。

我们要树立什么样的品牌个性才能最大限度地与目标市场的需求相吻合，才能受到目标顾客的欢迎呢？例如，万宝路的品牌个性就设计为强壮、充满阳刚之气，而耐克品牌则充满了运动之美，奔驰品牌成为尊贵的社会地位的象征。品牌个性的设计使品牌有了鲜活的情感和个性，使顾客自然地产生亲近感，从而达到有效的双向交流。

2) 品牌个性是品牌综合反映的结果

品牌行为对品牌个性的形成具有直接的影响，而品牌个性是品牌综合反映的结果。奥格威曾将几个品牌行为和品牌个性的对应关系列出，如表 4-2 所示。

表 4-2　品牌行为和品牌个性

品牌行为	个性特色
经常改变定位、产品形式、象征、广告等	轻浮的、精神分裂的
经常性地赠送礼品和折价券	廉价的、未受过教育的
密集广告	外向的、受欢迎的
强势服务、易使用的包装	易亲近的
特性、包装的延伸	熟悉的、舒适的
高价值、独占流通、高级刊物做广告	势利眼、老于世故
友善的广告、背书人	友善的
与文化事件、公共电视的联想	具有文化意识

品牌个性的形成是企业长期有意识培育的结果，它主要来自以下四个方面。

(1) 产品在市场上的表现。品牌行为最重要的载体是产品，企业产品在市场上的表现形成了品牌鲜明的个性。英特尔的 CPU 产品以极快的速度推陈出新，该公司的创新品质形成了英特尔最重要的品牌个性，这使得电脑用户趋之若鹜，从而造就了英特尔巨大的品牌价值。

(2) 品牌使用者。品牌使用者也是品牌个性的重要来源之一。一群具有类似背景的消费者经常使用某一品牌，久而久之，这群使用者共有的特性就被附着在该品牌上，从而形成该品牌稳定的个性。例如，惠普 4436s(QC537PA)是惠普公司专为商务人士倾心打造的专业商用办公本，该款笔记本采用了全新 AMD Llano APU A6-3400M 四核处理器，性能优质，外观时尚大气又不失稳重，非常适合商务办公和出差洽谈生意使用。

(3) 品牌代言人。通过品牌代言人，也可以塑造品牌个性。通过这种方式，品牌代言人自身的个性可以传递给品牌。在这方面，耐克公司做得最为出色，耐克总是不断地寻找代言人，从史蒂夫·普里方丹(Steve Prefontaine)到迈克尔·乔丹(Michael Jordan)、查尔斯·巴克利(Charles Wade Barkley)、肯·格里菲(Ken Griffey)，耐克一直以著名运动员为自己的品牌代言人，这些运动员的形象阐释了耐克的品牌个性，迷倒了众多青少年。

(4) 品牌创始人。一家不断发展的企业，其创始人的名声会逐渐被人们所熟悉，这样其创始人的个人品质也会成为该品牌的个性。例如，福特、比尔·盖茨，每个人都以自己的形象塑造了品牌，突出了品牌个性。海尔集团的张瑞敏在国内几乎是家喻户晓，因此，他身上一些独具魅力的品质就传递到海尔品牌上，从而形成了海尔的品牌个性。人们把张瑞敏与海尔紧紧联系在一起，使得海尔与其他电器品牌显著地区别开来。

总之，品牌个性是一个品牌最有价值的东西，它可以超越产品而且不容易被竞争品牌模仿。所以，塑造品牌就必须塑造品牌个性，这可以从产品本身、使用者、代言人和创始人这四个方面来挖掘。品牌一旦形成鲜明、独特的个性，就会形成一个强有力的品牌，这是品牌建设的一个重要方向。

4.3.2　品牌个性的核心价值

品牌具有价值，是企业最宝贵的无形资产。品牌的价值是如何形成的呢？品牌的价值存在于消费者的意识里。可以说，产品是由厂商生产的，而品牌却是由消费者创造的，是消费者而不是厂商造就了品牌。在消费者眼里，品牌不仅仅代表了某种产品，它实际上折射了消费者微妙的心理需求。人的心理空间是有限的，消费者不会对任何品牌都接受，他只接受具有他认可的个性的品牌。所以在琳琅满目的商品世界中，个性鲜明者容易脱颖而出，如果这个品牌再具有多数人所欣赏的个性，如诚实、迷人、耐用等特色，就会为多数人接受和喜欢。因此，没有个性的品牌只会湮没在品牌的汪洋大海中，这样的品牌是不会具有多少品牌附加值的。由此可见，品牌个性是品牌价值的核心，要提升品牌价值就必须首先塑造出鲜明的品牌个性。具体来说，品牌个性具有以下四个方面的价值。

1. 人性化价值

品牌个性使企业所提供的产品或服务人性化，从而使消费者消除戒备心理，较容易地接受企业的产品或服务。优良、鲜明的品牌个性能够吸引消费者，在购买行为发生之前，品牌的个性就已经将那些潜在的购买者征服了。百事可乐品牌所展示出来的个性——年轻有活力、特立独行和自我张扬曾吸引了不少新新人类。新一代年轻人饮用百事可乐不仅仅是在喝饮料，而是表示认同，接受百事可乐的品牌个性，把百事可乐看作是他们的朋友，他们通过饮用百事可乐来展示他们与上一辈(他们喝可口可乐)不一样的个性。百事可乐塑造出来的这种非凡的品牌个性，使百事可乐变得人性化，从而获得了青少年一代的高度认同，并最终在激烈的饮料大战中与可口可乐相抗衡。

2. 购买动机价值

人们之所以购买这个品牌的产品，而不购买另一个品牌的产品，正是由明晰的品牌个性决定的。品牌个性所传递的人性化内容，使得消费者试着接受一种产品，并且下意识地把自己同这个品牌联系起来，不再选择其他品牌。品牌个性使品牌变得具有生命力。品牌人性化的特征，使人们想接近它、想得到它。品牌个性切合了消费者内心最深层次的感受，以人性化的表达触发了消费者的潜在动机，从而使他们选择那些具有独特个性的品牌。因此，品牌个性是消费者购买动机的触动器。

3. 差异化价值

差异化是品牌在繁杂的市场上最重要的优势来源。如果品牌没有差异性，一个品牌就很难在市场上脱颖而出，而品牌个性最能代表一个品牌与其他品牌的差异性。由于产品的差异性是基于技术上的，一般比较容易仿效，因而建立在产品上的差异性很难保持长久。而由品牌个性建立起来的差异性则深入到消费者的意识里，它提供了最重要、最牢固的差异化优势。个性赋予品牌一个脱颖而出的机会，并在消费者的脑海里保留自己的位置。例如，步步高无绳电话以一个"有点丑"的男子来代言，通过幽默、戏剧化的表现方式传达出了自己的独特个性，从而使其独特的品牌个性鲜活地呈现在消费者面前，步步高无绳电话的功能容易被其他品牌仿制，但其独特的品牌个性却是无法仿制的，因为这种个性化的表达已经进入消费者的心里，从而促使消费者把步步高与其他品牌区分开来。

4. 情感感染价值

除以下几个方面外，品牌个性还具有强烈的情感感染力，它能够抓住潜在消费者的兴趣，不断地保持情感的转换。万宝路粗犷、豪放，独特的品牌个性深深地感染着香烟爱好者，它激发了消费者内心最原始的冲动，非要得到它不可。它的品牌形象表现为一种作为男子汉的自豪感，因而深受香烟爱好者的推崇，以至于消费者以万宝路来作为展示其男子汉气概的重要媒介。品牌个性能够深深感染消费者，并且随着时间的推移，这种品牌感染力还会形成强大的品牌动员力，使消费者成为该品牌的忠实顾客，这正是品牌个性的重要价值所在。

4.4 塑造品牌形象的程序和要求

4.4.1 塑造品牌形象的程序

品牌形象策略主要是指企业在品牌竞争中，如何塑造品牌并赋予品牌鲜明的个性特征。品牌形象塑造是一个系统工程，涉及产品、营销、服务等多方面的工作。

1. 市场调研

调研是一切营销活动的前提，也是树立品牌形象的前奏，必须踏踏实实地进行市场调查，只有充分掌握了市场第一手信息后对调查结果进行分析，才能正确地把握形象定位。市场调查的内容很广，在具体操作时可由企业根据自身规模和行业、市场特点灵活掌握。具体而言，包括对企业现状的调查、对竞争对手的调查、对公众的调查、对市场的调查(包括其相关品牌在市场上的知名度、信誉度、知晓度、市场占有率等指标)等几个方面。市场调查是品牌定位的前提，而品牌形象定位是品牌定位的主要内容，调查分析的结果直接影响着品牌形象，决定着品牌形象的树立。

2. 选择品牌形象策略

一般而言，品牌形象策略主要有定式策略、强化策略和迁移策略。定式策略是指通过现有品牌形象特色和未来市场变化趋势，尤其是消费者需求，不断确定与完善品牌形象的策略。这种策略较为灵活，一般适合新创企业确定品牌形象。强化策略是指不断丰富完善现有的品牌形象，以强化其在消费者心中的印象。迁移策略是指企业通过一系列活动，逐渐改变原有的品牌形象，并使之转移到新的品牌形象上。

3. 进行品牌形象设计

品牌形象设计包括对产品的设计等多个方面，是品牌形象实施的重点。品牌形象设计是一个系统工程，需要由专业人士进行操作，企业可以选择由企业内部设计人员实施或者委托专业的 CI 公司实施或者二者共同协作完成。目前，我国的大多数企业习惯于把品牌形象的设计工作委托给专业的设计专家。

4. 品牌形象传播

品牌形象是消费者对品牌的认知和评价，因此，只有通过销售或宣传活动将其传达给消费者才具有意义。一方面，企业要通过电视、报纸、杂志等媒介有意识地向公众介绍品牌形象；另一方面，企业要做好公共关系工作，尽快形成品牌的良好形象。知晓不等于认同，重要的是美誉度的提升而不是因臭名远扬而"知名"的品牌。品牌形象的塑造是一个不断重复的循环过程，需要企业在实践中不断地修正、完善和提升。

4.4.2　塑造品牌形象的要求

1. 塑造品牌形象的原则

(1) 坚持突出品牌特色的原则。因为品牌特色是强势品牌不可或缺的要件，只有具备了自己鲜明的形象特色，才有利于消费者认知，才能在竞争中获胜。可供选择的特色形象主要存在于经营策略、定位、科技、资源等方面。

(2) 坚持品牌形象支持品牌战略的原则。塑造良好的品牌形象就是为了结合品牌实力，营造品牌优势，并最终创出强势品牌，因此，品牌形象必须要支持品牌战略，要与品牌战略的目标相一致。

(3) 处理好变与不变的辩证关系。品牌本身就具有某些内在的、恒定的内涵，连续性是品牌形成和发展的关键所在。然而，时间记录着生活方式、消费热点、科技与竞争等因素的交替变化，那些墨守成规、停滞不前的品牌也会失去生命力，因此，稳中求变才是保持品牌活力的要点。

2. 按照科学的程序塑造品牌形象

塑造品牌形象主要包括两大基本步骤：一是加强市场调研，诊断品牌形象现状；二是开展诊断分析，进行品牌形象定位。形象定位是确定品牌服务的目标市场和品牌形象特色的过程。在品牌形象定位或者再定位时，必须以市场细分为基础，确定品牌服务对象，然后再根据目标消费者群体特点以及企业自身资源条件，确定品牌形象特色。

3. 根据品牌形象定位确定品牌策略

企业品牌定位不准，会直接导致产品形象缺失，随之而来的就是影响企业的经济效益。一个好的品牌形象定位，能在第一时间占领消费者的心智资源，在消费者有限的心智资源中占据重要位置，所以品牌形象定位必须而且首要考虑的就是如何占领消费者有限的心智资源来赢得无限的消费市场。因此，确定品牌策略时要尽可能地设计出一个理想的品牌形象。

4. 在品牌营销战略指导下建立具有鲜明特色的品牌形象

(1) 强化产品与服务形象的塑造。

(2) 以品牌文化建立和提升品牌形象。

(3) 注重广告宣传。广告宣传是企业有意识地向社会公众介绍品牌形象的重要工具，也是社会公众形成对品牌认识和评价的重要手段，因此，企业应当运用好广告宣传来建立良好的品牌形象。

(4) 不断完善品牌形象。品牌形象的塑造绝不是一劳永逸的事情，而是一个不断修正与完善的过程。所有成功的企业向来都比较注重这一方面的工作。

(5) 防止品牌扩张对品牌形象可能产生的副作用。品牌扩张是以产品类型和顾客类型多样化为标准的，它可以拓宽品牌市场与消费层面，扩大品牌影响力。然而，无组织的或者过度的品牌扩张也会削弱品牌的整体形象。因为这种扩张不仅使企业成本与产品售价居高不下，而且可能使品牌系列产品之间的特色变得模糊不清，从而降低顾客与经销商的忠诚度。

4.4.3　品牌形象战略的分类

形象是一种感觉，就像一个人具有独特的外貌、仪容仪表、气质风度那样，你可能说不出他到底哪里特别、与众不同，但就是感觉到他有独特的魅力。品牌形象也是如此，但这种感觉绝不是华丽而空洞的，它通过产品、服务或者商标、包装等视觉系统地散发出来，无处不在，它是一种气氛、一种精神、一种风格，需要企业去挖掘、去表现。企业可以从以下几个角度赋予品牌鲜明的个性。

1. 情感导入战略

品牌不是冷冰冰的牌子，它具有思想、个性和表现力，是沟通企业和消费者的桥梁。情感是人们心中最柔软的东西，以情动人、以情诱人是品牌经营者的不二法宝。

对于我们常见的乳制品，大部分都是采用情感的导入，通过表现母亲对新生宝宝的爱，以及愿他们茁壮成长的心理。例如，雅士利——有心就有爱，爱心雅士利，健康添活力；雀巢奶粉——孩子的成长只有一次；美赞臣——为全球婴幼儿提供科学营养，给他们带来一生最好的开始。这些广告词都是从孩子的角度，愿他们健康成长，这也是每一位新妈妈的共同心愿。因此，这些广告会给人带来情感上的共鸣。

情感导入战略的奥秘在于与消费者进行情感沟通，使人在不知不觉中被吸引、被感动，成为企业忠实的顾客。

2. 专业权威形象战略

专业权威形象策略是一种极具扩张性、竞争性和飞跃性的形象策略，一般为那些在某一行业占据主导地位的企业所采用，以突出该品牌的权威度，提高消费者的信任度。例如，内衣品牌"维多利亚"以设计师、模特维多利亚的名字命名，并由她本人担任形象代言人进行推广宣传，所采用的也是这一战略。又如，高露洁牙膏的广告中就有请中国的牙科专家和杨澜为自己的品牌做宣传，牙科专家代表了牙膏领域的专业权威形象。

3. 心理定位战略

美国市场营销权威菲利普·科特勒(Philip Kotler)认为，人们的消费行为发展可分成三个阶段：第一个是量的消费阶段；第二个是质的消费阶段；第三个是感性消费阶段。在现代社会里，随着产品的极大丰富和消费者品位的提高，消费者日益看重商品给予自己情感、心理上的满足程度，而不仅仅是量和质的满足。消费者心理的变化要求企业应顺应消费者这种心理变化的潮流，以恰当的心理定位唤起消费者心灵的共鸣，树立独特的品牌形象。

日用消费品行业和人们的消费心理密切相关，心理定位策略也是日用消费品企业经常采用的一种战略。例如，宝洁公司同时推出飘柔、潘婷、海飞丝三个洗发水品牌，但三个品牌各自具有不同的个性特征：飘柔强调一头乌黑亮丽的长发，柔顺飘逸，美丽动人；潘婷则强调对头发光泽的维护，端庄典雅，秀而不妖；海飞丝则从头皮屑入手，强调头发的清爽干净。三个品牌既相互竞争又相互补充，利用消费者对洗发水的不同心理需求进行形象定位，以此达到各放异彩的经营效果。

4. 文化导入战略

品牌形象所具有的感性色彩决定了文化是品牌构成中的一个重要因素。品牌本身就是一种文化，凝聚着深厚的文化积淀，在品牌中注入文化因素，可使品牌形象更加丰满、更有品位、更加独具特色。许多知名品牌背后都有一个动人的故事，例如，"红豆"牌衬衣，就借用了一首尽人皆知缠绵悱恻的古诗《红豆》中的意境，令人联想翩翩："红豆生南国，春来发几枝。愿君多采撷，此物最相思。"一首名诗，道尽了绵绵相思之情，其丰富的文化内涵和缠绵意境，深受海外华人的喜爱，大大提高了其品牌形象和品牌价值。还有许多具有民族特色的品牌，如"孔府家酒"和"南方黑芝麻糊"也都注入了"孔子故里"和"孩童的记忆"等情感，抒发叶落归根和怀旧的情怀，这些不同于一般的个性特征，自然会提高它们的品牌价值。

本 章 小 结

品牌形象战略就如同一个人的脸面，中国又是一个注重面子文化的国度，因此，对于品牌形象的塑造应该给予更多的关注；而且品牌形象为我们带来的不仅是心理上的自豪感，同时还可以为我们的企业带来相应的经济效益。

本章主要从品牌形象的含义及构成要素入手，通过介绍品牌形象的驱动力和驱动要素，引申出塑造品牌形象的原则，同时介绍了品牌个性的概念，重点分析了品牌个性的核心价值，最后介绍了品牌形象战略的分类。通过本章的学习，读者可对品牌形象战略的基本内容与品牌形象塑造的实际应用有一个初步的认识，明确现代企业在经济全球化的发展过程中实施品牌形象战略发展的必要性。

思考与练习

1. 品牌形象的定义是什么？
2. 如何进行品牌形象的维护，有哪些具体的方法？
3. 品牌形象的构成要素有哪些，以及它们之间有怎样的联系？
4. 分析品牌形象的有形要素与无形要素的区别。
5. 品牌形象塑造的原则。
6. 简述品牌形象的策略，并分析它们的优劣势。

案 例 分 析

IBM 智慧方程式——用内容塑造品牌形象

2009 年，IBM 提出智慧方程式是"智慧的地球=云计算+物联网"，通过超级计算机和云计算将"物联网"整合起来，人类可以更加精细和动态的方式管理生产和生活，从而达到"智慧"状态。彭明盛认为，这些智慧的系统应该具有五个特征："跨越完全不同行业的全部系统的集成和管理，能够从海量数据中发现潜在模式的下一代分析，资源和能源的优化，可灵活地支持新流程、业务模式和应用的智慧 IT 基础设施，以及超越防火墙的全球一体化协作。"我们可以把感应器嵌入和装备到电网、铁路、桥梁、隧道、公路、建筑、供水系统、大坝、油气管道、河流、武器甚至太空等各种物体中，并且被普遍连接，形成所谓"物联网"；并通过超级计算机和云计算将"物联网"整合起来，实现人类社会与物理系统的整合，实体基础设施和信息基础设施正在形成统一的智慧全球基础设施。

从理论上来说，未来我们可以将地球上的 60 多亿人、上百亿的动植物、成千上万个应用、上万亿个设备连接起来，建成一个日益整合的、由无数系统构成的全球性的智慧系统，每天完成 100 万亿次的交互。

这个伟大的梦想，成败的关键在于战略能否有效落实。IBM 将"智慧的地球"战略分解为四个关键问题进行解答。中国 IBM CEO 钱大群解释说："第一，New Intelligence(新锐洞察)。面对无数个信息孤岛式的爆炸性的数据增长，我们需要获得全新的洞察力，利用来源不同的数据获取丰富、实时的信息，以做出更明智的决策。第二，Smart Work(智慧运作)。我们需要开发和设计新的业务流程，形成在灵活、动态流程支持下的智能运作，实现全新的生活和工作方式。第三，Dynamic Infrastructure(动态架构)。我们需要建立一种可以降低成本，具有智能化和安全特性，并与业务环境同样灵活的动态基础设施。第四，Green 和 Beyond(绿色未来)。我们需要采取行动解决能源、环境和可持续发展的问题，提高效率，提升竞争力。"

IBM 为这四个方面开始提供一揽子解决方案，而每个方面都可运用于不同的行业。以智慧运作为例，IBM 将其分解为三个方面的内容：灵敏的业务模式、互联互通的客户网络和动态业务流程。IBM 通过 CBMSOMA(业务模式创新服务)、Lotus 合作软件和服务、智能 SOA 和 SOA 解决方案服务、Web Sphere Business Events、企业架构产品和服务等众多方案来实现上面所提到的三个内容。

IBM 在技术方面已为新战略做了充分的储备，IBM 中国研究院院长李实恭透露："IBM 的计算能力更强了，去年 5 月我们推出了全球运算速度最快的超级计算机。IBM 在云计算方面也有重要突破，已经在全球建造了 10 多个云计算中心。此外，我们还拥有先进的建模与分析优化、流计算能力。"

"我们可以部署能够帮助消费者实时监控其电力消耗及其成本的技术，让他们更容易地降低电费。而且，通过向公用事业运营商提供任意给定时刻极度细粒化的电力使用方式视图，我们能够让他们精细地把供需匹配起来。"IBM 研究院院长李实恭先生向我们如此描述智慧的能源系统，"此外，一旦电网实现了智能化，就可以更容易地使再生能源入网。智能电网还能够在服务中断时提供更强的恢复和响应能力，使得供应商能够及早处理系统面临的压力，不至于演变为故障。IBM 将关注人从出生到结束的一切活动，包含此过程中的教育、娱乐、生活等的民生需要，IBM 变得更有'生命感'了。"

这只是"智慧的地球"战略中的一个系统，IBM 还规划了诸如智慧的交通、气候、医疗保健、水治理、零售、食品等各种系统。IBM 认为，目前每个人、公司、组织、城市、国家、自然系统和人工系统都正在实现更透彻的感应和度量、更全面的互联互通。在此基础上，人们可以获得更智能的洞察力。概念的提出只是第一步，IBM 真正的意图是推出其各种"智慧"解决方案，包括智慧能源系统、智慧金融和保险系统、智慧交通系统、智慧零售系统、智慧食品系统、智慧医疗保健系统等。

IBM 正是凭借在"智慧的星球"内容和管理层报告方面做的大量努力来进行内容营销的。IBA 树立了一个全新的品牌形象，是一个充满着智慧，对未来生活有着各种设计的企业，已经从原来的仅仅是电脑设计者的形象转变为一种全新的智慧系统，品牌内容不断的完整使得品牌形象也得到了不断的完善。

(资料来源：美国考察报告——北京电子商务考察团访问感悟.2009)

思考

从上述 IBM 的案例中，我们可以得出哪些经验为其他企业发展品牌形象战略提供帮助？

第 5 章 品牌定位战略

【学习目标】

- 熟悉品牌定位理论。
- 掌握品牌定位的意义。
- 掌握品牌定位的原则。
- 熟悉品牌定位点的开发。
- 掌握品牌定位的战略。
- 了解品牌定位的创新内容。

5.1 品牌定位的理论及其意义

5.1.1 品牌定位理论

经济发展和社会进步使各种新思想层出不穷，而一种重要思想可以开启一个时代。1970年，杰克·特劳特(Jack Trout)和艾·里斯(AL Ries)在《广告时代》杂志上发表文章，提出了营销史上具有跨时代意义的崭新观念定位。从此，一股鲜活的定位理论之风吹遍了全球营销界，引发了营销界的一场思想革命与实践革命。特劳特提出了"有史以来对美国营销影响最大的观念"，因而他被誉为"有史以来对美国营销影响最大"和"发现市场营销永恒法则"的人。正如美国西南航空公司副总裁唐·瓦伦丁(Don Valentine)所说："营销心法的第一条，就是通读《定位》这类书。它的核心看似简单，实则充满了力量，并且已经在各个领域得到广泛运用。"不止是在美国，定位理论对全球营销界的影响也是巨大而深远的。

为了突出定位的价值和意义，也为了阐述上的方便，《定位》刻意划分出产品时代、形象时代和定位时代，这是可以理解的。在硝烟弥漫的营销战场上，产品定位、广告定位、价格定位、服务定位、领导者定位、竞争者定位、定位"功能"、定位"品牌"、定位"形象"等定位无处不在。

七喜：我们不是可乐饮料。

蒙牛：我们是第二，但我们要迎头赶上。

百事可乐：赢在"新生代"。

农夫山泉：做大自然的搬运工。

Joy：世界上最贵的香水。

王老吉：我是饮料不是药。

浪莎：不只是吸引。

长虹：以产业报国，以民族昌盛为己任。

看一看这些定位的经典之作，还有谁不相信定位就在眼前这个活生生的世界里，就在我们身边呢？

5.1.2 品牌定位的概念

杰克·特劳特和艾·里斯认为，消费者的大脑中储存着各种各样的产品信息，就像一块吸满水的海绵，只有挤掉原有的产品信息，才有可能吸纳新的产品信息。据此，他们给品牌定位(Brand Positioning)这样一个定义："定位并不是要对你的产品做什么事，是对你未来的潜在顾客心理所下的功夫，也就是把产品定位在你未来潜在顾客的心中。"他们认为："定位改变的是名称、价格及包装，实际上对产品则完全没有改变，所有的改变，基本上是在做着修饰而已，其目的是在潜在顾客心中得到有利的地位。"杰克·特劳特和艾·里斯把定位当作一种纯粹的传播策略，让产品信息占领消费者心中的空隙。由此可见，定位是对现有产品进行的一次创造性的试验。

产品定位即产品的市场定位，是确立产品在市场上的位置。它是通过企业为自己的产品创立鲜明的个性特色，从而塑造出独特的市场形象而实现的，而产品的个性特色要通过产品的结构、性能、用途、质量、档次、规模、款式等来表现。产品定位既要考虑企业自身状况，又要考虑市场需求和消费者的特点。

品牌是商标、符号、包装、价格、声誉、广告风格乃至历史、文化等方面留给受众印象的总和，它是一个综合、复杂的概念。广告专家约翰·菲利普·琼斯(John Philip Jones)认为，品牌是能为顾客提供其认为值得购买的功能利益及附加值的产品。也有人认为，品牌是不同的市场主体为自己的产品或服务而创立的牌子。一种产品可以有多种品牌，例如，同样是汽车，就有奔驰、宝马、沃尔沃、丰田、劳斯莱斯等品牌；同样是软饮料，就有可口可乐、百事可乐、七喜、雀巢、脉动、健力宝等品牌。一种品牌也可标识不同的产品，例如，三星的多种电器、海尔的多种电器、TCL 的多种电器等。对任何企业而言，都无法为市场上的所有顾客提供产品或服务，因为顾客人数多、分布广、差异大。总会有些竞争者在为该市场某些特定的顾客群提供产品、服务方面处于优势地位，另一些则处于弱势地位，这就需要对品牌进行定位。品牌定位是在产品定位基础上的升华和规范化。

所谓品牌定位，其实就是对品牌进行设计，从而使其能在目标消费者心目中占有一个独特的、有价值的位置的行动，或者说是建立一个与目标市场有关的品牌形象的过程与结果。品牌定位是市场营销发展的必然产物与客观要求，是品牌建设的基础，是品牌成功的前提，是品牌运作的目标导向，是品牌全程管理的首要任务，在品牌经营中有着不可估量的价值。因此，品牌定位理论自诞生之日起，就发挥着越来越重要的作用，甚至被提升到企业经营战略的高度。每个企业都必须有一个清晰、准确的品牌定位，以便在宣传推广时能向消费者传递有效的信息。可以说，品牌经营的首要任务就是品牌定位。

市场研究是品牌定位的前提，整合沟通是品牌定位的手段，建立独特的期望形象和品牌位置是品牌定位的目的。品牌定位不一定要明确划分市场，因为成功的品牌定位往往会形成目标市场。成功的品牌定位往往架构在消费者能够直接感受到的地方(如形象)，而且必须持续不断地向消费者传达有关信息。因而品牌定位既是营销的战略工具，又是传播的策略工具。

品牌定位的核心是 STP，即市场细分(Segmentation)、目标市场选择(Targeting)和市场定位(Positioning)，三者之间的关系如图 5-1 所示。

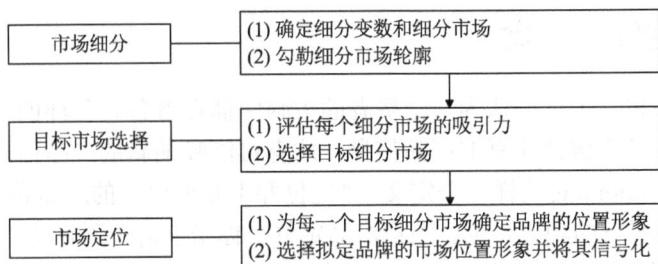

```
┌──────────┐    ┌──────────────────────────────────┐
│  市场细分  │───▶│ (1) 确定细分变数和细分市场          │
└──────────┘    │ (2) 勾勒细分市场轮廓              │
                └──────────────────────────────────┘
                                  │
                                  ▼
┌──────────┐    ┌──────────────────────────────────┐
│ 目标市场选择 │──▶│ (1) 评估每个细分市场的吸引力        │
└──────────┘    │ (2) 选择目标细分市场              │
                └──────────────────────────────────┘
┌──────────┐    ┌──────────────────────────────────┐
│  市场定位  │───▶│ (1) 为每一个目标细分市场确定品牌的位置形象 │
└──────────┘    │ (2) 选择拟定品牌的市场位置形象并将其信号化 │
                └──────────────────────────────────┘
```

图 5-1　品牌定位的核心

1. 市场细分

企业按照消费者的一定特性，把复杂的市场分成若干个子市场。

不同的子市场，消费者的需求差别就比较明显，在同一个子市场内部，消费者的需求则有相同性。市场细分可使企业容易发现机会，从而使企业设计品牌个性、塑造品牌形象有客观依据。

2. 目标市场选择

企业依据市场细分的结果，根据自身状况和产品特点，结合营销目标，选择对企业和产品最具优势和吸引力的细分市场，即目标市场。企业的一切品牌经营活动都必须始终围绕目标市场展开。品牌定位更要针对目标市场，与目标市场的特征与消费需求保持一致，最终使品牌获得目标市场的理解与认同。可以说，目标市场是品牌定位的着力点。

3. 市场定位

企业一旦选定了目标市场，就要为目标市场确定品牌可能的位置形象，并依此来设计自己的产品和品牌，以争取目标消费者的认同。由于品牌形象必须经由传播，通过消费者的主观反映来实现，因此，还要将品牌形象信号化。在这里，品牌成为连接企业与消费者的桥梁与纽带，品牌定位也就成为市场定位的核心和集中表现。

由于品牌定位受多种因素的制约和影响，因而在实际操作中常常会出现品牌定位失败或品牌定位错误。罗伯特·舒尔曼认为，导致品牌定位错误发生的原因主要有三个：一是企业始终没有形成一个清晰明确的定位策略；二是企业未能清楚地将定位思想、理念和原则传达给市场；三是企业未能提供足够的营销资源的支持并保证定位的努力。他认为，第一种和第二种原因的根源在于企业未能培育明确的品牌定位理念。企业要想使品牌定位成功，避免失误的发生，就要讲究一定的策略和方法。

5.1.3　品牌定位剖析

仅仅了解品牌定位的概念是远远不够的，还应像庖丁解牛一样分析品牌定位，从不同的视角洞察品牌定位，这样就会对品牌定位有更全面、更深刻的认识。

1. 品牌定位是市场营销发展的必然产物

市场营销经历了大众市场时代、区隔市场时代、区分区隔时代和大行销时代四个阶段。大行销时代的特点是重视顾客的需要、价格、特性及应用导向。企业致力于开发各种利益组合的产品，根据市场特性采取不同的营销组合，提供能满足顾客不同需要的产品和服务。要达到这一要求，就必须实现产品或服务的差异化，即进行品牌定位，差异化是品牌定位的依据。

2. 品牌定位是对顾客情感的管理

品牌定位是要确立一个尽可能远离其他品牌的位置，做到与众不同。为什么要这样做呢？这样做是为了吸引顾客，激起顾客情感上的浪花。人类拥有生命界最复杂的感情，如兴奋、喜悦、惊奇、自豪、悲伤、恐惧、自信、同情等。情感是人类完整生命中最生动的有机组成部分。最好的品牌定位能强烈地吸引顾客，最好的品牌是情感品牌。耐克熟练地开发与运动健身有独特关系的情感产品，轻而易举地成为运动健身世界中情感与物质回报的主角，其品牌价值已达几十亿美元。迪士尼是家庭奇妙生活中受人尊敬的主角，它十分明快地同每个人内心的童趣联系在了一起，他们一直围绕这样的情感，建立起了一个成功的品牌。手表、钢笔及奢侈用品公司万宝龙的首席执行官诺伯特•普拉特(Norbert Platter)在谈到其品牌与顾客间的情感共鸣时说："万宝龙代表了激情与灵魂，当世界不停地上紧发条时，我们却在松开发条。技术促使我们往后退一步，然后深吸一口气。我们公司的哲学是'反加速'，就是对信息技术的反冲，因为顾客渴望那些能留住瞬间的东西。"

3. 品牌定位是一项战略性工作

品牌定位是整个品牌运作的中心环节和关键步骤，事关品牌和企业的兴衰成败，因而它作为一项全局性、战略性工作，受到企业家、品牌管理者和品牌研究人员的强烈关注和高度重视。中国燃气具大王华帝集团总裁黄启均在谈到品牌创建时，将华帝 10 余年持续稳健的发展，首先归功于华帝超前的品牌定位战略。

在一个形象代表一切的世界里，耐克是全世界最多人熟悉的标志之一。要了解耐克的成功与企业文化，对于其标志的了解是不可或缺的，因为它是让耐克品牌变得无所不在的员工商业标志。

耐克的标志是与美国的古老智慧"Just do it"密不可分。耐克不只卖运动鞋，它所出售的是一种生活方式，这是它成功的关键。这个标志对于人心的激励，以及这一哲学背后的干劲与决心，是与每个人都有关的，不管你是不是运动员。耐克运用一种励志式的语言来激发消费者，不管你是谁，你的头发或皮肤的颜色是什么，你遭遇了身体上或社会生活中的什么局限，耐克说服消费者，你一定可以办到。它告诉人们要振作起来，抓紧人生的方向盘，并且采取行动。在"Just do it"的广告词背后，是一个非常美国式的意识形态，耐克告诉它的消费者，如果你下定决心，奋斗不懈，你就会超越他人，征服一切。借由这样的方法，即利用人们对于成功的热切渴望，耐克创造出了它自己的一种人格与态度。通过巧妙地运用一句非常简单的广告妙句，它成功地将一种生活态度融入其所出售的商品中。

4. 品牌个性是品牌定位的支撑点

品牌个性是品牌显著区别于其他品牌，能够凸显竞争优势，展现品牌独特理念的人性化、哲理化特征，是品牌魅力的源泉。品牌个性能够显示品牌活力，丰富品牌意象，提升品牌的理性诉求。同时，它也能够创造顾客的品牌感知，促进顾客的品牌联想，强化顾客的购买动机。品牌个性是连接品牌与顾客的桥梁，是指导顾客选择的理性基础，因而是品牌定位的支撑点。

对于新品类的开创者而言，如何明确的定位并引领新品类发展是首要战略问题。美特斯邦威敏锐地发觉时尚潮流悄然兴起，消费者尤其是年轻消费者，开始利用自己的穿着去表达自己的与众不同，需要通过品牌去标榜自己的个性。于是，将18～25岁的年轻消费群体确定为公司休闲服饰产品的目标消费群，并标榜自己"不走寻常路"的品牌个性，通过"我，你的时尚顾问"的品牌标语与消费者进行沟通。同时，辅之以流行时尚的产品、大众化的价格俘虏消费者，从而实现明确的定位。

从品牌来看，美特斯邦威完成了由单一大众品牌到覆盖不同档次的品牌族群延展。自2007年起将产品细分为"校园"和"都市"两个系列，分别满足18～23岁以学生为主的消费群体的"自我的"、"轻松的"、"活力的"、"懵懂的"和"探索"的个性特征；满足23～25岁以初入社会的年轻上班族为主体的消费群体的"都市的"、"融入的"、"社交的"和"追求自我价值实现"的个性特征。2014年4月，美特斯邦威正式转型O2O，新形象O2O体验店通过提高顾客单次购买金额和重复到店率，使得更多人认识和购买美特斯邦威产品。这是一条线上与线下相结合的道路，相信也是一条正确的道路。

5. 市场研究是品牌定位的前提

品牌定位不是建造空中楼阁，而是要有针对性的，要切中目标市场。因而要研究市场、研究消费者、研究同类品牌，就必须使品牌定位与目标市场保持一致，获得目标市场的理解与认同。前面已经讲过，目标市场是品牌定位的着力点，不研究市场，不看对象，凭主观行事或贪图便利，只能使定位失败，最终伤害品牌，也伤害企业。

6. 整合沟通是品牌定位的手段

正如杰克·特劳特和艾·里斯所说，定位是对潜在顾客的心智下功夫，把产品定位在未来潜在顾客的心中。因而，让消费者感知品牌定位就成为关键的步骤。企业必须整合运用广告、公关、价格、包装、营销渠道和售后服务沟通工具，将品牌的市场位置形象信息全方位地传递给消费者。消费者接收到有关品牌的各种信息之后，产生品牌感知、品牌联想乃至购买欲望，这样的品牌定位才算完成。

7. 建立独特的品牌形象是品牌定位的目的

品牌定位只是在消费者心目中留下一个有利的品牌位置，建立独特的品牌形象才是目的，因为品牌超凡的魅力、真正能感染和打动消费者以及使消费者形成购买动机的因素都来自品牌形象。品牌定位只是品牌打造的一个步骤。企业在完成品牌定位之后，就要通过严格的品牌管理和一系列艰苦细致的工作，提高产品质量，培育企业文化，做好公关和广告，塑造良好的品牌形象。

8. 品牌定位是科学性与艺术性的统一

品牌定位需要研究市场、研究消费者，与之相对应的是事实、原理、法则，其方法是调查、审核、测试，其工具是统计、数字、图表，它还需要市场营销学、心理学、人口学、社会学、传播学等学科的帮助，因而品牌定位具有很强的科学性。品牌定位需要确立品牌独特的位置，体现品牌的个性和价值，它是一项创造性的工作，创造性本身即包含着丰富的艺术性。品牌定位过程中的分工与合作、思维的缜密性、定位的准确度、品牌位置的独特性以及定位陈述、信息传达的感染力等，都具有艺术性。可见，品牌定位是科学性与艺术性的统一。品牌定位的科学性与艺术性不应该截然分开和形成对立，而应该相互影响、相互渗透，成为一个有机交融的完美整体，共同发挥作用。

9. 品牌定位是技巧与过程的统一

有人认为品牌定位是一种技巧，也有人认为品牌定位是一个过程，是一个从调查研究到决策实施的过程。其实，品牌定位既是技巧，也是过程，是技巧与过程的统一。在品牌定位的过程中，处处包含技巧，而这些技巧也只能体现于定位过程之中。但相对而言，定位决策中的技巧是至关重要的，它关系到品牌定位的成败。

5.1.4　品牌定位的意义

品牌定位就是让品牌个性在消费者心中占据一个有利的位置，目的在于塑造良好的品牌形象。它是品牌建设的基础，是品牌经营的前提，关系到品牌在市场竞争中的成败，因而越来越受到企业的高度重视。可以说，品牌经营的首要任务就是品牌定位。可见，品牌定位具有不可估量的营销战略意义。

1. 品牌定位是联系品牌形象与目标市场的纽带

品牌定位的目的在于树立品牌形象，其也是树立品牌形象的一种手段。换言之，品牌定位通过对品牌整体形象的设计而使之贴近目标消费者的心理感受，是对目标消费者的心智和情感进行管理。一方面，目标市场是品牌定位的依据和归宿；另一方面，品牌形象需要通过品牌设计来完成，即恰当的品牌设计有助于在目标消费者心中形成良好的品牌形象。因此，品牌定位是联系品牌形象与目标市场的纽带，是寻求将品牌形象与目标市场实现最佳结合的过程。

万宝路是闻名全球的品牌，是品牌定位的经典之作。在美国，它被塑造成自由自在、粗犷豪放、四海为家、纵横驰骋的西部牛仔形象，迎合了美国男性烟民对坚忍不拔的男子汉精神的渴求；在中国香港，万宝路根据当地的文化特征，变成了年轻洒脱、事业有成的农场主；在日本，万宝路又变成了依靠智慧和勇气征服自然，过着田园生活的日本牧人。万宝路品牌定位不断创新，使万宝路的品牌形象总能与特定的目标市场实现最佳结合，使万宝路在全球市场竞争中立于不败之地。

2. 品牌定位是确立品牌个性的重要途径

科学技术的飞速发展使同类产品的质量和性能十分接近，同质化现象越来越严重，已无法满足消费者在情感和自我表达上的需求。因此,品牌的情感诉求已成为品牌竞争的焦点之一,品牌个性则是品牌情感诉求的集中体现。那么,如何凸显品牌个性呢?要想凸显品牌个性,那就需要品牌定位。品牌定位清晰,品牌个性就鲜明;品牌定位不明确,品牌个性就模糊。可见,品牌定位是确立品牌个性的重要途径。

3. 品牌定位是品牌占领市场的前提

经过品牌定位,就可以使消费者的心理与之产生共鸣,接受和认可品牌。品牌定位的目的在于塑造良好的品牌形象,对消费者产生永久的魅力,吸引消费者,使消费者产生购买欲望,做出购买决策,充分体验品牌定位表达的情感诉求。赢得消费者,就意味着赢得市场竞争的胜利。因此,品牌定位是品牌占领市场的前提。假如没有品牌定位,那么产品营销和品牌形象的塑造将是盲目的。万宝路在世界各地市场的巨大成功,正是量体裁衣、因地制宜实施品牌定位的结果。

4. 品牌定位是品牌传播的基础

品牌传播是指借助广告、公关等手段将所设计的品牌形象传递给目标消费者。品牌定位是指让所设计的品牌形象在消费者心中占据一个独特的、有价值的位置,二者相互依存、密不可分。一方面,品牌定位必须通过品牌传播才能完成。因为只有及时准确地将企业设计的品牌形象传递给目标消费者,求得消费者认同,引起消费者共鸣,该定位才是有效的。另一方面,品牌传播必须以品牌定位为前提,因为品牌定位决定了品牌传播的内容。离开了事先的品牌整体形象设计,那么品牌传播就失去了方向和依据。因此,品牌定位是品牌传播的基础。

5.1.5 品牌定位中的若干关系问题

1. 品牌定位与产品

大多数企业是先有产品后有定位,根据产品的质量、用途、功能、价格等方面的优势为自己的品牌定位:它可以告诉目标消费者,自己的产品最坚固、最快捷、最耐用、最便宜、使用起来最有乐趣等。企业只有选择产品的一种最佳优势嵌入消费者头脑中,定位才有意义。如果产品没有被视为某一方面的最佳产品,就不会给消费者留下深刻印象。因为消费者常常只留意出类拔萃的产品,对跟进、追随、模仿型的产品则会视而不见。例如,奔驰告诉消费者,它是质量最好、速度最快的汽车;沃尔沃告诉消费者它是最安全的汽车;宝马宣称自己有最理想的发动机,最能使驾驶者体验驾驶的乐趣;保时捷则宣称自己是全球最优秀的小型赛车。长期以来,这些产品的特点已经深深扎根于消费者的心中。

之所以先有产品,后有定位,这是由科学技术发展的特点和规律所决定的。社会的发展,促进了技术进步,有了先进技术,才有了优秀的产品,然后才有品牌定位。当然,这并不意味着定位对技术开发无所作为。研究人员可以根据品牌定位和预先设计的品牌形象进行技术开发。这样做对品牌定位也许更具价值和意义。最好的选择是把技术开发和品牌定位结合起来考虑。事实上许多强势品牌都在这么做。通用汽车过去常犯的一个错误是,它在设计车型时不考虑市场定位,待汽车生产出来之后才绞尽脑汁考虑如何进行定位。

2. 品牌定位与品牌设计

品牌定位勾勒了品牌的未来形象，因而品牌设计必须服从和服务于品牌定位，不能无视更不能背离品牌定位。品牌识别系统，包括标志字、标志色、标志物、标志性包装的设计要自然和谐，整体特点与风格要有助于表现品牌定位，提升品牌形象。

3. 品牌定位与营销

品牌定位是勾画品牌形象和品牌价值的行为，以此使细分市场上的消费者正确认识和理解这一品牌有别于其他品牌的特征。如果说品牌是消费者认知，定位则是将品牌提供给消费者的过程，其目的是为了获取竞争优势。因为任何企业都无法也不应该四面出击与他人竞争，而应该根据自己的优势确定最有吸引力的，本企业可以提供有效服务的细分市场。所以说，品牌定位是市场营销发展的必然产物，同时它也是营销战略的核心。

1) 就产品策略而言

现代消费者购买产品已经不仅仅是为了得到和使用产品，他们还要在得到与使用的过程中获得精神方面的满足。因而从市场营销的观点来看，现代意义的品牌内涵被大大扩展了，能满足消费者需求的物质与非物质形态均为产品，而品牌定位可以反映产品的功能利益、情感利益或自我表现利益，代表着产品对消费者的独特承诺。

2) 就沟通策略而言

沟通的目的在于传递信息，把品牌信息有效地传递给消费者，使消费者在认识和了解的基础上对品牌产生依赖和忠诚，从而强化品牌在消费者心目中的形象。沟通的主要手段是广告和公关，二者都必须以品牌定位为前提。

3) 就分销渠道而言

由于分销渠道既是商品销售的渠道，也是展示商品的场所，因此，在一定程度上影响着品牌形象。这就要求企业在选择分销渠道时充分考虑品牌定位，使分销渠道能够体现品牌定位，以利于品牌形象的塑造。

4) 就定价策略而言

价格是营销组合中的重要组成部分，是其若干变量中作用最为直接、见效最快的一个，也是唯一一个与企业收入直接相关的营销手段。价格可以反映品牌定位，它不仅是区分产品档次的重要标志，而且还代表了顾客从品牌的购买中所能获得的实际利益，因而定价要考虑的一个重要因素就是品牌定位。

4. 品牌定位与广告

如果说品牌定位是勾勒形象，那么广告就是描绘形象；如果说品牌定位是攻心策略，那么广告便是攻心手段。一方面，广告诉求作为企业与消费者沟通的主题，是品牌个性的重要体现。品牌定位需要借助于广告的强大力量和消费者产生心理共鸣。另一方面，广告策略必须以品牌定位为前提。广告主题、广告创意、广告表现等要素都要紧紧围绕着品牌定位，服从和服务于品牌定位。特别是广告创意，它是广告的生命和灵魂，是广告之眼，必须与品牌定位密切相关，而不能脱离品牌定位。如果创意和定位的方向相一致，创意的增量越大，定位实现的希望越大，品牌跃升的能量就越高；如果创意和定位的方向不一致，创意的增量越大，定位实现的希望就越小，对品牌的伤害也就越大。

创立于 1898 年的百事可乐只比可口可乐晚 13 年，其饮料的配方、色泽、味道和销售方式都与可口可乐相似，但在第二次世界大战前无论销量还是声誉都远不及可口可乐。原因是竞争手法不够高明，尤其是广告宣传不得力，所以被可口可乐远远甩在后面。在可口可乐眼中，百事可乐几乎毫无希望可言。到了 20 世纪 60 年代，百事可乐在与可口可乐的多次交锋之后终于明确了自己的定位，以"新生代可乐"形象对可口可乐实施侧翼攻击。一个接一个的创意将可乐双雄大战带入高潮。"自认年轻的消费者，百事是你的最佳选择"，"奋起吧！你是生龙活虎的百事新生代"。百事从年轻人那里找到了市场，而且借助自己"年轻、活泼、时代"的定位将可口可乐置于"老旧、落伍、跟不上时代"的位置。百事抓住年轻人的心理特征，推出了一系列以最酷的巨星为形象代言人的广告，使百事可乐的声势如日中天。如今，饮料市场份额的战略格局正悄悄地发生变化。

5. 品牌定位与公关

品牌定位的目标在于建立独特的品牌形象，公关有助于这一目标的达成。品牌形象作为一种无形资产，不同于产品、设备、资金和人力，不能单纯用技术的、经济的、行政的方法来管理，而必须借助公共关系特有的沟通方法来处理。品牌形象不是由组织自己主观认定的，而是由公众认可和评价的。因此，与公众建立和保持良好的沟通，赢得公众的理解、信任和支持，既是企业塑造良好品牌形象的前提和过程，又是品牌具有良好形象的目标和结果。公共关系是一种柔性管理艺术，不能急功近利、急于求成，不能拘泥于一时的利害得失。企业要经过长期的、有计划的努力，而与社会公众建立一种稳定的战略性关系。李·艾柯卡(Lee Iacocca，起初担任过福特汽车公司的总裁，后又担任克莱斯勒汽车公司的总裁)曾通过大量公关活动，使克莱斯勒的形象从低谷中走出来，并日益高大，人们对克莱斯勒克服困难的能力充满信心。此后，克莱斯勒发展得非常好，这与克莱斯勒注重公关工作和重视品牌形象维护是分不开的。

6. 品牌定位与产品定位

在产品同质化现象越来越严重的今天，企业在生产产品之前，就该为自己的产品想好买方，产品为谁生产，谁会购买自己的产品。企业要做到有目的、有针对性地生产，通过对质量、性能、款式、用途等因素的变异求新，实现产品的差异化。落实这一工作的过程，就叫产品定位。

品牌定位不仅仅是为了实现产品差异化，它是利用影响消费者选购产品时的有形因素及其为消费者带来的物质性利益、功能性利益和情感性利益，来塑造独特的有价值的形象，以期占据有利的心理据点，形成品牌明显的竞争优势。可见，品牌定位不能等同于产品定位，二者既有区别又有联系。产品定位是品牌定位的支撑和依托，离开了产品定位，品牌定位将成为"空壳"。品牌定位是建立在产品定位之上的更高层次的营销思路与营销战略。

7. 品牌定位与顾客定位

"顾客是上帝"这句话没错，但并不是所有的顾客都是你的上帝，你的顾客才是你的上帝。所谓顾客定位，就是找到你自己的顾客，对顾客或目标市场做到有的放矢。

美国著名品牌专家林恩·阿普什(Lynn B. Upshaw)认为，只有一种真正有力的定位——顾客定位。他对顾客定位的理解是：首先，定位就是确定产品品牌在顾客和潜在顾客脑海中的位置，必须把品牌由市场导入消费者理念；其次，经营者只提供关于品牌定位的建议和方案，而只有顾客才能成为定位主体，有权决定接受或拒绝经营者提出的品牌；再次，经营者不能代替顾客定位，不能将品牌理念强加给顾客；最后，经营者必须学会从顾客的角度去思考和策划品牌定位，经营者必须善于引导顾客定位朝着他们策划的方向发展。

顾客定位理论明确阐述了顾客在定位中的地位与作用。只有高度重视顾客，顾客才能成为品牌的拥护者，成为企业的宝贵资源。而无视顾客存在，将会导致顾客流失。失去顾客，就会失去一切。因此，做好顾客定位，维持并强化顾客对品牌的忠诚，是品牌定位的关键所在。

8. 品牌定位与企业发展

品牌代表着企业的形象与地位，是企业联系市场的桥梁和纽带，是企业参与市场竞争的资本、武器和法宝，是企业重要的无形资产，而品牌运作的关键在于品牌定位。正确的品牌定位是树立良好的品牌形象、形成竞争力的前提和基础；错误的品牌定位会使品牌价值流失，运营受阻。因此，企业要想在市场竞争中占据有利位置，获得最大限度的利润，必须高度重视品牌定位。

5.2 品牌定位原则

品牌定位使品牌与消费者之间产生了交流与互动，其成功有赖于企业对消费者购买欲望的激活。俗话说，没有规矩，不成方圆。品牌定位不可随心所欲，而要依据一定的标准，遵循适当的原则，这是品牌定位成功的重要条件。具体来说，品牌定位要遵循如下几条原则。

1. 考虑产品特点

品牌是产品的形象化身，产品是品牌的物质载体。二者相互依存的紧密关系决定了在进行品牌定位时必须考虑产品的质量、结构、性能、款式、用途等相关因素。品牌定位应因产品使用价值的不同而有所区别。当产品使用范围较大时，可以扩大定位外延，以不同定位满足不同消费者的不同需求，如食品、饮料等大都属于这一类。当产品使用范围较窄时，定位的外延就不可太宽泛，要针对特定的目标消费群体，许多专业用品即属此类。因此，在进行品牌定位时，必须考虑产品本身的特点。

奔驰公司生产的汽车，以质得名，它的质量看得见、摸得着，一辆中档奔驰车价格较贵，但至少可开 30 万公里，换一个发动机后再开 30 万公里，这样年均下来并不贵，公司的广告堂而皇之地声称："如果有人发现奔驰车出故障，或者'抛锚'，我们将赠送您一万美元。"

2. 考虑资源条件

品牌定位的最终目的在于让产品占领市场，为企业带来最佳经济效益。因此，品牌定位要充分考虑企业的资源条件，以优化配置和合理利用各种资源为宜，既不要造成资源闲置或浪费，也不要超越现有资源条件，追求过高的定位，最后陷入心有余而力不足的被动境地。将品牌定位于尖端产品，就要有尖端技术；定位于高档产品，就要有确保产品品质的能力；定位于全球性品牌，就要有全球化的运作能力和管理水平。

百威定位于高档啤酒，成为"啤酒之王"，傲视群雄，四海独尊，是来自其卓越的产品质量。百威啤酒采用了先进的德国啤酒酿造技术，使产品口味醇厚、口感滑爽，深受世界各地人们的喜爱。传统的酿造工艺、先进的技术水平和严格的质量保证体系，保证了百威啤酒的高品质，无论在旧金山，还是在北京，百威啤酒的口感都是一样清新、独特。

麦当劳是全球最大、最成功的快餐连锁店。顾客走进任何地方的任何一家麦当劳会发现，这里的建筑外观、内部陈设、食品规格和服务员的言谈举止、衣着服饰等都惊人地相似，都能给顾客以同样标准的享受。如果没有全球化的经营管理水平，想做到这一点是不可想象的。因此，品牌定位要与企业的资源能力相匹配，既不能好高骛远，盲目拔高自己，也不能妄自菲薄，造成资源浪费。

3. 考虑目标市场

品牌定位必须针对目标市场，只有目标市场才能成为特定的传播对象，而这些特定对象可能只是该品牌所有传播对象中的一部分。品牌定位必须站在满足消费者需求的立场上，借助各种传播手段让品牌在消费者心目中占据一个有利的位置。

以宝洁在中国推出的洗发水为例，海飞丝的个性在于去头屑，潘婷的个性在于对头发的营养保健，飘柔的个性则是使头发光滑柔顺。其在中国市场上的产品广告更是出手不凡：海飞丝洗发水海蓝色的包装，首先让人联想到蔚蓝色的大海，带来清新凉爽的视觉效果，"去屑实力派，认准海飞丝"的广告语更进一步在消费者心目中树起海飞丝去头屑的信念；飘柔，从名称上就让人明白了该产品使头发柔顺的特性，草绿色的包装给人以青春美的感受，"含丝质润发专家，洗发护发一次完成，令头发飘逸柔顺"的广告语，再配以少女甩动如丝般头发的画面，更深化了消费者对飘柔飘逸柔顺效果的印象；潘婷用了杏黄色的包装，首先给人以营养丰富的视觉效果，"瑞士维他命研究院认可，含丰富的维他命，能由发根渗透至发梢，补充养分，使头发健康、亮泽"的广告语，从各个角度突出了潘婷的营养型个性。宝洁要求它旗下的每个品牌都是独一无二的，都必须自我建立顾客忠诚度。同类产品的多种品牌相互竞争但又各有所长，为消费者提供不同的品牌而又保持着各自的吸引力。宝洁善于从没有缝隙的市场上找到差异，生产出个性鲜明的产品，并巧妙运用营销组合原理，成功地将这种差异推销给不同的消费群体。在进行品牌定位时，就是要始终如一地将品牌的利益点与消费者的需求连接起来，使消费者得到心理和情感上的满足。

4. 考虑品牌识别与品牌主张

品牌识别是品牌内容与形式、风格与文字、图像和音乐的完整统一体，意义比较宽泛，例如，品质、创新是苹果公司的品牌识别的重要部分，不过它不是区别于竞争对手的主要特征，因而不能成为其品牌定位。品牌主张是指品牌所显示出来的内涵和价值，它可以单独也可以和品牌识别一起被整合成一套陈述，以供定位之用。品牌定位与品牌识别、品牌主张既有联系又有区别。品牌识别和品牌主张可以作为品牌定位的基础，但它不能决定品牌定位。在品牌识别和品牌主张不变的情况下,品牌定位可以改变。而且,品牌定位可以改善品牌识别和品牌主张,当品牌定位存在时,品牌识别和品牌主张才能够完全得到发展,并具有系统的脉络和深度。

5. 考虑竞争者

竞争者是影响定位的重要因素。考虑竞争者就是为品牌定位找到一个参照系。在市场竞争十分激烈的情况下,几乎任何一个细分市场都存在一个或多个竞争者,可以垄断的细分市场越来越少,未被开发的处女地几乎没有。在这种情况下,企业在进行品牌定位时更应考虑竞争者,以和竞争者相区别而存在,从而制造差异,凸显竞争优势,以己之长攻彼之短。否则,跟进和模仿只会失去个性,失去消费者的信任,做得再好,至多也只会被消费者视为一个"超级模仿秀"。

百事可乐最初步入市场时,以挑战者的身份使用"Me Too(我也是)"的传播策略。言下之意,你可口可乐是"真正的可乐",我也是。这样很容易让消费者产生模仿的概念。可口可乐推出"只有可口可乐,才是真正的可乐",强化了消费者对可口可乐的印象,同时凸显了自己在竞争中不可动摇的霸主地位。它在提醒消费者,只有可口可乐才是真正的创始者,其他都是冒仿,给百事可乐以迎头痛击。蒙牛同样是这种情况,在包装上也有模仿伊利的嫌疑,但是在曾经采用过的广告语中就有:乳业第二,勇于承认自己与伊利的差别。但是在后来,蒙牛乘胜追击,销量一次又一次得到突破。此外,蒙牛还与伊利做出差别销售,广告语也进行了一次次的修改,并且在今天获得了不小的成绩。

6. 考虑成本效益比

追求经济效益最大化是企业发展的最高目标,任何工作都要服从这一目标,品牌定位也不例外。品牌定位的支出因企业不同、产品不同、定位不同而各有差异,但从整体上来讲要控制成本,追求最佳成本效益比,遵循收益大于成本这一原则。收不抵支的品牌定位只能以失败而告终。假如将洗碗用的百洁布定位于高端豪华产品就不合适,那样只会增加生产成本,降低经济效益,因为没有多少人愿意掏高价钱去购买最普通的家庭日常用品。假如一家小型企业为了向客户提供个性化服务,建立庞大的备件和管理体系、呼叫中心、服务工程师队伍、调度调节中心、服务质量管理和监督体系、全国范围的维修站等,结果只能使经营费用大幅度提高,不仅不能为企业带来利润,反而会使企业背上沉重的包袱。

7. 情理交融

品牌定位要做到晓之以理,动之以情,情理交融。从理性上来讲,首先要考虑品牌的实用价值为消费者带来的功能性利益,如钟表的计时功能、钢笔的写字功能、药品的治病功能、冰箱的制冷功能、沐浴露的清洁功能等。这些功能可满足消费者的特定需要,是品牌定位所必须考虑的。此外,还应根据不同类型的消费群体对品牌功能的特殊要求而有针对性地具体定位。例如,格力电器,"静"在其中;华旗豆奶,一冲就开。从情感上来讲,消费者对品牌的需求还有一个情感因素,正如瓦尔特·玄纳特(Walter Schonert)在《广告奏效的奥秘》一书中所说的,人首先依赖于情感,其次才依赖于理智;大家经常谈论的"理智之人"根本就不存在。同样是照相机,在功能差不多的情况下,有人爱尼康,有人爱佳能，有人爱美能达，也有人爱康太克斯。在这种情况下，品牌成了感性符号，成了情感需求的筹码。品牌的这种特征可称为品牌的表现性。

哈根达斯——营造爱的味道。"爱她就请她吃哈根达斯"。自 1996 年进入中国，哈根达斯的这句经典广告语像一种"爱情病毒"迅速在北京、上海、广州、深圳等城市蔓延开来。一时间，哈根达斯冰激凌成为城市小资们的时尚食品。由于把自己贴上永恒的情感标签，哈根达斯从未为销售伤过脑筋。对于那些忠实的"粉丝"来说，吃哈根达斯和送玫瑰一样，关心的只是爱情。哈根达斯把自己的产品与热恋的甜蜜连接在一起，吸引恋人们频繁光顾。其店里店外散发的浓情蜜意，更增添品牌的形象深度。哈根达斯的产品手册、海报无一不是采用情侣激情相拥的浪漫情景，以便将"愉悦的体验"这一品牌诉求传达得淋漓尽致。

好的品牌定位应兼顾品牌的功能性和表现性，以理服人，以情动人。例如，旺仔牛奶表现的，每天起来大喊一声"旺旺"，一天都会旺旺哦！还有节日的时候送旺旺大礼包叫作"送旺"，一个非常好的寓意，让人们觉得过节送旺旺食品给他人是一种好的选择。这样的广告语让品牌在表现产品的性质同时又能体现它所隐含的寓意，达到双赢的效果。

8. 简明扼要

简明扼要就是消费者一看即知，不需要费心费力就能领会品牌定位。因为消费者不喜欢复杂，没有兴趣去记忆很多有关品牌的信息。面面俱到，过多地罗列品牌特点，是注定要失败的。抓住关键的一两个独特点，以简洁明了的方式表达出来，让消费者充分感知和共鸣。这也是品牌定位的一条重要原则。例如，"为什么你应该投资于伯爵表，它是世界上最贵的表"、"海尔中国造"、"全心全意小天鹅"、"海澜之家，男人的衣柜"。以上这些广告语既简洁，又获得了较好的效果。

5.3　品牌定位点的开发

品牌定位点就是可供品牌定位之用的要素。这些要素包含于产品之中，如质量、性能、结构、用途、外观、价格、使用乐趣等，但又不仅仅限于产品。从原则上来讲，只要能勾画品牌形象的成分均可作为品牌定位点。品牌目标市场、品牌服务、品牌竞争者、品牌主张等都包含定位要素。品牌经营者要勤于观察和思考，善于从不同层面、不同视角去挖掘品牌定位点。挖掘定位点可以帮助企业找到新颖独特的品牌定位，创造明显差异，凸显品牌个性，吸引消费者的眼球，使品牌在消费者心中占据一个有利的位置，从而使定位获得成功。

5.3.1　从品牌产品的角度开发定位点

产品是品牌的物质载体，品牌是产品个性化的表现，是产品特性的浓缩，代表着产品品质、利益和服务的一贯性承诺，从产品角度进行定位是品牌定位最基本的着眼点。

1. 由产品属性产生的定位点

品牌来自产品，是产品的印记。在品牌发展的初始阶段，品牌与产品常被混为一谈，因而产品属性成为品牌定位最原始的来源。那时的品牌定位多强调"质量过硬"、"技术先进"、"性能优良"、"结构独特"、"款式新颖"等。回顾改革开放的初期，商品经济还不发达，品牌观念还很淡薄，那时的产品广告多是这一类套词，空洞无物，缺少新意。在科技发达、市场竞争激烈、产品种类越来越丰富的今天，产品的同质化现象十分严重，想保持产品的绝对优势或某一方面的独特性能已不容易。而且这种定位方法容易被竞争对手仿效，难以持久。例如，宝洁公司的海飞丝品牌以"去屑"定位，在 20 世纪 80 年代一上市，即受到消费者的热烈欢迎，成为当时最畅销的洗发水品牌之一。但很快，具有相同功能属性的产品不断进入市场，海飞丝优势大失。

现在，想以产品属性作为品牌定位而获成功的，一般有两种情况。一种情况是，性能非常特别，难以为对手所模仿，或模仿后会给人以东施效颦之感而成为笑柄。那么这种独特性就能够保持下来，成为很好的品牌定位点，如象牙香皂"会漂浮"。另一种情况是，产品的某种性能是消费者极为关心，需要持续不断改进的。例如，汽车的安全性是汽车消费者高度关心的一个问题，因而成为沃尔沃定位于安全性而获成功的重要原因。除了这两种情况之外，基于产品属性的定位越来越困难，稍有不慎就会导致失败。

2. 由产品带给消费者的利益作为定位点

品牌可以带给消费者功能性利益和情感性利益，表达消费者的功能诉求和情感诉求，以此为依据进行品牌定位是定位点开发的重要手段。例如，"高露洁，没有蛀牙"、"佳洁士，坚固牙齿"、"吗丁啉，增强胃动力"等都属于这一类。

利用产品利益点进行定位，这个利益点应该是消费者所关心的核心利益，而不是附加利益，由该品牌最先开发或最早表达，否则就没有太大价值。另外，利用产品利益点定位，一般只适用于一个品牌的一种产品，一旦品牌延伸，产品多元化，这种定位就会出现问题。

3. 根据产品类别寻找品牌定位点

通过和知名品牌产品的比较，标明自己的"另类"身份，显示与众不同，这是获得品牌定位点的一种重要方法。这实际上是借了知名品牌产品的光而使自己扬名，有点"站在巨人的肩膀"的味道。例如，七喜定位于"非可乐"而一举成名。这种定位容易获得成功，可使品牌在短时间内成为该类产品的代名词。但是，仅有这样的定位是远远不够的，因为模仿者很快就会接踵而至。要想在市场上真正站稳脚跟，还必须突出品牌个性，丰富品牌内涵。

4. 根据产品的质量与价格关系寻找定位点

质量是品牌的基石，是品牌的本质和生命，是品牌长盛不衰的重要支柱。消费者购买产品首先关心的是产品质量。为什么消费者青睐名牌？因为名牌体现着高质量，也正是因为高质量才铸造了名牌。价格是价值的货币表现，是衡量产品档次的重要尺度。质量和价格关系到消费者的切身利益，不同的质量或价格会给消费者带来不同的心理反应。一般消费者会认为好货不便宜，便宜没好货。价格高，必然有高的理由；价格低，一定有低的原因。由于很多消费者缺乏辨别产品质量的专业知识和技能，因而把价格高低作为质量优劣的指示器。

质量与价格定位一般从三个方面来考虑：第一，高质量。只强调高质量而不涉及价格，以卓越不凡为消费者带来快乐、尊荣和满足，如劳斯莱斯极品车、路易十三极品葡萄酒。第二，价格合理，质量可靠。这多是大众品牌，如雕牌(洗衣粉)以"不买贵的，只选对的"作为面向消费者的大众品牌定位。第三，质优价廉。以优越的质量与价格比进行定位，强调同样的质量价格更优，同样的价格质量更好。

当然，也有一些产品干脆不提质量，只强调高价格。例如，毕扬(Bijan)定位于世界上最贵的香水，伯爵表定位于世界上最贵的表。

5.3.2　从目标消费者的角度开发定位点

品牌定位要面向目标消费者，是对消费者的情感和心智进行管理。因此，从消费者的角度进行定位是定位点开发的一个重要方面。

1. 从使用者的角度去定位

这种定位点的开发，是把产品和一位或一类用户联系起来，从而界定出产品的消费群体。这种定位往往直接表达出产品的利益点，暗示产品能为消费者解决某个问题，带来一定利益。百事可乐，定位于"新一代的选择"。这种定位方法我们可以称为使用者定位，如立白洗衣粉、大宝 SOD 蜜等不少日常用品都采用这种定位方法。

其实，使用者定位是十分普遍的定位点开发来源，在表达性品牌中更为普遍。例如，力士、玉兰油、欧米茄等品牌，通常都以使用者形象代言人来表达品牌定位。

2. 从使用的场合和时间去定位

许多品牌从消费者使用或应用的场合和时间去定位，例如，"正式场合穿海螺"——打造中国衬衫专家；"当你找不到合适的服装时，就穿香奈儿套装"；"吃完喝完嚼益达"。又如，致中和五加皮，"回家每天喝一点"；白酒，"喝杯白酒交个朋友"。再如，来自泰国的红牛饮料也采用这种定位方法，"累了困了喝红牛"，强调其功能是迅速补充能量，消除疲劳；"怕上火，喝王老吉"，也是从产品的功能说明王老吉有去火的效用。这样的品牌定位并不少见，遗憾的是一些品牌在找到定位点后不能坚持，试图扩大到更多场合，结果导致失败。这样的例子国内外都有，其中的教训尤其值得吸取。

3. 从消费者的购买目的去寻找定位点

消费者购买产品，总有一定的目的，请客送礼就是重要的一种。请客送礼外国有，中国也很普遍，只是中外的风俗习惯略有差别。在外国，礼物送给对方后会鼓励对方打开看看，送的是什么，是否喜欢。送礼人还会说明为什么选择这种礼品，想表达什么意思。在中国却不同，礼品一般不当场打开，也不说明为什么送礼。基于这一特殊国情，对我国企业而言，就有一种品牌定位的新开发点：让礼品的品牌开口代送礼人说话。例如，保健品金日心源素代表子女说"爸爸，我爱你"，保龄参代表女婿的"一心一意"，脑白金和椰岛鹿龟酒代表"子女对父母的孝顺"，等等。这些品牌的意义正是品牌定位的结果。许多儿童用品也是如此，而且还多了一层定位，如"好吃又好玩"、"吃了还好玩"、"有趣"、"刺激"

等。从消费者的购买目的去寻找定位点，无疑是一种可取的途径。

4. 从消费者的生活方式去寻找定位点

市场研究表明，仅从消费者的自然属性来划分市场越来越难以把握目标市场了，消费者的生活方式、生活态度、心理特征和价值观念越来越重要，已成为市场细分的重要变量。因此，从生活方式角度寻找品牌定位点，日益成为越来越多企业的选择。例如，品牌针对职业女性的定位，针对喜欢户外活动的人群的定位，针对关爱家庭的定位。柯达定位于顾家、诚恳、纯朴、愉快，万宝路定位于激情、冒险、勇敢、进取，奔驰定位于优雅富有，宝马定位于体验驾驶乐趣。

针对现代社会消费者追求个性、展现自我的需要，品牌通过定位可以赋予品牌相应的意义，消费者在选购和享用品牌产品的过程中，展示自我，表达个性。例如，耐克，"Just do it"，强调独立自主，相信自己，做自己的主人；美特斯邦威的"不走平常路"；特步的"爱跑步，爱特步"、"飞一般的感觉"，增强了运动与特步的紧密联系。

5.3.3　从品牌竞争的角度挖掘定位点

品牌定位本身就隐含着竞争性因素，只是上面提到的定位法在选择定位时并不直接考虑竞争者，而是产品性能、功能性利益、使用场合等指标，然后描述出竞争性品牌在什么位置，再确定本品牌的定位。从品牌竞争的角度定位，则是把竞争者作为定位的坐标或基准点，再确定本品牌的定位点。

1. 首次或第一定位点

这种定位点有时很容易找到，有时却很难，这需要创造性。例如，娃哈哈把纯净水的情感演绎得如此彻底，第一次把水与美、情、清纯的关系表达得这样透彻，以致无人能出其右，这就是第一的功效。

定位论的两位先驱杰克·特劳特和艾·里斯就特别看重这种"第一"，将其列为定位方法之首。他们强调消费者往往只记住第一，不会关心第二，犹如体育比赛中，冠军大家知道，但第二名、第三名几乎无人能记住，道理完全相同。这种第一或首次定位，就是要寻找消费者的心智空白，甚至创造性地发现或制造这种空白点。

2. 关联比附定位点

关联比附定位点的挖掘是以竞争者为参照点，在其周边寻找突破口，同时又与竞争者相联系。尤其是当竞争者是领导者时，这种定位能突出相对弱小品牌的地位。例如，"我们是美国第三大咖啡经销商。"有时是先肯定竞争者的位置，然后通过语气转折强调本品牌的特色。经常被提到的例子是，美国爱维斯(Avis)汽车租赁公司以"爱维斯在租车业里屈居第二。那干吗还找我们？因为我们工作更努力"的定位而大获成功。在当前关于品牌走专门化之路还是多元化之路的争论中，品牌也可以从竞争对手的多元化后面另辟蹊径，强调其精益求精，集中精力做好一样产品的专业化特点，如"格力——空调专家"。当然，真正的专家不仅专门做一件事，还要做得比别人精、比别人好、比别人更令人满意，这样才名副其实。例如，沃尔沃堪称汽车安全专家，他们的定位则专注于将专家这个形象表现好。

3. 进攻式或防御式定位点

进攻式或防御式定位点是为了侵占其他品牌位置或防止其他品牌进攻而开发的定位点。这个定位点也称为竞争性定位点。20世纪80年代百事可乐以"新生代可乐"的定位对可口可乐实施了侧翼攻击，从年轻人身上赢得了市场；飘柔的主定位点是使头发"飘逸顺滑"，但也把"去屑"作为副定位，对海飞丝而言就带有一定攻击性。

5.3.4 从品牌识别与品牌主张的角度挖掘定位点

品牌识别是品牌内容与形式、风格与文字、图像和音乐的完整统一体，品牌主张是指品牌显示出来的精神内涵与价值观点。品牌识别与品牌主张有较强的稳定性，可以作为品牌定位的基础，因此我们可以考虑从品牌识别与品牌主张的角度去选择定位点。

1. 从品牌个性的角度挖掘定位点

当代是个性张扬的时代，也是追求个性的时代，秉持个性、发展个性具有特殊的价值和意义。品牌个性是品牌持续内涵的外在表现，是一种特殊境界的品牌力的集合，是品牌形象的核心，是品牌形象中最能体现差异、最活跃激进的部分。品牌个性可能在品牌设计阶段确立，也可能在品牌运作的过程中自然形成。品牌一旦具有与众不同的个性，即可作为其定位点。例如，锐步的野性、户外、冒险、年轻、活力充沛，露华浓的女性、流畅、性感、高尚等。品牌产品可以模仿，品牌个性却是独有的，无法替代和模仿，"我就是我"。品牌个性通过整合传播而逐渐加以强化，成为定位点的重要来源。

2. 从品牌文化的角度挖掘定位点

品牌文化是指文化特质在品牌中的积淀和品牌经营中的一切文化现象。品牌文化主要包括经济文化、民族历史文化和企业经营理念三个方面。哲学家尼采说过："当婴儿第一次站起来的时候，你会发现，使他站起来的不是他的肢体，而是他的头脑。"对品牌而言，如果说产品的质量、技术、性能、用途、包装等是其肢体，蕴含在其中的文化则是品牌的头脑。品牌是文化的载体，文化是品牌的灵魂。因此，企业可以从品牌文化中寻找定位点。麦当劳说："我们不是餐饮业，我们是娱乐业。"它卖给消费者的，既是优秀的快餐食品，也是清洁、卫生、快捷、标准化所构成的餐饮文化体验。菲利普·莫里斯公司(Philip Morris Companies Inc.，简称PM)所推出的，也不仅是某种成分和比例的烟草，更是"奔驰千里，野外一宿"的不羁的万宝路精神。有一种奶酪叫加尔伯尼，自19世纪末创建以来，一直遵循传统的意大利生产模式，是地道的意大利传统风味。因此，加尔伯尼无论在意大利还是在欧洲其他国家，定位上都强调"真正的意大利(传统)奶酪"。

3. 从品牌主张的角度挖掘定位点

品牌主张是品牌精神内涵的外化，是品牌所倡导的价值观点。品牌主张中也包含着可供定位之用的要素。例如，联想定位于人性科技，倡导科技以人为本。深圳海王的品牌主张是"健康"，打出"健康成就未来"的主题广告口号，在药类市场上独树一帜，为其产品占领市场立了大功。创立于1908年的英国伦敦的李库柏(LEE COOPER)牛仔裤，是世界著名的服装品牌之一。其品牌定位一直在不断地变化着：20 世纪 40 年代是自由洒脱，50 年代是叛逆，60 代是休闲潇洒，70 年代是粗犷豪爽，80 年代是标新立异，90 年代是返璞归真。品牌定位创新使李库柏品牌成了时装界的一棵常青树，同时也反映出不同时代李库柏品牌主张的变化。

4. 从品牌与消费者的关系中寻找定位点

消费者之于品牌就如同"上帝"，品牌定位始终要面向"上帝"。品牌与消费者的关系反映了品牌对消费者的态度，蕴含着可供定位的要素，如真诚、友好、乐于帮助、关心爱护等。海尔定位于"真诚到永远"，"真诚"是海尔给予消费者的信念，也是海尔激发消费者情感共鸣的触点。海尔以情营销，把"真诚"渗透贯彻到每一位消费者。星巴克定位于"回报每天的每一刻"，无论是销售茶叶、星冰乐、书、报纸，还是提供舒适的、灯光柔和的休闲场所，都包含在星巴克的品牌体验中回报每天的每一刻。消费者在消费中感受到了与众不同的温馨和满足，这些都来自星巴克的体验、关怀和丝丝爱意。这样一年下来，星巴克赚的钱比雀巢和玛氏还要多。

5.4　品牌定位战略的类型

品牌定位的目的在于创造鲜明的品牌个性，塑造独特的品牌形象，从而满足目标消费者的需要。品牌定位是一项颇具创造性的活动，没有固定模式。因为假如存在固定模式，品牌之间的差异性就会大大减少，品牌的影响力也会随之减弱，品牌存在的价值将大打折扣。据不完全统计，常见的和近年来出现的品牌定位策略有数十种之多，其中不少可以单独使用，也可以相互组合，以达到更好效果。下面介绍几种最常见的品牌定位战略。

1. 首席定位

首席定位是追求成为行业或某一方面"第一"的市场定位。"第一"的位置是令人羡慕的，因为它说明这个品牌在领导着整个市场。品牌一旦占据领导地位，冠上"第一"的头衔，便会产生聚焦作用、光环作用、磁场作用和"核裂变"作用，具备追随型品牌所没有的竞争优势。施乐是复印机品牌的第一，IBM 的总体实力比施乐公司要雄厚得多，但公司生产的复印机总是无法与施乐竞争；柯达进军"立即显像"市场，与"拍立得"竞争，结果也只是占领了很小的市场份额。首席定位的依据是人们往往只注意"第一"，对"第一"的印象最为深刻的心理规律。例如，第一个环球航行的人、第一个登上月球的人等。在信息爆炸、商品经济发达的今天，品牌多如过江之鲫，消费者只会记住那些排名靠前的品牌，特别是第一品牌，而对大多数品牌毫无记忆。

当然，并不是所有企业都有实力运用首席定位战略，只有那些规模巨大、实力雄厚的企业才有能力运作。对大多数企业而言，可以开发品牌某些方面的竞争优势，并取得竞争的定位，而不必非在规模上最大。例如，七喜汽水是非可乐型饮料的第一，迪阿牌(Dial)香皂是除臭香皂的第一，波斯克牌赛车是小型运动跑车的第一，等等。采用这种定位战略，能使品牌深深印在消费者的脑海中。

2. 加强定位

加强定位是指在消费者心目中强化自身形象的定位。当企业无法从正面打败对手，或在竞争中处于劣势时，可以有意识地突出品牌某一方面的优势，给消费者留下深刻印象，从而获得竞争的胜利。例如，七喜汽水告诉消费者"不是可乐"，亚都恒温换气机告诉消费者"我不是空调"等。

3. 比附定位

比附定位即通过与竞争品牌的比较来确定自身市场地位的一种定位战略。其实质是一种借势定位或反应式定位。借竞争者之势，衬托自身的品牌形象。当几乎所有的汽车厂商都在追求把小汽车设计得更长、更低、更美观的时候，金龟车显得既小又难看。若用传统方法推销，势必要想方设法掩饰缺点、夸大优点。例如，把照片拍得更漂亮，去宣传金龟车特有的质量优势或其他。但金龟车却将品牌定位在"小"上，并制作了一则广告："想想还是小的好"，其定位获得极大成功。在比附定位中，参照对象的选择是一个重要问题。一般来说，只有与知名度、美誉度高的品牌做比较，才能借势抬高自己的身价。

4. 空档定位

任何产品都不可能拥有同类产品的所有竞争优势，也不可能占领同类产品的全部市场。市场总是存在一些为消费者所重视而又未开发的空档，善于寻找和发现这样的市场空档，是品牌定位成功的一种重要选择。美国玛氏公司生产的巧克力，其广告语为"只溶在口，不溶在手"，给消费者留下了深刻印象；西安杨森的"采乐去头屑特效药"在洗发水领域独领风骚，其关键是找到了一个市场空白地带，使定位获得成功；杏仁味露露饮料由于具有醇香、降血压、降血脂、补充蛋白质等多种功效，因而将其定位为"露露一致，众口不再难调"，同样是成功的空档定位。

一般来说，市场空档主要有以下几种类型。

1) 时间空档

有些纺织服装企业在夏季推出羽绒服、羽绒被、毛衣、毛裤；有些空调厂、冰糕厂在夏季来临之前加大品牌宣传，或者在冬季销售其产品；当棉纺织品渐渐被人们淡忘，化学合成纤维风靡市场的时候，有些商家却推出了纯棉制服，令人耳目一新。这些都是利用时间空档的典型例子。

2) 年龄空档

年龄是人口细分的一个重要变量。企业可以根据产品的竞争优势，寻找被同类产品所忽视的年龄段，为自己的品牌定位。可口可乐推出的酷儿牌果汁，在营销界堪称成功的典范，一个重要原因是瞄准了儿童果汁饮料市场无领导品牌这一市场空档。同样，小洋人妙恋时尚果乳饮料，完美诠释了果乳饮品的酸甜口味与微妙的初恋情怀，则定位为年轻的萌动着爱恋的一群人。

3) 性别空档

现代社会，男女地位平等，性别角色在很多行业中的区分已不再那么严格。对某些品牌来说，塑造一定的性别形象，有利于维持稳定的顾客群。例如，西装要体现男士的潇洒高贵，纱、裙则强调女性的柔美端庄。万宝路是男性香烟市场的领导者，至今难有品牌撼动它的独尊地位。同样，美国窈窕牌香烟(Virginia Sims)有女性香烟市场的最大占有率。金利来本来是"男人的世界"，它后来试图生产女性用品，结果淡化了它的品牌形象。

4) 使用量上的空档

消费者的消费习惯各不相同，有人喜欢小包装，常用常买，方便携带；有人喜欢大包装，一次购买长期使用。利用使用量上的空档，有时候会收到意想不到的效果。不同的包装可以满足不同消费者的需要，增加销售量。为了在葡萄酒高端市场有所作为，张裕公司对其麾下的张裕卡斯特酒庄的一款新品，就采取了全新的直销模式——整桶订购，每桶售价 8 万元左右。这种直销所设定的最小交易单位为桶(每桶 220L，即 750ml/瓶，共 300 瓶)，因而俗称酒庄酒论桶卖。

5) 高价市场空档

市场可以依据商品的价位划分为高价市场和低价市场。对于手表、香水之类的奢侈品，定位于高价市场往往很有效。

高价战略也称撇脂定价战略。企业为了追求利润最大化，在新产品上市初期，会利用顾客的求新心理，将产品价格定得较高。美国的雷诺公司、杜邦公司、拍立得公司等都运用过这种战略。例如，苹果公司推出的一系列 iPhone 系列，目标以生产高档的手机品牌为目的，在发表每一项产品的报价都是较高的，iPhone5C 报价为 4 088 元，7 月份推出的 iPhone6 报价高达 5 500 元，苹果 iPhone6Plus 更是惊人的要 6 000 多元，比中国的手机品牌高出好几倍的价格，可谓是占领着手机的高价市场，但是对于"果粉"来说，收集价值比苹果本身的价格更高。

6) 低价市场空档

低价市场的产品一般是大众化产品，消费者在购物时首先想到的品牌就是位于低价市场的品牌。在中国，人们谈到速溶咖啡，首先想到的是雀巢；但一谈到低价速溶咖啡，首先会想到力神。虽然国产的低价速溶咖啡很多，但从目前来看，力神占领了低价市场空档大部分份额。

有些企业，其营销目标不但要使企业盈利，而且要符合保障消费者长远利益，有利于社会的进步和发展。它们在定价时多以社会责任为目标，但这种高素质的企业还不多。例如，美国麦得托尼克公司发明了世界第一台心脏起搏器，公司从人类的最大福利出发，本着救死扶伤的原则，坚持以社会责任为该产品的定价目标，将产品的价格定得较低。

5.5　品牌定位创新

品牌定位创新是指品牌在不同时期，向其特定的目标消费者定位的过程。消费需求和市场形势千变万化，为了确保自己的优势与特征，品牌定位要随企业经营状况的变化而适时进行战略调整，品牌的内涵与形式要不断修正，以确保品牌贴近市场、贴近消费者。因此，从某种意义上说，品牌定位创新就是从消费心理、市场经济和社会文化的角度对这种调整和修正的再认识与再把握。

以照相机起家的日本佳能公司，经过专注经营，以独特的影像技术为核心，集成了最先进的精密机械技术、光学技术和微电子技术，构成了图像化方面的核心竞争力。在此基础上，把业务领域从原来单一的照相机，延伸到复印机、打印机、传真机等新行业，取得了多元化发展的巨大成功。同时，进入新业务领域的成功，并未影响照相机的技术领先和市场地位，反而促进了照相机产品的更新换代和继续发展。1998 年，佳能公司提出"二次创业"，再次以自身的核心竞争力为基础，进入信息机器、映象机器和液晶装置、半导体这三大发展潜力巨大的新领域。如今，该公司已实现从"影像的佳能"到"信息的佳能"的过渡，并开始迈向"社会生态学的佳能"。在 2014 年年末，佳能专务董事、影像信息事业部本部长真容田雅(Masaya Maeda)接受了日本数码媒体 DC.Watch 记者的采访，其中最让人关心的莫过于高像素单反的问题。真容田雅先生表示，为满足用户对高像素单反的期望，佳能很快就会发布相应机型，而配套镜头也将得到大幅度扩展。

5.5.1 品牌定位创新的动因

一般来说，企业进行品牌定位创新的动因主要有以下几种。

1. 原定位不当

初始定位错误或不当，未被消费者所接受，必须抛弃之而重新定位。不当定位的表现形态有以下四种。

1) 定位过高

品牌定位依存于产品定位。换言之，有什么档次的产品，就有相应档次的品牌定位。定位过高即所谓"高品牌低产品"，容易使消费者误以为是高档产品而不敢轻易购买，从而失去部分市场。例如，Steubem 牌玻璃器皿价格从 1 000 美元以上到 50 美元左右的都有，但大多数消费者认为 Steubem 的产品均在 1 000 美元以上。当企业创建一个品牌时，必须有相应的产品跟进和支撑，否则品牌将成为空壳。空壳定位使品牌声誉受到严重损害，是拿自己的产品砸自己的牌子。

2) 定位过低

与定位过高相反，定位过低是一种"高产品低品牌"的定位模式。产品虽然具有较高的品质和特性，但企业为了留住顾客保有市场，不惜降低定位标准。这样会使消费者认为该品牌的产品是低档产品而对它不屑一顾。如果是高科技产品，品牌定位过低，则可能没有市场。可见，定位过低是拿自己的牌子砸自己的产品。

3) 定位冲突

品牌定位是品牌要素的融合体。定位冲突是指企业在品牌培育和持续定位的过程中，违反了融合性的原则，形成相互对立的定位取向，顾此失彼。定位冲突会破坏品牌定位的完整性。

4) 定位模糊

企业不能明确界定品牌的标准、等级和发展方向，不能明确表达品牌的市场取向，不能明确选择品牌的"关键顾客"和"最有价值顾客"。顾客对品牌只有一个大概的印象，难以清楚识别。例如，克莱斯勒汽车，有的消费者认为是名牌轿车，制造精良；有的人则认为它是平民驾驶车，粗制滥造。奔驰轿车的定位则十分清晰，人们会一致认为它性能卓越，品质优良，是高档名牌轿车。定位模糊源于不清晰的品牌意识，未能形成完全明确的定位目标导向。

2. 激烈的竞争使企业避实就虚

或者市场已经饱和，或者强势品牌占据了行业市场的绝对领导地位，使自己的品牌不得不面向未饱和的市场或被强势品牌忽略的市场。杰克·特劳特指出，经济竞争的加剧对企业的影响是深远的，这种影响也是具有破坏性的，它存在着使品牌丧失定位的危险。例如，施乐公司曾一度定位于普通纸复印机，后来它决定推出计算机，却遭到毁灭性的打击。现在，施乐公司又重新定位于"文档公司"。又如，汇源果汁多年来一直牢牢占据着纯果汁第一的位置，但近些年，由于精力分散过多，再加上将战略转向上游产业链，忙着进行上下游产业链的资源整合，投入巨大，造成资金紧张，使得汇源对纯果汁业务的拓展显得力不从心，最终被可口可乐收购。

3. 竞争对手促使品牌创新

如果竞争者的品牌和自己的品牌定位相同或相似，夺走了自己品牌的一部分市场份额，致使产品的市场占有率下降，那么就要考虑对品牌定位进行调整。这也是竞争对手给企业带来的动力，虽然是被迫的，但是不影响企业的创新发展。

4. 消费者需求的改变

社会经济的飞速发展，给消费者的消费观念和消费方式带来多方面的深层影响，并使消费需要的结构、内容和形式发生显著变化。例如，随着世界环保运动的兴起，现代消费者的环保意识日益增强，并提出"做一个绿色消费者"的口号。这就要求每个消费者不要为广告所左右，不应与其他人进行无谓的攀比，而是根据自己的实际需要购买最必要的物品，并尽可能做到对所消费产品的再利用、再循环。对品牌创新来说，这些都是至关重要的外部驱动力。为了维护消费者的忠诚度，企业有必要根据消费者需求的变化，删除某些不妥当的定位点，或增加一些新的定位点，适时创新品牌。

5. 时代特色的变化

不同时代有不同的流行风格，流行风格在很大程度上反映了消费者的向往和审美趣味，因而品牌也要适应这种流行风格，否则就会被社会所淘汰。美尔雅西服做工考究，曾经辉煌一时，产生过全国性影响。但是现在，它的知名度日渐暗淡，销售状况也不甚理想。北京叶茂中营销策划有限公司通过市场调查，发现品牌老化是其被淘汰的主要原因。具体来说，有以下几点：一是产品发展的生命周期未把握好，更新换代不及时；二是品牌形象落后于时代的演变，使得品牌发展与社会脱节；三是品牌个性不符合现代消费者的审美与喜好；四是品牌与现代消费者缺乏交流，导致陌生感与距离感。总而言之，没有跟上时代特色的变化，致使美尔雅逐渐老化，以至于最终退出市场。

6. 开拓新的市场领域

企业在发展的过程中，会不断开拓出新的市场领域，而原有的定位已不能适应这一变化，甚至成为阻碍因素。企业要树立品牌，在很多情况下必须面对竞争者已在消费者心中占据的位置进行重新定位，建立一个新的市场秩序。要想建立新的市场秩序，必须推翻旧的市场秩序。泰诺就是利用建立新的市场秩序成功定位，并击败了止痛药市场上的领导者阿司匹林。泰诺的广告语是："有千百万人是不应当使用阿司匹林的。如果你容易反胃……或者有溃疡，或者你患有气喘、过敏或缺铁性贫血，在使用阿司匹林前就有必要先向你的医生求助。阿司匹林会侵蚀四壁，引发气喘或过敏反应，并导致隐藏性的微量胃肠出血。很幸运有了泰诺……"泰诺在击败阿司匹林后一直位于止痛药市场的品牌领导者地位，领先于所有其他品牌，如拜耳、百特定等。

5.5.2　品牌定位创新的注意点

为了跟上变革的脚步，品牌定位创新已经越来越有必要。品牌定位创新并不意味着品牌经营者马上放弃现在的品牌定位，重要的是通过解决一些问题，以保持品牌的成长和稳定。在创新时应注意以下几个问题。

(1) 承认品牌定位创新是品牌发展的重要环节，从认识上高度重视品牌定位创新。

(2) 分析研究当初品牌建立的突破点是什么，哪些与品牌有关的因素发生了改变。

(3) 不能纸上谈兵，要进行市场调研，了解消费者对品牌的忠诚度是否已经改变，同时分析竞争者的情况。

(4) 切莫过早放弃一个产品，也不要过早放弃一个目标市场。

(5) 要时刻关注自身的品质、形象，考虑是否需要创新，是否应加强品牌形象。

(6) 尽量维持一定的媒体曝光率，不要在业绩不佳或时机不好时削减投入，减少曝光率。

(7) 保持产品的特色。产品的特色是区别于竞争对手的重要因素，也是吸引消费者的有力武器。创新不能抹杀产品特色，而是要突出产品特点。

(8) 产品和服务的分销渠道会随新的定位策略而变化，如果这个问题不加考虑或解决不当，那么整个定位创新计划都会受挫。

(9) 牢记品牌定位创新的基本原则：为了新的定位，要么在品牌的内涵中增加新的价值，要么改变原有的目标消费群。

本 章 小 结

品牌定位就在于创造鲜明的品牌个性，塑造有特色的品牌形象，让消费者记住，并且可以通过这些联想到品牌；就像很多的失败案例一样，一旦品牌定位出现差错，对企业产生的影响是相当大的，有可能面临被收购的危险。

本章主要从品牌定位的理论及意义入手，通过介绍品牌定位的原则和品牌定位点的开发，引申出品牌定位战略方案，同时介绍了品牌定位创新的动因，最后分析了品牌定位创新的注意点。通过本章的学习，读者可对品牌定位战略的基本内容与品牌定位点开发的实际应用有一个初步的认识，明确现代企业在经济全球化的发展过程中实施品牌定位战略发展的必要性。

思考与练习

1. 简述品牌定位的概念及意义。
2. 品牌定位的原则有哪些，并进行简要说明。
3. 简述品牌进行定位的角度有哪些，以及它们所包含的内容？
4. 品牌定位的策略有哪些？
5. 分析品牌定位与品牌形象之间的关系？

案 例 分 析

李宁定位错误——本土老牌单位的丧失

从运动品牌的定位来说，无论是耐克还是阿迪达斯，其主导的运动精神才是其品牌定位的精髓，也都集体性地放弃了以目标人群的年龄来进行的品牌定位。

2011 年 7 月 7 日，李宁公司发布预警称，由于受到原料价格上升等的影响，预计今年上半年盈利增长及毛利率均较去年同期下跌。公司在盈利预警公告中表示，预计截至 6 月底，公司净利润率将从上年同期的 12.9%跌至 6%～7%，整体收入也较去年同期下降 5%，毛利率将下跌 1 个百分点，而整体费用率则较去年同期上涨约 7 个百分点。过去一年里整个体育用品行业的公司则股价大跌。截至 2011 年 8 月 1 日，李宁跌了 62.64%，安踏体育跌了 14.31%，匹克体育跌了 17.46%，特步国际跌了 19.17%，361 度跌了 32.88%。作为国内体育用品行业的老大，李宁为什么会出现这样的结果？是战略错误？还是和体育用品整个的行业状况下滑有关？从以上数据来看，李宁股价的大跌是受整个行业的大环境影响，但从李宁整个的战略定位上来说，李宁的战略定位是否也出现了错误？2008 年奥运会的召开，无疑极大地刺激了体育用品行业的发展，李宁、安踏、特步、中国动向(KAPPA)等品牌无论是通过赞助还是其他的营销活动，只要在这期间进行大规模的市场推广，自然能获得高增长。相关体育用品品牌则借力奥运会的市场推动，获得了绝佳的发展机会，李宁、安踏、特步、中国动向上半年收入或营业额都实现了同比 50%以上的增长，当时特步的收益同比暴增 174.3%。到 2009 年上半年，上述 4 家企业中营业额同比增长最高的是中国动向，为 33.5%；但到了 2010 年上半年，这 4 家企业中营业额同比增长最高的则是安踏，为 22.6%。此时的李宁，2009 年李宁公司销售收入则突破 80 亿元。据公开资料显示，李宁自上市六年以来，销售收入年均复合增长率为 34.9%，净利年均复合增长率为 50.5%。与奥运会召开刺激的市场增长相反的是，奥运会结束之后的推广围绕哪些方面？抑或是通过渠道的下沉获得市场份额？这些问题统统围绕着体育用品行业的品牌。其体育行业品牌股价大跌均可视为这些问题出现的结果，这又与整个行业在获得飞速发展之后，市场发展放缓的市场自然整合规律不谋而合，从这点来看，整个行业高速增长后下滑也是一个必然规律。

1. 李宁失败的原因

从上面的案例中我们可以总结几点李宁失败的真正原因。

1）战略定位错误

2010年6月底，在李宁公司20岁生日庆典上，"李宁交叉动作"的全新Logo亮相，同时新品牌口号"made the change(让改变发生)"取代了消费者早已熟知的"一切皆有可能"，目标直指"90后"，意欲抢先一步，占领未来的消费大军。这种定位本质上是对消费人群的年龄细分定位，其改变根本源于李宁公司在2006～2007年进行市场调查，发现李宁品牌实际消费人群整体年龄偏大，近35～40岁的人群超过50%。另外，年轻消费者对李宁品牌在"酷"、"时尚"等特质的印象，相较国际品牌略逊一筹。那这种定位的改变能扭转李宁目前的竞争发展形势吗？从李宁本身的消费群体来说，李宁的核心消费者为30～40岁人群，随着李宁品牌的逐渐成长，确实面临着原有消费群体年龄老化，新兴消费群体不能获得认同的现实，因为李宁这个运动员本身影响的消费群体在逐渐老化，李宁这个品牌也就逐渐面临老化。但问题是，哪个品牌因为自己的消费群体在老化就放弃自己原来的消费群体，去定位一个新的消费群体？况且，从30～40岁重新定位于90后这个新兴的消费群体，无论从年龄、消费观念，还是品牌等其他方面来说，跨度都非常大，老消费者能不能接受？新消费者能不能认同？这一切都是未知数……从运动品牌的定位来说，无论是耐克还是阿迪达斯，其主导的运动精神才是其品牌定位的精髓，也都集体性地放弃了以目标人群的年龄来进行的品牌定位。耐克、阿迪达斯都是以拉动品牌的高度，以运动精神来驱动品牌，这与李宁的90后定位以目标消费群体的年龄来定位又完全不同。以目标人群的年龄定位，显然放弃了其老消费者，将新兴消费群体当作了主要的目标，这与耐克、阿迪达斯以运动精神来覆盖消费群体相比显然已经缩小了自己的消费群体，而这一切以年龄层次定位的最终结果，使2011年李宁上半年营业收入42.9亿元人民币被安踏以44.5亿元所超越，本土品牌老大地位暂时丧失。

2）渠道整合

李宁妄图通过重新定位来获得新的目标消费人群，以获得新的增长。但渠道又面临着新的问题。据公开数据显示，在渠道数量上，2010年李宁公司拥有129个经销商及超过2000个分销商。大部分分销商规模都比较小，平均经营两家店。超过1700个分销商仅经营1家店。而在渠道的区域分布中，李宁主要的核心区域市场为二三线城市，一线城市已经是耐克、阿迪达斯的天下，二三线城市中低端产品上，安踏、匹克等晋江品牌则更具竞争力。随着现在耐克、阿斯达斯的价格下降，安踏、匹克等晋江品牌形象的不断提升，李宁在品牌上面临着耐克、阿迪达斯的打压和安踏、匹克等品牌的崛起的上下冲击。在发展渠道的数量上，安踏、匹克的渠道下沉速度又比李宁快了不少。反观竞争对手在渠道整合上的战略，耐克从2009年年初就开始对渠道大动"手术"，淘汰业绩不佳的经销商，将销售业务往规模较大的经销商手里集中。阿迪达斯的最新计划则是到2015年，计划开设2500多家商铺，并为细分市场提供价格合理的产品，以满足各城市不同的消费模式，此时阿迪达斯店铺所覆盖的城市数量也将从现在的550个增加到1400多个。而从品牌的发展上，耐克、阿迪达斯倡导的运动精神以大型的赛事赞助和体育形象代言人的赞助扩张，更是让李宁在品牌和渠道上无法伸展，其渠道整合思路还围绕在对 256 家经销商开设的门店的整合上，既没有参考同期竞争对手的渠道下沉数量和单店拓展思路，也没有将销售业务往较大规模的经销商中集中，同时在拉高品牌高度上也无所动作，能否获得成效已经不得而知。

2. 品牌定位需要注意的内容

从中我们也不难看出，一个品牌的定位需要做到以下几点。

1) 市场调查

很多公司都将市场调查看得很重，但如何从市场调查中看出消费者的消费需求？如何从市场调查中找出适合自身的扩张策略？是弯曲依据市场调查的结果来调整？还是从市场调查中找出一些不适合自身发展的错误？李宁的市场调查没错，错在消费人群的年龄定位上。这种完全依赖市场调查的恶果将导致企业各方面的下滑，相信市场调查，但不是唯市场调查为导向的企业才会获得更快的发展。

2) 战略定位

很多企业在发展中遇到瓶颈时，会慌不择路地盲目寻求战略上的改变，定位就包含在这种改变之中，但这种改变自身的定位本身就容易导致巨大的战略失误。从李宁的定位改变来说，缩小了定位的目标人群到 90 后身上更是冒着失去原有消费人群的风险，这种盲目改变定位的结果注定会导致品牌在竞争发展中处于劣势。战略定位不能靠一个市场调查来随意更改，更需要调整整个行业的竞争趋势、产品和品牌特点来综合考虑，一味地唯市场调查数据来改变战略定位注定会酿成苦果。

3) 渠道整合

渠道整合是一种最为常见的策略，但渠道整合是否应该参照同类竞争对手？是否应该寻找符合行业发展、产品和品牌特点来进行整合？从战略上来看，李宁的渠道是非常有必要进行整合的，但整合以哪种方式进行？是整合到直营方式，还是整合到更大经销商，以利于资源的调配？李宁的渠道整合既没有和自身品牌的定位、品牌的提升等同步，又没有考虑整合后以何种方式来推动渠道带动其销售和品牌的发展，所以短期的渠道整合并不会给李宁带来巨大的成效。

单纯地依赖于某一方面的整合对企业带来的短期改变不会很大，甚至会走入泥潭，只有将战略定位、品牌提升等与渠道的发展同步来推动整个品牌发展，系统化的整合企业发展才会获得更大的成效。

(资料来源：周燕丹. 李宁：定位错误结出恶果. 中国服装网)

思考

从李宁品牌定位的案例中，我们可以得出哪些经验为其他企业发展品牌定位战略提供帮助？

第6章 品牌营销战略

【学习目标】

- 掌握品牌营销战略的概念。
- 掌握品牌生命周期战略。
- 熟悉统一品牌战略的相关内容。
- 了解多品牌战略。
- 了解副品牌战略。
- 掌握统一品牌战略、多品牌战略和副品牌战略的区别。

6.1 品牌营销战略的概念及构成

品牌营销的最终目的是让品牌能够被消费者所认同，能够与消费者的心理产生强烈的共振，只有这样的品牌才是成功的，才是有价值、有生命力的品牌。因此在品牌设计之前，就要根据前期所收集到的各种信息资料，认真地研究目标市场特点和消费者心理特征，准确地掌握目标市场的需求状况，敏锐地洞察出消费者的潜在心理需求，并以消费者的心理需求为依据，精心地研究与策划品牌的核心形象，合理地规划好品牌形象，只有这样才能赋予品牌以强大的生命力。现代企业战略的重点在于最大限度地创造强势品牌，从而保证企业投资获得长期的根本性的利益。中国加入世贸组织之后，最终决定企业品牌命运的不是价格，不是产品，也不是跨国竞争者，而是我们自己。努力搞好品牌发展的长远规划，抓住机遇，争取发展成为国内甚至世界知名的企业品牌。

6.1.1 品牌营销战略的概念

1. 品牌营销战略的含义

战略(Strategy)一词，原意是指军队的用兵艺术和科学，它是由古希腊术语"Strategy"衍化而来的。毛泽东在《中国革命战争的战略问题》一书中指出：战略问题是研究战争全局的规律的东西。"只要有战争，就有战争的全局。世界可以是战争的一个全局，一国可以是战争的一个全局，一个独立的游击区，一个大的独立的作战方面，也可以是战争的全局。凡属带有要照顾各方面和各阶段的性质的，都是战争的全局。""研究带全局性的战争指导规律，是战略学的任务。研究带局部性的战争指导规律，是战役学和战术学的任务。"后来，战略一词逐渐向人类生活的各个领域发展，出现了政治战略、经济战略、人才战略、文化战略等，其共同特征就是带有全局性、整体性、统筹性、长期性等。

营销研究专家从不同角度，对品牌营销战略做出了不同的注释。这里仅阐释以下几种具有代表性的解释。

首先，荷兰学者里克·莱兹伯斯(Rik Riezebos)在其与同事所著的《品牌管理》一书中认为，品牌营销战略包括两个方面的内容：差别化和附加值。差别化是指企业使自己的产品有别于竞争对手的产品。这就意味着实施品牌营销战略是为了提高竞争优势，并将这种优势通过合理的营销手段加以宣传，扩大这种差别在消费者心中的印象，从而达到塑造独特的品牌形象的目的。附加值是指品牌对于消费者来说具有比产品本身更大的价值。为了创造这种附加值，品牌必须对消费者富有意义，这种意义既可以是功能性的，也可以是非功能性的，包括情感、社会地位及魅力等。

其次，有一种观点认为，品牌营销战略的最终目的就是为了在众多的竞争产品中突出品牌形象，创建优势品牌，因此实施品牌营销战略可以将以下几个方面作为重点，即品牌质量战略、品牌技术战略、品牌新产品战略、品牌市场战略等。

再次，有一种理解是将品牌营销战略与传统的市场竞争战略等同。它认为，品牌营销战略就是竞争战略理论中的差异化战略、低成本战略、集中化战略等。这种观点已逐渐为学者所抛弃。

最后，还有一种观点就是国内理论界普遍认同的观点，即从品牌使用角度来看，将品牌营销战略分为统一品牌战略、多品牌战略、复合品牌战略等。

综合以上各种观点，我们认为，品牌营销战略是指企业为了提高自身市场竞争能力，通过分析外部环境与内部条件，制定的总体的、长远的、纲领性的品牌发展规划。在品牌经营时代，品牌营销战略已成为企业经营发展战略的中心。

2. 品牌营销战略的特征

1) 全局性

品牌营销战略是企业为了创造、培育、利用、扩大品牌资产和提高品牌资产价值而采取的各项具体计划方案的指南。它要解决的不是局部或者个别问题，而是全局性问题。品牌营销战略的制定要求通观全局，对各方面因素及其关系加以综合考虑，注重总体的协调和效率。

2) 长期性

品牌营销战略是一个针对品牌未来长远发展的规划，它着眼于中长期，即三年或者五年以上。品牌营销战略并不计较短期品牌经营的效果，主要在于谋划品牌的长期生存发展大计，因此它具有相对的稳定性。

3) 导向性

由于品牌营销战略是站在全局高度上制定的宏观总体规划，从而决定了对各战略的总体要求一致，如有背离，须及时调整。

4) 系统性

品牌系统包括品牌的定位、识别、推广、延伸、维护等一系列环节，涉及企业生产经营的方方面面，而系统内各个环节和过程都是相互联系的，构成了一个有机整体。因此，创建品牌是一项复杂的系统工程。

5) 创新性

制定品牌营销战略是一个创新过程。每一个企业的自身条件不同，所处的市场环境以及面对的竞争对手也不同，必须有针对性地制定战略，才能起到出奇制胜的作用。品牌营销战略是现代企业经营战略的核心，它的价值就在于有别于竞争对手的独特性。一个企业如果采取简单模仿竞争对手的做法，跟着竞争对手行动，那么在激烈的市场竞争中它就会始终处于被动的局面，不可能赢得市场竞争的最终胜利。所以，企业的品牌营销战略要具有一定的创新性才能在竞争中脱颖而出。

总之，品牌营销相对于传统营销而言，显得更系统、更全面、更精确，提高了营销活动的控制性，极大地提升了企业适应市场营销环境的能力。

3. 品牌营销战略的意义

在品牌营销时代，品牌的命运维系着企业的存亡。品牌营销战略是企业经营发展战略的重要组成部分，是战略中的核心环节，其他战略都要以品牌营销战略为中心，与之协调，为其服务。

1) 适应买方市场的需要

随着经济发展，我国市场体系由卖方市场转向了买方市场，在供过于求的条件下，消费者在客观上具备了"货比三家"的现实条件。消费者品牌意识的形成使企业家们认识到，在消费者主导的市场里，只有实施品牌营销战略才能够占领市场。

2) 有利于促进企业整体素质的提高

品牌产品是企业科技水平、制造水平、管理水平、营销水平的综合体现。通过创造品牌，将有力地促进企业管理素质、科技素质、人才素质的提高，实现企业技术结构和产品结构的优化升级。

3) 有利于尽早采取措施规避问题

一个好的品牌营销战略具有前瞻性，能够及早发现并预测可能出现的问题，从而采取措施加以规避。以"秦池"酒为例，尽管秦池品牌运作前期比较成功，但由于其产品的生产环节存在着严重的问题，最终被曝光而衰竭。这是因为品牌营销不能具有短期行为，要从长远来考虑，在战略层面对包括产品战略在内的营销战略进行系统的规划。

4) 协调品牌体系之间的关系

现代市场，经济商品的平均生命周期缩短，新产品的市场导入频繁，因此，拥有知名品牌的企业面对大量新商品的上市，会越来越重视现有品牌的延伸优势，这就需要从总体上加以协调和规划。以汽车行业为例，由于企业每年都要推出新的车型，为了更有效地挖掘市场潜力，不至于形成细分市场的内部竞争，这就需要站在品牌营销战略的全局上来全面考虑各个品牌的定位及其推广等方面的问题。

总之，一个企业有一个统一的、形成共识的品牌营销战略，就能指导和组织所有经营活动，就能在所有的组织活动中加入品牌因素，从而最大限度地促进品牌资产增值，所以品牌营销战略有利于提高企业资源的投入与产出效率。

6.1.2 品牌营销战略的构成

尽管不同的经济组织、企业对品牌营销战略的制定有所不同，一般来说，都会包括以下几个方面的内容。

1. 战略目标

战略目标是品牌营销战略的主要内容，它是指企业在一定时期内预期在全面经营品牌方面所要达到的理想成果。战略目标是企业战略的核心，美国管理学权威彼德·杜拉克(Peter Drucker)认为，管理人员应当由所要达到的目标而不是由他的上级来指挥和控制。这说明企业的其他内容都应围绕战略目标这个中心展开。

战略目标有长期和短期之分，我们通常所说的战略目标一般指的是长期目标。长期目标往往是企业的最高目标。现在，大多数企业的品牌营销战略目标是：打造国际品牌。

2. 战略重点

对于一个企业来说，在相对稳定的时间内所确定的战略目标可能是多方面的。但是，不管是在开展品牌工作中，还是在实际的计划实施过程中，都不可能平均使用力量，一般都是通过重点，以点带面来达到既定目标。因此，在确定战略目标的同时，必须确定实现这一战略目标的重点。例如，海尔集团一直以来都把品牌国际化战略作为品牌营销战略的重点，并成功地敲开了国际市场的大门。

战略重点的确定应在综合考虑各种因素之后，把那些能起到作用的重点，或者突破一点就能解决其他问题或某一些主要环节、薄弱环节等工作作为战略重点来考虑。战略重点既是企业的工作重点，也是企业的管理重点。品牌战略所确定的重点必须充分详尽地落实到各种保证措施和具体策略中。一般情况下，品牌营销战略的重点就是品牌策略的主要方面。

3. 战略步骤

战略步骤是一个组织或企业在确定战略目标与重点以后，对于各种计划、措施或任务进行的时间方面的战略规划安排。这种战略性的确定仍然是粗浅的，它常常以年甚至更长的时间为单位。在品牌战略的实施过程中，战略步骤一般以阶段性的形式出现，即在某一战略期内，确定经过若干阶段达到某一个战略总目标。战略步骤的阶段性特点要求有关人员在确定这一战略步骤时掌握有效可行的原则：所确定的战略步骤既不可使各步骤之间距离太大而失去指导意义，也不能因太小而疏于具体化。

4. 品牌营销战略的具体内容

广义的品牌营销战略是指企业为了提高自身市场竞争力，围绕产品的品牌所制定的一系列长期性的、带有目的性的总体发展规划和行动方案。它包括品牌命名战略、品牌定位战略、品牌形象战略、品牌设计战略、品牌营销战略和品牌保护战略等多方面的内容。狭义的品牌营销战略包括品牌生命周期战略和品牌扩张战略两部分。所谓品牌扩张，是指企业运用品牌及其包含的资本进行发展、推广的活动。具体来讲，品牌扩张又包括统一品牌、多品牌、副品牌和品牌延伸等多项战略决策。本章所讲述的是狭义的品牌营销战略。

6.2 品牌生命周期战略

企业创立品牌是一种竞争策略，它不仅是保护产品的关键，而且是促使其发展的重要手段。品牌就像动、植物一样，也会经历一个出生、成长、成熟和衰退的过程。一般来说，某种新的品牌产品一旦投放市场，就开始了它的市场生命，而产品从进入到最后被淘汰的全过程，就是品牌生命周期，它包括投入期、成长期、成熟期和衰退期四个阶段。品牌生命周期是指品牌载体(产品)的经济寿命和市场寿命，而不是指使用寿命。当然，产品有生命周期，而品牌却可以长生不老，甚至返老还童，如国内的同仁堂、全聚德等老字号。关键是企业要树立创新观念，不断开发出适应市场需求的新产品。

6.2.1 投入期的企业营销决策

这是品牌生命周期的第一阶段。企业把新产品推向市场要冒很大的市场风险，只有对市场进行周密的调查研究，在确保产品具有了一定的优势之后才可以把它推向市场。因为，品牌与产品是两个不同的概念，许多品牌会伴随其载体的消长而消长，但更多的品牌，尽管其载体(产品)不断更新，企业主也更换了几代，但品牌却依旧是那个品牌，如美国的福特、日本的松下和国内的同仁堂。为确保品牌在市场上的持久性，在质量上必须得到充分的保证，售后服务更应做到尽善尽美。这一时期企业的主要目标在于打造声势，开展大量的促销活动，为其进入成长期做好准备。

1. 优良的功能品质

作为某种品牌载体的产品必须具备优良的功能品质，即在某些方面有吸引消费者的地方。作为企业的决策者，在刚刚塑造新品牌、推出新产品的时候，应充分了解消费者的需要。例如，奔驰公司为设计出优质而成本又较低的新车型，到处招揽人才，甚至请来了流体动力专家、美学家、心理学家、商人等。新车型从研究、设计到做出模型，每一个环节、每一个零件都要用最科学的仪器进行测量和测试，而且细微到测定行进时的空气阻力系数。结果，当体积更小、更加安全、更结实和舒适的新款奔驰车上市后，订单如雪片般飞来。

投入期产品在各方面性能尚未完全稳定，因而还没有形成品牌特征。新产品在商品化初期常表现为技术不稳定，功能不完善，加上开发成本过高而价格昂贵。这一时期企业把价格定得高些，消费者一般会接受。同时，新产品采取高价策略，可以促进企业不断地提高产品的功能，因为它要向消费者证明它的产品是物有所值。由于新产品的推出需要较高的成本，只有产品维持较高价位才能为以后的定价留有余地。

这一时期的产品虽然相对老产品来讲具有独特的新颖感，但毕竟是后来者。在某些方面同先进入市场者相比有劣势，如消费者对产品的认知程度、产品在市场的占有率和宣传推广方式等。因此，常常是那些喜欢"猎奇"的消费者才会有兴趣购买。所以，企业在投入期可以只将少量产品推向市场，这样有利于消费者很快接受。但是一旦生产者扩大规模，产品大量进入市场，就有可能出现与原先估计不一致的情况，这个时期企业投资要谨慎，只有在明确了市场潜力的情况下才能加大投资。

2. 广告策略

这一阶段，产品的包装设计、前期广告以及各种促销手段都是为了介绍产品，更好地宣传产品的功能特性，吸引消费者试用或购买。投入期的目标是使消费者认识该产品，需要对产品进行广泛的宣传，以提高产品的知名度。对于中间商，则需要做耐心细致的说服工作。此阶段的广告宣传很重要，广告的目的在于向消费者介绍产品的特性、质量和用途等，以此激发消费者的初次购买欲望。此外，还可以鼓励消费者试用产品，展销、示范等方式均可刺激购买欲望。尽管产品投入期的促销费用会很高，但可以促使销售渠道逐步完善起来。

由于投入期的产品尚处于被消费者认识和接受的阶段，市场占有率不高，品牌概念也尚未真正形成，销售量可能会很低。为了扩大销路，需要大量的促销费用，对产品进行宣传。这一阶段的产品生产由于没有形成规模，成本也高，企业利润很低。因售价较高，企业的注意力应放在那些可能购买的消费者身上，他们最有可能成为企业的目标消费者。

6.2.2　成长期的企业营销决策

当产品在投入期的销售取得成功后，便进入了成长期。这时顾客对产品已经熟悉，产品在市场上也具有了一定的知名度，品牌影响力在逐渐加强，大量新顾客开始购买，市场占有率提高，产品由于可以规模化生产，成本降低，销售额上升，企业利润增长迅速。成长期的后期，由于竞争越来越激烈，同类产品品牌增多，导致价格和利润率下降。

1. 促销策略

投入期说服消费者试用产品使企业获得了一定数量的消费群，为品牌成长提供了条件。在成长期，使消费者产生再次购买的欲望就显得极其重要了。对于那些已经试用过产品的人来说，只有在产品提供给他们的满意度大于他们对产品缺陷的失望度时，他们才会重复购买。同时，也有一些对市场原有品牌产生一定依赖感的消费者，只有在新产品所提供的附加利益远远超过他们所熟悉品牌的功能性利益时，他们才会进行品牌转换。在成长期，企业可以通过直接或间接地给批发商、零售商业务折扣的方式来促进销售。

在成长期，销售量一般是逐步上升的，但也有波浪式前进的情况。造成这种情况的原因，有可能是一部分初次使用者发现新产品不足以令他们满意而放弃了再次购买，还有可能是生产商削减了促销和广告的费用。一般来说，这个时期产品的销售量在达到较高值后会自然下降一些，然后在最高销售量的 4/5 左右保持一段时期较稳定的销售水平，这属于很正常的现象。

在成长期，企业要防止假冒伪劣产品的破坏和干扰。但凡一个新品牌成功推向市场，就会有大量的跟随者推出同类产品，甚至明目张胆地仿制和假冒。这时候除了运用法律手段加以解决外，企业还需强化促销策略，提高消费者对自己产品的认识和了解能力，使他们具有较强的辨别真伪的能力，如此，假冒伪劣产品也就失去了市场。

2. 广告策略

在成长期，经过企业不间断地宣传和推广，就可以建立起对企业品牌感兴趣的消费群。在品牌生命周期的早期阶段，广告的作用尚不明显，广告对品牌使用价值的累积影响还没有表现出来。但是在成长期，广告的作用越来越大。成长期的广告目标是吸引顾客，使他们形成品牌偏好，以扩大市场占有率，此时应进一步加强广告宣传，广告的内容要突出畅销产品的特色和使用价值。品牌最先遇到的障碍无非是市场渗透度和消费者重复购买的问题，如果在这两个方面做好了，品牌就会不断成长，此时，产品的需求量逐渐增大，人们已对产品有一定的认识，宣传要着重突出本产品的优势，使消费者在诸多同类产品中选择自己的产品。但广告宣传应以突出品牌形象为主而不必过多注意产品自身，因为产品的功能、款式以及给购买者所带来的附加价值都会随市场需求的变化而变化的，然而品牌则是相对稳定的。

3. 为品牌注入感情

人是情感化的高级动物，没有任何一个消费者可以完全理性地处于市场环境之中，非理性化时刻在影响着消费者。一个品牌在创立过程中，能否在感情上与消费者建立某种关系，就显得十分重要。消费者对一个品牌的反应，存在着一个情感上的过程。例如，宝洁公司以一个护发使者的形象出现，消费者就会被它慢慢地感化。如果把品牌比作一个人，她应该是什么样子的呢？首先，她给人的第一印象如何？是诚实可靠，还是变化无常？是温柔恬静，还是咄咄逼人？万宝路品牌给人的第一印象是"刚强、有力"，而"飘柔"则是"漂亮、柔顺"，两者各具韵味。巧克力所注入的更是浓浓的爱意，德芙的一句"Do you love me"的品牌故事更让无数女生为它倾倒。一个品牌如果未能与消费者建立某种感情上的联系，消费者对它的反应将会是冷淡的。

因此，品牌管理者在成长期首先要考虑的问题应该是：我的品牌是否富有感情？消费者在购买我的品牌产品或享受我的品牌服务时，会产生什么样的感情？如果他们对我的品牌缺乏足够的热情，会是什么原因呢？应该怎样去与消费者进行感情上的沟通呢？

4. 改进与提高

成长期的产品需求不断上升，产品市场占有率在提高，品牌的影响力和知名度也在进一步扩大和提高。在品牌成长期，企业可以扩大生产能力，使产品的生产规模化，这就要求有持续不断的投资。市场上已经形成了对企业品牌比较熟悉的顾客群，他们促进销售量不断增长。老顾客对品牌产生了一定的忠诚度，新顾客在老顾客的口传身授的信息中也不断加入到购买者的行列中。销售量的增长促使企业不断地扩大规模，成本随之降低，企业利润逐渐提升。企业的促销费用在此时也要随着销售量的增加和利润的不断攀升而提高。在成长期的后期，企业之间的竞争会日趋激烈，要想保持品牌的影响力，就要不断加强品牌形象。企业应从产品本身入手，及时做好市场调查，根据消费者的需要及时推出有特色的产品，不断地加以改进和提高，增加产品品种新功能，推出新款式等，因为产品的差异性常常是品牌成功的一个重要因素。同时，在售后服务的环节上，建立好完善的销售网络，培训高素质的售后服务队伍。这些措施为企业树立独特的品牌形象、长久地吸引顾客打下了基础，也为品牌顺利走向成熟提供了条件。

6.2.3　成熟期的企业营销决策

1. 成熟期特征

成熟期产品的销量基本上已达到最大量，市场占有率也趋于稳定，市场需求增长较为缓慢直至趋于稳定。企业利润也会保持一个相对稳定的水平。市场基本上达到饱和状态，潜在消费者很少，他们大多已经了解或试用过这种产品。

成熟期竞争加剧，产品供大于求，顾客在选购商品时越来越挑剔。成本、售价、服务等方面的竞争更加激烈。由于此时的产品已经成熟定型，新产品的开发及产品新用途的开发难度大为增加，随着产品历经多次重新设计与改造而日趋稳定，制造工艺的革新就逐渐成为主要事务直至完全代替技术革新。要使企业的产品在技术性能、系列、款式、服务等方面不断有所变化，就会使成本及风险增加。此时，企业要认真调整自己的研究和开发战略，必要时，企业各方面的策略也要做出相应的转变和调整。

品牌在这个阶段具有很高的知名度和忠诚度，消费者一旦认可这个品牌就很少发生品牌转换。在成熟期，现有品牌形成了相当强大的影响力，本行业的市场壁垒已经建立，新进入者要在这种情况下建立自己品牌的知名度是相当困难的。显然，成熟期是品牌影响力最大的时期。此阶段的企业目标是稳定顾客，战胜竞争者，保持市场占有率，因此，要加强营业促销和人员促销工作。

成熟期品牌的市场地位已经确立，消费者的市场需求亦趋于稳定。这时期的策略重心应该是尽量使品牌影响力维持现有地位，亦就是尽量使成熟期得到延长。

2. 成熟期的企业对策

1) 强化产品的功能性特征

严格质量管理，以可靠的、优质的产品来赢得消费者的品牌忠诚；同时，要在产品功能上进行扩展，开发多种功能组合，为消费者提供功能更加完善的产品；更为重要的是，积极改良和提高服务水平，进一步完善服务网络，因为服务是产品质量的延伸，如果服务水平跟不上，产品的信誉度将大打折扣。

竞争空前的激烈，迫使竞争者都要努力争取消费者。推出系列产品是强化产品的功能性特征的主要方法之一。成熟期企业应注意及时开发产品的新系列，系列产品可以提高市场占有率，扩大品牌与消费者的接触面。但应注意系列产品要与原产品具有关联性，如果缺乏关联性反而会分散消费者的注意力，影响品牌的整体性。

品牌的稳定性与忠诚度有紧密关系。一个出众的品牌，其产品质量和服务水平都应该是上乘的，也就是说，消费者是由于看到了品牌的这些稳定性因素而信赖它。对品牌管理者而言，企业的短期行为虽然可以获得一些暂时的利益，但从长远来看却是得不偿失的。任何一种损害品牌的行为都有可能造成毁灭性的后果。

2) 降低成本

产品在产量上已不可能再有大幅度的增长，这就要求企业在节约成本、提高质量上下功夫。企业在经营过程中，要在市场渗透和市场开拓等方面争取有新的进展。

成熟期中的用户行为和竞争者行为都已发生了很大变化，用户数量不再持续增长而呈稳定态势，竞争者中也有很大部分因为品牌的成熟而使自己的品牌失去竞争力，他们不得不退出竞争行列或勉强维持。企业要抓住时机，扩大战果，在价格、营销手段、科研投入等方面做适当调整，以免给竞争对手可乘之机。这个时期生产工艺的改进比新产品的开发更为重要，因为品牌地位已经确立，企业的主要任务应该是提高生产率，使产品标准化，并降低成本，以便取得价格优势。对一些潜在的客户提供价格的吸引，从而使之成为企业的未来客户。

3) 营销的再加强

成熟期企业应进一步做市场分析，寻找更多的目标市场，以增加产品的销售量，尽可能利用各种宣传媒体进行组合宣传，加强效果，采取更为广泛的促销手段，必要时可适当降低价格。

成熟期是一个转折点，能否抓住时机尽量延长成熟期的时间，决定着品牌总体价值的大小。在成熟期，广告宣传要以突出产品的差异性为主，即相对于其他产品，产品的竞争优势在什么地方。此阶段商品广告的目的在于吸引较为成熟的消费者，不过产品本身已经不需要做太多的宣传了，而且一些忠诚的客户对价格的敏感程度也会下降，往往关心的是品牌产品的质量，还会形成一种对外宣传的作用，节省企业开发新客户的广告成本。如果能够突出地宣传企业的整体形象，则是保持市场的最有效的办法。

这一阶段由于国内市场的激烈竞争，潜在市场已所剩无几，企业可以把目光瞄向国际市场，努力开拓国外市场并进行国际投资，促进企业实力进一步增强。因为，一个品牌在国内市场处于成熟期时，在国外市场则很可能刚刚处在幼稚期。

4) 维持现有消费者

成熟期扩大现有用户的数量对企业具有重要意义。企业可以通过提高产品等级、扩展产品系列、提高服务质量等方式来实现。保住企业的现有用户比争取新用户成本要低很多，意义却更大。具备了一定忠诚度的消费者不会像普通消费者那样对广告产生疑虑和反感；相反，他们对自己认可的品牌更有兴趣，也更愿意接受这些信息，进而会加入重复购买者的行列。一旦消费者对某一品牌产生信赖感，要使他进行品牌转换也是不容易的。即使成功了，也需付出很大的转换成本，因为初次购买成本会很高。例如，某位消费者一贯使用佳洁士牙膏，要使他对两面针牙膏感兴趣进而产生购买欲望，就需要对他进行大量广告宣传和促销活动，同时这位消费者也要花费时间与精力搜集资料，了解两面针牙膏的特性，这些都属于转换成本。因此，成熟期维持已有消费者比花精力去寻找新的消费者更为重要，也更有价值。

6.2.4 衰退期的企业营销决策

由于社会经济的发展、技术的不断进步、市场需求的变化和消费者偏好的转移等原因，大部分产品形式和品牌或迟或早、或缓或快总会进入衰退期。

在衰退期，市场需求下降，产品销售量的增长为零甚至出现滞销现象，企业利润也越来越小。一部分竞争者因处境艰难而退出市场。品牌影响力逐步降低直至从消费者的心目中消失，消费者的目光被其他的新产品或替代品所吸引。

在衰退期，广告宣传一般已不会再起太大作用，广告主做广告意在获取后期利润，以期望产品退出前实现最大价值。此时企业应当重新设计广告或进行新一轮的营销和公关活动，维持衰退产品的代价常常是十分昂贵的，不仅要损失大量利润，而且还会有许多其他损失，品牌经营者为维持衰退产品的微薄利润，在经营管理上要花费大量精力和时间，仍然坚持衰退产品的生产经营影响到企业形象和新产品的开发，同时也削弱了企业在未来市场上的竞争力。因此，对于大多数企业来讲，应该当机立断，弃旧图新，及时实现产品的更新换代。

1. 缓慢退出决策

有些品牌进入衰退期后，仍然能够在市场保持一定的市场份额。如果能够不断地调节品牌的功能，使它保持竞争性，那么这个品牌有可能还会继续发挥其潜力，为企业赚取利润。

对旧品牌进行追加投资，其目的是为了最大限度地获得旧品牌的价值。在旧品牌尚未山穷水尽之时，最好不要轻易放弃。明智的投资者更注重对已具有一定市场地位，且尚有潜力可挖的旧品牌的追加投资，而并不是一味专注于新产品的开发。这里就必须讲到微软对于诺基亚的收购，诺基亚由于对市场错误的判断，导致大量市场的丧失，但是微软看中诺基亚的多方面资源，果断收购其大部分股权，目的是为了借助诺基亚在手机市场的知名度来打响自己手机的市场；同时，还可以从诺基亚公司获得大量的知识产权，所以微软在这次商战中取得了多赢。

对原有产品进行改进，仍然有可能重新发掘品牌的潜力。我国第一汽车制造厂生产的解放牌汽车曾经统治中国汽车市场几十年。市场经济体制建立后，受国际、国内竞争者的双重挤压，解放牌汽车在走下坡路。面对这种形势，长春一汽对老解放牌汽车进行大规模的技术改造，生产出性能、质量全面提高的新型解放牌汽车，投放市场后大受欢迎。以后长春一汽又研制出了解放牌新型卡车，扩大了市场占有率。

2. 快速退出决策

在衰退期，企业采取快速退出策略时要谨慎，不到万不得已不能轻易下此决断。有时候，产品销量下滑，但并不预示品牌已经在市场上没有前途了。影响品牌生命周期的因素很多，有市场因素，也有非市场因素，一个品牌是否已处于无可挽回的境地，对各方面情况要综合考虑，只有在结论得到充分的论证和确认之后，才能采取快速退出策略。如果品牌尚有进一步发展的可能而贸然采取快速退出策略，极有可能失去发展的良机而造成资源的浪费。因为塑造一个新品牌毕竟比利用老品牌的花费更大，也更困难。让"休克"的品牌"复活"，无论如何也要比重新开发一个新品牌要经济得多。

采取快速退出决策，企业所要面临的关键问题是重新推出新产品以抢占原来的市场阵地，即重新构建另一新品牌。我国计算机产业的先驱——联想，在最初的时候依靠汉卡立足市场并占据市场主导地位。随着计算机技术的飞速发展，汉卡内存就显得越来越小了，最后被芯片所代替。但对这种发展趋势联想有预见并已采取了应对措施，当汉卡被淘汰出局，联想开发的新产品立即应时出现在市场上。

在衰退期，摆在决策者面前的主要矛盾往往是：究竟是应该想办法增加品牌的附加值，重新为其注入活力，还是趁早撤出投资，转向新的品牌？这是一个非常棘手的问题。撤出投资会产生立竿见影的效果，利润会提高。但在重新构建新品牌时，也会有极大的市场风险。

在大多数情况下，新品牌总是以失败而告终。品牌管理者最好做充分的论证和市场调研，然后再采取相应对策。

6.3　统一品牌战略

统一品牌战略是指企业生产或经营的产品都使用同一个品牌名称。它一般是企业实施品牌延伸战略的结果，即企业以某一产品或服务为载体创出品牌后，再将既有的品牌延伸到开发、生产或收购、兼并的其他产品上。有许多企业实施统一品牌战略都获得了成功。例如，"海尔"原本只是冰箱品牌，待"海尔"成名后，企业又将其成功地延伸到了洗衣机、空调、彩电、家用电脑和手机等产品上，最终形成了企业的统一品牌战略。再如，全球最大的制造企业——美国通用电气公司，对其生产的所有产品(包括医疗设备、航空产品、机电产品、能源设施等)都统一使用了"GE"品牌。

6.3.1　统一品牌战略的优缺点

1. 统一品牌战略的优点

1) 有助于减少企业的开支

统一品牌战略有助于节约品牌设计、品牌推广等的费用，从而减少企业的开支。品牌不仅仅是一个简单的识别符号，而且包含着企业的经营理念、经营思想、管理原则等。因此，品牌设计绝不是应景之作，一般应由专业人员来完成，而采用统一品牌战略还可以大大节约企业的品牌设计费用。实行统一品牌战略能够极大地提高广告宣传效果和节约广告宣传费用，从而减少企业开支。

2) 有助于新产品打开销路

统一品牌战略有助于新产品打开销路。科学技术的进步，使产品生命周期日益缩短，任何企业都不能靠既有的产品过日子，而必须努力开发新产品。统一品牌战略，将新开发的产品冠以在市场上已经成功的品牌名称，将有助于新产品打开销路。

3) 有助于企业集中优势资源

统一品牌战略集中力量于一个品牌，有助于企业集中优势资源。品牌的创造非一日之功，企业要把一个普通产品培育为知名品牌，必须花费相当的费用，耗费巨大力量。实行统一品牌战略，企业可以将所有的资源和力量都用在一个品牌上，这有助于品牌的健康成长。

2. 统一品牌战略的缺点

1) 牵一发而动全身

企业的产品如果有一个出现问题，就会毁坏整个品牌的声誉和形象。奶粉问题是目前较为关注的问题，曾经的三鹿奶粉事件让三鹿集团从此消失在市场上，后来蒙牛、伊利事件也同样给两个品牌带来了巨大的影响，这都是需要我们从中得出结论，并好好思考的。

2) 难以满足不同消费者的需要

不能很好地满足不同购买者的需要，从而影响商品的销售量(企业可以用副品牌战略来弥补这个缺点)。

市场上消费者的需求是多种多样的，因此，统一品牌并不能满足绝大多数消费者的需求，还要思考是否要发展更多具有大众需要的品牌战略。

6.3.2　实施统一品牌战略需要具备的条件

1. 企业的各种产品之间要有密切的关联性

企业绝不能在两种或多种截然不同的产品上使用同一个品牌，否则容易导致失败。在这方面，经典案例——三九制药，如果把这个闻名遐迩的医药品牌和啤酒联系在一起，消费者会做出什么反应呢？1996 年三九制药并购了河北石家庄啤酒厂，并推出了"999 冰啤酒，四季伴君好享受"的"三九牌"啤酒。当消费者拿起 999 冰啤酒时，可能立刻就会想起"三九胃泰"或"三九感冒灵"，让人徒生各种不舒服的联想。难怪消费者会说："999 是三个九，喝完胃药喝啤酒！"

无独有偶，类似三九药业这样的失败案例在五粮液的品牌扩张中也同样出现过。1999年，五粮液集团推出了"全国江山一片红"的策划方案，在这个方案中五粮液用了 4 800 万元作为启动费用，把他们用红色包装的五粮液矿泉水推向了市场！只要联想一下，会不会喝的五粮液还兑有水呢？或者，水里面还有酒的味道？

2. 企业的各种产品应有大致相同的质量水平

一般来说，不同品牌代表着不同的产品形象，如果将同一品牌运用到质量差别较大的同一或不同产品上，那么，低质量的产品就会毁坏品牌的既有形象，从而导致顾客放弃对该品牌的偏爱与忠诚。例如，"茅台"品牌假设用在一般的啤酒、果酒甚至低档的白酒上，会产生什么样的后果，其结果定会使茅台的国酒形象荡然无存。

3. 企业的各种产品应有大致相同的目标顾客群

一般来说，不同品牌都是适应不同目标顾客群的，如果将同一品牌运用到目标顾客差别极大的同一或不同产品上，就会破坏品牌定位，从而失去既有的目标顾客群。例如，海澜之家品牌的定位是"男人的衣柜"，很明显他们的目标顾客群就是男士，如果他们不恰当地将其延伸到女士服装上，最终只会破坏品牌的个性。

6.3.3　统一品牌战略的类型

按照其统一化的程度和范围不同划分，可以分为以下三种类型。

1. 产品线统一品牌战略

产品线统一品牌战略是一种局部性的统一品牌战略，它是指企业对同一产品线上的产品采用同一个品牌。由于同一产品线的多种产品面对的往往是同一顾客群，它们在功能上互为补充，可以满足同一顾客群体的不同方面的需求，在化妆品、护肤品等领域尤为明显。例如，山西东湖集团是一家著名的醋生产企业，企业围绕醋做文章，他们以在山西久负盛名的"老陈醋"为核心产品，进行产品项目的扩张，相继开发出饺子醋、面食醋、姜味醋、保健醋等多个新产品，使"东湖"这一品牌在同一产品线内进行着强势扩张。由于产品质量好，也因为"东湖"品牌的市场声誉，这一相关性极强的产品项目品牌扩张策略得以成功地实施。

金利来公司在品牌扩张时，也成功地运用了产品线统一品牌扩张策略。金利来系列男士用品在高收入男性阶层中倍受青睐，"金利来，男人的世界"这句广告语也早已为人所熟悉。金利来公司的扩张是对市场做了详尽的调查后，逐步推出了新的男士用品，从而实现了扩张。几年来，金利来陆续推出了皮带、皮包、钱夹、T恤衫、西装、吊带、匙扣等男士服装和饰品，此后它又推出了男装皮鞋，从而使"金利来，男人的世界"得到进一步体现，成功实现了企业的品牌扩张。

产品线统一品牌战略有如下优点。

(1) 有利于创建统一的品牌形象。

(2) 可推出系列产品以满足目标顾客的多方面需要，易于产品线的延伸。

(3) 可以节约促销费用，由于同一条产品线有多种产品使用同一品牌，益于企业取得品牌规模效益。

当然，产品线统一品牌战略也有其局限性，例如，仅局限于产品线范围之内，不能发挥品牌的潜在价值，新产品开发受到产品线制约而不能扩大到新的领域等。

2. 跨产品线统一品牌战略

跨产品线统一品牌战略又称范围品牌战略，它也是一种局部性的统一品牌战略，但其范围要比产品线统一品牌战略的范围大一些。这种品牌战略是企业对具有同等质量或能力的不同产品使用同一品牌。这种不同的产品是跨越同一个产品线的。例如，一个服装企业，它有多条服装生产线，可以生产不同类型、不同款式、适合不同消费者需要的不同服装，且这些不同类型的服装都使用同一个品牌。其他如食品、日用品也有实施这种品牌战略的。

跨产品线统一品牌战略有其明显的优点，具体如下。

(1) 有利于在消费者心目中建立统一的品牌意识和品牌形象。

(2) 有利于树立稳定的质量形象，不会产生质量错位现象。

(3) 有利于集中进行品牌宣传、降低费用。

这种品牌战略的局限性也是显而易见的，例如，个性不鲜明，新产品开发难以突出新的特色，因而不易被消费者所接受等。

3. 完全的统一品牌战略

完全的统一品牌战略又称伞形品牌战略，它的特点是高度统一，即企业生产的所有产品都使用同一品牌。这种品牌战略实际上是以企业的品牌与产品品牌完全融合一致，企业品牌就是产品的品牌，无论企业生产的产品品种有多少，其产品的性质、功能各不相同，产品的目标市场和定位也不一样，但都使用同一品牌名称。荷兰飞利浦公司是成功运用完全的统一品牌战略的优秀范例。飞利浦公司生产的所有产品，从电视机、音响、计算机到灯泡、剃须刀、电咖啡壶、电果汁机等产品，无一例外地采用"飞利浦"品牌。日本许多著名大公司也采用这种完全的统一品牌战略。例如，雅马哈公司(Yamaha)生产的摩托车、钢琴、电子琴等不同类型的产品均使用"Yamaha"品牌；佳能公司(Canon)生产的照相机、传真机、复印机、打字机也都使用"Canon"品牌。但国内有些企业采用这种扩张策略是比较牵强的，不能完全令消费者接受。

1) 完全的统一品牌战略的优点

(1) 有利于提高品牌知名度进行市场扩张。完全的统一品牌战略可以充分发挥完全单一品牌的作用，使品牌知名度不断提高，直至深入人心，极大地发挥名牌效应，从而有利于以品牌(尤其是名牌)为核心的不同产品在市场上的扩张，更好地开拓国内外市场。

(2) 有利于培育顾客忠诚。完全的统一品牌战略由于集中使用资源加强核心产品主导地位，并通过大力宣传企业统一品牌的某种产品，因而能培养品牌的亲和力，树立和巩固顾客对该产品的品牌忠诚。有了深厚的品牌忠诚，就易于发挥品牌的扩张效应，由对该品牌的忠诚，进而扩张到对与该产品品牌相一致的完全单一品牌战略的其他产品，向消费者传达完全单一品牌的其他产品的信息，使该品牌的忠诚度进一步提高。尤其是一些强势品牌使用这种品牌战略更为有效。

(3) 有利于在消费者心目中建立品牌形象和企业形象。完全的统一品牌战略的连带效应和波及效应，使消费者不断加深对统一品牌的印象，从而在消费者心目中树立起唯一品牌形象和企业形象。品牌的美誉度和企业的美誉度融合在一起，加强了该单一品牌在市场上的地位，消费者很容易在市场上找到自己信任和赞赏的企业的产品。单一品牌形象有利于企业形象的升华，建立顾客忠诚，由品牌形象发展到企业形象，对企业的发展具有极为重要的意义，使企业在产品开发和市场开拓中处于十分有利的地位。

2) 完全的统一品牌战略的局限性

(1) 忽视产品个性宣传，降低名牌的影响力。容易忽视对产品的个性宣传，降低名牌的影响力。完全单一的品牌战略最初往往是以某一种产品而著名，但当扩展到其他产品时，就容易忽视产品的个性宣传。

(2) 不利于单一品牌的纵向延伸。在使用完全单一的品牌战略时，品牌在同一档次产品中的横向延伸一般问题不大，但向不同产品档次的纵向延伸则较困难。这是因为，纵向延伸意味着同一品牌要包括不同质量和水平的产品，从而给消费者造成购买心理障碍。因此，高档产品的品牌向低档产品延伸必须十分慎重，因为这样将会拉低品牌原有的档次。

(3) 不同的定位造成品牌形象的冲突。品牌应有其独特的品质特征与形象特色，但是完全单一的品牌战略却将原有的成功品牌使用到不同定位的产品上去，使不同定位的产品都使用同一品牌，必然造成品牌形象的冲突，使消费者难以接受，从而影响市场销售。所以，单一品牌的运用必须根据企业的具体情况而实施。

6.4 多品牌战略

多品牌战略是指企业对于其生产或经营的同一种产品使用两个或两个以上相互竞争的品牌战略。世界著名的大公司大都拥有众多品牌。例如，宝洁公司拥有 300 多个品牌，欧莱雅公司拥有 500 多个品牌，联合利华拥有近 2000 个品牌。可口可乐、麦当劳、大众、通用、丰田等公司也都有十几个、几十个品牌。这些品牌中有些是原创的，但很大一部分是收购来的。总的来说，"为增长而并购品牌"是这些公司形成多品牌的主要原因。

6.4.1 企业实行多品牌战略的原则

1. 最大限度地占领市场

根据一类产品的不同性能和不同目标顾客的需求采取多品牌战略，最大限度地占领市场。一个品牌的市场占有率再高，也是有限的，为了最大限度地占领市场，就必须实施多品牌战略。企业可以根据同一种产品的不同种类或不同款式在性能上存在着的差别，对不同性能的产品分别使用不同的品牌。例如，美国宝洁公司生产的洗发水，根据性能的不同分别叫"飘柔"、"潘婷"、"海飞丝"、"沙宣"、"润妍"等。另外，企业还可根据同一类产品分别卖给不同的目标顾客，对以不同目标顾客为服务对象的产品分别使用不同的品牌。

关于品牌，宝洁公司的一个重要原则是：如果某一个市场还有空间，最好那些"其他品牌"也是宝洁公司的产品。因此，宝洁在同一个产品市场总是不断地推出新产品。这样做确实可以使其拥有极高的市场占有率。

2. 由于历史原因而采取多品牌战略

广东科龙集团最初只有"容声"冰箱一个品牌，后来由于"容声"仿冒者甚多，影响了"容声"的品牌形象，因此启用"科龙"品牌重树公司形象，以后又因兼并"华宝"空调厂而采用"华宝"品牌，因与"三洋"合资而采用"三洋科龙"。

伊莱克斯集团是世界上最大的电器制造商，在过去的 20 多年里，它收购兼并了遍布世界各地的 400 多家公司，但在市场上销售的产品却仍沿用着各个被兼并公司的原有品牌，例如，在欧洲，它有 3 个品牌：伊莱克斯、AEG、扎努西；在美国，则有 Frigidaire、Gibson、Kelvinator、Tappan 等。

伊莱克斯在向全球市场拓展的过程中，始终把兼容并蓄作为它的一项基本理念，把消费者已经熟悉或认可的品牌作为公司最有价值的资产来保护。正如该公司一位副总裁所说："我们在兼并中尊重当地的民族工业，对其原有的品牌予以保留，我们只把我们的先进技术和管理带入被兼并企业中，使我们的产品在全世界保持同样的质量和信誉。"

3. 快速实现企业战略转移而采取多品牌战略

菲利普·莫里斯公司是世界最大的卷烟制造商。通过收购，在短短的 5 年内便一跃成为世界第五大食品公司。1990 年，菲利普·莫里斯在《幸福》500 家大企业中，已不再被列为烟草公司，而被列入食品加工和经销企业。在 1995 年美国《金融世界》研究的 282 个最具影响力的品牌中，该公司就占有 10 个品牌，其中食品品牌有 6 个。菲利普·莫里斯公司的这一战略转移，不仅成功地改善了公司的形象，而且由此也取得了惊人的业绩。2000年，公司销售额达 804 亿美元，利润达到 85 亿美元。除了"米勒"啤酒这一品牌一蹶不振外，旗下其他 15 个品牌都创造了销售额超过 10 亿美元的成绩。2000 年，公司股票价格从年初的每股 19 美元，一路飙升到每股 47 美元。

4. 由于原品牌不适宜延伸而采用多品牌战略

青岛啤酒具有近 111 年的悠久历史，在中外享有很高的知名度。20 世纪 90 年代中期以前，是中国唯一的全国性啤酒品牌。但在过去，受计划经济的制约和自身产量的限制，使青岛啤酒缺乏与大众消费者必要的品牌接触，青岛啤酒逐渐被人们淡忘，品牌忠诚度也无从谈起。随着经济体制改革的不断深入，众多地方性啤酒品牌如雨后春笋般涌现，消费者偏好纷纷转向这些地方品牌。到 1996 年，青岛啤酒的产量已降至全国第三，市场占有率也仅为 2.3%。特别是随着国外洋品牌的大举进入，"燕京"等地方性大啤酒集团的崛起，青岛啤酒集团面临的市场形势越来越严峻。能否迅速发展和扩张，提高市场占有率，已成为关系青岛啤酒前途的大问题。

根据对我国啤酒消费市场结构的分析，中高档啤酒市场大约占 10% 的份额，而低档啤酒市场则占 90%，青岛啤酒集团要在中国啤酒市场占有一席之地，特别是要夺回啤酒大王的桂冠，就必须占领在中国啤酒市场中占有绝对份额的大众市场。为此，他们制定了"高起点发展、低成本扩张"的发展战略。所谓"高起点发展"，就是引进国外资金、先进的管理、先进的啤酒生产技术，生产优质、高档啤酒，进一步巩固、扩大青岛啤酒的生产基地。所谓"低成本扩张"，就是通过收购地方性啤酒企业，迅速扩大企业规模。青岛啤酒集团的发展目标是，在 2010 年，啤酒产量达到 200 万吨，进入世界啤酒十强。2010 年 11 月 19 日，由中国酒类流通协会和中华品牌战略研究院共同主办的"华樽杯"第二届中国酒类品牌价值评议结果在国家会议中心揭晓，青岛啤酒股份有限公司在中国酒类企业中名列第 3 位，品牌价值为 278.74 亿元人民币，在中国啤酒行业中名列第一位。

实施"低成本扩张"战略后，对收购、兼并企业的产品如何命名，是影响这一战略能否成功的重要因素。例如，1994 年，青岛啤酒集团兼并扬州啤酒厂后，对被兼并企业的产品曾使用了"青岛啤酒"这一品牌，结果给消费者以"假冒"的感觉，在消费者心目中留下了不良印象，不仅产品销售受到影响，而且品牌声誉也随之降低。这是因为，青岛啤酒一直以其质量高、风味独特而著称，其中崂山泉水起着十分重要的作用，以致在青岛啤酒的包装瓶上面清楚地印上了"崂山泉水配制"几个大字，由此强化了消费者心目中青岛啤酒与崂山泉水的联结，认为只有位于青岛的青岛啤酒厂生产的啤酒，才是正宗地道的青岛啤酒，否则，其他都是假冒产品。可见，青岛啤酒虽享有很高的知名度和良好的质量信誉，但青岛啤酒与崂山泉水的联想不利于青岛啤酒品牌的外移，而且青岛啤酒一直具有高质量、高品位形象，显然不利于向低端啤酒市场的延伸。

以上分析表明，青岛啤酒集团在品牌使用上，严格控制"青岛啤酒"主品牌的使用，对其在全国各地兼并、收购的地方啤酒厂，采取的策略是：仍使用在当地有影响的原品牌，只是由青岛啤酒集团注入工艺技术、生产管理，提高其产品质量，同时在包装上加注"青岛啤酒系列产品"字样和青岛啤酒的品牌标识等。这样就将青岛啤酒这一品牌的无形资产(知名度、技术、质量)与地方品牌优势(与当地消费者的亲和力)充分结合，提高了原品牌的市场竞争力，既不损害青岛啤酒这一知名品牌，又充分利用了"名牌效应"，将青岛啤酒品牌的质量形象注入原品牌，也提高了原品牌的形象。此外，也形成了青岛啤酒系列产品，全方位地占领市场，迅速提高市场占有率。

目前，青岛啤酒集团在产品上已形成了多风格、多品种、多价位。在品牌上形成了以青岛啤酒为核心品牌，以莱岛、中丹、汉斯、巨泉等30多个品牌为系列品牌的多品牌组合。

6.4.2　多品牌战略的优缺点

1. 多品牌战略的优点

1) 有利于扩大市场覆盖面

多品牌战略有利于企业全面占领一个大市场，扩大市场覆盖面。一个大市场消费群是由许多具有不同期望和需求的消费者组成的，推出一种产品只能迎合某一消费群体，而不能赢得其他消费群体，这样，其市场占有率也就很有限了。如果根据不同消费群体的不同消费需求和期望，推出不同的品牌，就可以吸引各类不同的消费群体，从整体上提高企业的市场占有率。

2) 有利于适应细分市场的需要

多品牌战略有利于适应细分市场的需要，推进品牌的个性化和差异化，满足不同消费者群体的不同需要。实施多品牌战略，采用不同的品牌，可以突出每一种产品的特色，从而在消费者心目中形成比较明显的产品差别，以适应不同消费群体的品牌爱好和消费特点。一个品牌若能针对某一目标市场进行专门的产品设计、价格定位、分销规划和广告活动，那么该品牌就能最大限度地满足该类消费者的需要，从而很容易在他们的心目中建立起特有的品牌个性化形象，易于建立消费者的品牌偏好和忠诚度。

多品牌策略能让每一品牌都有自己的定位和服务对象，都仅用于一个档次、一种风格个性、一类口味的商品，在宣传时对外传播的是关于一个品牌的特性，具有高度的统一性，久而久之便能在消费者心目中建立起品牌与产品的特点、个性、形象、之间的对应关系。

3) 有利于企业获取品牌转换利益

实践表明，虽然消费者心目中存在着品牌忠诚信念，但却很少有消费者对某一品牌忠诚到绝对的程度，也不会对其他的品牌毫无兴趣。这就要求企业善于创造"转换成本"。所谓"转换成本"，就是使客户从原使用品牌转向另一个品牌所要付出的代价或再投资。品牌忠诚受转换成本的影响。转换成本越高，发生品牌转换的可能性越小，企业获取的转换利益也就越大。而企业的多品牌战略，可提供几种甚至几十种品牌，就可能锁住大部分品牌转换者，使他们继续使用本企业的其他品牌。在一定条件下，多品牌战略提供多个品牌，是获取"品牌转换者"的主要办法，甚至是唯一办法。

4) 有利于提高企业的效率

多品牌战略有利于激发企业内部活力，提高企业的效率。由于一个企业内部有多个品牌，一类产品就有一个品牌，使每个品牌经营者都会感到竞争的压力，努力搞好自己承担的品牌营销和市场开拓任务，由此推动企业效率的提高。

2. 多品牌战略的缺点

任何事物都是矛盾的统一体，有其利必有其弊，多品牌除有灵活性、适应市场差异化、提高产品的占有率、分散风险、深塑造品牌个性等多种优点之外，也有与之俱来的不足之处。

1) 难于管理

多品牌比统一品牌的管理难度要高得多，多品牌战略需要进行协调，包括从产品创新与包装改变，到经销商关系与零售商促销的一切事务。

大型的品牌组合也需要经常进行价格变动与库存调整，这些工作会消耗不菲的管理资源。另外，因为各品牌之间要实施严格的市场区分，每一个品牌都具有自己鲜明的个性特征，而且还必须具有足够的卖点。

因此，每一个品牌从市场调查到产品的推出，再到广告、营销的一系列活动中都要体现出足够的差异，必然会带来管理复杂、组织结构庞大。

如果企业整体盈利水平的提升无法弥补管理费用的增加，将是一个极大的风险。这些都会给企业的管理带来相当的难度。

2) 运作成本高，风险大

采用多品牌战略之后，由于企业要对不同的品牌进行广告宣传和促销，这样就大大增加了企业的营销成本，影响企业的经济效益；同时，规模化的生产给企业带来的是产品的低成本，规模越大，生产单个产品的边际成本就越低。

企业生产的产品中各品牌一致性越强，就越能节约成本。多品牌中各品牌面对的是细分市场，产品特性有别，这就限制了规模化的程度，致使单位成本偏高，尤其对一个新进入的品牌是一个很不利的因素。

3) 导致各品牌之间的竞争

多品牌策略可能引起同一企业的各个不同品牌之间的竞争，从而可能导致在老品牌的重压下新品牌迟迟抬不起头来，或者由于新品牌出尽风头，导致已有的老品牌的没落，这些都是企业不愿意看到的。

4) 不利于集中精力创大品牌

进行多品牌运作时，每个品牌从市场调查、品牌宣传、产品改进到经营管理体制的日益完善等，都需要企业资金的大量投入，而一个企业在这方面的资源总是有限的，这方面用多了，其他方面就得少用，各个品牌面对的都是单个细分市场，就算是很大限度地占有这个市场，也不可能有太大的市场份额，例如，班尼路公司，有多个影响较大的品牌，但由于在涉及的行业中，每个品类都有几个品牌，所以就很难出现大品牌。

6.4.3　多品牌战略的管理

在一个多品牌的公司里，各个品牌不能是个别的表演者，而是整个品牌系统中的一员，它们应彼此支持、形成合力。为此，就要对它们进行团队式管理，从而使它们相互帮助，避免相互牵制。品牌组合管理的最终目标是充分发挥每一个品牌的作用，使其不仅能够提高品牌资产，而且能使公司获得最大利润。

1. 多品牌要协同作战

多品牌战略的最大难点是各品牌要克服相互干扰而求得各自的发展，同时为了公司整体的市场目标，还要能够协同作战。为此，企业要对各品牌有清晰、明确、相互错位的品牌定位，包括目标市场、价格策略、渠道策略等应有所不同。

科龙集团在其发展过程中，通过兼并、收购，形成了旗下"科龙"、"容声"和"华宝"三个品牌。根据对中国家电市场及消费者的分析，科龙对其三个品牌制定了战略性的定位策略，这就是："科龙"是战略性品牌；"容声"是营利性品牌；"华宝"是竞争性品牌。其具体定位内涵有以下几点。

(1) 科龙品牌的内涵。科技导向、科技领先；人无我有、不断创新风范；追求时尚、现代感强；敢于创新、思维活跃；理性、严谨、求高品质。

(2) 容声品牌的内涵。以满足顾客需求为最高准则，最优的性价比，高度注重品质，物超所值；品牌形象是：朝气蓬勃，成熟体贴，可以信赖，有现代感。

(3) 华宝品牌的内涵。给消费者实实在在的关怀，实用可靠；品牌形象是：专业、处处为人着想，大方、得体。

有了这样三个不同定位的品牌，就有助于提高科龙公司应付来自不同领域竞争对手的挑战和反应能力，增强科龙集团市场在集中化过程中吸纳弱势品牌市场份额的能力，不管竞争对手从哪个方向进行挑战，科龙都有能力对其反击，从而可以有效地保护其总体市场占有率。

2. 不断优化品牌组合

品牌组合不是一成不变的，可根据需要对品牌进行增减，以增强公司的总体竞争力。因为每个品牌都要分享品牌创建所需的资源。如果品牌过多，就不足以支持每个品牌的发展。

例如，联合利华为了保持其高速增长，该公司制定了全球战略。集中优势品牌就是该总体战略的一部分。围绕其全球战略，联合利华决定在 4 年中将旗下的近 2000 个品牌进行调整，其数量将减少到 400 个以下。因为在这 2000 个品牌中，75%的销售来自其中的 400 个品牌。这 400 个品牌的年增长率约为 46%。如果集中精力发展这 400 个品牌，将使这些品牌的产品产量每年增长 6%～8%，营业毛利从 8.4%增长到 10.9%。

将"伊丽莎白·雅顿"(Elizabeth Arden)易主是联合利华品牌调整的一部分。该品牌是联合利华于 20 世纪 80 年代购买的品牌，当时联合利华希望进入高级香水市场，对高档护肤品进行研发，并把技术推广到大众化产品，但雅顿只有 6%的业务增长。公司认为，雅顿继续发展已有困难，所以决定卖掉该品牌所属的业务和资产。

在不断缩减品牌的同时，联合利华不断并购品牌。2000 年，公司以 243 亿美元并购了百仕福。原因是百仕福拥有 6 个全球闻名的品牌，合并后，联合利华的品牌更加广泛，规模更大，也更吸引人，使联合利华在世界食品公司中的排名超过卡夫，由原来的第三名上升至第二名，仅次于雀巢。2014 年 3 月 9 日，联合利华宣布，公司正式收购浙江宁波水处理企业沁园集团 55%的股权，这是迄今为止联合利华在中国的最大并购项目。联合利华收购沁园，正是看到了净水市场的广阔前景。

3. 对各个品牌进行合理投资

每个品牌的创建都需要经济资源的支持。对每个品牌的投资必须从两个方面来衡量：一是该品牌是否与企业核心优势相吻合；二是该品牌是否有创造价值的潜力。

正是基于这个原则，联合利华并不因伊丽莎白·雅顿是一个国际品牌就保留它，也没因"京华"茶叶是一个仅在中国使用的地区性品牌而忽视它；相反，联合利华从全球市场角度出发，看到了"京华"品牌在绿茶和花茶市场的知名度，将它视为一个重点发展的品牌进行投资，使其成为一个国际品牌，与原有的立顿红茶形成优势互补。

6.4.4　多品牌战略中的独特的销售主张策略

如果说前面谈到的宝洁公司的多品牌战略是从市场细分上寻求多品牌之间的差异，那么从营销组合的角度看则是找准了"卖点"，卖点也称为"独特的销售主张(USP)"，这是美国广告大师劳斯·瑞夫斯(Rosser Reeves)提出的一个具有广泛影响的营销理论。其核心内容是：广告要根据产品的特点向消费者提出独一无二的说法，并让消费者相信这一特点是别人没有的，或是别人没有说过的，且这些特点能为消费者带来实实在在的利益。

作为多品牌运作的典范，宝洁公司放弃了在各个行业使用单一品牌整体运作可能获得的规模经济，让每一个品牌都在比较狭窄的空间中生存，这是一种非凡的战略眼光和胆识。

为什么这样说呢？首先，宝洁公司不仅善于在一般人认为没有缝隙的产品市场上寻找到差异，生产出个性鲜明的产品，更值得称道的是能成功地运用营销组合理论，将这种差异推销给消费者。

其次，许多人认为，多品牌会造成内部自相残杀的局面，宝洁则认为，最好的竞争战略就是自己不断攻击自己。因为，市场经济是竞争经济，与其让对手开发新产品去瓜分自己的市场，不如自己向自己挑战，让本企业各种品牌的产品分别占领市场，以巩固自己在市场中的领导地位。

最后，从防御的角度来看，宝洁公司的多品牌战略是打击对手、保护自己的利器，一是从顾客方面来讲，宝洁公司利用多品牌战略频频出击，使公司在顾客心目中树立起实力雄厚的形象；利用"一品多牌"，从功能、价格、包装等各方面划分出多个市场，满足不同层次、不同需要的各类顾客的需求，从而培养消费者对本企业的品牌偏好，提高其忠诚度。二是对竞争对手来说，宝洁公司的"一品多牌"战略，使宝洁的产品多占货架，就等于从销售渠道上减少了竞争对手进攻的可能，从功能、价格诸方面对市场的细分，更是令竞争者难以插足。这种高进入障碍物无疑是抵御对手的强有力盾牌。

6.5　副品牌战略

副品牌是指企业在生产多种产品的情况下，给其所有产品冠以统一名称的同时，再根据每种产品的不同特征给其取上一个恰如其分的名字。主副品牌，如同文章中的标题和副标题。例如，"海尔—小王子"、"康佳—七彩星"、"厦华—福满堂"、"松下—画王"等都属于这种情况。这种"副品牌"在产品中往往能起到"画龙点睛"的作用，在家用电器行业格外受到青睐，也越来越多地受到许多国际著名企业的重视。

海尔集团是成功运用副品牌战略的典范，它用一个成功品牌作为主品牌，来涵盖企业生产制造的系列产品；同时，又给不同产品起一个生动活泼、富有魅力的名字作为副品牌，以主品牌展示系列产品的社会影响力，以副品牌凸显各个产品不同的个性形象。

6.5.1　副品牌战略的优点

1. 方便顾客对同类产品的区分

副品牌战略有利于同中求异，方便顾客对同类产品的区分。以海尔为例，海尔集团家电品种繁多，69 个大门类，10 800 多个品种。如果所有家电都称"海尔"，肯定不便于消费者的区分，使人印象模糊，如果对新开发的产品直接另起一个名称，那样风险、成本、推销费用等自然就会大大增加。海尔在冰箱中，相继推出"海尔—小王子"、"海尔—金王子"等；在空调上，先后推出"海尔—小超人"变频空调、"海尔—小状元"健康空调等；在洗衣机上，推出"海尔—神童"、"海尔—即时洗"、"海尔—搓板洗"等，使消费者对海尔的产品种类和特点一目了然，便于记忆。

2. 根据档次和特点给予不同的定位

企业利用副品牌对同类商品的档次和特点加以区分，给予不同的定位。副品牌战略不但方便了消费者的购买决策，同时也有利于企业对其产品加以区别，制定不同的定位策略。海尔集团对它的同类商品采用副品牌战略分为不同的档次、规格、品位和功能。例如，在冰箱中功能先进、外形俊俏的冰箱叫"帅王子"；而高雅华丽、彩画门体的冰箱就叫"画王子"。由此，海尔集团对它们就要采用不同的价格定位、目标市场定位以及不同的市场传播推广手段。

6.5.2　副品牌的基本特征

副品牌的引入，是因为多品牌和单一品牌有时不能适应企业的具体情况。副品牌战略的具体做法是以一个主品牌涵盖企业的系列产品，同时给各产品确立一个副品牌，以副品牌来突出产品的个性形象。副品牌具备以下特征。

1. 广告宣传的重心是主品牌，副品牌处于从属地位

这是由企业必须最大限度地利用已成功的形象资源所决定的，否则就相当于推出一个全新的品牌。由于宣传的重心是主品牌，相应地，广告受众识别、记忆及产品品牌认可、信赖和忠诚的主体也是主品牌。

2. 主副品牌之间的关系不同于企业品牌与产品品牌之间的关系

这主要由品牌是否直接用于产品以及消费者认知、识别的主体所决定的。例如，"海尔—帅王子"冰箱，海尔是企业品牌，同时也直接用于产品，而且是产品品牌的识别重心，故"海尔"与"帅王子"是主副品牌的关系。而"通用"与"凯迪拉克"则属于企业品牌与产品品牌之间的关系。

3. 副品牌一般都直观、形象地表达产品的优点和个性

长虹给其空调产品取的"雨后森林"、"绿仙子"、"花仙子"等副品牌，栩栩如生地把长虹空调领先的空气净化功能表现出来。

4. 副品牌具有口语化、通俗化的特点

副品牌采取口语化、通俗化的名称，不仅能生动形象地表达产品特点，而且便于快速打响副品牌。例如，"画王"、"小厨娘"、"帅王子"均具有这一特点。

5. 副品牌较主品牌内涵丰富、适用面窄

由于副品牌要直接表现产品特点，与某一具体产品相对应，其命名方式比主品牌单调，而名称的内涵要比主品牌丰富。主品牌的内涵一般较单一，有的甚至根本没有意义。例如，海尔、Sony 等，用于多种家电都不会有认知和联想上的障碍。

6. 副品牌一般不额外增加广告预算

由于副品牌战略宣传的重心仍是主品牌，可以理解为把该产品预算的宣传费用主要花在主品牌的宣传上。尽管副品牌也收到了良好的推广效果，但主品牌也几乎完全"享用"了宣传支出的效益。

6.5.3　副品牌的命名规则

由于副品牌对产品的推广和提高消费者的认知度具有很大的推动作用，因此，在市场营销和传播中，要赋予"副品牌"智慧、灵性、亮点和卖点，副品牌的命名应当十分贴近产品的特性，同时也要符合顾客的诉求。因此，副品牌命名应遵守以下规则。

1. 主品牌和副品牌应协调一致

主品牌是副品牌的根基和概貌，副品牌是主品牌的延伸和递进，是主品牌的补充，二者是相互联系、相互作用的一个有机体。主副品牌要相互协调、相互一致、相互呼应，给人一种自然、和谐、有趣的感觉。可以说，副品牌是主品牌下产品的说明和体现，是支撑主品牌的卖点。例如，"长虹—红双喜"、"海尔—先行者"等主副品牌之间都能相互呼应、相互协调。

2. 使人们能够通过副品牌联想到产品的功能和利益

主品牌不可能把企业各种不同类型的产品功能利益都表达得清楚到位，此时就可以通过副品牌传播来体现。在现实中，这种情况经常出现。例如，"春兰—清新"空调；"TCL—美之声"无绳电话；"伊莱克斯—省电奇兵"冰箱等，都是有效地运用了副品牌这种奇特的功能利益作用。

3. 副品牌要通俗易懂

副品牌应言简意赅、形象生动，打动人心。这可以用"四易"、"五化"来表示："四易"指易读、易认、易记、易传；"五化"指口语化、通俗化、直观形象化、独特简洁化、个性

化。"四易"、"五化"应是副品牌命名的重要原则。例如，"海尔—小小神童"、"乐百氏健康快车"、"康佳—七彩星"、"TCL—美之声"等名称听起来都很顺耳，读起来顺口，通俗好记，传起来快捷。

4. 副品牌要富有时代感

副品牌肩负着拓展新市场的重任，而新市场的需求特征往往会因时间的差异而呈现不同的特征和要求，因此，如何通过副品牌去概括特定时代的需求特征，迎合消费者的需求时尚、理念，也是副品牌设计时应注意的问题。例如，"海尔—探路者"、"康佳—彩霸"、"康佳—镜面"等都能反映出当今的消费时尚。

5. 副品牌要具有冲击力

当今的社会品牌繁多，消费者不可能对每一个品牌都具有深刻的印象，要想让自己的品牌从众多的品牌中脱颖而出，就得使自己的品牌对市场有一定的冲击力、震撼力、促销力和魅力。例如，"东芝—火箭炮"、"格力—冷静王"、"海尔—联合舰队"等都是极具冲击力的副品牌名称。

6. 副品牌要为产品和市场定位服务

市场经济的发展、买方市场的形成，迫使企业对自己的产品进行恰当地市场定位，也是应对竞争的有力手段。当今，消费者对功效万能的产品宣传早已厌倦了，消费者正逐步走向成熟和寻求产品的多样化。当企业的产品是为市场上所有的消费者而提供时，那么就要尽量用副品牌把不同的消费者群体区分开来，为每一个不同的消费者群"量身定做"一个恰如其分的副品牌，这样才更能满足不同顾客群的心理需求，锁定目标消费者，把产品定位在消费者的心中。例如，长虹针对农村市场的"长虹—红双喜"，厦华针对农村市场和城市老年家庭的"厦华—福满堂"。

本 章 小 结

产品的发展是一个循环发展的过程，会有自己的生命周期，品牌也是如此，所以面对品牌处于的不同周期，我们所采取的品牌营销策略也应该是随着时期的不同而进行转变；同时，对于不同的企业也会采取不同的品牌营销策略。

本章主要从品牌营销战略的含义及特征入手，通过介绍品牌营销战略的意义和构成，引申出品牌生命周期战略，同时介绍了统一品牌战略，重点分析了多品牌战略的管理。最后介绍了副品牌战略。通过本章的学习，读者可对品牌营销战略的基本内容与实际应用有一个初步的认识，明确现代企业在经济全球化的发展过程中实施品牌营销战略发展的必要性。

思考与练习

1. 简述品牌营销策略的定义、特征和意义。
2. 分析品牌的生命周期，简述各个时期品牌所表现的特征。
3. 对于品牌的四个时期，分别采取的策略是哪些？
4. 简述统一品牌战略、多品牌战略、副品牌战略的优缺点。
5. 对比分析统一品牌战略、多品牌战略和副品牌战略。

案 例 分 析

宝洁 26 个品牌年销售逾 10 亿美元，多品牌战略奏效

　　宝洁公司目前是全球最大的日用品供应商之一，且培育出世界级名企的总裁最多。这些管理人才与宝洁的多品牌战略是分不开的。无疑宝洁公司的多品牌战略是最具有代表性的，是日化企业的典范，也值得众多零售业务行业的学习与借鉴。2012 年，宝洁公司"10亿美元俱乐部"再次扩容，最新的财报显示，其旗下品牌 SK-Ⅱ 和 Vicks 双双成为"10 亿美元俱乐部"的最新成员。随着这两个品牌的加入，宝洁公司拥有的"10 亿美元俱乐部"从以前的24 个增加到现在的 26 个，包括 Olay、帮宝适、汰渍等。

　　"10 亿美元俱乐部"是指年销售额超过 10 亿美元的品牌。目前，在快速消费品领域，宝洁公司拥有最多的 26 个"10 亿美元俱乐部"成员，可口可乐公司拥有 15 个，卡夫也拥有 12个，而按照欧元与美元比计算，联合利华也拥有 12 个"10 亿美元俱乐部"成员。并且一些快速消费品公司也在乐此不疲地继续着俱乐部扩容竞赛。实际上，在不断成功复制明星品牌的过程中，宝洁公司已经形成了很强的分销能力、供应链管理能力、终端管理能力、品牌打造能力、新产品开发能力等。而这些能力也为"10 亿美元俱乐部"品牌的培育创造了条件。

　　例如，针对宝洁最新的品牌建设愿景指出，要跟每个消费者建立一对一的、一辈子的联系。宝洁大中华区相关负责人向记者表示，宝洁也将相应地加大一些重点品牌在社会化媒体领域的人才配备及相应流程规划。例如，年销售额达到 100 亿美元的帮宝适品牌中国区的 Community Manager 今年已经增加到 4 个。

　　除了子品牌，宝洁大中华区相关负责人说，宝洁也有专门的团队负责宝洁公司品牌运营。希望利用公司品牌和各产品品牌之间营销的互动，利用这种规模整合效应，达到更高、更广的影响。这一点将在宝洁奥运社会化营销中充分体现。下面对宝洁公司的多品牌战略进行分析。

　　1. 宝洁公司品牌分类

　　(1) 宝洁公司官方的品牌分类。宝洁公司的品牌，共分为美尚、健康、家居三大类，多达 22 个子品牌。美尚品牌 12 个，分别为 Olay、SK-Ⅱ、潘婷、飘柔、海飞丝、沙宣、伊卡璐、威娜、卡玫尔、吉列、德国博朗、舒肤佳。健康类品牌 5 个，分别为佳洁士、护舒宝、

朵朵、欧乐-B、品客。家居类产品 5 个，分别为汰渍、金霸王、兰诺、碧浪、帮宝适。

(2) 宝洁公司的日化产品涉及的商品种类。日化产品有洗发护发用品、美容护肤用品、洗浴用品、洗衣用品、洗牙用品、卫生巾、纸尿裤、理发剃须用品等。非日化用品有品客薯片和金霸王电池等。两种分类方法各有其自身的优势特点，但是最主要的特点还是日化的覆盖领域拥有宽度和深度，占据了中国日化市场的大片江山。

2. 宝洁公司的多品牌战略在中国获得成功的主要原因

(1) 宝洁公司的品牌在中国采用产品名称本土化，例如，海飞丝、飘柔、碧浪等几乎用的都是中国有特定意义的汉字，广大消费者在消费上的警惕性减弱，从而增加了亲切感，所以无形中使用部分宝洁品牌。

(2) 宝洁公司不同品牌的广告采用中国风，注重中国的家庭文化，选择阳光时尚的主题风格，使不同品牌的产品深入人心。

(3) 不同的日化产品类别采取不同的品牌命名方式，会使各自类别领域的产品独立发展，充分发挥多品牌扩大销售额的目的。

(4) 同样的日化产品类别采取不同的品牌命名方式，降低了同一领域的产品销售风险，即使某一品牌销售业绩不理想也会有同类属于宝洁的品牌的弥补，达到平衡销售额和占有市场份额的目的。

(5) 宝洁公司的产品采用差异化营销方式，追求同类产品不同品牌之间的差异，包括功能、包装、宣传等诸方面，从而形成每个品牌的鲜明个性。其中价格的差异性令公司和消费者同时可以明确区分其高端产品、中端产品和低端产品所对应的高端、中端和低端市场。使不同经济状况的消费群体均可使用，从而使买卖双方同时获益。

3. 宝洁多品牌战略成功的关键原因

宝洁公司的多品牌战略在实施过程中，最关键的一环是人才，这是宝洁多品牌战略成功的关键。因为形成了多品牌的行业格局，就需要相当数量的人才来经营和管理这么多分公司及其下属的产品品牌。宝洁公司有闻名世界的自己的大学——宝洁大学。其他企业一般采取的员工培训方式是企业高层的内训或者外聘讲师的外训，从企业本身发展的角度来讲，可能会有脱离实际企业状况的情况存在。而宝洁大学，则拥有自己的专职讲师，所有的专职讲师都是企业内部的各级管理者或者工作多年的老员工，所以宝洁大学讲授的各个品牌的案例是宝洁公司近 200 年历史的深刻写照，并包含世界著名的案例，对于应对实际中企业的发展及过程中出现的问题具有深刻准确的作用。

4. 宝洁公司多品牌战略的缺点

(1) 多品牌造成品牌混淆。产品拥有过多的品牌不仅使消费者感到眼花缭乱，而且还容易使消费者把每一种品牌产品的特点混淆起来，这就会造成市场分区的重复。因此，虽然公司不同品牌的产品在同一个市场内争夺市场份额，但公司的整个市场份额却并未上升。

(2) 大量的研发投入造成成本上升。虽然产品更新是宝洁公司的竞争优势之一，但这个优势却是建立在极高的研发投入上的。宝洁公司每年投入产品研发的资金高达 1.7 亿美元，这就不可避免地造成了成本上升和利润下降。而在日化用品领域，宝洁有许多强大的竞争对手，如果其他厂家以更低的成本生产同样品质的产品，消费者就会转而购买其他公司的产品。毕竟在这样一个极具竞争性的行业里，成本控制是非常重要的。

(3) 新品牌建立时较难发展。新品牌建立时，不能借助已有的品牌进行推广，想打入市场拥有一定量的消费人群较困难。例如，宝洁公司在 2002 年推出的润妍洗发水就一败涂地，在短期内黯然退市。从润妍的研究到产品推广的行销方案都很不错，但忘了一个原则——"方便"。在一个新品牌出现时最重要的就是符合消费者心理，但若是在一个良好的基础上，消费者会以原有使用品牌的心态去使用一个新产品，拥有一定的群众基础，利于发现缺点并改正，从而持续发展，而不会在品牌刚上市就面临退出市场等问题。

综合来看，宝洁公司的多品牌战略无疑是非常成功的，但是，这并不代表宝洁公司的多品牌战略都会有很准确的市场定位，并且最终占领一定的市场份额。只有那种有着正确市场定位的品牌才会长久保持成功，并最终成为同类市场的领先产品。但是，宝洁作为世界最大的日化产品企业，其优势和经验是值得各类正在实施多品牌战略和将要实施多品牌战略的企业借鉴的，其意义非常远大。

(资料来源：第一财经日报. 2012.9.28)

思考

从宝洁多品牌战略的案例中，我们可以得出哪些经验为其他企业发展多品牌营销战略提供帮助？

第7章　品牌推广战略

【学习目标】

- 掌握品牌推广的概念和意义。
- 了解品牌推广的推广模式和方式。
- 掌握品牌的广告推广的目标及效果评价。
- 掌握品牌的营业推广的功能与特征。
- 熟悉品牌的营业推广的主要方式。
- 掌握品牌的公关推广的目标与方式。
- 熟悉各种品牌推广之间的联系与区别。

7.1　品牌推广概述

7.1.1　品牌推广的含义

1. 品牌推广的概念

品牌推广又称为品牌传播，是指在品牌定位的基础上将品牌信息传递给消费者的一种传播行为，从而最终实现品牌价值。它是品牌营销的重要环节。具体来说，就是通过品牌的各种有效传播方式、方法，诸如广告、公关等，使品牌为广大消费者所熟悉，进而提高品牌的知名度、美誉度，打造强势品牌，为提升企业竞争力打下坚实的基础。

值得一提的是，品牌推广应严格区别于产品推广。同产品推广相比，品牌推广是产品推广的高级阶段。它更多考虑的是如何造势，如何通过建立良好的品牌形象来自然而然地带动产品的售卖，如何实现品牌与目标群体之间长期利益的融合，如何通过专业与非专业的多种形式达到品牌战略目标。一个成功的品牌推广，不仅可以获得当前的产品销售收益，而且可以获得额外的品牌资产和稳定的附加值收益。

2. 品牌推广的意义

1) 有利于促进、强化品牌认知

品牌推广有利于促进、强化品牌认知。它是围绕品牌的差异化价值展开的一致性营销、传播和公关运作，对各类推广运作进行了全面的整合和梳理，不仅能够通过同一个声音、同一种行为的协同运作，显著降低上游采购和下游分销成本，降低消费者认知的门槛，而且能够使这些运作立即产生协同效应，实现当前收益和远期收益的平衡。

2) 有利于满足消费者的心理需要

消费者的需求不仅有物质需求，还有精神需求。现代社会基于物质产品的多样化和同质化，精神需求在现代消费者心中占据了越来越重要的地位。而品牌推广则较好地满足了这一需求，因为它围绕品牌价值展开，以产品为载体，出售的是一种特别的东西，我们称这种东西为品牌个性、品牌内涵。

3) 有利于获得长期稳定利益

品牌推广有利于明确以客户为中心，获得长期稳定利益。品牌推广不以产品为中心，而以客户为中心，以消费者与企业建立牢固的排他性合作关系为目的获得长期稳定的利益。以寻找、吸引、挽留目标这种关系一旦建立，企业就能获得长期稳定利益。

7.1.2　品牌推广的模式

1. 单一品牌推广模式

顾名思义，单一品牌推广就是在所有的品牌宣传、推广中只使用一种品牌。这是目前最为常见的一种方式。但在该品牌下可以有多系列和多种产品。这种模式的好处在于品牌较为突出，有利于创建统一的品牌形象，有利于产品线延伸，且新产品进入费用较低，有利于集中营销资源，取得品牌规模效益。

这种模式的缺点在于随着品牌产品数量的增多，品牌的透明度将大为降低，市场不知道品牌具体代表什么。品牌覆盖范围越广，问题越突出。因为人们有很多的品牌可供选择，当然不会花精力去琢磨某一个品牌代表什么。另外，使用统一的推广主题，就必然要抹杀各种产品的不同特点，且当一种产品出现问题时，会殃及其他产品。此外，如果厂商具有多个品牌，每个品牌独立行动，容易引起品牌之间的竞争，消耗资源，成本较大。例如，处于汽车行业的企业采用单品牌推广就可能出现这些问题。

2. 多品牌推广模式

多品牌推广模式已成为一种较为先进的方式，英特尔、可口可乐、麦当劳等因此而获得了成功。该模式是指品牌营销者从提升品牌价值、促进产品销售的角度出发，借助多个相关品牌共同为消费者提供产品或服务的推广模式。

这种相关品牌既可以是内部的，也可以是外部的。与单一品牌推广模式相比，多品牌推广模式可以借助内外品牌优势，从战术层面的广告宣传、公关活动和促销活动到战略层面上的品牌联盟、品牌规划发挥协同优势和效应，从而丰富品牌内涵，提升品牌形象。同时，可以强化品牌个性，突出差异化，为目标消费者提供更有价值的产品和服务。

多品牌推广模式分为横向联合型和纵向联合型。横向联合型的品牌产品之间既可以是相关的，也可以是无关的。这种联合大多是基于某一目标市场，进行小范围局部的短时期的推广活动，如"小天鹅"与"碧浪"在大中专院校开办"小天鹅碧浪洗衣房"。与横向联合型相比，纵向联合型是对处于同一价值链的上下游品牌之间的联合。这其中最著名的案例当属英特尔的"Inter Inside"。1991 年，英特尔做出一项决定，要求各家电脑厂商如 IBM、戴尔等在电脑主机、说明书、包装和广告上，加上内有英特尔(Inter Inside)的商标。结果，在短短的 18 个月内，出现"Inter Inside"字眼的广告高达 9 万页以上，如果将这个数字换算成曝光的次数，那么该商标的曝光次数就高达 100 亿次。就在这 18 个月里，知道英特尔的电脑用户，从原来的 46%上升到 80%，英特尔的品牌知名度及品牌价值随之提高。

3. 纵向联合品牌推广模式

按照费利克斯·巴博(Felix Barbo)的定义，纵向联合品牌推广模式是指生产者控制着整个品牌增值过程，从产品开发直到商品零售。其中，最具代表性的是生产者将产品以自己的品牌通过专卖店的形式销售。这一方式在服装行业较为流行，"双星"品牌专卖店遍及全国各地，可谓是将这一模式用到了极致。与传统的品牌经营只注重产品的设计、开发、生产，然后销售给零售商，并提供售后服务与广告宣传相比，纵向联合品牌推广具有一定的优势。

(1) 拉近消费者的距离。拉近消费者的距离，能够对市场做出快速灵活的反应。由于生产者能够接触信息的源头，因此，能够最直接地听取消费者对产品或服务的各种要求，并及时、准确地反映给内部各部门，避免各部门做出盲目的决策。

(2) 降低成本。首先，纵向联合品牌推广减少了生产商、分销商、零售商三者之间的摩擦成本，并把这种成本所获得的实惠传递给消费者，提升了品牌的价格竞争力；其次，能够有效进行商品的物流配送和市场细分，减少了时间上的延误；最后，减少了顾客的维护成本。纵向联合品牌对每一位顾客都一视同仁，都提供相同的产品和服务，保证了产品的协整性，有利于提高顾客的忠诚度。

(3) 有利于突出和提升品牌形象。纵向联合品牌具有与连锁店相似的性质，具有统一的店面形象、统一的广告制作与发布、统一的员工形象，而且还具有统一的企业理念，给消费者形成了强烈的视觉效果和环境氛围，增加了亲和感和信任感。

4. 直销推广模式

传统的消费品制造商，都是以中间商作为产品销售的渠道，经由批发商、零售商，传递到消费者手中。而雅芳则在 20 世纪 40 年代的时候，首开直销推广之先河，产品由雅芳小姐通过组织家庭聚会的方式进行介绍并销售，同时给予相应的培训与指导，取得了巨大的成果。如今，这一模式进一步发展。在 IT 行业，戴尔几乎成了直销的代名词，戴尔作为一个成功的企业，它所推行的直销的商业模式已经改变了整个行业的传统模式，直销已经风靡全球。

5. 柔性推广模式

柔性推广又称模块推广。该模式源于现代生产方式中的柔性生产，一种多产品线的先进生产方式。它将品牌分成若干个模块，又进一步将这些模块组合成"核心模块"和"选择性模块"两类。核心模块是不管在什么地方、什么时间都必须遵守的方法与规则，选择性模块则允许根据不同的市场需求、消费习惯、风俗、文化背景灵活掌握，然后再把二者进行有效的组合。这样做既保证了品牌核心竞争力的稳定性，又能最大限度地兼顾个别消费者的多样化需求和争取更多的消费群体，使同一品牌在不同市场上保持共性的前提下发挥个性。麦当劳在世界各地进行品牌推广，始终遵循"QSCV"的经营原则，Q 代表产品质量(Quality)，S 代表服务(Service)，C 代表清洁(Clean)，V 表价值(Value)。这些原则就是麦当劳品牌推广的核心模块，是麦当劳品牌形象的核心，是在任何时候、任何地方都不变的。它使得人们无论在任何时候、任何地方，都能很自然地把麦当劳与"Q"、"S"、"C"、"V"

联系在一起；同时，麦当劳公司又根据各个不同消费群体的文化背景、风俗习惯采取了具有一定差异的经营方针、措施，这些方针、措施是它的"选择性模块"。

7.1.3　品牌推广的方式

从传统的角度来看，大致可以分为：文化推广方式、公共关系推广方式、广告推广方式和代言人推广方式。这些都是在商战实践中，用得最多的，也是实践证明有效的方式策略。此外，随着社会经济以及营销理论的发展，品牌推广方式开始摆脱单向的、静止的和封闭的推广模式，向双向的、多变的和开放的推广模式转变，这就产生了体验推广、体育推广等诸多新的推广方式。这些方式适应了物质产品极为丰富的新消费时代，逐步为各个企业所接受。

1. 文化推广策略

文化作为一种无形的东西，社会中的每一个人、每一个企业无不处于文化的包围之中，并不知不觉地受其影响。同样，组织也有组织的文化，这些文化是组织在长期的发展过程中日积月累而产生的，在外表现出来就是一种品牌文化，如"可口可乐"品牌代表"年轻、有活力"的文化内涵等。企业如果能够适时对一些有价值的文化因素加以推广、利用，对其本身的发展必然产生积极的影响。

2. 公共关系推广策略

公共关系包括政府关系、媒体关系等在内的多种关系，构成了品牌组织在社会中的存在状态。品牌的发展与壮大，自然要受到这些公共关系的约束与限制。因此，品牌组织不能被动地等待公共关系的改善，而是要主动出击，要在对多种关系详细分析的基础上，善加利用。

3. 广告推广策略

广告在生活中无处不在，是一种基本的推广策略。企业做广告，目的是为了提高品牌的知名度，强化品牌在消费者心中的形象，提高品牌的美誉度，进而激发消费者的购买欲望，最终达到使消费者购买的目的。

4. 代言人推广策略

如今商场中，几乎都能看到明星代言人的身影。大到高档豪华电器，小到饼干食品。影帝葛优代言"谁穿谁精神"的某内衣，奥运冠军孔令辉代言"我选择，我喜欢"的运动鞋。诸如此类的代言人，俨然已成为商界克敌制胜的必不可少的一把利器。形象代言人在产品推广过程中具有提升知名度、宣言品牌精神、展示品牌个性、丰富品牌联想、强化品牌体验、维护品牌风格等独特的价值。

5. 体验推广策略

消费者做出购买决策的过程，不仅是一个理性分析的过程，而且是一个情感碰撞的过程。在品牌推广过程中要能够通过某种特定的手段、方式满足消费者的独立探索与亲自体验的情感需求，为品牌创造独特的价值，从而获得消费者的认同、好感。体验推广就是这样一种营销理念，它专注于使目标顾客全面融入创造和消费体验的过程当中，满足消费者对消费体验的需求，产生情感碰撞，从而提升产品差异性，达到提升品牌形象和吸引力的推广目的。

6. 体育推广策略

有健康，才有未来。如今，体育活动已深入普通大众的日常生活之中，成为人们生活中不可缺少的一部分，占据着极其重要的位置。体育推广就是品牌经营者借助体育活动与组织，通过获得相关的名义、许可、权利，从而达到提升品牌形象的目的。作为一种特殊的推广模式，体育推广具有注意力强、参与性高、到达率高、成本较低、针对性较强的优势。这种策略特别适合于与运动具有某种关联的商品。

需要说明的是，以上各种策略并不是互相孤立的，而是相互联系、互为补充的。成功的品牌推广必然是结合品牌推广战略，结合不同的时间、地点差异，进行多种策略的有效组合，从而达到整合的效果。

7.2 品牌的广告推广

品牌附加值仅存在于消费者的认知中，而品牌的广告推广既是建立消费者品牌认知的主要方式，也是提高品牌知名度的有效途径。

品牌的广告推广是指品牌营销管理者采用付费方式，委托广告经营部门通过传播媒介，以现代科学技术和现代化设备为手段，以策划为主体、创意为中心，对目标市场所进行的有关品牌名称、品牌标志、品牌定位等为主要内容的宣传活动，旨在使消费者心目中牢固地树立品牌形象，从而达到刺激并扩大市场需求、开拓潜在市场、扩大市场份额、增加品牌资产的目的。

在快速流通的消费者市场上，建立品牌与广告宣传几乎是同一概念，因为大量实验证明了"商品+广告=品牌"这一公式。因此，广告是提高品牌知晓度、塑造品牌个性的有力工具，品牌的广告推广应该成为经营者品牌策划的核心工作。品牌经营者在开展广告宣传活动时，必须进行以下五项主要决策。

(1) 任务(Mission)——广告的目的是什么？
(2) 资金(Money)——要花多少钱？
(3) 信息(Message)——要传送什么信息？
(4) 媒体(Media)——使用什么媒体？
(5) 衡量(Measurement)——如何评价结果？

7.2.1 明确广告推广目标

明确广告推广目标是进行品牌的广告推广的第一步。所谓广告目标，是指在一个特定时期内，对于某个特定的目标受众所要完成的特定的传播任务和所要达到的沟通程度。例如，3 个月内，使 100 万有 6 岁以下孩子的家庭知道品牌×为婴儿护肤品，并使相信这种护肤品对于婴儿皮肤保护功能显著的人数从 5%上升到 40%。

毫无疑问，广告推广的最终目标是通过广告宣传在消费者心中提高品牌的知名度，促使消费者在选购同类商品时，能指名购买，达到扩大市场占有率的目的，从而使企业赚取更多的利润。

广告推广的最终目标虽然相同，但不同企业在不同时期所采用的广告目标可以归纳为以下三种类型。

1. 创牌广告目标

创牌广告的目的在于介绍新产品和开拓新市场。它通过对产品的性能、特点和用途的宣传介绍，提高消费者对产品的认识程度。其中着重要求提高消费者对新产品的知名度、理解度和品牌商标的记忆度。例如，恒大跨进矿泉水领域，推出最新的"恒大冰泉"。

2. 保牌广告目标

保牌广告的目的在于巩固已有的市场阵地，并在此基础上深入开发潜在市场和刺激购买需求。它主要通过连续广告的形式，加深对已有商品的认识，使现实消费者养成消费习惯，潜在消费者产生兴趣和购买欲望。

保牌广告目标不是为整个产品种类创造需求，而是要影响消费者对特定品牌的需求。这个阶段的广告通常不再提供较多的信息和诉求，而是要激发消费者的情感。广告可以通过从强调品牌间的细微差别开始，同时重点加强消费者对品牌名称的记忆和创造对该品牌的肯定态度。例如，广州本田"雅阁"(ACCORD)的广告语："世界品质，一脉相承"、"卓越在于不断超越"、"创造的喜悦……"，上海大众 PASSAT(28V6)的广告语："强者强自内心"、"惊世之美，天地共造化"、"人生行，成功路"。这些广告词的用意都在于激发受众的情感引起共鸣。培养消费者对某种品牌商品的偏好，提高他们对这种品牌的选择兴趣，保持消费者对广告产品的好感、偏爱和信心。

3. 竞争广告目标

竞争广告的目的在于加强产品的宣传，提高市场竞争能力。广告诉求重点是宣传本产品较同类其他产品的优异之处，使消费者认知本产品能给他们带来什么好处，以利于消费者形成偏爱度并指名选购。

此外，企业在制定广告目标时，还应尽可能具体。常用的广告目标有以下几种，供研究和确定广告目标时参考使用。

(1) 加强新产品宣传，使新产品能迅速进入市场。

(2) 扩大或维持产品目前的市场份额。

(3) 提高企业或产品的知名度，以配合人员推销活动。

(4) 介绍新产品的新用途或老产品的新用途。

(5) 对推销员一时难以接近的潜在顾客，起预备性接触作用。

(6) 加强广告商品的品牌、商标印象。

(7) 在销售现场起提示作用，促进消费者的直接购买行动。

(8) 帮助消费者确认其购买决策是正确的和有利的。

(9) 提高消费者对企业的好感，为企业建立信誉。

(10) 纠正错误印象和不确实的传闻，以排除销售上的障碍。

(11) 通过广告宣传，延长产品的使用时间或提高对产品变化使用和其他使用的认知，以利于产品的销售。

(12) 劝诱潜在消费者到销售现场或展览陈列场所参观访问，以提高对产品的认识，增强购买信心。

广告目标应当规定具体的指标和要求，如视听率、知名率、理解率、记忆率、偏爱率等，以作为检查广告效果的依据。

7.2.2 确定广告推广预算

在确定了品牌广告目标推广之后，品牌营销者就要为该品牌编制广告预算。广告预算是品牌营销者对广告推广活动的预算，是企业进行广告推广活动的资金费用使用计划。

一家企业究竟应该在广告上投入多少资金才算合适？显而易见的事实是，如果企业广告开支过低，肯定收效甚微；相反在广告方面开支过多，又可能会造成浪费——有些资金本来可以派上更好的用场。一般的规律是，生产、经营小包装消费品的大公司在广告上开销比较大，如宝洁、雀巢、玛氏糖果(M&M)等；而经营产业用品的公司，一般在广告上花费较少。科学地编制广告推广预算是实施有效的广告推广活动，并取得一定预期效果的保证。

1. 影响广告推广预算的因素

品牌营销者在制定广告预算时要考虑以下五个特定的因素。

1) 产品生命周期阶段

新产品一般需花费大量广告预算以便建立知晓度和吸引消费者试用，已建立知晓度的品牌所需广告预算在销售额中所占的比例通常较低。

2) 市场份额和消费者基础

市场份额高的品牌，只求维持其市场份额，因此，广告预算在销售额中所占的百分比通常较低。而要通过增加销售来提高市场份额，则需要大量的广告费用。如果根据单位效应成本来计算，打动使用广泛品牌的消费者比打动使用低市场份额品牌的消费者花费较少。

3) 竞争与干扰

在一个有很多竞争者和广告开支很大的市场上，一种品牌必须更要加大宣扬力度，以高于市场的干扰引起人们的注意。即使市场上一般的广告干扰不是直接针对本企业的品牌，也有必要大做广告。

4) 广告频率

广告频率是指把品牌信息传达到顾客需要的重复次数。

5) 品牌替代性

在同一商品种类中的各种品牌(香烟、啤酒、软饮料)需要做大量广告，以树立有差别的形象。如果品牌可提供独特的物质利益或特色时，广告也有重要的作用。

2. 编制广告预算的方法

1) 量力而行法

尽管量力而行法在市场营销学上没有正式定义，但不少企业却一直在采用。这种方法即企业领导确定广告预算的依据是他们所能拿出的资金数额。也就是说，在其他市场营销活动都优先分配给经费之后，尚有剩余时再供广告之用。企业根据财力情况来决定广告开支多少并没有错，但应看到，广告是企业的一种重要手段，企业做广告的根本目的在于促进销售。因此，企业做广告预算时要考虑企业需要花多少广告费才能完成销售指标。所以，严格来说，量力而行法在某种程度上存在着片面性。

2) 百分率法

百分率法是以一定时期的销售额或利润的一定比率来确定广告费用数额的方法。它又有销售额百分率法和利润百分率法。

销售额百分率法即企业按照销售额(上年度销售实绩或次年度预计销售额)的一定百分比来决定广告开支。这就是说，企业按照每完成 100 元销售额需要多少广告费来决定广告预算。在美国，汽车公司一般以每辆汽车预估价格的某一固定率来作为确定广告预算的基础，而石油公司则一般是以每加仑汽油价格的某一固定比率来进行广告预算。

利润百分率法即企业按照利润额(上年度利润实绩或次年度预计利润额)的一定百分比来决定广告开支。采用利润额来计算较销售额更为恰当，因为利润是企业经营成果的最终表现。但是，当企业没有利润或出现亏损时，此法便失去了可操作性。

使用百分率法来确定广告预算的主要优点有以下几点。

(1) 暗示广告费用将随着企业所能提供的资金量的大小而变化，这可以促使那些注重财务的高级管理人员认识到：企业所有类型的费用支出都与总收入的变动有密切关系。

(2) 可促使企业管理人员根据单位广告成本、产品售价和销售利润之间的关系去考虑企业的经营管理问题。

(3) 有利于保持竞争的相对稳定，因为只要各竞争企业都默契地同意让其广告预算随着销售额的某一百分比而变动，就可以避免广告战。

使用百分率法来确定广告预算的主要缺点总结如下。

(1) 把销售收入当成了广告支出的"因"，而不是"果"，造成了因果倒置。

(2) 用此法确定广告预算，实际上是基于可用资金的多少，而不是基于"机会"的发现与利用，因而会失去有利的市场营销机会。

(3) 用此法确定广告预算，将导致广告预算随着每年的销售波动而增减，从而与广告长期方案相抵触。

(4) 此法未能提供选择这一固定比率或成本的某一比率，而是随意确定一个比率。

(5) 不是根据不同的产品或不同的地区确定不同的广告预算，而是所有的广告都按同一比率分配预算，造成了不合理的平均主义。

3) 竞争对抗法

竞争对抗法是指企业按照竞争者的广告开支决定本企业广告预算为多少，以保持竞争上的优势。这种方法即整个行业的广告数额越多，本企业的广告费也越多；反之，则越少。这种方法把广告作为商业竞争的武器实行针锋相对的宣传策略。采取这种方法的一般都是实力雄厚的大企业。竞争对抗法的具体方法分为以下两种。

(1) 市场占有率法。市场占有率法是先计算竞争对手的市场占有率和广告费用，求得单位市场占有率的广告费，再乘以预计的本企业市场占有率，便得到本企业广告预算。例如，竞争对手的市场占有率为25%，它的广告费总额为500万元，则其每1%的市场占有率花费广告费20万元。本企业下年度预计的市场占有率为30%，则广告费应花费600万元。

(2) 增减百分比法。增减百分比法是将竞争企业本年广告费比上年广告费增减的百分比，作为本企业广告费增减的百分比参考数。

4) 目标达成法

目标达成法是根据企业的总目标和销售目标，具体决定广告目标，再根据广告目标要求而制定的广告预算。这是一种比较科学的方法，能够适应企业经营变化而灵活地制定广告预算。

西方一些广告专家如科利(R. H. Colley)把广告目标分为：知名—了解—确信—行为四个阶段。越走向高层次，越需发挥较大的广告功能。如果其中某一阶段为广告目标，那么就要决定到达这一目标所需的各项广告费用。例如，为了增加产品的知名度，就要扩大广告的视听率。假如广告目标设定要增加10万名妇女看广告，经调查计算出每增加一名妇女看视听广告，平均要花费0.1元，一个月预计重复10次，则每月广告费为10万元。

5) 投资利润率法

投资利润率法将广告支出视为一种投资，因而是长期广告战略所采用的预算方法。广告活动的作用可以概括为树立信誉、促进销售、提高利润率等。因而广告预算是一种两方面收益的长期投资：广告不仅能使目前的销售增加；同时还可以不断提高企业声誉，使未来的销售也增加，因而广告预算长期战略具有投资性质。信誉是企业的立身之本，反复的长期的广告能使消费者增加对产品的信心，必定会影响、诱导消费者的购买行为。广告费的长期积累，等于是企业的一种无形资产。

利用投资利润率法确定广告预算，先要确定因广告促销预算带来的利润增长额，再从以往的资料中推算出广告的投资利润率，然后计算出广告预算。

3. 广告预算的分配

各个企业均有其不同的市场目标、销售任务、销售范围以及销售对象，广告预算的分配标准也不一样，这直接影响到企业的广告效益。

(1) 按广告的商品分配预算。在广告商品种类较少而分配地区又较多的情况下，企业一般按商品来分配广告预算。这样便于集中宣传主要商品种类。

(2) 按广告的媒体分配预算。广告媒体费用一般占整个广告预算费用的70%~90%，而广告信息的传播效果又主要是通过媒体来体现的，因此，按照广告媒体的不同类型分配广告预算是企业常用的方法。它又可分为在不同媒体间的广告预算分配和在同一类型媒体内的广告预算分配两种。

(3) 按广告的地区分配预算。如果商品种类较多，而销售地区又较集中，企业一般按广告的不同地区分配广告预算。此时，应根据各个地区对商品的现实需求和潜在需求、市场细分和目标市场的分布以及市场和竞争状况等因素合理分配。

(4) 按广告的时间分配预算。对于一个季节性强的商品和一些新上市的产品，企业还经常采用按广告的时间分配广告预算。因此，就有长期性广告预算和短期性广告预算、突击性广告预算、均衡性广告预算以及阶段性广告预算等不同的时间分配形式。

(5) 按广告的机能分配预算。为了便于对广告财务上的管理和监督，经常采用按广告的不同机能分配广告预算的方法。广告预算按广告媒体费、设计制作费、一般管理费和广告调研费等进行分配。

7.2.3　确定广告推广主题

在明确了广告的目标、确定了广告的预算后，广告决策的下一步是进行必要的广告主题创意决策和媒体决策。创意决策和媒体决策是同时做出的。因为如果不确定用来向目标市场传递信息的媒体或信息渠道，就不可能完成创意工作。

一般情况下，广告目标决定了所运用的媒体和创意方法。例如，如果广告目标是表现某品牌汽车的行驶速度有多快，那么用电视广告媒体来表现可能是最佳选择，如"东风雪铁龙"推出的新车"塞纳"的电视广告：一辆"塞纳"车风驰电掣般地冲到了镜头前，短暂的沉寂后，道路两边的一面面镜子轰然破碎。

广告主题创意包括识别产品优势、开发和评估广告诉求、表述广告信息等。

1. 识别产品优势

广告行业中的一个著名经验法则是，"销售的是煎烤时的嘶嘶声，而不是烤肉本身"。即在广告中，目的是推销产品的优点，而不是产品的特性。特性仅是产品的特点，如方便包装或特殊方式。而利益是消费者通过使用产品所获得或实现的东西。利益应该能为消费者解答"它能为我做什么？"这样的问题。利益可能会是便利、愉快、节省或安心，也可能会是其他因素。例如，美国玛氏糖果公司的 M&M 巧克力的广告诉求："只溶在口，不溶在手"，强调的就是产品的优势——这种巧克力是当时美国唯一用糖衣包裹的巧克力。

2. 开发和评估广告诉求

广告诉求反映出某人购买某产品的原因。开发广告诉求这项具有挑战性的工作是广告公司创意人员的职责。广告诉求通常能激发消费者的感情，如恐惧或喜爱，或者说出消费者的需求，如寻求便利需要或省钱的愿望。

广告宣传可侧重一个或多个广告诉求。诉求如果是非常笼统地展现多个副标题或小型广告宣传，也可同时运用广告推广和营业推广。

为从正常开发的诉求中选出最佳的，通常需要做市场调研，在对广告进行评估时，需要采用一定的衡量标准。国外的知名学者特威塔(D Twdt)认为，广告要使接受者满意，就要具有"欲想性"(Desirability)、"独特性"(Exclusiveness)和"可信性"(Believably)，这三个因素中的任何一个因素评分过低，都会影响整个广告的效果。"欲想性"指广告内容要与受众的某种需要相符合，使之产生兴趣；"独特性"则是广告内容的设计要突出产品的优势，以引人注目；"可信性"就是广告内容应使消费者感到真实、可信。

广告商所选择的广告诉求称为独特的促销建议。独特的促销建议常成为广告宣传的口号。健怡可乐(Diet coke)针对女士的广告宣传口号是"你的饮品会塑造你"。这也是健怡可乐公司独特的促销建议，暗示着形体美对女士很重要，它的饮品能帮助女士塑造美好的身材。有效的口号通常在消费者心目中根深蒂固，以至于一听到口号，人们就能立刻在脑海中浮现出产品的形象。例如，"钻石恒久远，一颗永流传"——戴·比尔斯(De Beers)首饰。

3. 表述广告信息

信息表述是广告描述其信息的方式。任何广告都应该能立即抓住读者、观众、听众的注意力。广告商必须利用广告信息使消费者对某种产品或服务产生兴趣、唤起愿望，并最终促成购买行动。

国外从事印刷广告研究的一些研究者指出，图画、标题和内容的重要性是按下列顺序排列的。

(1) 图画是首先引起读者注意的东西，必须具有足够强烈的吸引力，以吸引读者的注意力。

(2) 标题必须能有效地推动人们去读广告的文字。

(3) 再就是内容，其本身必须写得很好。

即使如此，对一则真正杰出的广告来说，在接触此广告的人群中，注意广告的人数还不足 50%，接触到此广告的人约有 30%，可能会回忆起标题的要点，约有 25%的人会记得登广告者的名字，读过大部分广告正文的还不到 10%。然而，普通广告甚至还不能达到这些效果。因此，对广告内容的设计需要仔细推敲，精心安排，力争使更多的观众注意。

各国广告的表述方式差异很大。例如，美国的广告较为坦率、直白，而欧洲的广告会避免美国广告中常用的硬性推销方式，一般采用较为间接、具有象征性的以及视觉表达方式。耐克公司在美国国内使用"在你的脸上"的广告以及"行动起来"。但是该公司发现，这样不客气的口号，这种无礼的广告表述方式不能吸引欧洲消费者。耐克推出了一个电视广告，拍的是撒旦和他的恶魔们同身穿耐克战袍的球员们，组成了魔鬼球队与耐克公司赞助的球队进行比赛，在美国引起了轰动。然而很多欧洲电视台却拒绝播出这则广告，他们说，在孩子们看电视的时间间隔播出这样的广告太吓人，而且让人反感。

日本广告要素以依靠幻想和心情销售商品而闻名。日本广告缺少美国广告中的产品演示，限制展示产品独特的特色，还不允许直接与竞争产品相比较。这多半是由于东方文化的含蓄，在这种文化氛围中，消费者对需要夸耀某种产品好处的广告会自然地产生怀疑。

7.2.4 确定广告推广媒体

广告的目标、内容确定以后，就需要通过一定的媒体将广告内容传播出去。媒体作为广告传递的手段，如果选择不当，广告活动将失去其原有的效用。在选择合适的媒体时，需要考虑以下因素。

1. 广告的送达率、频率和展露效果

在选择适当的广告媒体前，要根据广告目标及预算情况，研究广告的接触面、接触频率及效果。

(1) 送达率。送达率(R-Reach)是指在特定时间段内，特定媒体计划一次最少能触及的个人或家庭的数目。

(2) 频率。频率(F-Frequency)是指在特定的时间段内，平均每个人或家庭接触广告的次数。

(3) 展露效果。展露效果(E-Effect)是指广告在媒体上对受众显露的程度。

广告接触人数、频率和效果越大，接受者对广告，进而对产品的了解程度也就越高。

这三个因素的关系可用公式表示为：

$$E(展露数)＝R×F(即接触人数×平均频率)$$

假设平均频率为3，计划接触80%的家庭，则展露总数应为3×80%=2.4。

在特定的广告目标下，预算费用有限，就要研究如何用有限的资金选择最佳的广告送达率、频率和展露效果的组合。对于新产品，扩大接触人数面才能提高其知名度；而对于竞争性和性能复杂的产品，广告频率的作用更为重要。企业产品的目标市场不明确，购买频率无规则时，就需要扩大广告接触面，以扩大产品的影响；如果产品的目标市场明确，但竞争性强，需要建立更高的品牌形象时，广告频率的增加会更加有效地达到这一目标。

国外学者克拉格曼(Krugman)认为，对接受者而言，广告显露三次已足以使他们留下印象，第一次显露，接受者对广告产生好奇。第二次显露会出现两种情况：一种是与第一次反应相同，仍未太注意；另一种是加深了印象，想进一步了解。第三次显露也许会提醒那些想买又未行动的人，也许最终使人丧失兴趣，撤回注意力。克拉格曼所说的第二次显露，指接受者真正接触广告，并引起了注意。因此，做广告的人都希望展露频率更多一些，以保证接触者能够真正看到三次广告。

安排广告组合，与广告目标也有很大关系。对于告知式的广告，应着重在扩大接触面上做文章；而对于说服式和提醒式的广告，则宜增加广告频率，不断重复，使产品形象多次出现，出于有遗忘的因素存在，就更应增加次数，以加深人们对产品或企业形象的认识。

2. 媒体类型的选择

媒体的类型有很多种，由于对广告的接触面、频率和效果的要求不同，需要选择与之相适应的媒体类型。各种媒体类型都有各自的特点、优势和缺陷，运用有限的资金，选择恰当的媒体类型，就需要在了解和熟知各种媒体特点的基础上进行判断。媒体一般包括以下几种类型。

(1) 报纸。

报纸的优点是时效性强，较有弹性，对当地市场的覆盖面广，易于接受，可信度强。其缺点是，延续时间短，读者传阅少，广告表现力差。

(2) 杂志。

杂志的优点是地区和人口选择性强，声誉和可信度高，持续期限长，广告表现力强，读者阅读仔细，传阅性好。其缺点是广告购买的前置时间长，有些广告形同虚设，刊登位置不佳。

(3) 广播。

广播的优点在于地区覆盖面广，不受空间距离的限制，可大量使用，地区和人口特性选择性强，成本低。其缺点是以声音表达，声过即逝，表现力不直观。

(4) 电视。

电视的优点是声音形象兼备，感官吸引力大，覆盖面广。其缺点是成本高，广告混杂，显露时间短，观者选择性小。

(5) 网络。

随着网络用户的增加，电子商务的迅猛发展，网络媒体成为目前最大的广告平台，覆盖面广泛，而且浏览量大，可以达到很好的宣传效果，是目前企业选择投放广告最多的一种方式。

(6) 直接邮寄。

直接邮寄的优点是读者的专业性强，广告可针对个人，比较灵活，在同一媒体内无广告竞争。其缺点是广告成本较高，易造成滥寄的现象。

(7) 户外广告。

户外广告的优点是灵活性强，可重复显露，竞争不强，成本低。其缺点是针对性不强，限制创造性的表现。

(8) POP 广告。

POP 广告又称"店头广告"或"销售现场广告"，也有"卖点促销"的称法。POP 广告是指企业在销售现场为宣传产品、刺激顾客购买欲望所布置的特殊广告物，如悬挂小旗、张贴宣传画或在店门口设置大型夸张物件，等等。它是历史最悠久的广告媒体形式，进入 20 世纪 90 年代以来，POP 广告在商业活动中扮演着越来越重要的角色，已由广告的一个分支发展成为独立的销售促进工具，在直接对消费者促销方面大显身手。美国 POP 广告协会主席卡瓦勒(Kawaler)指出，20 世纪 70 年代是广告的年代，80 年代是市场营销的年代，而 90 年代是零售和促销的年代，其中 POP 广告是关键的部分。POP 广告之所以在当今企业促销活动中地位显赫，是由于随着市场的发展，消费者的购买动机和购买行为都发生了巨大的变化，POP 广告对其购买决策产生的影响越来越大。同时，零售业态的多元化发展以及其他广告媒体效果的减弱，也都对 POP 广告的发展和利用提出了客观要求。

除了考虑各种媒体类型所具有的特点以外，选择媒体类型还需考虑一些其他因素。

(1) 目标接受者的媒体接触习惯。例如，各地读者对当地晚报的阅读习惯，青少年对广播电视的喜爱等。

(2) 产品。例如，妇女服装和化妆品适合登载在彩色的生活杂志上，而技术含量较高的产品则宜于登载在专业性杂志上。

(3) 信息。宣布某一重大销售活动的信息，应充分利用广播或报纸广为发散；而专业性的技术信息，则应利用专业性杂志或邮寄的方式宣传。

(4) 成本。一般来说，广播、报纸广告成本较低，电视广告成本较高，选择哪种媒体，还要考虑费用水平和广告目标。

事实上没有任何单一的媒体类型能够完成企业所预期的全部广告目标，因此，使用一种以上的媒体类型是很有必要的。例如，用成本高的广告达到最佳效果时，再使用成本较低的媒体类型，重复显露，以巩固广告给人留下的印象；或当某一类型的广告成效水平有限时，再采用其他类型进行补充等。现在人们普遍看好电视广告的有效率，事实上电视既有其得天独厚的优越条件，但也由于过多的广告混杂在一起，而淡化了广告的效果，况且费用上涨较快，如果能够配合其他类型的广告如广播、报纸等，效果会更明显。不过广告转向网络平台也是目前非常明确的一个方向，因为网络平台更大，费用相对电视较低，发展前景更大。

7.2.5　评价广告推广效果

广告作为一种信息沟通的形式，它可以促使消费者购买行为的发生或转变。好的广告会给人留下极为深刻的印象，它不但能促成购买的实现，还能激发消费者的潜在需求。广告完成后，专家或专业人员与一般的接受者对它会有不同的理解和看法，有时他们之间的看法会截然不同。但广告本身所具有的商业特性，使很多广告主仍将推销商品的功效视为成功广告的标准，因而对广告的评价有两个方面的内容，即沟通效果和销售效果。二者之间的关系微妙、复杂，有时也很难测出二者直接的效果，然而对广告的评估，仍需从这两个方面入手。

1. 沟通效果的评估

沟通效果的评估，主要是判断广告的内容是否能够进行有效的沟通，并进一步关注它。它可以分为事前评估和事后评估，其评估方法有以下三种。

1) 直接判断法

直接判断法，即请一些目标消费者和广告专家，对数个广告方案进行打分，主要对广告的吸引力、影响力和激发力等项目进行评定。这种评分方法由于可靠程度有限，所以一般被用来淘汰那些得分较差的广告，选出评分最好的广告。

2) 方案实验法

方案实验法，即将设计出的一套广告方案交给受测人，供其阅读或视听，不受时间限制，然后让他们回忆所读到的或所听到、看到的内容，并将结果记录下来。

3) 实验室测试法

实验室测试法，即运用实验室设备对受测人的心理反应(如心跳、瞳孔扩大率和发汗率等)进行测试，来测试广告吸引人注意的效力。

如果企业计划在做广告以后，将其品牌的知名度、理解力和偏爱度提高，但广告播出或登出后，并未达到如此效果，就要分析原因，找出问题，进行补救。

2. 销售效果的测定

在一般情况下，经常把广告的有效性与随之而来的销售变化情况联系起来加以考虑，由于做了广告，产品的销售增加，营业额增加，由此得出广告有效的结论；如果广告播出或刊登后，产品销量并没有明显的增加，则说明无效。这种判断方式是很有道理的。因为广告现已成为最普及的宣传商品的方式，消费者获取商品的情报信息时，也更加依赖于广告。然而，有时销售额的增加或减少可能并不完全是因为广告的效果，有时广告虽然已播出或登出，但由于经济衰退的加剧或更多竞争者的加入，使销售额下降或维持不变，这并不能说明广告的效果差，因为如果不做广告，情况可能会更糟；另外，由于某种时尚或社会、心理因素的影响，商品的销量大增，这种结果并不能归功于广告的效果，只能说这时不易发现广告本身的问题罢了。

对销售效果的测定有下列两种方法。

1) 比较法

计算出企业过去的销售数字与广告开支数额的关系，然后与当前的数字做比较，找出广告支出费用对销售额的影响。

2) 实验法

在特意选定的销售区域进行实验，开支高的称为高开支区，反之则是低开支区。如果高开支地区的销售量增加，说明企业广告开支不能过少；如果高开支并未带来高增长，低开支也未减少销售量，说明企业广告开支过多，应予以缩减。

7.3 品牌的营业推广

营业推广就是通常所讲的"销售促进"(狭义的"促销")，是指除广告、人员推销和公共关系以外的营销沟通活动，即通过降低价格或者增加价值的短期刺激措施激励消费者或分销渠道成员立即购买某一商品或服务的行为。

如果说广告可使消费者对产品产生兴趣，那么营业推广则起到了使消费者将兴趣转化为行动的作用。所以，在很多情况下，企业将广告和营业推广结合在一起运用。据美国权威性机构估计，美国国内营业推广的费用大致为广告费用的50%以上。西方国家的企业在20世纪70年代，广告和营业推广的开支比例约为60∶40；到20世纪80年代末，在消费品制造商中，营业推广费用已占总开支的60%～70%，每年平均增长为12%，而且营业推广通常比广告更容易评估。要精确地计算有多少人由于观看广告而购买某一商品是很困难的。然而，营销人员可以通过营业推广知道使用优惠券的准确数目或参与活动的总人数。

7.3.1 营业推广的特征与功能

1. 营业推广的特征

营业推广与其他品牌推广方式相比较，具有以下特征。

1) 非连续性

营业推广一般是为了某种即期的促销目标专门开展的一次性促销活动。它不像广告、人员推销、公共宣传那样作为一种连续的、常规性的促销活动出现，往往着眼于解决一些更为具体的促销问题，因而往往是非规则、非周期性地使用和出现的。

2) 形式多样

营业推广的方式多种多样，如优惠券、竞赛与抽奖、加量不加价、消费印花、折价优惠、包装促销、付费赠送、退费优惠、零售补贴、免费样品、POP广告等。这些方式各有其长处和特点，企业应根据不同的产品特点、不同的营销环境、不同的顾客心理等条件灵活地加以选择和运用。

3) 即期效应

营业推广往往是在一个特定的时间里，针对某方面的消费者或中间商提供一种特殊优惠的购买条件。它能给买方以强烈的刺激作用。只要方式选择运用得当，其效果能很快地在其经营活动中显示出来，而不像其他促销方式那样需要一个较长的周期。因此，营业推广比较适合于那些突击式的、需要短期见效的促销目标。

2. 营业推广的功能

1) 沟通功能

卖主可通过各种营业推广的方式，使消费者尤其是潜在消费者体验到产品的实际效用，获得对该产品的了解，达到加强与消费者沟通的目的。在传递商品信息方面，广告的作用固然不可低估，企业可以通过广告媒介把商品信息传递给在家中、在工作场所以及在旅途中的广大潜在顾客。但是，在购买行为发生的特定时间和空间，广告的效果可能消失。在这种情况下，卖主如果在特定的购买地点和购买时间及时运用适当的营业推广手段，来通知、提醒、刺激可能的买主，就可以促使他们立即购买。也就是说，营业推广比广告在销售上能产生更快的反应。

2) 激励功能

卖主可以运用营业推广手段来吸引产品的新试用者或报答忠于本企业的老顾客。这是因为卖主可向买主提供某些额外的利益，如样品的赠送和价格上的让利，从而刺激消费者试用和购买。在品种繁多、竞争激烈的产品促销和新产品进入市场的过程中，营业推广手段的运用是十分必要的。有的企业采取欲取先予的战术，先让消费者免费试用新产品样品，以引起消费者对新产品的兴趣。虽然这种方式成本较高，但往往收效也较快。还有的企业采取退款优待的方式来鼓励消费者对新产品的第一次购买，即消费者从零售店按正常价格购买商品，然后把某种购买凭证(如标签)寄给制造商，便可以收到制造商寄回的一定数额的退款。实践证明，这些方法都是行之有效的。

3) 协调功能

制造厂家在销售产品中与中间商保持良好关系，取得与他们的合作是至关重要的。制造商可以运用多种营业推广方式来影响中间商，协调与中间商的关系。例如，通过向中间商提供购买馈赠、陈列馈赠来鼓励订货；通过向零售商提供交易补贴来弥补零售商制作产品广告、张贴商业通知或布置产品陈列室所支出的费用；通过批量折扣、类别顾客折扣、经销竞赛等方式来诱导中间商更多地购买；等等。这些措施能调节中间商的交易行为，使中间商做出有利于自身的经营决策，从而保持与中间商稳定的购销关系。

4) 竞争功能

营业推广可以有效地抵御和击败竞争者的促销活动。当竞争者大规模地发起促销活动时，如不及时采取针锋相对的措施，往往会大面积地失去已享有的市场份额。在应付竞争者方面，有许多营业推广工具可供选择。例如，采用减价赠券或减价包装的方式来增强企业经营的同类产品对顾客的吸引力，以稳定和扩大自己的顾客队伍；再如，采用购货累计折扣优惠的方式来促使顾客增加购物数量和提高购货频率。

7.3.2 营业推广的主要方式

营业推广的主要方式包括以消费者或用户为对象的推广方式、以中间商为对象的推广方式和以推销人员为对象的推广方式。

1. 以消费者或用户为对象的推广方式

1) 优惠券

优惠券是消费者在其购买某种商品时可以获得价格减让的证明。它是鼓励试用产品和重复购买的一种非常有效的方式。优惠券一般由制造商邮寄，或印在杂志、报纸上，或放在产品包装内发送出去，如麦当劳和肯德基快餐店经常将优惠券附在报纸内发出。优惠券的使用者往往是那些重复购买某商品的老顾客，而不是从未用过该品牌的新顾客。据专家估算，其优惠额大约要有15%～20%的价格减让，才易于吸引顾客。

2) 样品

样品是免费提供给消费者使用或试用的产品。新产品上市时，经常采用这种方式，可促使消费者注意并了解产品。美国最近一项关于发送样品的有效性调查表明，在那些以前从未买过某种产品的消费者中，有86%的人表示在他们的首次购买决策中，免费样品起了重要作用；在以前曾购买过该产品的消费者中，有一半的人认为，免费样品在影响他们做出再次购买的决策中起了积极作用。

3) 特价包装

特价包装即制造商为达到促销的目的，而对产品的零售价格进行一定数量的优惠，并将其金额标在包装或价签上。这种营业推广工具在短期内对刺激购买很有效，但频率过高、时间过长，易使品牌形象降低。所以，要考虑其实行的时间长短。

4) 赠品

赠品是在消费者购买某种产品后，免费或以较低价格向其提供的产品。赠品强化了消费者的购买决策，增加了消费，并可以说服不使用该产品的顾客改变品牌。赠品可附在产品的包装内或包装上；或让顾客交还盒盖之类的购物证据，然后将赠品寄给顾客。

5) 退款优惠

退款优惠是一种减价的方式，但它发生在消费者购买产品以后，即生产厂商接到消费者购买产品的证明后，将一部分货款退还给消费者。由于这种方式在回收上有一定困难，所以可采取在产品包装上印有退款说明或退款凭证的方法，以提高回收率。

6) 奖励

奖励即在顾客购买产品时，为其提供一个抽奖的机会。例如，可口可乐公司在其出售的产品盒盖上印有号码，最后经摇奖确定中奖号码，中奖者可获得丰厚的奖金或免费旅游的机会。另外，也可在产品内附有表格，由购买人填写姓名、住址后寄回某指定机构，一旦中奖，可获得奖金或奖品。

7) 以旧换新

以旧换新即顾客在购物时，将旧产品交出，同时购买同一品牌的新产品，可享受一定价格折扣的优惠。例如，美国博士伦公司每年在中国组织一次以旧换新的活动，顾客在购买该公司生产的隐形眼镜时，交出旧镜片，即可享受一定的价格优惠。

8) 现场陈列和示范

现场陈列和示范是厂商在销售现场对产品的用途和操作进行实际的示范和说明，并请顾客试吃或试用，也可以在销售现场不断播放录像，向顾客进行商品特点的演示。现场展示的一个重要优势是为生产商获得商店内的顾客。美国"购买现场广告协会"的调查表明，70%以上的购买决策是在商店内做出的。因此，购买现场展示对随机性商品购买(没有提前做出购买决定而购买的商品)的效果好于计划性商品购买。在六种不同产品系列的调查中发现，所有进行购买现场展示的商店的销售量都高于没有进行展示的商店，其中有购买现场展示咖啡的销售量是在通常货架位置展示咖啡销售量的六倍。

9) 分期付款

分期付款即消费者在购物时不用一次把全部货款付清，而是先交付其中的一部分，余下的金额在规定的时期内分期偿还。当然，分期付款销售的商品价格都要高于一次性现金付款销售的商品价格，因为这种促销方式为消费者提供了服务与方便。因此，商家要提取一定的服务费。分期付款销售一般适用于高档耐用消费品的促销，特别是家用电器、高档家具、钢琴、汽车、住房等。

分期付款销售作为一种促销工具，在国际上最早兴起于 20 世纪 60 年代。目前，分期付款消费已成为许多国家、地区消费者不可或缺的消费方式之一。它为消费者提前享用其喜爱的高价耐用商品、提高生活质量和计划家庭消费提供了方便。因此，厂家和商家顺应这一消费潮流，争先恐后推出形式多样的分期付款销售，以刺激和吸引消费者购买其产品。

10) 产品保证

产品保证是一种重要的促销工具，尤其是当消费者对产品质量更为敏感时，公司可以提供比竞争对手更长的质量保证期以吸引消费者的注意。在做出保证前，企业必须做出一系列决策：产品质量合格吗？是否应该进一步提高价格？竞争对手是否提供了同样的保证，保证期该多久？如何保证更换、维修、退款，在保证方面要支付多少广告的费用，消费者才能对它有所了解并且加以考虑？显然，公司要认真估计保证能产生的销售价值及其潜在成本。

2. 以中间商为对象的推广方式

以中间商为对象的推广方式包括批量折扣、现金折扣、购买折让、合作广告津贴、经销商销售竞赛、免费咨询服务、为经销商培训销售人员、展览会或联合促销等。采用这些方式的目的是激励中间商经销本企业的产品，以期进一步扩大产品销售。对于一次购买数量巨大或多次购买其数额达到一定水平的中间商可免费提供一定的产品，通过让利来刺激经销商更多地进货。对经销商开展销售竞赛，设立销售奖金，奖励购买额领先或比例增加最大的经销商，推动中间商大量进货、多次进货。厂商还经常给中间商一些交易馈赠和礼品，以鼓励订货。这些推广方式可以加强厂商与中间商的协作关系，达到共存共荣的目的。

3. 以推销人员为对象的推广方式

以推销人员为对象的推广方式主要有推销竞赛、红利提成、特别推销奖金、免费旅游奖励等。采用这些方式的目的是鼓励推销人员积极推销新产品,积极开拓新市场;同时,也可用于对过时、积压和滞销商品的推销。

7.3.3　营业推广的目标

从总体上来说,营业推广的目标就是鼓励和刺激现有顾客购买,争取潜在购买者的注意,说服使用其他品牌者放弃原有品牌而改用本企业的产品。在确定具体的目标时,还要以市场营销策略的整体目标为依据,确定营业推广的对象和所应达到的目标,并选择最佳的营业推广方式,去配合市场营销策略的实施。

1. 对消费者营业推广的目标

营业推广对消费者行为的影响大于对其态度的影响。无论采取哪种形式,营业推广的目标都是吸引消费者立即购买。因此,要根据目标消费者的行为制订营业推广活动计划——消费者忠诚于你的产品还是竞争者的产品?消费者为了追求最佳交易愿意改变购买的品牌吗?

促销目标取决于目标消费者的行为,如表 7-1 所示。加强品牌忠诚度的有效工具是奖励顾客重复购买行为的"频繁购买者方案"。其他类型的营业推广对于有改变品牌倾向的顾客或忠诚于竞争者产品的顾客更为有效。优惠券、免费样品或引起顾客注意的店内展示常会吸引顾客试用不同的品牌。免费发送的样品也可以使那些原来不使用该产品的消费者开始试用。

一旦营销人员了解产品目录中的变化,并且确定了他们的目标消费者和消费者行为,他们就可以开始选择实现这些目标的促销工具。

表 7-1　消费者类型和营业推广目标

消费者类型	预期的结果	营业推广方式
忠诚的顾客 经常或一贯购买你产品的顾客	强化这种行为、增加消费、改变购买时间的价格	加强顾客忠诚度的方法,如频繁消费卡或频繁加入购买者俱乐部
竞争者的顾客 经常或一贯购买竞争者产品的顾客	削弱对竞争者的忠诚,说服顾客开始购买你的品牌产品	发样品,说明你的产品质量比竞争者高 利用抽奖、竞赛或奖金的方式使顾客对产品产生兴趣
多品牌购买者 购买产品目录中各种品牌产品的顾客	说服顾客经常购买你品牌的产品	降低产品价格的任何促销方式,如优惠券、打折包装、优惠包装
低价格购买者 一贯购买最便宜品牌的顾客	用低价格吸引顾客或提供附加价值来弱化价格的重要性	优惠券、打折包装、退货承诺、降低产品价格

2. 对中间商营业推广的目标

企业经常对分销渠道中的中间商提供各种优惠产品，其目的在于以下三个方面。

1) 劝诱中间商更多地购买

鼓励中间商更多购物的有效方法是降价。对于首次购买或购买次数达到一定水平的中间商，免费提供一定的产品，等于产品降价；销售竞赛也是一种劝诱性的手段，通过设立销售奖金，奖励购货额领先或比例增加最大的中间商，促使中间商更多地购买本企业的产品。

2) 鼓励中间商推销产品

这种方式是通过使中间商参与制定商品促销活动，来激励中间商的推销热情。例如，在举办商品陈列会以后，将一部分陈列品馈赠给零售商，有的制造商还给予中间商交易补贴，以弥补中间商用于广告宣传等方面的费用支出。

3) 协助中间商有效经营

为使中间商更有效地推销商品，制造商可提供商品使用手册、示范影片及派人辅导等方式，加深中间商对商品的了解，从而在推销过程中可以清楚地说明产品并回答顾客的问题。

7.3.4　营业推广绩效的评估

营业推广效果好坏的评估，对整个市场营销战略的实施具有重要意义，为今后的市场营销活动提供可供借鉴的资料。这种评估可分为以下几种。

1. 比较和对照营业推广方式实施中的销售数据

比较和对照营业推广方式实施前、中、后的销售数据。如果一家公司在活动之前拥有7%的市场占有率，营业推广期间达到10%，后又降为5%，之后又升为8%，这说明企业的营业推广活动争取到了一部分顾客，虽然活动结束时降为5%，但经过使用者消化后，还是有更多的消费者进行购买；如果最后的数据与活动前无差别，则说明营业推广并未改变顾客的购买行为。

2. 消费者调查

通过设计一定的表格，向指定的消费者分发，由他们填写，以此来考察消费者的消费变化，也可以通过其他类型的宣传物，了解消费者的看法。

3. 实验评估

通过妥善的实验设计，如将推销方式用激励程度的大小、持续时间的长短和宣传方式的不同等加以划分，然后对活动前后的变化结果进行评估。

7.4 品牌的公关推广

品牌的公关推广是指品牌营销者为获得公众信赖、加深顾客印象而进行的一系列旨在扩大品牌知名度和树立品牌形象的推广活动。

菲利普·科特勒(Philip Kotler)在《营销管理》一书中将公共关系表述为，"设计用来推广或保护一个公司形象或它的个别产品的各种计划"。

企业在现代市场竞争中，单纯依靠商品本身的竞争已不足以引起更多顾客的青睐，在企业与消费者之间有效沟通、相互理解基础上的良好的公共关系的建立显得更加突出。它通过与社会和公众的沟通，使企业的商品乃至企业的经营方针、企业形象为公众所熟知和喜爱，从而达到其他促销工具所不可能产生的效果。

目前，在中国经济高速发展的牵引下，公共关系已经从企业经营走向奥运、世博这些更广阔的舞台上展现自身的价值转变。伴随中国政治经济和文化进一步走向全球化，未来5年将是中国公关业迅速发展的黄金时期。中国公关界会进入一个全球化竞争的时代。

7.4.1 公关推广的目标

由于广告媒体费用越来越高，喧闹声与日俱增，听众和观众的人数日益减少，使广告的报道作用力有所削弱，品牌营销者正在更多地求助于公关报道。据美国的一项对286名《广告时代》刊物的订阅者(这些订阅者均为美国各公司的营销管理人员)的调查结果显示，3/4的被调查者反映它们的公司正在运用公关推广。他们发现公关推广无论对新品牌还是原有品牌，在提高品牌知名度方面有着特殊的效果。实践证明，公关推广的成本效益高于广告推广，不过，公关推广必须同广告推广一起规划。因为，广告推广有利于建立消费者的品牌忠诚，而公关推广则有利于提高品牌知名度和树立品牌形象。

一般地讲，品牌公关推广的目标有以下几种。

1. 提高品牌知名度

品牌知名度是指社会公众对品牌的了解和熟悉程度。要提高品牌知名度，就要进行大量的宣传。通过新闻发布会、赞助公益事业及某些特定事件等公关活动，可以起到扩大知名度的作用。作为消费者，在众多的商品面前，很自然的会去挑选自己所熟知的品牌，因此，品牌知名度是企业宝贵的无形财产。目前，在全球的电子产品行列，苹果、三星无疑是其中的巨头品牌，每次的新产品发布会也是一次品牌宣传的好时机，产品的知名度也因此得到了极大的提升。

2. 建立品牌信誉

公关推广的目的在于促销，也就是要向消费者传达企业产品的信息。为建立品牌信誉，企业向外传递的信息必须是真实的，它使消费者感受到的不仅是企业产品的高质量，而且是以诚待人的经营思想和作风。

2011 年 3 月 15 日，央视《每周质量报告》播出了一期《"健美猪"真相》的"3·15"特别节目，济源双汇食品有限公司收购"瘦肉精"猪肉被曝光。3 月 23 日，双汇集团召开了"落实两个声明、确保食品安全全国管理层及客户视频会议"，双汇集团董事长万隆、总经理游牧等集团领导高层、事业部领导、全国业务客户及部分记者共 4 000 多人参加了此次视频会议，万隆董事长表示："坚定信心，共克时艰，同时针对'瘦肉精'抽样检测存在的风险，决定不惜成本，对生猪屠宰实施'瘦肉精'在线逐头检测，确保生猪 100%全检。"双汇的积极挽回品牌信誉的行为也得到了大众相应的回应，相信这次的曝光会使双汇更加注重质量的保证，对消费者做好信誉保证。

3. 树立品牌形象

公关推广可通过一些公益性的社会活动来树立良好的企业和品牌形象。企业生存在社会环境之中，它的行为必须与整个社会的环境、习惯、人的思想观念相协调，企业不能只顾自己的利益，而成为社会活动的旁观者。企业的公共关系活动促使企业通过参与、资助各种有益社会活动，保持与社会公众的沟通。这使企业逐渐建立良好的公众形象，获得公众的拥戴和支持，有助于树立企业产品品牌的良好形象。例如，微软公司在美国连续多年获得"最受尊敬的公司"的称号，这一方面由于它锐意进取的创新精神，另一方面也得益于它有效的公关活动。微软公司与美国《家庭电脑》杂志及盖特维 2000 公司(Gateway 2000)一道，在全美主要城市的学校里资助"家庭技术夜校"，讲授有关计算机入门、计算机技术的发展趋势和选择软硬件的窍门等知识。夜校也举办软件展示，并且学员有亲自上机操作的学习机会。微软公司以折扣价向学员提供软件，参与此项活动的学校可以根据销售量获得免费的软件。通过这一活动，微软公司在树立了良好的公众形象的同时，巩固了消费者的品牌忠诚度——受过教育的消费者是更好、更忠诚的顾客。

4. 激励销售队伍和经销商

公共关系对于激励销售队伍和经销商的热忱非常有帮助。在新产品投放市场之前先以公关宣传方式披露，便于帮助销售队伍将产品推销给零售商。以国内汽车制造业为例，近一两年来，各个厂家每推出一个新产品之前很早就开始了公关宣传；或是生产商的高层在"不经意"之间不慎透露有关新产品的信息；或是新产品的所谓"谍照"(偷拍的照片)，企业甚至组织有关媒体记者"试驾"并写出感受。

5. 降低推广成本

公共关系的成本比直接邮寄和广告的成本要低得多，成本越低，运用的公共关系就越多，便更能深入人心。

7.4.2 公关推广的方式

可供品牌营销者选用的公关推广的方式主要有以下几种。

1. 宣传性报道

宣传性报道即通过文字资料等进行宣传，如采用新闻报道的形式，由第三者撰写介绍企业的文章进行宣传。这种方式易于使人信服，而且传播面广。2014 年 7 月 4 日，北京天文馆收藏了一张手机照片，这是国内天文馆收藏手机摄影作品的首例。据悉，这张照片名为"瞬间永恒"，拍摄的内容是银河。由深圳企业家摄影协会理事会员里强先生通过努比亚(Nubia)手机拍摄，原片于 2014 年 6 月 2 日在西藏达孜县(东经 91.39°北纬 29.63°)拍摄。这条新闻的报道使努比亚手机坐实了"可以拍星星的手机"这一称号，努比亚手机也因此成为当下最红的国产手机；同样，品牌也得到了极大的推广。

新产品的宣传报道同样意义重大。在新产品的介绍期，一种非常新颖的产品要求的接触机会要比常规付费广告更多，这就要借助宣传性报道。在美国竞争激烈的汽车行业，生产商在推出新产品之前就不断将新产品的特征直接推向公众，以便引起消费者的注意。例如，奥迪车在每个主要市场都聘请了极具知名度和影响力的人士驾驶其新型汽车几个星期，然后要求他们写出产品评价。著名的实验驾驶员包括橄榄球教练、金融家甚至前州长。

对公关人员来说，经常与新闻界保持密切的联系，是工作的重要内容。要使企业的一些新的构思和举措为人所知，就需要借助于新闻媒体将信息扩散。除了新闻以外，描写企业的报告文学和对企业某一知名人物或特殊事件的报道，以及对企业推出的新产品的测试报道，都能起到很好的宣传效果。

2. 产品发布

营销人员在特定事件或电影、电视节目中推出产品也能够获得宣传报道的机会。苹果公司的产品发布会对于"果粉"来说，就如一年一度的盛典一般，无论你是不是"果粉"，都无法忽视苹果每年的新品发布会，至少从 7 年前第一部"iPhone"诞生至今，作为如今全球市值最高的上市公司，苹果始终引领着世界电子产品的潮流。2014 年的发布会也是如此，虽然已经沦落到中国春晚的地位——所有人关注，太多人吐槽——但无论是"iPhone 6"和"iPhone 6 plus"手机，还是全新产品 Apple Watch(苹果手表)，都引发多个领域的"地震"。

3. 消费者教育

一些大企业认为，受过教育的消费者是更好、更忠诚的顾客。国内外的一些基金管理机构经常赞助有关资金管理、退休计划、投资方面的免费学术会，希望消费者在将来需要的时候选择它们。类似地，计算机硬件和软件公司了解到很多消费者面对新技术时不知所措，并发现学习和购买模式之间的紧密关系，于是他们开始赞助计算机学术会和免费的店内展示。

4. 事件赞助

企业通过赞助有足够新闻价值的事件或社区活动实现新闻覆盖率，同时，这些事件也有助于提高企业品牌的知名度。体育、音乐和艺术活动是企业的主要赞助目标。菲利普·莫利斯公司几年前曾赞助中国"甲 A 足球联赛"，其麾下的著名品牌"万宝路"取得了联赛的冠名权。该公司不仅在全国各赛场的显著位置设置了广告牌，而且还要求新闻媒体在电视转播、赛事报道中，只要提到"甲 A 足球联赛"，必须冠以"万宝路"，通过这些途径，该公司获得了高度的展露效果。

营销人员也可以围绕他们的产品创造自己的事件。曾经被宣传得沸沸扬扬的 IBM 的超级计算机"深蓝"与俄罗斯象棋大师卡斯帕罗夫(Garry Kasparov)之间的对抗赛，所取得的有利免费宣传报道，相当于用 IBM 花费 1 亿多美元做宣传所能取得的效果。实况报道了对抗赛的 IBM 国际互联网网站，在比赛高潮时吸引了 100 万名访问者，成为互联网中访问频率最高的事件之一。

5. 公益赞助

企业也可以通过赞助顾客感兴趣的事业来吸引公众的注意和偏好。对教育事业、医疗保健及公益活动的拨款一直占国外企业基金的最大份额。企业经常将销售或利润的一定百分比捐献给目标市场消费者支持的公益事业。

宣传公众赞许事件的"绿色营销"也成为企业吸引注意力和忠诚度的一种重要方式。例如，汉堡王公司和麦当劳已不再用泡沫塑料盒包装汉堡包，以努力减少垃圾。类似地，沃尔玛公司开设了一家环保商店来满足消费者拯救环境的愿望。该商店的空调系统使用不破坏臭氧层的制冷剂，浇灌园林用的水是从停车场和屋顶上收集来的雨水，天窗将自然光引入店内，车栏是用可降解的塑料制成的，停车场是用可回收的沥青铺成的。

6. 国际互联网网站

作为公共关系工具的国际互联网网站是营销领域中的一个新现象。最初，营销人员只用网站宣传产品或服务，现在公共关系人员发现，这些网站是发布产品、改进产品、发展战略联系以及取得经济收入的良好工具。网站也是新产品构想、产品改进的公开论坛，可以获得访问者的反馈信息。同时，网上的自助界面还能提供常见的问题及答案，为顾客提供支持和满意的服务。

7.4.3　公关推广效果的评估

由于公关推广与其他推广一起使用，由此效果很难衡量。如果品牌公关推广使用在其他方式之前，评估其效果就比较容易了。常用的方法有以下几种。

1. 展露衡量法

展露衡量法即检验在公关推广活动中品牌通过媒体产生的展露次数，次数越多，就说明公关推广效果越好。但是，这种方法没有显示出有多少人真正看到、听到或能回忆起宣传报道，也没有显示出消费者看了宣传报道以后的动向，因此，要与其他衡量方法结合起来使用。

2. 注意、理解、态度改变衡量法

一个较好的衡量方法，是在公关推广活动后衡量消费者对品牌的注意、理解、态度三方面有何变化。其具体内容如下。

(1) 有多少人能回忆起听到的新闻节目。

(2) 有多少人将新闻转告他人。

(3) 有多少人听后改变了对品牌的态度。

3. 销售额和利润衡量法

如果能取得有关数据资料，那么销售额和利润状况是最好的衡量方法。

在品牌推广活动中，广告推广有利于建立消费者对品牌的忠诚度，营业推广有利于提高品牌的市场占有率，而公关推广则有利于扩大品牌的知名度，树立良好的品牌形象，三者应结合起来规划，这样才能取得最佳的推广效果。

7.5 四个阶段的品牌推广策略

品牌发展可划分为导入期、成长期、全盛期和衰落期四个发展阶段，这就像一个品牌的生命周期一样，这四个阶段的提出将对企业的品牌推广产生许多现实意义。下面就从这四个阶段分别进行分析。

7.5.1 导入期的品牌推广策略

品牌的第一个发展阶段是导入期，导入期就是企业的品牌第一次面对顾客或第一次参与竞争的阶段。导入期也是企业刚刚引入品牌经营理念，且是一个全新的起点。导入期最典型的特点是：目标顾客出于对新品牌缺乏认知而谨慎选择；正因为是新品牌，顾客中会有首次试用者敢于尝试，这些试用者可能就是顾客群中的勇于接受新鲜事物者和意见领袖，也可能是品牌日后坚实的拥护者和榜样者；竞争对手此时正在观察和企图获取企业的市场意图，且尚未建立阻击计划；媒体或其他利益相关者可能也在密切注视品牌的推广过程和结果。概括和了解导入期的特点是为了企业制订适合的推广计划和媒体投放策略，并能找准时机使之拥有一个较高的市场起点。

首先，针对一个新品牌的面市，目标顾客的反应肯定有很大的差异——漠视、关注、尝试和充当传播者的都有。市场实践分析得出，顾客这四种行为状态的比例依次是 60：20：15：5，但这基于一个前提，即企业在一个有效期内应有各种有效和中等强度的媒体和推广策略，否则这些数字将没有意义。但考虑到市场的复杂性和产品的千差万别，企业在应用时仍应依照实际市场调查结果来制订相应的推广计划。然而，显而易见的是，它依然是有一定的指导意义。因为这四种行为表现涵盖了顾客对新品牌的态度，而且就是这些显著的态度决定了企业的推广策略。

因此，企业在品牌的推广前必须制定一套有连续性和针对性的推广步骤，这些步骤着眼于长期并适用于目标顾客的生活方式和习惯。在企业内部导入品牌视觉识别(Visual Identity，VI)是前提，外部的宣传则是强调品牌所宣扬的内涵和精神实质，总体来说，这只是一个纲领。众所周知，企业进行推广的目的之一是引起大多数持"漠视"态度的顾客的关注和惠顾。他们之所以是漠视的，严格来说这是一种消费惯性使然，企业的目的是打破这种惯性。那么如何打破呢？从产品或品牌层面上来解释，顾客造成消费惯性的原因不外乎品牌的忠诚、购买和使用的便利性不够。顾客对某品牌的忠诚，企业一时难以撼动。有了购买和使用的便利性，企业则拥有很大的主导权。诚然如此，从根源上来看，打动持漠视态度的顾客群，第一，要使品牌包含内涵定位在内的三定位准确；第二，广告和宣传要连续；第三，要使产品具有差异性和功能的适应性；第四，渠道布局要合乎顾客的最高期望；第五，营销规划要以品牌化为基准。相信这五个步骤足以使"漠视"的顾客群转变为"关注和惠顾"的顾客群。

其次，竞争者对于一个新品牌面市所表现出来的态度、也会因企业的市场动作而存在较大差别，但总会有个普遍性的态度，那就是密切关注和企图探寻企业的市场图谋。很显然，企业在品牌推广时，一些策略将完全暴露在竞争者面前而难有隐秘，这势必成为竞争者制订下一步阻击计划的依据。因此，企业有必要故意暴露一些假象给竞争者以拖延其阻击计划的即时实现，让企业争取更多时间来获得使竞争者深感意外的市场空间和品牌知名度。这种"明修栈道、暗度陈仓"的做法可能需要企业有长远和提前的规划，临时抱佛脚将难有作为。具体规划可以包括：利用媒体的传播作用或企业宣传向潜在竞争者传递虚假的方向性举措，以迷惑对方；在传播和推广投入上故意示弱，以麻痹对方；先精心耕耘局部或区域市场以积蓄能量，给对方以措手不及；营销注重游击性，让传播成本始终低于对方；完善具有差别利益的服务体系，以备攻其软肋。总的来说，这些步骤只是为品牌开辟出一条利于成长的道路。

最后，对于媒体而言，一个新品牌的面市也会抱有一定的兴趣，他们一般视企业的市场作为而给予不同程度的关注。媒体进行报道的目的无非是为了吸引读者，那么企业应了解媒体的真实意图，并满足他们的需要，方能使其为我所用。很明显，媒体报道一般遵循新闻性、时效性和公益性，企业进行品牌推广时应努力做到这一点，否则也就使媒体失去兴趣，进而使企业的推广工作事倍功半。因此，营造焦点或新闻效应是企业品牌推广的重头戏。例如，构建品牌初期在企业内部导入品牌经营理念时，采用一些诸如军训、发布会、演示和推广会等非常规的做法，以吸引媒体的注意；利用企业有关技术、产品、服务等的创新举措，邀请媒体给予报道；推广和传播时挖掘与品牌有关的社区、企业和员工的新闻题材，借媒体之力扬品牌之名。

值得注意的是，品牌在导入期的推广因不同产品及其不同的市场表现而没有一成不变的推广模式，这要求企业针对具体的产品、具体的目标市场、具体的市场状况来设定一些优势的并适合自己的推广模式，照搬上述方式很可能会弄巧成拙。

7.5.2　成长期的品牌推广策略

首先，品牌在导入期阶段企业可能已经收集到顾客反馈回来的有关产品、定位和推广方式的信息，这些信息的及时收集十分有利于企业自我改进，而如果没有这些信息，或顾客不愿就自己的消费感受如实地告诉企业，这说明品牌可能已经进入死胡同。因此，在这一阶段，企业必须要对这些品牌要素进行重新审视并调整，以适应顾客和超越竞争者。

一般情形下，犹如进入产品生命周期的成长期一样，目标顾客会对该品牌的产品加以评头论足，产品现状的好与不好都会有传播的动力和空间。从实际状况来看，顾客的这些反馈信息具有一定的普遍性，因此，企业应就该品牌产品的技术、外观、包装、品质和服务等产品成分，参考顾客反馈的信息和要求进行适应性或超前性调整。

目标顾客不仅对企业的产品加以评论，而且对品牌的市场定位、竞争个性定位和内涵定位也会有不同的反应。企业应根据市场表现和顾客的反馈信息做出调整。

(1) 重新审视品牌的目标市场定位，看是否定得过宽、过窄，抑或在某区域市场留有空白。

(2) 反思品牌的竞争个性是否与企业的经营能力和技术现状相匹配，是否适应品牌的内涵定位，是否独特和具有差异性。

(3) 检讨品牌的内涵定位中的属性、价值、利益、个性、文化和使用者特征等要素的不足，看是否有针对性和准确性。

品牌成长期所采用的推广方式恰当与否关系到品牌竞争力和影响力的高低，因而，企业同时还应评价现有的推广模式是否有利于品牌的成长。目标顾客往往难以准确说出企业推广有何不对，即使有，也因主观性太强而没有参考价值，这势必要求企业在推广时，自行进行认真、客观地分析现有的推广模式中存在哪些不适应。其中可能有媒体的选择问题、媒体投放的频率问题、企业的管理和控制能力问题、营销能力问题、推广人员的观念和执行问题等。总之，成长期对于推广的步骤、推广的协同力和推广的创新性要求很高。

其次，品牌的美誉度来自品牌的准确诉求和产品质量，顾客忠诚度来自产品功能和价格的组合及品牌的核心价值。而且品牌是先有知名度，再有美誉度和忠诚度，那么这就说明处在成长期的品牌已经具有较高的知名度，为了使品牌的美誉度和忠诚度得到同步提升，企业必须进行有效的顾客期望值管理。很显然，顾客期望值管理的重点是顾客信息的及时处理；品牌定位和诉求的及时纠偏；提高和完善产品质量；产品功能的适应性调整；价格体系的设定和监控；品牌核心价值的确立和体现等。只有这样，品牌的美誉度和忠诚度才有可能得到同步提升，品牌价值也会逐渐体现出来。没有美誉度和忠诚度的品牌最多像三株和秦池，经不起市场的洗礼。

再次，如果此时竞争对手已经在实施阻击计划，从根源上来看，竞争者只是不希望自己的市场份额再缩小，也不希望自己的品牌影响力被一个新品牌所遮盖住。这意味着企业的推广阻力会因竞争者的反击而加大，并可能需要有额外的付出。尽管竞争者的目的十分单纯，但是企业依然不可掉以轻心，而应认真分析竞争者的实力和阻击举措，而后制定它出迂回或是迎头反击的推广方案。竞争者一般从产品、媒体投放力度和推广模式三个方面设定阻击计划。如果竞争者实力庞大且其品牌的市场定位趋于相同或相似，那么企业只有在营造产品的差异化、专注于相对狭小的市场和设立差别化服务等方面可能尚存胜出的机会，迎头反击极有可能使品牌遭受不可逆转的打击。如果竞争者实力相当，迎头反击也绝非是一种良策，两败俱伤是谁都不愿意见到的，陷入低级别的价格战更不可取。因此，企业可以就技术、渠道、服务和产业链升级方面与竞争者建立战略联盟关系，共同分割现有市场或合力扩展至其他市场。同时，在合作无望时，企业应该花较多精力和时间去分析竞争者的技术缺陷、产品组合漏洞、服务方面的不足、定位和诉求的模糊点、传播和推广的脱节等方面，相信总会找到令对手措手不及的地方。如果竞争者的实力小于企业，那么就应该是正面迎战，但也必须讲究投入与产出比。

最后，面对媒体，企业也应处理好与其的关系，当品牌的知名度上升到一定程度时，媒体如影相随。因此，借助媒体的力量扬品牌威名也是考验企业能否安然度过成长期和使品牌上一个台阶的重要标志之一。只要掌握媒体报道的原则，总会在企业的推广过程中找到令媒体感兴趣的东西，如技术更新、渠道拓展、品牌诉求、核心价值构建、企业内部和社会公益活动等，都可能使相关媒体趋之若鹜。

7.5.3　全盛期的品牌推广策略

品牌成长期犹如人的少年时期，各种曲折和磨难接踵而至，作为"监护人"的企业应为其谋求市场地位、塑造品牌个性、确立核心利益、持续提高知名度、提升美誉度和忠诚度。这是为了将来给企业带来长久收益的一种必须投入。

1. 提高技术水平，满足消费者需求

处在全盛时期的品牌产品，技术水平已经显得相当成熟，如果在技术上不如人，品牌也不可能发展到这样的高度。但这并不意味着产品技术会一直自动改进，尤其是当竞争者在技术上加大研发投入，并有望在短期内能超越企业的技术水平时，品牌将会以极快的速度变得不再受人欢迎。事实上，顾客忠诚是有条件的，它是建立在产品现状、内涵定位和品牌价值符合期望的基础上的，企业不要永远认为，顾客忠诚度一旦形成将不断累积。已经抢到盘中的奶酪仍然存在失去的可能性，基于这种认识，企业应就产品的技术、功能组合、包装和产品线及服务或附加利益，进行适应性和适当超前性的改进，让产品始终符合顾客期望。

关于内涵定位和品牌价值，从目前的市场态势来看，是最令笔者感到揪心的，想当然的观念弥漫在各个竞争领域。企业总认为，品牌的属性、个性、利益、文化等一组价值是符合顾客的价值愿望的，以致在宣传和推广时总是有意识地忽略竞争者的相关诉求，最终在某一次的竞争中落得惨败的结局。只有认真解读顾客的价值愿望趋向，在品牌的价值组合和诉求上进行适应性调整才是长久获得顾客忠诚的前提条件。可口可乐的"我就喜欢！"，就是最好的证明。

2. 检查自己存在的劣势，找对策解决

刚进入全盛期的品牌在竞争者的密切关注下，存在着许多可以攻击的软肋。例如，品牌的核心优势、市场地位、渠道布局和顾客的忠诚度方面，甚至是横向的配套生产企业都可能是竞争者在此时期的重点攻击目标和掠夺资源对象。品牌进入全盛时期企业应全方位地检查自己存在的劣势，应深知就是这些劣势可能会成为品牌的"滑铁卢"。因此，放大优势，修补劣势，是企业此时的应对良策。如同微软的办公系统不断修补一样，始终保持在行业内的领先和难以攻击。

当产品的原材料稍显紧俏时，尤其应警惕上游供应商利用企业的急迫心态和竞争者可能的拉拢或囤积，而使企业从源头上丧失竞争优势，这是一件十分可怕的事情。如同迈克尔·波特教授所言，上游供应商的议价能力有时候还真能决定企业的竞争力。因此，维持上游忠诚供应和开辟第二供应源是品牌全盛时期供应链管理的重点。为上游供应商提高生产和作业效率、改进物流设施和程序、适当提高供应价格、描述并确立与供应商的长远合作利益点等都是可行的忠诚供应计划；寻找替代品或寻求供应商的竞争者，甚至在可能的规模效应基础上考虑兼并供应商，这些都是开辟第二供应源的重点工作思路。

在一般的情形下，下游渠道往往会以能经营知名品牌而沾沾自喜，并同时会开出许多优厚的进场条件，此时的企业切不可故步自封。因为在利益的驱动下，任何渠道都会做出这样的决策，而且这也不会必然促成品牌的任何优势增长。相反，企业还应在占用货架、有形展示、宣传和促销等方面争取更多的露脸机会，从影响力上彻底盖过竞争者。然而也是在利益的天平下，渠道成员普遍都会有移情别恋的内在倾向，同时也往往在不经意间扮演着落井下石的角色。当品牌遭受危机冲击时，渠道成员可能在竞争者的"胁迫"下理直气壮地高举撤柜、下柜等大旗来讹诈企业。因此，如同管理上游供应商一样来管理下游渠道是十分必要的。其具体表现为：可以有渠道的泛企业化管理，即产销双方旨在搭建一个能充分展示强势的舞台；可以有渠道的捆绑式管理，即构建双方共同的利益目标为基准展开产销的全方位合作；可以有渠道的绝对化管理，即建立以投资或股权形式可以绝对控制的渠道模式。

3. 保持好与媒体的关系

处在全盛期的品牌，报喜与报忧对媒体来说同样很有兴趣。媒体只对它的顾客负责，它不承担拯救企业于危难的义务。因此，投其所好、扬长避短和笼络人心是品牌全盛期的三大媒体策略。投其所好的目的是进一步让媒体为品牌之火添柴。那么，挖掘所有媒体感兴趣的有关品牌和企业的正面新闻题材或焦点效应是企业媒体公关的基础性工作；扬长避短的目的是让企业和品牌始终在正面的舆论引导下安然成长和规避危机所引发的风险，那么，针对正面的品牌信息要使媒体保持高度关注和报道，而针对那些不可避免的危机应事先或及时与媒体沟通，取得谅解和力求媒体留情，并尽量将危机消灭在萌芽状态，不扩散危机是企业媒体公关的原则性工作；笼络人心的目的是与权威媒体建立一种长久的关系，让企业和品牌在危机时得到一定程度的保护。主动供稿、邀请参加活动、与关键人物建立私人关系、适当支持媒体发展等是企业媒体公关的维护性工作。

值得强调的是，全盛期的品牌与前两个时期的品牌表现有本质的不同，因为品牌本身已经具有新闻特征，这势必成为各方关注的焦点，稍有不慎，尤其是产品或企业声誉方面稍有不尽如人意之处，再经过媒体的放大炒作，极有可能使品牌陷入万劫不复的境地。诚然如此，运营层面的安全和媒体公关等工作是企业品牌全盛时期的重中之重。

7.5.4 衰落期的品牌推广策略

首先，产品落伍问题不值得讨论，因为到了衰落期企业仍未发现产品存在的问题，那么品牌很快消亡就属正常现象。

品牌的竞争个性定位，在品牌的全盛期看来可能很合理，可是到了衰落期总会有它不合理的地方，这些不合理是导致品牌衰落的原因之一。实践经验告诉我们，品牌的竞争个性在各个不同时期的定位应是不同的。假设在导入期可能以一种挑战者的姿态参与竞争；到了成长期应回归到相对理性的状态，靠某些理性的品牌(因素如价值先驱者等姿态)来继续推动品牌的发展，而如果依然延续着导入期的那种玩弄概念，很可能使目标顾客感到企业的招式有限而产生消费麻木；到了全盛期，单纯依靠那种理性的竞争个性已不足打动尚未开始关注的顾客，而应以一种相对权威或先进的竞争姿态参与竞争，如行业领先者或技术引领者等姿态参与，可能对品牌提高跨行业穿透力大有益处。

如果是危机引发的衰落，那么应当在排除危机后继续全盛期的定位；如果是竞争者因素引发的衰落，还要看竞争者是采取什么举措才使品牌滑向衰落期；一般情形下，竞争者不外乎采用实力或相同定位的方式。如果是实力强于企业并使品牌衰落的情况，企业这时应保持高度的警惕，否则很可能会使品牌永远不再辉煌，所以应适当修正全盛期的定位以规避正面的恶性竞争。如果其采用相同定位的方式，品牌的衰落很可能是一种假象，因为有限的目标市场暂时容不下两家相同的企业，市场正在均衡打破下进行重新调整，但最终的结果可能是目标顾客在排除混淆后继续原来的忠诚而在潜意识里排斥新来者，因此，建议企业继续保持全盛期的定位。如果其采用更加适应的竞争个性定位，那么企业应认真检讨自己定位有何不当之处，要么朝接近竞争者的定位方向修正，加大推广投入，以期重登全盛期；要么主动与竞争者定位错开，另辟蹊径。

其次，企业的价值观和资源状况决定了品牌的竞争个性，品牌的竞争个性决定了内涵和诉求的定位。品牌的目标市场定位也决定着内涵和诉求，而内涵决定着诉求，企业应当搞清楚这些复杂的关系。依据这个逻辑链条，我们很容易地发现，内涵与竞争个性和目标市场定位高度关联。品牌的内涵就是品牌提供给目标顾客的一组利益或价值。依据调整后的竞争个性定位设定适应性的品牌内涵显得相对容易，鉴于竞争个性的多样性，然而，无论是品牌的导入期，还是成长期和全盛期，品牌的目标市场定位往往不会轻易改变，只不过目标市场在每个不同时期所表现出来的价值趋向或消费倾向有所不同而已。正因为品牌滑向衰落期，那是因为企业忽略或没有很好地适应目标顾客的这些变化所致。因此，准确把握顾客的观念和需求变化，依此对品牌内涵做出适应性调整，毕竟不同时期的相同顾客群，他们对品牌的要求和某些消费观念是趋于不同的，而品牌内涵就是要准确读出他们的内心价值体系。诉求就是品牌内涵所划定的一组利益在高度概括后的外化表现，因此，诉求只要严格针对内涵来设定就可以了。

最后，在竞争市场中我们不难发现，绝大多数品牌走向衰落往往是由危机引起的，那么正确处理危机就成了挽救品牌颓势的主要工作。在品牌的衰落期，在没有很好地解决危机之前继续推广品牌，只会进一步放大危机。从普遍情况来分析，危机具有突发性、扩散性和相对可控性等特点；同时，还具有机遇性，危险中隐藏机会。但是，机会必须等到企业完美地解决危机后才有可能随之出现，否则，这种危险背后的机会将会随着危机的渐渐消亡而消亡。

本 章 小 结

品牌推广的主要目的是提升品牌知名度，品牌创意再好，没有强有力的推广执行做支撑也不能成为强势品牌，所以做好品牌推广对于企业的发展有很关键的作用。由于品牌推广方式多种多样，所以在选择推广方式时要根据企业的实际情况，并多种方式相结合。

本章主要从品牌推广战略的含义及模式入手，对品牌的广告推广、营业推广和公关推广进行了介绍，最后分析了四个阶段的品牌推广策略。通过本章的学习，读者可对品牌推广战略的基本内容与实际应用有一个初步的认识,明确现代企业在经济全球化的发展过程中实施品牌推广战略发展的必要性。

思考与练习

1. 简述品牌推广的意义。
2. 对比分析三个品牌推广方式的优缺点。
3. 影响广告推广的因素有哪些,并对广告推广的效果进行评价?
4. 从不同的角度阐述营业推广的方式及目标。
5. 品牌的公关推广的方式有哪些?
6. 总结四个阶段的品牌推广策略,并给出相应分析。

案 例 分 析

星巴克品牌推广部——音乐推送微信

把微信做得有构思,微信就会有生命力!微信的功用现已强壮到人们目不忍视,除了回复关键字还有回复表情的。这便是星巴克音乐推广,直觉影响你的听觉!通过查找星巴克微信账号或者扫描二维码,用户可以发送表情图像来表达此刻的心境,星巴克微信则依据不一样的表情图像挑选《天然醒》专辑中的关联音乐给予回答。

【星巴克:每天平均收到 2.2 万条信息】

星巴克中国微信账号粉丝已超过 40 万人,总计数以百万次的互动且这些数据仍然保持持续的增长,在业界也得到了很好的反馈(截至 2012 年 12 月初)。在星巴克看来,微信代表着一种生活方式。不但为人们提供丰富的聊天模式,更拉近了人和人之间的距离,让新时代的社交变得更自由。星巴克微信账号,是秉承星巴克"连接彼此"企业文化内涵、促进人们真诚交流,并随时随地带来美好生活新体验和"星"乐趣的最好方式。同时,依靠腾讯强大的账号体系、PC 与手机产品入口,可以使更多线下与线上用户享受移动互联网的便捷,获得生活实惠和特权。

微信与星巴克合作,不仅破除了传统商业经营模式辐射面积小、消费者参与度不高、受时间地点等制约的弊端,还具有轻松时尚、趣味性高、商家与消费者互动性强等优势,让消费者能尽享移动互联带来的轻松、惬意感受。有业内人士分析指出,在线上营销方面,微信所表现出的及时性、个性化、互动性更强的优势,无疑使微信走在时代的前沿。移动新媒体+二维码的全新品牌推广模式,将精准的消费者群从店面引导到线上,再在线上不断推进与消费者的互动,传达企业信息,培养新的消费习惯,这对于提升品牌价值意义非凡。

【星巴克官方微信营销揭秘】

利用二维码扫一扫衍生音乐效应。2012 年 8 月 28 日,咖啡巨头星巴克入驻微信,一种全新的人际互动和交往方式来了!只要你在微信中搜"星巴克中国",或者扫一扫(二维码),

就能添加星巴克中国为好友，只需发送一个表情符号，星巴克将即时回复你的心情，让你即刻享有星巴克《自然醒》音乐专辑，获得专为个人心情调配的曲目。据了解，截至 2012 年 9 月 2 日，通过这次活动，星巴克中国的微信账号共有 6.2 万粉丝，每天平均收到 2.2 万条信息，基本以参与活动的表情互动为主。接下来星巴克中国还会继续推出第二批音乐。有意思的是，微信还能让这个店铺在这个圈子中建立自己的"电台"，传播自己的文化或者完成更多用户关心的行为，而用户甚至还能通过关注这个"电台"，咨询到更多自己需要的信息，如近段时间的打折信息、新品上货情况、店铺位置等。营销角度从无声时代自然过渡到真正的互动时代，对用户的关怀也不再停留在"口中"，而是可以随时随地完成高精准度的"传递"。

利用微信摇一摇功能给客户带来全新体验。在微信中加"星巴克中国"为好友，你还可以试试自己的运气，摇一摇手机，也许就能摇到"星巴克中国"微信账号，亦能开展一段冰摇沁爽之旅。2012 年 8 月 28 日到 2012 年 9 月 20 日，星巴克同时推出由星巴克冰摇果莓沁爽和星巴克冰摇青柠沁爽两款饮品组成的冰摇果莓沁爽系列。看得见的大颗黑莓、整片柠檬和尝不出却喝得到的咖啡因，让你的每一天都充满活力、醒目夺人，给你前所未有的清爽感觉和革命性的咖啡品尝新体验。

如何让人知道星巴克的微信账号？微信开通很简单，那么怎么让大家都知道你开通了微信呢？这一直都是企业思考的问题。星巴克结合自身的企业特点，通过微博、星享卡会员项目、门店、平面媒体等多个渠道，把这一消息公之于众。

利用微信维护客户关系，让客户传递品牌故事。星巴克利用微信把客户关系维护得相当好，当你在星巴克喝完咖啡离开之后，星巴克微信会用贴心的微信内容与你互动起来。此刻，你会感觉到这里的服务真好。其实不知不觉间，你就愿意分享你在星巴克度过的美好时光。而对星巴克来说，微信全新的互动方式和独特的真实关系，就像浓郁而悠长的咖啡香味，一直伴随在用户身边。用户在这样的全新体验中，将更有消费欲望并培养起消费习惯。一个个品牌故事，也因此而诞生。

利用节假日做微信活动。为了迎合圣诞节，星巴克在 2012 年 11 月 6 日至 30 日推出"魔力星愿店"，在微信上还策划了"魔力星愿 12 天"活动。12 月 1 日至 12 日，在"魔力星愿 12 天"活动期间，关注星巴克微信的粉丝可以通过微信互动获得独家优惠，每天优惠的都有不一样的内容，如咖啡杯、咖啡粉等。同时，设定了星巴克的专属手机壁纸 12 份，回复数字 1~12 即可获得。

最终，"魔力星愿 12 天"收到很好的效果，仅 2012 年 11 月 30 日一天，几小时内，星巴克官方微信获得了近 38 万条粉丝发来的消息，微信粉丝活跃度非常高。同时通过优惠券在实际门店购买商品的销量也很可观。

（资料来源：星巴克"音乐推送微信"）

思考

从星巴克品牌推广战略的案例中，我们可以得出哪些经验为其他企业发展多品牌推广战略提供帮助？

第8章 品牌延伸战略

【学习目标】

- 掌握品牌延伸的概念与作用。
- 熟悉品牌延伸的风险。
- 掌握品牌延伸的准则。
- 了解品牌延伸的动因分析。
- 掌握品牌组合策略。
- 掌握品牌延伸策略。
- 了解品牌延伸的规律。

8.1 品牌延伸的概念、作用及风险

随着全球经济一体化和信息化时代的到来，企业之间的竞争更加激烈，这使得品牌战略日益受到企业重视。对于实行多元化经营的企业来说，当企业向市场推出新产品时，必须在品牌延伸战略或是独立品牌战略之间进行抉择。由于品牌延伸战略决策十分复杂，与许多具体的环境、条件和因素相关，同时品牌延伸战略本身又有许多具体的不同战略模式，所以有必要对其中的各个方面进行详细分析，这样才能得心应手地运用品牌延伸战略，真正以品牌延伸来为企业创造效益。

8.1.1 品牌延伸的概念

品牌延伸是指采用已取得成功的品牌来推出新产品，使新产品投放市场伊始即获得原有的品牌优势支持。品牌延伸的目的是实现品牌整合支持体系，从消费者的品牌联想到制造商的品牌技术、服务支持形成一个整合的链条。例如，"海尔"品牌从冰箱延伸到彩电、空调、热水器、洗衣机、微波炉等。

在西方发达国家，品牌延伸就像当年成吉思汗横扫欧亚大陆一样，席卷了整个营销界。一项针对美国超级市场快速流通的商品研究表明，过去 10 年来成功品牌(成功品牌是指年销售额在 1 500 万美元以上)，有 2/3 属于延伸品牌，而不是新上市品牌。企业如果不利用已成功的品牌推出新产品，那么，销售新产品是相当困难的。因此，品牌延伸已成为西方发达国家企业发展战略的核心。

在品牌延伸中，我们将首先使用某品牌的产品称为"原产品"，而将人们最易由某品牌联想到的产品称为"旗舰产品"；很多"原产品"就是"旗舰产品"，但也有例外的情况。例如，一提到"康师傅"人们立马儿就想到方便面，康师傅方便面既是原产品又是旗舰产品，而一提到 IBM 人们首先想到的不是它的最初的产品"天平"，而是电脑。在品牌延伸中

我们关心的不是某一产品是否是原产品，而是它是否是旗舰产品。因为我们需要把旗舰产品的良好形象通过品牌延伸转移给新产品。

所谓形象转移，是指消费者将对某一产品富有意义的联想转移到另一个产品上。在品牌延伸中，它是指把这种联想从"旗舰产品"转移到"新产品"上，从而使新产品迅速地打入市场。形象转移至少需要两个实体(即发生形象转移的个体)：来源体和目标体。

首先，来源体必须在人们心目中已经激发了某种联想，然后通过形象转移将联想转移到目标体。要想使联想从来源体转移到目标体，那么这两个实体之间必须存在共性，如在品牌延伸中旗舰产品和新产品拥有共同的品牌名称。

其次，目标体也应拥有能够激发人们这种联想的属性，如宝马通过品牌延伸生产高品质的服装，宝马的服装也像宝马车一样能使人们联想到很高的社会地位。当具备这两个条件以后，根据人们的心理调节作用，就能实现形象转移。

此外，基于形象转移的品牌扩张的策略有：成分品牌、联合品牌、品牌延伸与品牌认可。成分品牌策略指的是品牌产品只能作为某一种商品的一部分(元件)被购买和消费。例如，英特尔处理器和联想电脑，这时成分品牌英特尔便是来源体，联想电脑便是目标体，此时联想电脑又被称为载体品牌。在联合品牌策略中，两个品牌联合推出新的产品，并在新产品上把两个品牌都标示出来。例如，索尼与爱立信联合推出了索尼-爱立信手机，这时有两个来源体，即索尼与爱立信，目标体则是索尼-爱立信手机。

在品牌延伸策略中，品牌拥有者利用现有品牌推出新产品，旗舰产品便是来源体，而延伸产品则是目标体。

最后，在品牌认可策略中，品牌拥有者在推出新产品时使用新的品牌名称，而在产品包装或广告中同时明显地显示另一个现有的品牌名称。例如，宝洁公司(中国)在它的各种产品广告中最后都会加上"宝洁公司"这个品牌，这里认可品牌"宝洁公司"便是来源体，而它的产品就是目标体。

8.1.2　品牌延伸的作用

运用品牌延伸战略的使用企业已经具有良好市场声誉的品牌，借助其影响力，推出新产品，可谓事半功倍、一举两得。既能使新产品快速、成功地导入市场，又能进一步扩大原品牌的影响和声誉。具体而言，品牌延伸可望给企业带来以下几个方面的正面效应。

1. 有助于消费者对新产品形成好感

利用原品牌(成功品牌)的知名度，可迅速提高消费者对新产品(延伸产品)的认知率，有效节约新产品市场导入费用，有助于消费者对新产品形成好感。

从延伸产品角度来看，品牌延伸主要是利用已有的品牌资产，借助品牌的知名度、良好的市场形象推销新产品，因而有助于降低新产品上市的成本和风险。美国的一项调查发现，在某些消费品市场，新产品的上市需要5000万～1.5亿美元的投资，而且成功率较低。相比之下，品牌延伸不仅有助于降低营销费用，而且有利于新产品的成功。一项对美国超级市场的调查发现，在20世纪70年代上市的7000种商品中，只有93种达到年销售额1 500万美元的水平，其中65%以上采用品牌延伸策略；另一项研究揭示：只有30%的新产品能够生存 4 年以上。但当新产品采用已有品牌时，50%能够生存 4 年以上。

事实也证明了这一点。1985 年，柯达将一种名为"极寿"的碱性电池推向市场。虽然包装上标有柯达字样，但由于字体较小，很不显眼，结果，销售效果极为不佳。为改变这种状况，柯达于 1988 年彻底改变了品牌名称和产品包装，不仅用"柯达"取代"极寿"，而且用红、黄两色取代其他颜色，结果，销售额直线上升。

具体来说，品牌延伸对新产品上市有以下好处。

(1) 新产品的知名度迅速得到提高。一个新产品要让市场接受，第一步就是要提高品牌知名度。知名度高的品牌能使消费者产生一种熟悉感，可引起对该品牌产品的好感甚至尝试购买。因此，将知名度高的品牌名称用于新产品，新产品也就有了同样的知名度。

(2) 有利于将品牌联想注入新产品。品牌延伸不仅仅是将知名品牌名称冠于延伸产品，而且可以将品牌联想、知觉质量、品牌特性等品牌资产注入延伸产品。例如，要想使新的家电产品具有"服务好"的联想，只需给产品冠上"海尔"名称，产品就有了所需的联想。没有这个名称，要想达到"服务好"的目的是很困难的。

(3) 有利于吸引消费者对新产品的尝试性购买。将一个知名品牌用于新产品上，可以降低潜在购买者的风险。因为该品牌名称向消费者显示，这个品牌是可信的、高质量的，因而其名下产品也是可以信赖的。

2. 品牌延伸可以产生品牌伞效应，降低营销费用

所谓品牌伞效应，是指在市场中已经建立起良好品牌信誉的企业，在对同一牌子的其它商品进行广告宣传时，能够降低成本，因为消费者往往会运用其在市场上所获得的信息去推断同一品牌的其他商品。换言之，在品牌伞效应作用下，企业通过品牌延伸可以充分借助原有品牌的市场信誉和产品声誉，使消费者在短期内消除对新产品产生的排斥、生疏和疑虑的心理，进而在较短的时间内接受新产品，从而节省新产品进入市场所必需的宣传、促销等营销费用，并能迅速占领市场。在市场经济不断发展的今天，名牌代表着企业拥有的市场，在一定程度上也代表着国家的经济实力。名牌来之不易，需要耐心、勇气、财力、物力多方面长时间的投入。如何对现有名牌进行开发和利用，更好地发挥名牌效应，是企业经营战略中不可或缺的课题。利用名牌资源实施产品延伸，是企业界常用的对名牌进行开发利用的策略。很多企业正是因为成功地运用了品牌延伸策略，才取得了市场竞争的优势地位。从已有的实践来看，品牌延伸能给企业带来的好处集中表现在以下三个方面。

(1) 借助品牌忠诚，减少新产品入市成本。据研究显示，消费者往往具有某种品牌忠诚心理，即在购买商品时，多次表现出对某一品牌的偏向性行为反应。这种忠诚心理，为该品牌产品提供了稳定的不易转移的消费者群体，从而保证了该品牌的基础市场占有率。因此，当该企业开发的新产品以同一品牌投放市场时，就可以利用消费者对其品牌的忠诚心理，以较少的投入成本迅速进入市场，提高新产品开发的成功度。海尔集团在空调、冰箱行业具有相对的竞争优势，近几年来又开发出彩电，借助海尔的知名度和美誉度，迅速得到了消费者的认可，成为彩电行业不可忽视的后起之秀。而长虹、海信集团反其道而行之，把空调行业作为品牌延伸的新领域。TCL、康佳等则把品牌延伸到手机领域，逐步打破了国内手机由境外品牌一统天下的格局。

(2) 扩大产销能力，提高市场占有率。一个著名的、被消费者所熟知的品牌，很容易得到市场的认同，而一个在市场上已有良好信誉和知名度的品牌，又为产品的进一步开拓市场、提高市场占有率起到了重要的作用。小天鹅集团是波轮式洗衣机的国内老大，为了进一步占领国内洗衣机市场，一方面，该集团与武汉荷花洗衣机厂实行强弱合作，输出商标、管理和市场营销网络，定牌生产双缸洗衣机；另一方面，选择西门子、惠而浦、罗兰·梅洛尼 3 家国际企业，定牌生产滚筒式洗衣机。此举一出，使小天鹅自由翱翔于各种型号的洗衣机领域，多年来市场综合占有率一直名列国内同行前茅。

(3) 发展规模经济，实现收益最大化。规模经济效益是企业所追求的第一个目标。因为发展规模经济，在理想的规模度内，可以使企业降低成本、扩大生产能力，提高整体竞争能力，实现低成本扩张。品牌延伸在某种程度上就是发挥核心产品的品牌形象价值，提高品牌的整体投资效益，使得企业产销达到理想的规模，实现收益的最大化。上海恒源祥公司利用老字号品牌的无形资产，几年来先后与 30 多家绒线生产企业结成战略联盟，联盟内部实行专业分工生产，统一品牌销售，从而使得资产配置得到最大程度的优化，企业收益也相应达到最大化。由此企业被国际羊毛局认定为全世界最大生产、经销全羊毛和混纺手编毛线的企业。

3. 有利于提高销售额和市场占有率

品牌延伸能适应消费者需求的不断变化，有利于提高销售额和市场占有率。品牌延伸是反映市场需求，顺应消费者需求变化的一种低成本、低风险的策略。通过在一个品牌名称下不断推出顺应时代发展、适合消费者需求的产品，会使该品牌变得更亲切、更生动、更有吸引力，因而能保持该品牌的地位和利润。

骆驼牌香烟堪称是这种延伸的一个成功案例。"骆驼"是一个极老的品牌，但它在竞争激烈的烟草行业中始终保持领先地位，原因之一就是它能够紧跟消费者的变化趋势。例如，当吸烟者开始倾向于吸长支过滤嘴香烟时，骆驼很快地延伸出这个新产品，虽然没有席卷整个烟草市场，但也具有一定的竞争力。当香烟界又刮起淡烟风时，"骆驼淡烟"随之推出，同样获得极大成功，销售极佳。此后，骆驼家族又陆续诞生新的成员，这便是"骆驼超淡烟"。由于越来越多的公众场所不鼓励，甚至禁止人们抽雪茄，骆驼又抓住这个时机，针对抽小型雪茄的消费者推出了另一延伸产品——"骆驼粗支香烟"。骆驼家族的这 5 个延伸产品由于顺应了消费者的变化，因而在市场上都取得了成功，极具竞争力。这种顺应消费者变化的品牌延伸打破了许多消费者不能享用它们产品的禁忌，因而通常都可以提高延伸产品的销售量。

4. 有利于企业分散经营风险，阻止竞争者

品牌延伸有利于企业分散经营风险，有效地抑制或阻止竞争者。企业实行品牌延伸战略，通过其经营领域的拓展，使企业获得高额利润的同时，还使企业内部形成优势互补、技术关联的状况，充分发挥企业内人、财、物、技术、管理、企业形象等有形、无形资产的巨大潜力。品牌延伸使企业由原来的单一产品结构、单一经营领域向多种产品结构、多种经营领域发展，从而有效地分散了经营风险。

产品线的延伸还可以抬高其他品牌新产品进入这一产品市场的成本，有效地抑制或弱化竞争者的行动，甚至会耗尽市场第三位或第四位品牌的有限资源，因而品牌延伸是企业一种非常有效的应对竞争的有力武器。例如，高露洁与佳洁士是分别属于联合利华和宝洁公司的两个著名品牌，也是两个在其产品类别中独占鳌头的品牌。多年来，他们都竭尽所能不断推出延伸产品，高露洁和佳洁士都有超过35种型号和包装尺寸的产品，它们通过挤占无法跟得上其推出新产品步伐的稍弱品牌的市场，不但提高了销售量，还有效地保护和增加了自己的市场份额。

5. 品牌延伸可以实现品牌利用中的增值

与通过内部发展建立新品牌的漫长过程和巨大投入相比，借助品牌延伸共享已有品牌的影响力，可以在相对较短的时间内立竿见影地提高产品竞争力和企业的经济效益。同时，随着企业规模的扩大和市场占有率的提高，反过来会进一步扩大品牌的市场影响力，增强品牌的价值和企业的品牌竞争优势，形成良性循环，从而达到品牌在使用中保值、增值的目的。

品牌延伸属于企业的战略问题，它属于品牌战略的范畴。品牌延伸的实质就是企业经营战略的多样化和多元化。品牌延伸战略相对于其他的品牌决策来说有它自身的特点，它不但关系到新产品能否尽快为市场所接受并获得竞争优势；同时，由于新产品上市后其形象又会对主品牌起到强化或削弱的作用，从而反过来影响企业原有产品的市场地位。可见，品牌延伸的影响是巨大的、长期的，牵涉面广，关系到企业长期的市场地位和整体盈利。因此，企业在采取品牌延伸这个战略性策略的时候，需要进行详尽的分析，避免损失，使收益最大化。

中国企业对品牌延伸存在的问题随着中国改革开放的不断深入而增加，越来越多的外国企业进驻中国，不仅加剧了市场经济的竞争，同时也使中国企业感受到了品牌资产的巨大威力。于是，一些在市场上已经创出一些名气的品牌经营者，尤为希望自己的品牌能带来巨大的收益，迫不及待地想进行品牌延伸，把蛋糕越做越大。然而由于他们的市场经济意识和经营管理水平的低下，往往表现出认识上的浅薄和幼稚。

6. 增加产品分销及销售的可能性

现代商品种类繁多，在零售商的货架上摆满了各种各样的商品，即使是同一种商品也有许多不同的品牌，要想挤占零售商有限的货架十分困难。品牌声誉是超级市场进货人员采购新产品时关键的筛选标准。品牌延伸把由旗舰产品激发的联想转移到新产品上，新产品因而也享有和旗舰产品同等的品牌声誉，这也使延伸产品更容易挤占分销商的货架。

7. 明确品牌含义，丰富品牌形象

成功的品牌延伸能够增加某一品牌的产品种类，进而明确并扩展品牌的含义。例如，"海尔"最初在消费者看来代表着高质量的冰箱。随后，海尔延伸到洗衣机、空调、电视、VCD、电脑、手机、热水器、微波炉、吸尘器等产品，成为中国家电的第一品牌，海尔在消费者心目中树立了家电王国的形象。再如，娃哈哈的创始人宗庆后发现市场上缺少一种专门针对儿童的营养液，于是马上抓住了这个市场机会，开发了"娃哈哈儿童营养液"，在强力的

广告宣传下，娃哈哈在两年之内也成功地成长为一个有极大影响力的儿童营养液品牌。后来，娃哈哈又开发出针对儿童消费者的第二个产品——果奶。并且依靠娃哈哈强大的儿童品牌形象，娃哈哈果奶取得成功，占据了一半以上的市场。而这次品牌延伸更重要的意义是，突破了娃哈哈品牌单一产品的概念，并巩固了娃哈哈作为一个强势儿童营养饮品品牌的地位，使品牌形象更为丰满。由此，"儿童的、营养、健康"真正成为娃哈哈品牌的核心价值。可惜的是娃哈哈后来没有坚持儿童饮品的定位，推出了许多其他性质的产品，导致了品牌形象的弱化。

8. 为后续延伸做铺垫

成功的品牌延伸的好处之一就是，它可以作为产品继续延伸的基础。这一点对于名称延伸和概念延伸来说表现得更为清楚，因为品牌拥有者可以围绕这一延伸产品创造出一个全新的产品组合。恒大矿泉水集团于 2013 年 9 月成立，是恒大集团多元化发展的又一力举。这也是恒大涉足其他行业的体现，为后续多元化的发展做出铺垫；恒大矿泉水集团秉承民生理念，为老百姓提供健康的高端饮用矿泉水，立足世界三大黄金水源地之一——长白山，打造千万吨级的惠民工程。因为是针对高档水市场的，因此恒大冰泉获得了优质水的称号。

8.1.3　品牌延伸的风险

虽然品牌延伸能给企业带来各种战略和经济利益，但是不恰当的品牌延伸反而会给企业带来各种危害。这些不利的影响有：产品之间相互蚕食，联想互不转移或有害，负面反馈，品牌形象淡化，可能错过开发新品牌的机会，品牌延伸时把握不准产品种类、数量的适度性等。

1. 产品之间相互蚕食

这种情况发生在产品延伸时，原因在于延伸产品与旗舰产品属于同一产品类别，所满足的消费者需求也大同小异，因而新的延伸产品总会多多少少蚕食现有产品的市场份额。对于乳制品市场，由于人们的健康观念的进一步加强，并选择更健康的生活方式。因此，在伊利推出各种消化酸奶后，伊利纯牛奶的销量明显比之前下降了不少。

然而，对于喜欢多样化的消费者，可以通过购买延伸产品，提高对品牌的忠诚度，同时也就尽量减少了消费者转向竞争者的品牌。这样一来，对于竞争激烈的行业来说，企业推出一个或更多的延伸产品也还是值得的。

2. 联想互不转移或有害

旗舰产品的品牌形象可能未转移到延伸产品身上。在品牌延伸策略的实施阶段，消费者可能认为旗舰产品的主张与延伸产品的关联不大，因而形象无法转移；另外，还可能是由于旗舰产品本身的品牌附加值水平偏低，其品牌形象对消费者意义不大，因而也就无形象可转移；更糟糕的情况是，旗舰产品所唤起的联想有损于延伸产品所期望联想的形成。例如，活力 28 洗衣粉，延伸到纯净水，让消费者在喝它的水的同时感觉有洗衣粉的味道。这样的例子不胜枚举。

3. 负面反馈

延伸产品还可能给旗舰产品带来负面的影响。虽然在实施品牌延伸的初期，延伸产品的形象还未在人们心目中强有力地建立起来，因而这时它对于旗舰产品的反馈很少。但是，随着时间的推移，延伸产品自身的形象将逐渐丰满起来，它对于旗舰产品的反馈也会越来越多。起初，倘若消费者对于延伸产品(目标体)的印象是消极的，而对旗舰产品(来源体)的印象是积极的，而旗舰产品与延伸产品之间的联系也是积极(由于它们使用同一品牌名称)，根据形象转移的原则，消费者在认知上就产生了矛盾，为了重新达到认知上的平衡，消费者只有重新调整对旗舰产品的印象，这时旗舰产品在消费者心目中的形象也就变为负面的了。

例如，派克钢笔号称钢笔之王，是一种高档的产品，人们购买派克钢笔不仅仅是为了书写的目的，更重要的是为了显示自己尊贵的社会地位。然而，1982 年，派克公司新任总经理彼得森上任后，非但没有巩固发展自己的市场强项，反而利用"派克"的品牌延伸到低档笔市场，结果没过多久，派克不仅没有打入低端笔市场，反而让老对手克罗斯公司乘虚而入，高端市场也被冲击，市场占有率下降到 17%，销量只及克罗斯公司的一半。派克的延伸产品的低档形象对派克的旗舰产品(高档钢笔)的形象产生了很大冲击，使得人们对派克的高档的形象产生了怀疑，因而导致了派克的失败。

4. 品牌形象淡化

延伸产品的推出，会使长期建立起来的强有力的品牌形象在消费者心目中逐渐失去光泽，变得越来越模糊。特别是品牌延伸到其他类型的产品(名称延伸和概念延伸)时，使得品牌不再引起任何对产品的具体联想，这种情况就被称为品牌形象的淡化。品牌形象淡化具体表现为消费者在列采购清单时，不再列出品牌名称，而只是写出产品名称或另一品牌名称。例如，"康师傅"在未进行品牌延伸之前，几乎成了方便面的代名词，人们一提起"康师傅"头脑中马上就会浮现出方便面的形象，人们在写购物单时往往也只写上"康师傅"。但是，"康师傅"延伸到饮料、糕饼等其他产品以后，它的"方便面"形象也就随之减弱了，人们在列购物单时也就改写"方便面"了。

5. 可能错过开发新品牌的机会

这是一个经常被人忽略的问题，以品牌延伸的形式推出新产品，可能使公司错失一次创造具有独特形象和附加值的全新品牌的机会。例如，娃哈哈进入碳酸饮料时没有使用品牌延伸策略，而是推出了另一个新品牌"非常可乐"，并通过"非常可乐，中国人自己的可乐"的广告诉求，在消费者心目中建立了民族可乐品牌的形象。2003 年，非常可乐全年的产销量超过了 60 万吨，直逼百事可乐在中国的 100 万吨。同时，娃哈哈在"非常可乐"下又延伸出"非常柠檬"、"非常甜橙"等产品，完善"非常"产品线，全面挑战两乐旗下的"雪碧"、"芬达"、"七喜"和"美年达"。另外，娃哈哈还推出了"非常茶饮料"，向统一、康师傅主导的茶饮品细分市场渗透。倘若娃哈哈集团仍使用"娃哈哈"的品牌延伸到它的碳酸饮料产品上，一方面，它可能就没有使用"非常可乐"这个品牌成功；另一方面，它也就错过了一次开发新品牌的机会。最终，也导致了非常可乐的倒闭。

6. 品牌延伸时把握不准产品种类、数量的适度性

虽然延伸产品可能保持了与品牌核心价值的一致，但若不注意数量的限制也可能会影响品牌的市场影响力，因为品牌所涵盖的产品过宽会造成管理上的不方便，其中任何一个产品问题的出现都会导致对品牌形象的损害。而且不同产品毕竟在定位上还是有一定的差异性，因此会或多或少地冲淡或影响人们心目中对该品牌的思维和情感定式。一个品牌定式的建立还是和最初的产品相联系的，产品种类过多往往冲淡这种定式。所以品牌延伸要注意对产品种类、数量的控制；品牌扩展的宽度是必须量力而行的。

综上所述，品牌延伸具有两重性：一方面，成功的品牌延伸可将现有品牌的某些特性注入新产品，使之凭借现有品牌的力量，以较小的成本、较快的速度、较大的把握打入市场，而且可以用新产品的某些特性更新或强化现有品牌，使之利用推出新产品的机会进一步扩大品牌知名度、提高品牌吸引力；另一方面，如果延伸不当，也可能削弱现有品牌，甚至可能影响延伸产品。所以，是否进行品牌延伸以及向何处延伸，是摆在品牌管理者面前的一个两难选择。

当一个企业的品牌鼎盛时，往往易于实施品牌延伸，将品牌放大或组成"联合品牌"。品牌延伸有利于企业实行多元化经营，此外，品牌延伸既节约了推广新品牌的费用，又可使新产品搭乘原品牌的声誉便车，迅速进入市场。然而，品牌延伸亦非无限，而是有一个"度"的问题。若超过此"度"，品牌延伸可能在短期获利之后产生长期的负面影响。所以，艾里斯强调："品牌就像一根橡皮筋，越延伸，它就会变得越疲弱。"

8.2　品牌延伸的准则与步骤

8.2.1　品牌延伸的准则

企业是否实施品牌延伸，如何实施品牌延伸？首先要看其是否符合以下准则。

1. 延伸产品应具有相一致的市场定位

相近的市场定位决定了产品在最终用途、购买对象及生产条件等方面的一致性，这既符合顾客的品牌联想心理，也符合企业的生产经营实际，如海尔品牌从冰箱延伸到空调、洗衣机、彩电、微波炉等。这些延伸的产品与原有产品同属家电，与海尔在消费者心中成功的家电企业形象是相吻合的，同时也利于企业生产能力的进一步挖掘与发挥。与之相对应，如果生产化肥的企业将其产品延伸到市场定位迥然不同的食品产品就难以想象了。

2. 延伸产品应具有一致的产品定位和品质定位

品牌在同一档次产品中的横向延伸一般问题不大，因为其产品定位是一致的。例如，金利来品牌从领带到皮具等产品的延伸，不仅与"男人的世界"相联系，而且同属高档产品定位，因此，在促进延伸产品销售时，也强化了金利来的品牌形象。

当品牌在向不同产品档次的纵向延伸时则必须谨慎，因为纵向延伸意味着品牌要囊括不同质量和档次的产品。当品牌沿产品线向下延伸时，很容易使消费者产生一种不良印象：

成功品牌的产品档次在降低。所以，延伸的产品应保证与品牌形象相匹配的质量，确保质量与产品定位的一致性。

3. 科学评估企业及其品牌能力

品牌延伸是借助已有成功品牌的形象、声誉和影响力向市场推出新产品，显然只有当品牌具有足够的实力时，才能保证品牌延伸的成功。而品牌实力与新产品开发又是建立在企业整体实力的基础上的。因此，企业是否具备品牌延伸的条件，必须从企业与市场内外两个方面对其品牌实力进行客观的评估。如果在没有多少知名度和美誉度的品牌下不断推出新产品，这些新产品就很难获得"品牌伞"效应，因为这样与上市新品牌几乎没有多大区别。如果企业实力薄弱，消费者也很难信服企业具备开发新产品和品牌延伸经营成功的能力。所以，企业及其品牌实力应成为品牌延伸决策的起点。

4. 延伸产品应采取相近的分销渠道模式

分销渠道既是企业的一种营销渠道，又是塑造企业品牌形象的窗口，如果不利用相近的分销渠道，企业就无法发挥品牌延伸降低促销费用的优势。因为渠道相同的话，只要在商店做一则品牌POP广告，就等于给"品牌伞"下的所有产品做广告。另外，相近的分销渠道还能维护品牌形象的延续性和一致性。反之，则可能危及品牌形象。

5. 在主品牌不变的前提下为新产品增加副品牌

为了避免单一品牌延伸的风险，经营者可以考虑采取在商标不变的情况下为新产品起个"小名"，这就是"副品牌"。这样做，一方面淡化了"模糊效应"；另一方面又使各种产品在消费者心目中形成一定的距离，有效地降低了"株连"的风险。例如，海尔集团在品牌延伸时，给冰箱、空调、洗衣机中各种型号的产品分别取一个独特又优美动听的小名，如"大王子"、"小王子"、"丽达"、"大元帅"、"小元帅"、"金元帅"、"小神童"、"玛格丽特"等，海尔一些特殊的旗下品牌，统帅——是海尔集团在互联网时代背景下推出的定制家电品牌。目标人群主要是倡导个性、时尚、简约生活方式的年轻消费群体。卡萨帝(Casarte)——海尔集团高端家电品牌，卡萨帝名字的灵感源于意大利，品牌定位为"创艺家电、格调生活"。实践证明，这种策略是非常成功的。又如，IBM这一电脑品牌，提起它就会让人想到电脑，而不会想到影印机。因此，可以将它延伸到各种电脑相关的产品上去，如主机电脑、个人电脑、笔记本电脑等，甚至延伸到各种电脑的周边设备也不会误入"陷阱"。

6. 要具有共同的主要成分

主力品牌与延伸品牌，在产品构成上应当有共同的主要成分，即具有相关性。如果事实并非如此，消费者就会不理解两种不同的产品为何存在于同一品牌识别之下。同样的，海尔也做出过错误的品牌延伸，为打开中国的电脑业务，海尔将自己的旗下产品品牌延伸到了个人电脑业务领域，由于海尔最具知名度的产品是洗衣机、冰箱等，让人对于海尔生产电脑存在疑问，电脑与洗衣机共同的主要成分太少了。

7. 要具有相同的服务支持系统

从营销到服务，如果能联系在一起，品牌延伸自然理所当然，否则，就显得不伦不类。例如，雅戈尔从衬衣延伸到西服，服装业的营销和服务是一致的，品牌延伸自然到位。巨人集团从电脑软件延伸到保健品(巨人脑黄金)、蓝宝石集团从手表延伸到生命红景天(营养保健品)，就显得延伸较为勉强了。

8. 技术上密切相关

主品牌与延伸品牌在技术上的相关度是影响品牌延伸成败的重要因素。例如，三菱重工在制冷技术方面非常优秀，因此，它自然将三菱冰箱的品牌延伸到三菱空调上。海尔的品牌延伸也大致如此。相反，春兰空调与其"春兰虎、春兰豹"摩托车的形象没什么相关性，可以说是毫无关系的两个事物，所以延伸就没有意义了，反而使其失去了中国空调第一品牌的地位。反观云南白药集团在品牌延伸过程中，就十分注意其延伸品牌的技术关联度。针对我国牙周病发病率居高不下的现状，利用其技术上的优势积极进行相关品牌的延伸，历时一年多，开发出了云南白药牙膏，取得了成功的品牌延伸的效果。

9. 使用者相似

使用者在同一消费层面和背景下，也是品牌延伸成功的重要因素。例如，金利来，从领带到腰带到服装到皮包，一条龙的服务方式，最大限度地延伸自己旗下的产品，满足配套的需求，都紧盯着白领和绅士阶层的消费，延伸就比较成功。

10. 避免产品高度定位

如果一个品牌已经成为这个产品的代名词，则最好不要再将这一品牌冠名到另一类产品上去，否则就非常危险。例如，SONY 在日本代表收音机或彩色电视机，现在也是名牌的视听产品。假如将 SONY 冠名到微波炉、冰箱、洗衣机等家电产品上，必将非常危险。

以上 10 个原则，是品牌延伸成败的关键。无可否认，成功的品牌延伸能使品牌放大、增势，进而使品牌资产得到充分利用，并在利用中增值，但品牌延伸毕竟有许多陷阱，存在很多潜在的风险。所以，要打造英雄品牌，必须积累品牌资产，为进行成功的品牌延伸打基础。在品牌资产积累不足的时候，通过兼并在市场上已经发展相对成熟的企业的方式延伸至其他种类，可规避风险。在品牌延伸时，能否允许品牌新个性的出现取决于品牌资产是否具有包容能力，要避免品牌遭到稀释的可能。

8.2.2 几种常见的品牌延伸模式

爱德华·陶博(Edward Tob)以 276 种品牌延伸为基础，总结出品牌延伸的 7 种延伸模式。

(1) 产品形态延伸。例如，鹰牌洋参从切片向冲剂的延伸；伊利牛奶向伊利奶片的延伸。

(2) 产品味道、配料成分的延伸。如雀巢从婴儿奶麦粉向婴儿豆奶麦粉的延伸。

(3) 向伴侣产品延伸。例如，高露洁从牙膏向牙刷的延伸；纳爱斯从单一牙膏向男、女牙膏的延伸。

(4) 按顾客基础延伸。如西尔斯从连锁商店向储蓄银行的延伸。

(5) 按专门技能(消费者认为制造新产品需要借助原产品制造所采用的技能或技术)延伸。如比克(BIC)从一次性圆珠笔向一次性打火机的延伸。

(6) 按益处、特性、特色延伸。如新奇士从橙子向维生素 C 药片的延伸。

(7) 按形象延伸。如皮尔·卡丹从服装向皮夹的延伸。在这种延伸中，新产品享有原产品的关键形象成分。

8.2.3　品牌延伸的动因分析

下面我们从战略、市场、品牌三个层次来分析品牌延伸动因。

1. 战略层面

1) 扩大企业规模

在国产彩电生产厂家中的 TCL 进行品牌延伸，进入空调、冰箱、锂电池、移动通信等领域，特别是 TCL 移动通信公司自 1999 年成立，2003 年销售收入已达 100 亿元，使 TCL 集团 2003 年的整体收入已超过 220 亿元，2003 年年底，公司再度高居排行榜前列，成为唯一一家连续两届进入该排行榜前五名的企业，TCL 更成为 2004 年中国第六大最具价值的品牌。2006 年，TCL 手机再获中国名牌产品称号。娃哈哈集团一路从儿童营养液品牌延伸到果奶、八宝粥、茶饮料、纯净水、碳酸饮料。2010 年，娃哈哈推出旗下高端奶粉——爱迪生婴幼儿配方奶粉，产品由合作企业荷兰百年皇家乳企生产，原装进口，来到中国。此举也开创了让国外企业为中国贴牌生产的先河。2013 年，娃哈哈销售额达 782.78 亿元，始终保持着中国最大的食品饮料厂家。

2) 顺应公司业务战略调整和转移的需要

当公司的业务战略需要调整和转移时，最好的解决方法就是利用品牌延伸，借助原品牌的知名度来取得新行业中较好的竞争地位。

2. 市场层面

1) 培育潜在消费者

知道万宝路牛仔系列服饰卖得不错的不少，但知道宝马轿车延伸到服饰的就不多了。宝马把品牌延伸到服饰领域，中国的第一家专卖店就设在北京东方广场，产品有男女正装、运动休闲与配饰系列。车和服饰都能传神地体现了宝马核心价值观"潇洒、优雅、时尚、悠闲、轻松"的生活方式，这种延伸无疑是对的。宝马延伸到服饰不仅能获得服饰的利润，但还有另一层深意，更重要的是通过涉足服饰领域向更多的消费者推广宝马生活方式与宝马这个品牌。宝马希望在消费者还很年轻的时候，就钟爱宝马这个品牌，成为宝马汽车的潜在消费者。刚从大学毕业的男士，要购买一部宝马汽车，可能力不从心，但他可以先购买一件宝马服饰，从中感受到宝马生活方式。因此，对宝马品牌的信任和忠诚度会大有提升，等他事业有成，选择高档汽车时，就会先入为主，对宝马汽车情有独钟。

2) 占领更多细分市场

企业在市场上建立自己的品牌，站稳脚跟后，如果发现其他的细分市场有利可图，往往会通过品牌延伸的方式来占领更多的细分市场。例如，汰渍洗衣粉推出特定的家庭装、小袋装和专门针对洗衣机用户的专用包装，德芙巧克力推出的不同包装和重量的巧克力，喜之郎推出散装和精装的果冻等。

3) 防止客户流失

喜新厌旧是顾客的权利，100%品牌忠诚的产品是不存在的。一个公司如果只有单一品牌、单一产品，其面临的顾客流失风险更高，为了防止这种情形的发生，企业往往通过品牌延伸的方式提供多种不同功能和形象的产品。例如，宝洁公司的洗发产品就有飘柔、海飞丝、潘婷等多个品牌。

4) 快速切入市场，把握市场机会

品牌延伸则为把握市场机会提供了一个强有力的手段。消费者基于对原有品牌的信任和良好认知，会易于接受和试用原品牌延伸出来的产品。当年澳柯玛进入电动车行业时，业内企业已有 1500 家，多是作坊式小企业，澳柯玛利用自己的品牌优势，斥资进入该行业。2011 年，澳柯玛对旗下全线家电产品售后服务再升级，创建了"澳柯玛金海豚五星服务"品牌。凭借优质的服务和"诚实守信、义利共生"的合作理念，澳柯玛同蒙牛、伊利、汇源、青岛啤酒、GE、西门子、联合利华、可口可乐、百事可乐等跨国公司建立了良好的合作关系，得到了各国客户的高度评价。澳柯玛的足迹已遍布亚洲、欧洲、美洲和大洋洲的100 余个国家和地区，在国际上的知名度和影响力正在迅速提高。这全得益于其充分利用品牌延伸的结果。

5) 降低营销成本

乐百氏一位营销经理曾经说过，"推广新品牌的投资很大，要把一个新品牌培育成为全国性品牌，一年没有 2 亿元的营销和广告预算是不可能的"。利用品牌延伸就可能降低营销成本，包括广告成本、渠道再建成本等。

3. 品牌层面

1) 最大限度地利用品牌优势

一个品牌，特别是知名品牌的创立，是一个企业经过在产品开发创新、营销努力、质量严格控制、广告巨额投放、企业制度革新等努力之后才实现的，借助主品牌的知名度和美誉度来开发新的产品、进军新的行业，将品牌金矿充分挖掘。获得更多利益，是企业的最根本目标。

2) 挽救或激活主品牌

某些曾经是市场领导者的品牌随着市场竞争的加剧或企业对大环境判断的失误，存在退出市场或萎缩的危险，这时企业便会采取品牌延伸战略来维护、挽救和激活主品牌。"蔡林记"是武汉市有名的老字号，以做热干面而闻名，其一度被洋快餐麦当劳、肯德基及国内一些新餐饮企业所"淹没"，后来"蔡林记"通过增加服务品种和运用连锁加盟的方式，延伸"蔡林记"品牌，才使品牌知名度和市场份额得以回升。

3）增加品牌价值

品牌延伸的成功可以为主品牌注入新的元素，增加品牌价值，特别是那些容易与某一产品产生强烈联系的品牌，可有效摆脱"品牌就是产品"的束缚，为品牌的提炼奠定基础。实际上，品牌的最高境界是品牌个性，品牌个性是超越品牌定位层次的。具有个性的品牌在消费者认知中才能深入和清晰。海尔传播的是"真诚到永远"，TCL 则是"科技取悦你"。这些理念随着海尔、TCL 品牌延伸的成功日渐强化并进入消费者脑海中。

8.2.4　品牌延伸的步骤

品牌延伸主要包括三个步骤：找出品牌联想、决定候选产品类别和选择候选产品。

1．找出品牌联想

品牌延伸的第一步就是找出品牌名称具有的联想，也就是消费者一听到该品牌名称所能产生的各种联想。测验品牌联想的方法很多，如可让被调查者按品牌名称进行语义联想，按品牌产品进行特性联想，然后从中选出几种较密切的相关联想。

通常情况下，一个品牌名称能引起人们的许多联想，这时就要从中找出 5～15 个核心联想。所谓核心联想指的是以下两个方面。

（1）这些联想与品牌的连接力很强。

（2）联想要能够提供与产品类别的连接。

埃克与凯乐关于品牌延伸潜在领域的研究发现，虽然漱口水和口香糖都与牙齿保护、口腔卫生有关，但佳洁士只适宜向前者延伸，不适宜向后者延伸。这主要是因为，虽然味道对口香糖重要，对漱口水却不很重要。

2．决定候选产品类别

确定了主要的联想后，下一步就是要找出与有关的产品类别较密切的相关产品类别。

关于凡士林特效润肤露潜在延伸范围的市场调查发现，湿润、乳液、医药、纯净等都是该品牌的相关联想，每种联想都有三种相关产品类别。如果选择湿润特性，可向香皂、美容霜、护肤霜进行延伸；如果选择乳液特性，可向防晒乳、修面乳、婴儿润肤露延伸。于是公司选择了前三种联想，延伸产品分别为唇疗膏、特效泡沫浴液、特效护肤乳、婴儿润肤乳、养发水。之所以使用"疗"或"特效"字样，主要是为了引发医药联想。除养发水外，所有延伸产品都取得了较大成功。凡士林养发水的失败或许是因为消费者认为它太油腻。

3．选择候选产品

为确保品牌延伸的成功，应在进行产品概念测验的基础上告之被调查者拟延伸的品牌名称，询问是否喜欢以及为什么喜欢拟延伸产品。如果答案不仅是肯定的，而且与品牌名称有关，则说明拟延伸产品拥有附加价值，有助于品牌延伸；如果答案是否定的，不论是否与品牌名称有关，则说明拟延伸产品没有附加价值。

8.3　品牌延伸战略

8.3.1　品牌组合战略

品牌组合是指品牌经营者提供给顾客的一组品牌，它包括所有的品牌线和名牌名目。

品牌线是指密切相关的一组品牌，因为它们以类似的方式发挥功能，出售给同类顾客群，通过统一类型的分销渠道销售出去，或者售价在一定的幅度内变动。

例如，美国雅芳公司的品牌组合包括 3 条主要的品牌线：化妆品品牌、珠宝首饰品牌、家庭用品品牌。每条品牌线又由若干次品牌线构成：如化妆品品牌可细分为口红品牌、胭脂品牌、水粉品牌。每条品牌线和次品牌线均有许多单独的品牌。

企业的品牌组合还具有一定的广度、长度、深度和黏度。这些概念如表 8-1 中以宝洁公司生产的消费品为例来说明。

表 8-1　宝洁公司的品牌组合

品牌组合的广度				
	洗涤剂	牙膏	香皂	方便尿布	纸巾
产品线 长度	象牙雪 1930 洁拂 1933 汰渍 1946 奥克多 1952 达士 1954 大胆 1965 圭尼 1966 黎明 1972 独立 1919	格利 1952 佳洁士 1955 登魁 1980	象牙 1879 柯柯 1885 拉瓦 1893 佳美 1926 爵士 1952 舒肤佳 1963 海岸 1974	帮宝适 1961 露肤 1976	查敏 1928 白云 1958 普夫 1960 旗帜 1982

宝洁公司品牌组合的广度是指该公司具有多少不同的品牌线。表中表明品牌组合的广度为 5 条品牌线(事实上，宝洁公司还有许多其他的品牌线，如护发用品品牌、保健用品品牌、个人卫生用品品牌、饮料品牌和食品品牌等)。

宝洁公司的品牌组合的长度是指它的品牌总数。在表 8-1 中，品牌总数是 25 个。我们再来看一看该公司品牌线的平均长度。平均长度就是总长度除以品牌数目得出，结果是 5.5。宝洁公司平均每条品牌线由 5.5 个品牌构成。

宝洁公司的品牌组合的深度是指品牌线中的每一品牌产品有多少品种。例如，"佳洁士"牙膏有 3 种规格和两种配方(普通味和薄荷味)，那么，"佳洁士"牙膏的深度则为 6。通过计算每一品牌的产品品种数目，就可计算出宝洁公司的品牌组合的平均深度。

宝洁公司的品牌组合的黏度是指各条品牌线在最终用途、生产条件、销售渠道或者其他方面相互关联的程度。由于宝洁公司的产品都是通过相同的销售渠道出售的消费品，因此，该公司的品牌线是相连的。

上述 4 种品牌组合的概念给品牌经营者提供了进行品牌延伸的大方向。品牌营销者可在 4 个方面进行品牌延伸：企业可增加新的品牌线，以扩大品牌组合的广度；企业也可延长它现有的品牌线，以成为拥有更完全品牌线的企业；可为每一品牌增加更多的品种，以增加其品牌组合的深度；可使品牌线有较强或较弱的黏度，这要取决于品牌营销者是考虑仅在单一领域内还是在若干领域内获得良好的声誉。

8.3.2　品牌延伸的方法

在品牌延伸活动中，品牌营销者所面临的主要问题之一，就是品牌线的最佳长度的问题。假如某品牌线经理能够通过增加品牌数目来提高利润，那就说明现有的品牌线太短；假如品牌线经理能够通过削减品牌数目来提高利润，就表明现有的品牌线太长了。

品牌的长度受制于企业的经营目标。企业要想以完善的品牌线的经营来定位，或意欲追求较高的市场占有率，则要具有较长的品牌线。这时，即使某些品牌无法提供利润，企业对此也不在乎。相反，追求高额利润率的企业则宁愿经营由精心挑选的品牌组成的较短的品牌线。

从总体上来讲，品牌线有不断延长的趋势。因为生产能力过剩会促使品牌线经理开发新的产品，并冠以新的品牌名。推销人员和销售商也渴望品牌线更为全面，以满足消费者日益多样化的需要；同时，为了追求更高的销售额和利润，品牌营销者也希望增加品牌线上的品牌个数。

在品牌延伸活动中，品牌营销者可用以下 4 种方法系统地增加品牌线的长度。

1. 品牌线直接延伸

从整体市场来看，每个企业的品牌线只是该行业全部品牌的一部分。例如，宝马汽车在汽车市场上定位于中高档范围，如果公司超出其现有的品牌线范围来增加它的品牌线长度，这就叫品牌线直接延伸。品牌营销者可向下或向上延伸其品牌线，或同时朝着两个方向延伸。

1) 向下延伸

许多品牌最初定位于市场的顶端，随后将品牌线向下延伸。品牌营销者为了宣传某品牌产品以低价作为基础，通常在其品牌线的低端增加一些新品牌。利用高档名牌产品的声誉，吸引购买力水平较低的顾客慕名购买这一品牌中的低档廉价产品。如果原品牌是知名度很高的名牌，这种延伸极易损害名牌的声誉，风险很大。

2) 向上延伸

向上延伸即在产品线上增加高档次产品生产线，使商品进入高档市场。日本企业在汽车、摩托车、电视机、收音机和复印机行业都采用了这一方式。20 世纪 60 年代率先打入美国摩托车市场的本田公司，将其产品系列从低于 125CC 延伸到 1000CC，雅马哈紧跟本田，陆续推出了 125CC、600CC、700CC 的摩托车，还推出了一种三缸四冲程轴驱动摩托车，从而在大型旅行摩托车市场上展开了有力的竞争。

3) 双向延伸

双向延伸即原定位于中档产品市场的企业掌握了市场优势以后，决定向产品线上的上、下两个方向延伸，一方面增加高档产品；另一方面增加低档产品，扩大市场阵容。20 世纪 70 年代后期的钟表工业市场竞争中，日本"精工"采用的就是双向延伸策略，当时正逐渐形成高精度、低价格的数字式手表的需求市场。精工以"脉冲星"为品牌推出了一系列低价表，从而向下渗透进入这一低档产品市场。同时，它亦向上渗透高价和豪华型手表市场，它收购了一家瑞士公司，连续推出了一系列高档手表，其中一种售价 5 000 美元的超薄型手表进入最高档手表市场。

2. 在产业上延伸

从产业相关性分析，可向上、向下或同时向上、向下延伸。例如，钢铁冶炼业向矿业方向延伸是向上(前向)延伸，向汽车延伸是向下(后向)延伸，若同时向采矿业、汽车业等延伸则属于双向延伸，既向上又向下(前向后向)延伸。采取这种延伸方式，为材料来源、产品销路提供了良好的延伸方式。

另一种是产业平行延伸，如由鲜奶向豆奶、果奶、酸奶的延伸。平行延伸一般适应于具有相同(或相近)的目标市场和销售渠道，相同的储运方式，相近的形象特征的产品领域。这样一方面有利于新产品的行销，另一方面有利于品牌形象的巩固。

3. 其他相关延伸

其他相关延伸也叫扩散法延伸，它对于刚成长起来的名牌具有重要意义。它有四层含义：一是单一品牌可以扩散延伸到多种产品上去，成为系列品牌，如金利来开始以领带品牌而知名，之后扩散到金利来皮鞋、服装、箱包等商品上。二是一国一地的品牌可扩散到世界，成为国际品牌，如金利来市场区域的扩展由中国香港开始向新加坡、马来西亚、泰国等东南亚国家扩展，然后是中国内地市场，近年来向欧洲市场扩展，逐渐闻名世界。三是一个品牌再扩散衍生出另一个品牌，在"金利来"名牌效应下，成为"银利来"的姐妹花。四是名牌产品可扩散延伸到企业上去，使企业成为名牌企业。

4. 品牌线填补

品牌线可以拉长，方法是在现有的品牌内增加一些新品牌。客观上讲，填补是一种间接的品牌延伸。

品牌营销者采用这种间接的品牌延伸的动机主要有以下几种。

(1) 满足消费者多品牌的要求。

(2) 满足那些抱怨由于品牌线上品牌单一而失去了销售机会的经销商。

(3) 充分利用剩余的生产力。

(4) 争取成为领先的品牌线饱和的企业。

(5) 设法填补市场空缺，以防止竞争者的侵入。

如果品牌线填补导致新旧品牌之间自相残杀，就说明填补过度。品牌营销者必须使消费者在心目中能够区分出企业的每一个品牌，因此，每一个品牌都应当具有明显的个性或差别。

在品牌线中增加的新品牌，不仅要适应企业内部管理的需要，而且还要满足目标市场的需要，否则品牌延伸就不会取得成功。例如，福特汽车公司在研制"埃德塞尔"(Edsel)牌汽车时，只是考虑满足公司内部定位的需要，而不是满足市场需要，从而使公司损失了35亿美元。福特汽车公司注意到，福特牌汽车拥有者宁可出高价购买通用汽车公司生产的欧兹莫比尔牌或别克牌汽车，而不愿购买福特汽车公司生产的墨丘利牌和林肯牌汽车。于是，福特汽车公司决定开发一种抬高身价型汽车来填补其品牌线，埃德塞尔牌汽车也就应运而生了。但是它却未能适应市场的需要，因为已有许多类似的汽车可供同类购买者选购，而且许多购买者已开始转向购买小型汽车了。

8.3.3　品牌延伸的规律

一个成功的品牌有其独特的核心价值，若这一核心价值与基本识别能包容延伸产品，就可以大胆地进行品牌延伸。反之就是，品牌延伸应以尽量不与品牌原有核心价值与个性相抵触为原则。几乎所有的品牌延伸案例都可以从是否遵循这一规律找出成败的根本原因。但品牌延伸对企业而言，既可能是一本万利的好事，也可能是前进中万劫不复的深渊。未经理性决策和操作不够科学稳健的品牌延伸也是很危险的。若对不可延伸的品牌进行延伸，或延伸到不应延伸的领域，自然风险很大。要有效规避品牌延伸风险，并大力发挥品牌延伸的作用，使企业迅速上新台阶，必须先对是否可以品牌延伸、延伸到哪些领域做出正确决策。品牌延伸的规律可以归纳为以下八条。

1. 品牌核心价值的包容力是根本

品牌延伸的论述中最为常见的是"相关论"，即门类接近、关联度较高的产品可共用同一个品牌，如娃哈哈与雀巢品牌延伸成功可以从品牌麾下的产品都是关联度较高的食品饮料的角度来解释。其实关联度高只是表象，关联度高导致消费者会因为同样或类似的理由而认可同一个品牌才是实质。例如，选择奶粉、柠檬茶、咖啡时都希望品牌能给人一种"口感好、有安全感、温馨"的感觉，于是具备这种感觉的雀巢旗下的奶粉、咖啡、柠檬茶都很畅销。

关联度高就可以延伸的理论一遇到完全不相关的产品成功共用同一个品牌的事实就显得苍白无力。例如，万宝路从香烟延伸到牛仔服、牛仔裤、鸭舌帽、腰带就获得了很大的成功。许多关联度较低，甚至风马牛不相及的产品共用一个品牌居然也获得了空前成功，这说到底是因为品牌核心价值能包容表面上看相去甚远的系列产品。登喜路(Dunhill)、都彭(S. T. Dupont)、华伦天奴(Valentino)等奢侈消费品品牌麾下的产品一般都有西装、衬衫、领带、T恤、皮鞋、皮包、皮带等，有的甚至还有眼镜、手表、打火机、钢笔、香烟等跨度很大、关联度很低的产品，但也能共用一个品牌。因为这些产品虽然物理属性、原始用途相差甚远，但都能提供一种共同的效用，即身份的象征、达官贵人的标志，能让人获得高度的自尊和满足感。购买都彭打火机者所追求的不是点火的效用，而是感受顶级品牌带来的无上荣耀，买都彭皮包、领带也是为了这份"感觉"，而不是追求皮包、领带的原始功能。此类品牌的核心价值是文化与象征意义，主要由情感与自我表现型利益构成，故能包容物理属性、产品类别相差甚远的产品，使这些产品成为品牌文化的载体。

2. 新老产品之间有较高的关联度

关联度较高、门类接近的产品可共用同一个品牌。关联度高只是表象，关联度高导致消费者会因为同样或类似的理由而认可并购买某一个品牌才是实质，可以说，这是品牌核心价值派生出来的考虑因素。

行业与产品特点——当品牌的技术与质量保证是消费者与客户购买产品的主要原因时，品牌就可以延伸，而个性化、感性化的产品则很难进行品牌延伸。

相对而言，当品牌的质量保证是消费者与客户购买产品的主要原因时，品牌可延伸于这一系列产品，如电器、工业用品；同时，可细分、个性化、感性化和细腻化的产品很难与别的产品共用同一品牌。

3. 财力弱且品牌推广能力差的企业应该尽量考虑品牌延伸

有的理论家曾举出汽车公司推多品牌来抨击国内一些企业的品牌延伸，如光一个通用就有凯迪拉克、别克、欧宝等 10 多个品牌。事实并非如此，因为汽车是一个差异性很大的产品，可以明显细分出不同的市场，需要多个个性化的产品品牌来吸引不同的消费群。同时，我们还不能忽视汽车的价值很高，支撑得起许多品牌的巨额成本开支也是汽车业能推出多个品牌的原因。瑞士的许多名表厂推出多品牌，如欧米茄、雷达都属于同一个公司，也是因为产品价值较高。故汽车业与名表行业推出多品牌有其特殊性，丝毫也不能借此断定其他行业品牌延伸是错误的。

宝洁较少进行品牌延伸，一方面是因为行业与产品易于细分化，可以通过性格迥异的多个品牌来增加对不同消费群的吸引力；另一方面是因为宝洁拥有雄厚财力和很强的品牌营销能力。

4. 在产品市场容量较小的市场环境中应该尽可能多地采用品牌延伸策略

企业所处的市场环境与企业产品的市场容量也会影响品牌决策，有时甚至会起决定性作用。同一个品牌用于各种产品，这与其成长的市场环境有关，任何一个行业的市场容量都十分有限。也许营业额还不够成功推广一个品牌所需的费用，所以更多的是采用"一牌多品"策略。

5. 竞争者的品牌策略——主要竞争对手也开始品牌延伸，延伸的风险就会被中和掉

很多品牌延伸尽管新产品在成名品牌的强力拉动下起来了，但原产品的销售却下降了，即产生了"跷跷板效应"。娃哈哈的品牌延伸之所以基本未出现此类现象，除娃哈哈品牌核心价值能包容新老产品外，还与在儿童乳酸奶行业"半斤八两"的对手乐百氏也在搞类似的品牌延伸有重要关联。康师傅、统一这些竞争品牌之间的产业结构基本雷同且都在延伸，各自的风险就随之降低。

6. 企业发展新产品的目的

如果企业发展新产品的目的仅仅是发挥成功品牌的市场促销力，搭便车卖一点，那么就算不符合品牌延伸的一些基本原则也可以延伸。不过在操作时，新产品应尽量少发布广告，以免破坏品牌的原有个性。

7. 市场竞争不激烈的环境有助于品牌延伸的成功

竞争格局对品牌延伸决策的影响也很大。延伸产品的市场竞争不激烈，不存在强势的专业大品牌，那么就可以大胆地进行品牌延伸；反之，则不宜。

8. 进入市场空档与无竞争领域则容易成功

TCL从电话机行业成功延伸进入彩电业主要靠选准了当时大屏幕彩电还没有被当时的彩电业领导品牌所重视的机会点；海尔切入彩电业则巧妙地选择了彩电数字化导致传统模拟彩电巨头原有的技术领先优势不再显著的大好时机；美的在大多数国产品牌还在生产中低档电饭煲而日本品牌具有电脑模糊逻辑控制功能、外观豪华气派的电饭煲价格又太高的时候进军电饭煲而一举功成。

品牌延伸决策要考虑的因素有：品牌核心价值、新老产品的关联度、行业与产品特点、产品的市场容量、企业所处的市场环境、企业发展新产品的目的、市场竞争格局、企业财力与品牌推广能力等。而在上述众多因素中，品牌核心价值与基本识别又是最重要的，其他都是第二位的，有的根本就是在考虑品牌核心价值与个性时派生出来的。

本 章 小 结

随着互联网尤其是移动互联网对传统产业不断地延伸，企业需要对自己延伸的品牌进行有效的管理，因为品牌的发展壮大，在这个不断增加旗下品牌的过程中，我们要注意有很多因素会对品牌延伸产生影响。

本章主要从品牌延伸的概念与作用入手，通过介绍品牌延伸的准则与步骤，引申出品牌延伸战略的基本内容，最后分析了延伸战略的规律。通过本章的学习，读者可对品牌延伸战略的基本内容与品牌延伸战略的实际应用有一个初步的认识，明确现代企业在经济全球化的发展过程中实施品牌延伸战略发展的必要性。

思考与练习

1. 品牌延伸的概念与作用是什么？
2. 在进行品牌延伸的过程中会有什么样的风险？
3. 品牌延伸要遵循的准则和品牌延伸的类型是什么？
4. 从多角度简要分析为什么要进行品牌延伸？
5. 品牌延伸的战略是什么？并做详细分析。
6. 品牌延伸的规律有哪些？

案 例 分 析

念慈菴品牌延伸——草本饮料

念慈菴作为一个拥有近 300 年历史的中药品牌，远销欧、美、亚全球 20 多个国家，被誉为"中药产品全球销量第一"的中药品牌，在 2007 年夏斥巨资高调进入草本饮料行业，并且在深圳成立独资子公司"东成建业食品(深圳)有限公司"，负责"念慈菴润"饮料在大陆的推广与销售，正式拉开了其多元化扩张之路。

中药品牌是多元化，还是专业化，一直是众人争论的焦点，因为中药品牌虽然进行多元化经营的较多，但运作成功的却是凤毛麟角。所以对于一个中药品牌，要进行多元化扩张，必定是慎之又慎。

虽然中药品牌多元化成功扩张的个案较少，但并不代表中药品牌不能进行多元化扩张。"念慈菴润"饮品刚一推出，在没有任何大量招商宣传的情况下，就引来多家酒水饮料经销商的关注及部分签约，可以看出其具备一定销售策略并获成效。

1. 关联延伸，优势扩张

关联延伸，优势扩张实际上是指利用母品牌在原有行业的优势和品牌优势进行关联延伸和优势移植，达到资源整合、价值共享的扩张目的。念慈菴的多元化发展正是以关联延伸，优势扩张为多元化经营策略。表面看其进入的是全新饮料领域，但并未完全脱离自身优势产业和优势区域。念慈菴进入的是饮料细分市场，主推草本植物饮料，并没有脱离其中药优势区域，而是依托其在中药领域强大的研发能力和技术优势，进行关联性延伸，打造草本饮料品牌。

2. 发现，挖掘并扩大需求

在全民提倡"创造、创新"的今天，念慈菴并没有随波逐流、天马行空地去创造需求，也没有盲目进入饮料行业，而是利用缜密的调研去发现消费需求，继而挖掘和扩大这种消费需求。京都念慈菴总厂有限公司总经理陈国榕说："我们在对念慈菴进行市场调查时，发现很多消费者在使用念慈菴枇杷膏的时候，喜欢兑水冲调以后饮用，特别是夏天，很多家庭主妇都会将枇杷膏冲调成饮料，冷藏于冰箱里，做成冰饮供全家人下火润肺。从调查结果发现，消费者对念慈菴相关饮料有着强大的潜在需求，而这种相关需求只要稍微拉动，就会引起消费者强大的购买欲望。"

3. 借力发力，诉求点一脉相传

进行多元化扩张或者是品牌延伸时，最忌讳的是整个品牌形象或者是诉求点完全脱离原品牌，对于母品牌只是对品牌名称加以利用，而不是对其品牌核心进行充分挖掘和利用。

念慈菴在一开始进行品牌延伸和扩张时，就避免了这种浅层次的多元化扩张，而是从品牌核心深处进行扩张和渗透，借力发力，力争达到品牌精神一脉相传，大大提高品牌传播效力。例如，念慈菴主诉求点和宣传口号是针对消费者润喉养声的消费需求，主推品牌宣传口号"我的声音，我的念慈菴"，而念慈菴润则推出品牌宣传口号"我的声音需要润"，两者之间借力发力，诉求点一脉相传，整个品牌资源得到了有效整合和充分利用。

4. 市场区隔,凸显自我优势

伴随王老吉在市场上的全线飘红,无论是本土品牌还是国际品牌都推出了一系列"降火饮料",但是念慈菴润作为一个饮料新军,并没有追随大众,而是针对市场现状和产品特性,进行有效区隔,推出了"降火是表象,润肺是根本"的利益诉求支持点。这并不是市场噱头,而是根据中医讲究的标本兼治,单纯降火不能解决根本问题,润肺才是根本之道。念慈菴润饮料虽然不是第一个草本饮料,却是第一个利用市场区隔、占领降火润肺的草本饮料品牌,无论是在市场推广和销售上,都很好地占据了消费者的心智空间,大大提高了念慈菴润饮料在市场中的第一提及率。

5. 传统与现代相结合

多数中药企业在进行多元化扩张或运作时,始终在传统和现代概念中转圈,走不出来。念慈菴润则找到一个最佳切入点,即以传统产品为根基,用现代娱乐手法进行产品营销,打造全新的品牌形象。例如,念慈菴润独家冠名"2007年度北京流行音乐典礼",这场盛会由北京音乐广播FM9714、《音乐周刊》主办,香港京都念慈菴等8家公司承办。在会上打出了"润无止境,唱由心声"的口号,与念慈菴润饮料的核心概念相吻合,并且在整个活动中进行了植入式营销与推广,而不是单纯冠名。正如香港京都念慈菴总厂有限公司总经理陈国榕先生解释道:"其实这里的'润',指的就是念慈菴润植物饮料,它是运用传统中医理念和技术,针对声音亚健康人群研制的一种滋润喉咙、养护声音的全新草本润声饮料"。并且依托娱乐行销这个现代载体来诠释念慈菴润饮料"润喉养声"的品牌理念,为声音传播找到了一个上佳的信息载体。

实际上,多元化和专业化没有绝对的对与错,只有适合与否,从念慈菴这次华丽的转身就可以看出,中药品牌只要能顺势而动,进行有效的嫁接,便可进行多元化运作和品牌延伸。

(资料来源:张华平. 中药品牌多元化扩张的成功之路——念慈菴润品牌延伸案例分析.
中国现代中药,2008(10))

思考

1. 通过上述案例分析,"念慈菴润"品牌获得成功的因素是什么?
2. 品牌延伸有几种类型?念慈菴的品牌延伸属于哪类延伸?

第 9 章　品牌文化战略

【学习目标】

- 熟悉品牌文化的概念。
- 掌握品牌文化的构成。
- 了解品牌个性对品牌文化的影响。
- 比较品牌文化与品牌人性化。
- 熟悉品牌文化的价值效应及其理论基础。
- 掌握品牌文化战略的内容。

9.1　品牌文化的界定及构成

品牌是一个民族素质的重要特征，是一个国家和地区经济、科技和文化等综合实力的重要象征，是提高企业核心竞争力的重要手段。品牌维系着企业的存亡，把品牌文化上升到战略高度对我国企业适应国内外激烈竞争的环境具有重要意义。

9.1.1　品牌文化的界定

1. 品牌文化的含义

品牌文化不仅包括产品、广告等要素，还包括消费者、企业、竞争者和社会公众等诸方面，是多种文化的集合体，是社会文化经济体系的重要部分。只有深入对品牌所蕴含的文化价值进行研究，从根本上领会品牌存在的价值(意义)，才能将品牌融入消费者的心智模式，也才能建立真正具有营销力的品牌。品牌是产品与消费者之间经验的总和，是一种存在于两者之间的感觉方式和亲密关系，越强的品牌越能体现出与消费者之间非理性的共享体验和价值取向的共鸣愉悦，根植于历史、经验、直觉、梦想与传奇，近乎本能。

品牌文化(Brand Culture)是企业文化在营销过程的集中表现，是决定品牌构造的价值取向、心理结构、行为模式和符号表征的综合，是品牌构造的价值内核。品牌文化是品牌所反映的企业文化与消费者文化的结合，是企业和消费者共同作用下形成的对品牌的价值评判，是体现企业精神，满足消费者需求的重要内容。品牌文化不等于企业文化，但它属于企业文化的范畴。可口可乐不只是一种碳酸饮料，更代表着美国的文化和精神；劳斯莱斯轿车已经超越了汽车的含义，实际上成为身份和地位的象征；星巴克——出售的不只是咖啡，还有人们对咖啡的体验。林恩·阿普绍(Lynn B.Upshaw)认为，"品牌文化是品牌的价值系统，与人或国家的文化方面的情况很相像"。

品牌文化是品牌在消费者心目中的印象、感觉和附加价值，是结晶在品牌中的经营理念、价值观、审美因素等观念形态及经营行为的总和。它能实现多个消费者心理满足的效用，具有超越商品本身的使用价值而能令其商品区别于竞争品的禀赋。品牌文化以文化为研究主线，分析品牌存在的价值内核，探讨品牌价值的存在和增值机理，构建以文化为基础的顾客品牌关系。

1) 品牌的内涵——文化价值

品牌理论的发展表明，品牌具有多方面的营销功效，品牌必须从文化的角度加以塑造和提炼。强势品牌表现为在品牌的各个要素中都穿透着文化的内涵。可口可乐、奔驰汽车、万宝路、Channel……可以说，所有的成功品牌都是品牌文化(价值)的成功。品牌体现文化价值，彰显企业个性，用价值的突破，从思想上驾驭顾客的心智模式，引导顾客需求。离开文化，品牌只会停留在符号代码上，除了识别功能外，不能赋予消费者更多的价值和向往，不能在心理和情感上为消费者带来满足。品牌的文化内涵是品牌附加价值的源泉，是品牌个性的基础，是品牌形象塑造的主要内容，也是顾客品牌关系的纽带。

2) 品牌的外延——符号表征

品牌在形式上，以符号为表征，通过品牌名称、符号、图案、色彩、公共关系和广告等多种传播沟通方式，与产品有机结合，向消费者传达品牌价值理念，强化品牌个性，促进购买的实现。品牌的符号化是现代经济发展的需要，它以简洁的符号传播、识别方式，有效聚合多种信息进行营销传播和产品销售，为消费者和企业提供经济、快速和高效的选择判断标准。在市场营销过程中，表现品牌特征的所有方面都是品牌的符号表征系统。它还包括企业的营销组合、服务等环节，是企业全过程的品牌塑造。

品牌文化研究有助于更全面地认识企业与顾客间的文化联系，进而巩固这种联系的纽带，寻找消费者忠诚的核心；有助于提升企业的营销绩效；有助于系统地分析文化在商品运动过程中的作用，及这种相互作用所形成的文化本身。

2. 品牌文化与品牌的文化性

从品牌的起源解析，品牌文化具有天然性，或品牌天然与文化有关。品牌从一诞生起就天然地与文化发生联系，如同仁堂、可口可乐、耐克等品牌，它们都反映着生产者、产品、地区及消费的文化理念。品牌创始初期，品牌的符号化过程就是品牌文化的发端，产品名称、符号、标记、色彩和包装等，都要反映商品特有的文化价值。它可以是民族的，如长虹、长城等品牌；可以是多种文化融合的，如海尔、爱丽丝等；也可以是传统的，如云南白药、同仁堂等。源于文化，融入文化的品牌天然具有亲和力。

从品牌的传播来看，品牌传播必然反映文化的思潮，符合时代的精神，如非常可乐以民族意识为广告诉求点，旨在唤起国人的民族消费情结，并以此与洋可乐竞争。同样，广告必须符合受众的审美观、道德观、价值取向和文化氛围。

品牌文化是当时社会经济文化的品牌映射，必然打上社会的烙印。品牌既是文化的载体，品牌本身又是文化的表现。有品牌必定有品牌文化，品牌文化是品牌的决定因素。可以假定，当品牌失去文化的基础后，品牌将如何？缺失文化，品牌将成为冰冷的符号，失去与消费者的沟通基础。品牌文化不同于品牌的文化性，它们是两个不同的概念。品牌文化强调的是品牌作为文化存在的所有方面和品牌发展中所形成的特有文化体系；品牌的文化性则强调品牌中的文化表现，如品牌名称的文化内涵等。品牌文化不是品牌具有文化价值的同义反复，品牌文化将品牌研究上升到价值层面。品牌文化是品牌本身的价值观和精神特性，是企业文化与消费者文化的融合。

3. 品牌文化的特征

品牌文化既不能简单等同于企业文化，也不能简单等同于消费文化，品牌文化的独特性在于品牌本体所具有的强大营销动力和市场价值带来的文化共融。品牌文化具有以下特征。

1) 市场导向特质

品牌文化首先具有市场导向特质。产品是工厂生产的，而品牌则是市场的产物。品牌的塑造是品牌市场化的过程，企业事先可以构建品牌的框架(符号体系)，但企业不能单独完成品牌的塑造。

一方面，品牌的价值不是来源于品牌的名称；另一方面，品牌的价值是品牌的市场价值，是消费者对品牌的认可。市场是品牌生存和发展的土壤，品牌因市场而存在。品牌文化是品牌市场化行为的映射，反映市场的需要和价值认可。

由于市场竞争的需要，品牌的建立表现为市场导向。任何品牌的建立都以市场为起点，都以市场竞争获胜为准则。品牌文化的市场导向特质要求品牌的建立要以市场为出发点，以消费者为核心，围绕市场的需要做文章。市场对品牌的认可与否关系品牌的存在，品牌脱离市场意味着品牌失去了生存的土壤，要么是纸上谈兵，要么走向唯美主义(注重符号的艺术性)，缺乏有效的营销功能。市场导向，就是以消费者为核心的营销。

2) 文化表征特质

品牌天然具有文化性，品牌的营销过程又是文化的传播过程。品牌通过品牌名称、产品包装、标识、符号、颜色、广告等方式向消费者传递产品信息，为达到较好的传播效果，在商品林立的市场中易于识别，企业的产品需要用富有文化特质的表征方式进行包装和传播。借用让·波德里亚(Jean Baudrillard)的话来描述，"实际上，它被文化了"。品牌的形成过程实际上就是品牌的"文化化"过程，品牌通过特有的表现方式实现文化的传承。

如前所述，品牌行为本身就是文化行为，消费者选择产品的过程是消费者对企业的品牌的文化认识和判断过程，消费者行为的基础源于消费者的价值判断。当然，所有的消费行为都不可能是理性的，因为消费者是感性的，所以消费者不会对每一次消费行为都做完善的价值判断。大量的实证研究表明，在商家的大规模促销活动中，面对商家的大幅度价格折扣，很多消费者的购买行为是不理性的。消费者是感性的，从另一个层面也说明，消费者是感情的动物，消费者消费过程也是消费者个人感情的宣泄。消费者根据个人的好恶、喜爱、偏好进行消费选择，选择的过程就是消费者文化的表现过程。需求的多样性，为品牌的树立找到了切合点，以文化为品牌的表征方式，能实现品牌与消费者的全面沟通。

3) 价值互动融合特质

在这里，品牌文化价值不同于品牌资产。品牌资产强调的是品牌作为资产对企业和消费者两个方面所具有积极的作用，品牌文化价值是品牌作为抽象的企业和商品概念蕴含的文化价值。品牌文化的形成仅靠企业单方面的努力是不够的，企业能建立一套系统的品牌文化元素，但品牌文化的建立还需要消费者的积极参与，它是企业与消费者双向互动的结果。由于品牌构造者的思想介入，反映了企业、企业家和相关人员的价值观，这使得品牌本身具有特定的价值取向。

品牌在市场上的所有营销活动都会对品牌自身蕴含的价值观进行反应，例如，产品的质量、价格、促销和广告等，并把这些信息传递给消费者。对于一个品牌，消费者是从产品功能和品牌态度两个方面进行评价的。

一是消费者注重产品的功能特性，即产品能带给消费者多大程度的功能满足，包括产品的价格、产品实际功能和顾客让渡价值等。二是品牌态度。一方面是消费者对待品牌的态度，另一方面是品牌对待消费者的态度。通过综合评判，消费者做出品牌选择。品牌文化通过综合企业的品牌价值观和消费者的品牌价值观后，寻找双方的共同点，并对双方的行为进行不断的修正、磨合，逐渐达成共同的价值理念，最后形成一致的品牌文化。由于消费者居于市场主导地位，消费者的态度和行为对品牌文化的建立具有重大的影响力。

4) 市场竞争特质

品牌在市场竞争中属于差异化竞争战略，构建具有独特品牌文化属性的品牌能使品牌具有较强的竞争性。在企业竞争战略的研究中，国内外的众多学者都把寻找企业的核心竞争力或竞争优势作为战略的重点，从多角度对此问题进行了广泛的研究，最具代表性的是哈佛大学的波特教授的竞争战略理论、哈默尔(Hamel)和普拉哈德(C.K.Prahalad)的核心能力理论等，但随着论战的深入，越来越多的学者均意识到：文化才是最核心的竞争力。

市场中最宝贵的资源是消费者，品牌文化的建立是品牌对消费者的征服，它以文化的力量构筑了与消费者之间的关系，并以价值的交融进入消费者的心智模式。征服消费者也就征服了市场，现代的市场竞争在形式上已不同于以前那种充满血腥和暴力的竞争，企业竞争的艺术性和竞争的双赢模式把企业置于更为安全的境地。品牌文化对消费者的征服是任何竞争手段都无法超越的，可口可乐在消费者的眼中已不再是解渴的饮料，它是自由和热情的象征。

文化的差异性是无法模仿的，文化竞争力又是优势竞争力的源泉。品牌文化具有排他性，它能为企业树起一道保护的屏障，抵御竞争者的侵袭，形成稳固的顾客品牌关系。

5) 公众传播特质

品牌是公众人物，既代表企业在市场上的形象，又代表消费者的消费价值观。企业千方百计地寻找有效的传播手段和表现方式，以抓住消费者的视觉；同样，消费者面对泛滥的信息无从下手，对于亦步亦趋的识别判断方式也已失去耐心，快节奏的社会造就了快速文化，品牌以符号和价值的"简约"方式，浓缩产品、企业、服务、文化和价值观等诸多要素，为消费者呈现了快速有效的认知模式。品牌包容了消费者需要的一切，消费者所要做的只是选择，而不必担心品质、价格和服务等内容。

品牌以超越符号的方式简化了企业的营销传播难题，集约了企业、产品的所有信息，在消费者的思想意识中强化、再强化。品牌价值的积累来源于品牌的传播。品牌信息传播的深度和广度决定了品牌在市场上的位置，品牌传播的深度是品牌对消费者的吸引程度，传播越深，消费者的认知越高，品牌忠诚度就越高；品牌传播广度，是指品牌的知名度。

品牌的公众传播特质也注定了品牌必须时刻关注自身的公众形象，注重传播的内容，做好品牌的管理维护工作。因为，"成也萧何，败也萧何"；"水能载舟，亦能覆舟"。

总的来说，品牌文化具有市场导向、文化表征、价值互动融合、市场竞争和公众传播5 个方面的特征，这些特征决定了品牌文化的存在方式和品牌文化在市场营销活动中的特殊地位。

4. 品牌文化的功能

在品牌营销中品牌文化具有重要的作用，品牌文化的功能主要体现在以下几个方面。

1) 提升品牌价值

品牌不仅仅是符号或它们的集合体，还是企业营销活动思想和行为的实践过程。品牌应是联系企业和消费者的桥梁，是企业营销产品的有力手段，是企业竞争取胜的关键。品牌的构造要从品牌的价值发现入手，在品牌要素的各个方面体现品牌的价值观，用品牌文化提升品牌价值。

2) 促进企业与消费者之间的融合

品牌文化不是单一的"企业品牌文化"，它是企业与消费者之间文化的融合和再造。文化沟通是以价值共识为基础，消费者与企业不是对手，它们是产品或企业价值实现的不同环节；或企业是消费者满足过程的必要组成部分，是消费者欲求满足的基础(生产可供消费者消费的产品)。品牌文化的本质是建立有效的顾客品牌关系，与消费者进行品牌对话，真正让消费者参与到品牌的建设中来，让消费者理解品牌、接受品牌、体验品牌，进而喜爱品牌。

3) 实现品牌个性差异化

在品牌营销中，品牌个性差异化是塑造品牌形象、吸引消费者眼球、与竞争对手相区别的重要手段。品牌差异化的建立，要从品牌文化入手，在品牌价值的基础上，结合企业特性出发，塑造品牌个性特征。

4) 增强产品的市场竞争力

品牌文化属企业的文化竞争力，它能帮助企业在市场竞争中建立竞争优势。卓越的品牌文化能帮助企业建立起识别明显、亲和、沟通、富有关怀心的品牌形象，拉近与顾客的距离，保持竞争优势。此外，品牌文化还有助于培养消费者的品牌忠诚。

9.1.2 品牌文化的构成

品牌文化是在品牌建设过程中不断发展而积淀起来的，由品牌物质文化、品牌精神文化和品牌行为文化三部分构成。品牌物质文化是品牌文化思想的实物体现，企业通过产品、品名、标识、徽标、包装等方面体现品牌文化的思想和品牌价值观。品牌精神文化是品牌文化的核心，它是有关品牌精神和品牌价值观方面的内容，决定了品牌将成为什么样的品牌。品牌行为文化是品牌传播、营销过程中所展现的文化，在品牌营销的每一个环节都要充分体现品牌的精神，并保证每一营销环节都有助于品牌文化的形成，有助于树立良好的品牌形象。品牌文化的构成具体如图 9-1 所示。

1. 品牌物质文化

品牌物质文化是品牌的表层文化，由产品和品牌的各种物质表现方式等构成。品牌物质文化是品牌理念、价值观、精神面貌的具体反映。尽管它处于品牌文化的最外层，但却集中表现了一个品牌在社会中的外在形象。顾客对品牌的认识主要来自品牌的物质文化，它是品牌对消费者的最直接的影响要素。因此，它是消费者和社会对一个品牌总体评价的起点。根据品牌的物质构成要素，可以将品牌物质文化分为产品特质和符号集成两个方面。

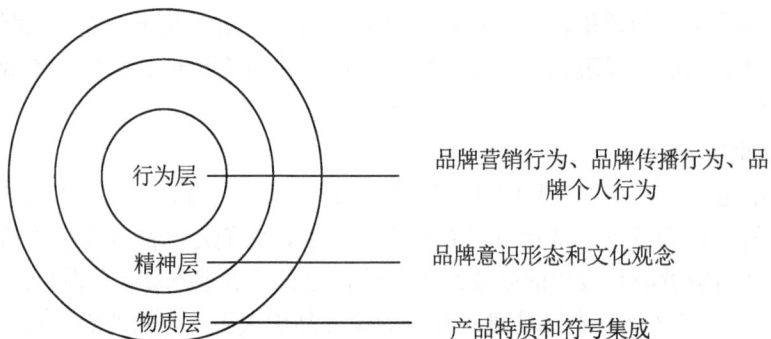

品牌营销行为、品牌传播行为、品牌个人行为 —— 行为层

品牌意识形态和文化观念 —— 精神层

产品特质和符号集成 —— 物质层

图 9-1　品牌文化的构成

1) 产品特质

产品特质是品牌必须具备的功能要素，它满足消费者对产品的基本需求，是消费者需求的出发点。产品特质包括产品功能和品质特征，是消费者对品牌的基本需求，是消费者对品牌功能的价值评判标准。

2) 符号集成

符号集成是多种品牌识别元素的统称，它包装和完善品牌，为消费者提供产品功能价值外的需要。它包括：①视觉部分：品牌名称、标识、徽标、产品形状、颜色、字体等；②听觉部分：音量、音调和节拍；③触觉部分：材料、质地；④嗅觉部分：味道、气味。

美学能够被用来创造某种独特的风格，也就是说，能够让某公司或某品牌形成与众不同的品质、形式或者方式。这种以美学为基础的风格有助于提高品牌知名度，使人们对品牌和公司形成理性的、情感的联想，使公司的产品和服务具有差别性，帮助消费者按照相关的差别性对产品和服务进行分类，帮助对营销组合中的产品和服务进行分类。

2. 品牌精神文化

在一种文化体系中，最核心的部分是这种文化的精神和价值观，它构成文化的精髓，掌控着文化的发展方向。价值观是人们关于什么是有意义的或无意义的根本看法，是人类所特有的价值取向的根本见解。不同的价值观决定不同的文化风格，例如，东方文化注重集体主义，西方文化注重个人主义，由此形成的在组织内的不同管理风格和组织结构。在企业中，价值观影响着企业的各个方面，如管理者、员工、产品、组织、工作环境、营销、品牌和文化等。

品牌精神文化是指品牌在市场营销中形成的一种意识形态和文化观念。它是品牌文化中的心理部分，可称"心理文化"。品牌精神是品牌文化的核心，是品牌的灵魂。品牌精神文化包括品牌精神、品牌愿望、品牌伦理道德、价值观念、目标和行为规范等。它决定品牌的个性和品牌形象，决定品牌态度，以及品牌在营销活动过程中的行为表现。海尔的品牌精神是"真诚到永远"，百事可乐的品牌精神是"新一代的选择"，菲利浦的品牌精神是"让我们做得更好"等，它们都是品牌对消费者和社会的承诺，影响企业和消费者的思想。在品牌营销过程中，企业把这种品牌价值观贯穿品牌营销的每一环节，从产品设计、功能特性、品质到营销、传播和服务，无不体现品牌精神。

品牌不是孤立存在的，它是企业与消费者不断交换、沟通的主体。品牌愿望是品牌的目标描述，是品牌将成为什么的长远规划。品牌伦理是品牌营销活动中品牌应遵循的行为和道德规范。

3. 品牌行为文化

行为是一切文化成败的关键。"每一个价值观都会产生一套明确的行为含义。"品牌行为文化是品牌营销活动中的文化表现，包括营销行为、传播行为和个人行为等，是品牌价值观、企业理念的动态体现。品牌的价值在于品牌的市场营销，在于品牌与消费者之间的互动，品牌行为是构建品牌价值体系、塑造品牌形象的关键。好的品牌行为文化要通过有效的执行去贯彻实施，从而发挥文化的效力。

品牌价值是在品牌营销中实现和建立的，离开市场营销活动，品牌就失去了生命，品牌行为是品牌精神的贯彻和体现。品牌文化在品牌运动中建立，品牌价值在品牌营销中体现。品牌行为是品牌与顾客关系建立的核心过程，关乎品牌的个性彰显和品牌形象塑造，关乎企业营销的成败，关乎企业的生命。一切在行动中产生，一切也在行动中消亡，品牌行为决定了品牌的命运。

品牌行为必须与品牌精神相一致，真正做到将品牌精神全面贯彻实施。品牌行为文化主要包括以下几个方面。

1) 品牌营销行为

品牌营销行为包括产品、价格、促销和分销的 4P 组合和服务。在营销行为中，服务作为一种独特的方式，是品牌行为的主要内容，也是品牌塑造的重要环节。

2) 品牌传播行为

品牌传播行为是广告、公共关系、新闻、促销活动等，传播行为有助于品牌知名度的提高和品牌形象的塑造。

3) 品牌个人行为

品牌是多种身份角色的市场代言人，品牌行为包括了企业家、员工和股东等个人行为。他们的行为构成了品牌个人行为，品牌行为又代表着他们的行为。

9.2 品牌文化的体现与价值效应

9.2.1 品牌文化与品牌个性

1. 品牌个性体现品牌文化

品牌个性(Brand Personality)是品牌文化的集中表现,有什么样的品牌文化就会形成什么样的品牌个性,品牌个性对品牌符号和品牌行为都产生极大的影响,并在其中体现品牌文化,最终它们又决定了品牌形象。品牌文化与品牌个性具体如图 9-2 所示。

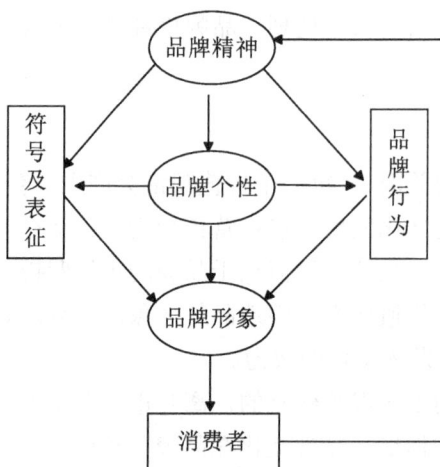

图 9-2　品牌文化与品牌个性

1) 个性与品牌个性

个性是指人们具有一定倾向性的比较稳定的心理特征的总和。在心理学上,个性包含三层含义:①个性是指个体之间差异的那些独特的特征,又称个性特征;②个性是指一个人的稳定的个性特征,而不是那些一时的、情境性的、偶然的表现;③个性表现在个体对环境的行动与反应方式上。

大卫·艾克认为:"品牌个性是品牌战略设计者希望建立或保持的独特品牌联想。这些联想表现了品牌代表着什么,暗示着组织成员对顾客的承诺。品牌个性应通过产生一个涉及实用性、情感上或自我表现的利益的价值计划,帮助在品牌与顾客间建立良好的关系。"品牌个性由 12 个部分围绕着四个方面组成。作为产品的品牌(产品范围、产品属性、质量/价格、用途、用户、原产国),作为组织的品牌(组织属性、地区性或全球性),作为人的品牌(品牌性格、品牌与客户的关系),作为标志的品牌(视觉形象、隐喻和品牌传统)。

品牌个性是指每个品牌向外展示的品质,这些品质特点与人的某些特点十分接近。品牌特征就如同品牌的指纹,一个品牌一个特征,每一个品牌都有绝对不同的个性。百事可乐饮料,年轻、活泼、刺激;奔驰轿车,尊贵、富有、自负;Lee,只为你而设计的牛仔裤。品牌个性是品牌相互区别的特征,是品牌形象塑造的基础。

　　每个品牌不同的个性是由其感官(Sensual)、理性(Rational)和感性(Emotional)3 种不同的诉求要素综合而成的。

　　感官诉求指产品或服务如何来展现外观、发出声响以及让人感觉到的方式等。消费者很容易感受到香烟与汽车在感官上的差异。

　　理性诉求牵涉产品或服务如何表现出它们的功能，它们的构成物质是什么以及它们的相对成本等。

　　感性诉求可能是品牌最重要的层面，与品牌所提供的心理报偿、品牌所激起的心境、品牌所引发的联想等息息相关。

　　大量调查显示，消费者选择某一产品而不选择另一产品的原因在于：消费者更多的是在购买品牌的个性，而不是产品本身。

　　2) 品牌个性是品牌文化的集中表现

　　品牌个性是品牌文化的集中表现，它源于品牌的精神，又表现了它们的特征。品牌个性是消费者对于某个品牌总体印象的有用描绘，显现出品牌与真实的人类一样在许多方面同样具有实体上、情绪上和态度上的特质。品牌个性是品牌吸引消费者的基本元素，也是相互竞争品牌区别的根源，品牌个性赋予了产品超越其物质特性上的理念、思想。美国整合营销专家舒尔兹教授认为："品牌个性不是玩笑与戏言，也不是创意上的实验，更不是广告设计的元素，而是给品牌一个生命与灵魂，能让消费者轻易地把它与竞争品牌区别开来。它能给消费者一种既熟悉又亲密、朋友般的感觉……品牌个性的建立必须配合商品的品牌定位，符合消费者对品牌的认知与期望，同时信而有征。"

　　为一个品牌创造个性胜于把注意力集中于琐碎的产品差别。品牌个性最能表现品牌间的差异性，并且在消费者的头脑中保留特定的位置。

　　品牌个性是品牌定位的基础，准确的品牌定位能充分展示品牌的个性。在消费者和品牌之间，品牌个性是交流的推进器。它所产生的联系，能加深消费者和品牌的联系。品牌个性是品牌价值的体现，同时也是它的强化。如果一个品牌没有个性，这个品牌就很难与人们建立一种关系。那么，品牌个性来自哪里呢？

　　(1) 品牌个性来自产品本身。产品只有具备了最基本的物质功能才成其为产品。产品自身所展示的功能是品牌吸引消费者的基础。失去了产品功能上的特性，再好的品牌名称只能看作一个美丽的词汇。

　　(2) 品牌个性来自广告。广告有效地把企业、品牌、产品信息传递给消费者，吸引消费者注意，广告所展示的就是品牌最吸引消费者的个性。

　　(3) 品牌个性来自品牌的使用者。品牌个性的塑造和品牌使用者是相互依存和相互作用的，因为品牌个性是消费者认可的品牌特质，是品牌相互区别的部分。品牌的人性化特征，赋予了品牌和品牌使用者双重角色的互换，使用者在购买、使用产品时通常都预期了产品的心理定位，并按此定位对号入座，这进一步强化了品牌个性。当一个品牌真正确立其个性后，人们就很难区分是消费者塑造了品牌，还是品牌造就了消费者。

　　3) 品牌个性框架

　　大卫·艾克通过大量实证分析，将品牌个性分为诚实、激动、能力、老于世故和粗鲁 5 个方面，如图 9-3 所示。

克瑞斯·马克里(Chris Macri)把品牌个性分为 6 种形态：①仪式型。把品牌与特殊场合联系，使该品牌成为一种经验，如香槟酒与庆典联系在一起。②标志。以创造形象为主的品牌，其标志通常有某种附加价值，如 Marlboro(万宝路)。③好的继承。第一个以某种特性为诉求的品牌，通常可将自己定位成这个产品类的先驱。④冷冷的傲气。可让消费者认为是与众不同的品牌，通常是特别设计的，如香奈儿(Chanel)香水、法拉利(Ferrari)跑车。⑤归属感。让消费者感觉可融入他所向往的族群里。⑥传统。有真正的历史渊源，而且几乎变成神话的品牌。

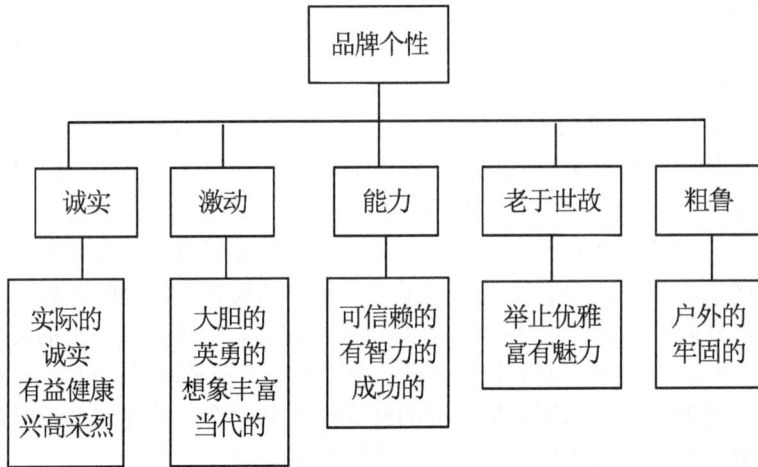

图 9-3　品牌个性框架

品牌个性特征决定了品牌的行为表现。有什么样的品牌个性，就会表现出与此一致的品牌行为。品牌个性同时要具有一定的稳定性，才能保持消费者对品牌态度的形成，同时塑造统一的品牌形象。

2. 品牌文化与品牌人性化

许多学者在对品牌个性的研究中将人的性格特征引入品牌研究，认为品牌具有人性化的特征，将品牌进行拟人化的研究。艾丽丝·泰伯特(Alice M. Tybout)和布莱恩·斯特恩索尔(Brian Sternthor)认为，当品牌和不同的产品结合时，经常会导致品牌的人性化。因此，品牌通常拥有性别、年龄和社会地位等人性特征。

林恩·阿普绍(Lynn B.Upshaw)认为，品牌个性使一个本没有生命的物体或服务人性化了，它能够解除一个潜在消费者的武装。品牌是符号表现，在实际的营销过程中，品牌又是具有生命特征的符号形式，它既有个性，又有形象。品牌个性能够吸引人，能够强化人们的购买决策，引发购买者与品牌的情感联系。品牌个性赋予消费者一些逼真的东西，这些东西会超越品牌定位；品牌个性也赋予消费者一些活的东西，这些东西会超越产品的物理性能。品牌个性所传递的人性化的内容，使得消费者试着接受一种产品，下意识地把自己与一个品牌联系起来，不再选择其他品牌。在某种程度上，品牌个性比品牌的其他方面都更真实。真正的品牌有自己的生命，这个生命就在人们的生活中。品牌个性定义了人们生活的大致要求。只有品牌个性，才能使品牌变成有生命的东西，才能赋予品牌人性化的特征，让人们接近它，想要得到它。

品牌个性具有强烈的情感方面的感染力，能够有效抓住消费者的兴趣，不断保持情感的转换。品牌个性能有效地与使用者的个性结合起来，并互为强化。例如，奔驰轿车与成功人士，耐克与青春飞扬等。营销的重要任务是识别消费者，有助于帮助企业形成消费者反应、偏好和忠诚。品牌人性化赋予品牌生命特征，增强品牌亲和力。

从品牌个性和品牌形象所反映的品牌文化，几乎都能将品牌纳入不同的文化表现形式之中。按照品牌所表现的个性特征，可将品牌文化大致分为两个类型：第一类是从品牌的表现形式来看，可将品牌文化分为保守、传统、创新和时尚；第二类是从品牌的情感价值角度出发，可将品牌文化分为理智型、冲动型、情感型和价值型。

3. 品牌文化效应的理论基础——认知差异性

认知是人们对事物的认识和理解，是人们在社会交往中通过获得外部信息，而对事物做出各种各样的判断和评价的过程。它是人们的一种特殊社会意识，影响人们的心理态度，调节着人们的行为。由于人们的知识积累和社会背景的不同，往往会形成不同的认知态度。一旦形成对某一事物或某类事物的认知态度后，人们容易产生思维惯性，即以以前经验所形成的固定思维判断，在面对新事物时，人们通常用既有的观念去判断和评价。

在营销活动中，消费者的购买决策、行为选择通常受思维惯性和思维定式的影响。如果消费者之前获得的品牌经验是积极的，自身评判是正确的，这种经验就会对后期的行为起着决定性的作用，即正面影响。如果是负面的评价，它会促使消费者寻找新的解决途径。消费者总是倾向以自己的观点来选择那些有助于满意感最大化的不同目标。对满意感的评估是一个十分个人化的过程，它建立在个人的需要结构，及其过去的行为与社会(或学习到的)经验基础之上。

在消费者对品牌态度中，正面的评价往往形成顾客品牌忠诚，在消费(转换)风险、市场不确定性和企业传播强化的影响下，消费者往往不愿意冒风险改变已形成的价值判断，反而会通过重复购买强化这种态度。消费者的积极消费经验，会使消费者产生路径依赖。同时，消费者还会以不同的方式(广告、专业知识)获取信息，进一步验证和强化消费决策的正确性，增强对其他品牌的潜意识抵抗。态度的建立是极为不容易的，态度的改变就更不容易。凯文·凯勒认为，当顾客对标明品牌和未标明品牌的相同产品得出不同结论时，必定是由于品牌的知识(不论是由何种方式得到的，包括过去的经验、品牌营销活动等)改变了顾客对产品的感受。顾客对产品性能的感觉，在很大程度上取决于他们对该产品的品牌的印象。

品牌盲测试验证明，强势品牌具有先入为主的品牌认知差异。对于相同品质的产品，品牌形象的强弱会导致消费者对品牌品质的认知差异，即强势品牌的质量和服务等优于不知名的品牌。

品牌文化从多方面将品牌的个性和形象根植于消费者的意识中，并通过多种方式强化品牌形象，往往使消费者的思维固化，进而在营销中扩散。

9.2.2 品牌文化的价值效应

品牌文化对消费者和市场的感召力，使品牌在营销过程中形成了品牌文化的晕轮效应、扩散效应、同化效应和市场协同效应。

1. 品牌文化的晕轮效应

品牌的晕轮效应(brand halo effect)，又称光环(irradiation)效应，它是指由品牌所具有的形象价值带来消费者对品牌认识上的差异。品牌的晕轮效应使品牌在实际品牌的基础上形成了"光环品牌"。

拉里·柏西(Larry Percy)进行了一项啤酒品尝的试验，证明当顾客知道品尝的啤酒是一些著名的品牌时，他们的感觉是非常具有偏袒性的；而当顾客不知道所尝试的品牌时，他们很少能够找出不同点。英国的切恩托雷和诺克斯也做了一项类似的健怡可口可乐和健怡百事可乐的盲测饮用试验：顾客对这两种产品的爱好大致相同(44%：51%)，而当顾客知道品牌时再尝试，65%的试验者喜欢健怡可口可乐，只有23%的试验者喜欢健怡百事可乐。顾客对标明品牌和未标明品牌的相同产品得出不同的结论，主要是由于品牌的知识(过去的经验、品牌营销活动等)改变了顾客对产品的感受。实验中显示的顾客对品牌认知的差异，有力地证明了：顾客对产品性能的感觉，在很大程度上取决于他们对该产品品牌的印象。

以上实证分析说明，品牌的晕轮效应对改变消费者的认知作用极大，它会以先入为主的心理模式，影响随后的消费者认知和选择。这种影响实际就是文化对消费者认知的作用和影响，由于消费者既定的认知模式和已获得的品牌经验，使他们对品牌的评价成为模式化的程序，从而受其影响。品牌的晕轮效应表现为以下几个方面：首先，消费者会夸大品牌的利益，如产品的功能、服务和使用价值；其次，消费者会减弱对品牌的猜疑，即使品牌有问题消费者也会寻找理由给予原谅；最后，品牌晕轮效应会提高消费者的品牌满意度。

2. 品牌文化扩散效应

具有良好品牌文化的品牌可以为消费者带来美好的品牌体验，形成较好的品牌印象，使品牌的形象转换扩散，从而有助于品牌的延伸。品牌延伸是指将现有品牌名称用于新产品。品牌延伸是企业品牌战略的重要内容，也是企业发挥品牌资产价值、扩大品牌效应的有效方法。品牌延伸有三种方式：第一种是产品延伸，是指在现有产品线上推出新产品，并使用同一品牌名称。一项研究发现，所谓的新产品，几乎10个中就有9个属于产品线延伸(大卫·艾克，1991)。第二种是名称延伸，是指将现有品牌的名称用于不同产品类别中的产品。第三种是概念延伸，即将品牌用于性质不同的产品中。

品牌延伸的前提是原产品具有良好的品牌形象和较高的品牌价值，能够为新产品的市场营销和竞争带来有益的帮助。究根溯源，良好的品牌形象是消费者对品牌文化的认同，从而形成了消费者对品牌消费的积极经验和感受，消费者对于该品牌已经形成了自己的"品牌知识"。凯文·凯勒认为，品牌知识由品牌意识和品牌形象两部分构成。品牌意识是顾客在不同情况下确认该品牌的能力；品牌形象是顾客关于品牌的感觉，它反映为顾客记忆内关于该品牌的联想。消费者在既有品牌知识下，容易接受该品牌的新产品；尤其是当这种品牌知识是经济的时候，消费者在既定模式下较易接受新产品。英国的维京(Virgin)公司就将"Virgin"品牌从唱片领域延伸到航空、零售、金融、旅游、广播、服装、化妆品等不同领域，并取得不菲的成绩。

3. 品牌文化的同化效应

品牌文化是品牌与消费者价值共融的结果。在品牌文化的塑造中，企业的品牌价值观居于主要地位，企业首先将企业的精神理念通过产品、营销和服务传递给消费者，并接纳消费者的反馈意见，加以不断地修正和强化，最终与消费者达成一致。在企业品牌价值传播的过程中，因为企业在产品和营销中的专家和优势地位，使消费者在双方的交换中更依赖企业。企业可以新产品、新技术向消费者推广新的消费理念；企业以商品专家的身份向消费者推荐产品，帮助消费者完成更好的消费选择。

企业持久的品牌传播，在潜移默化中逐渐改变了消费者对产品和品牌的认知，并朝着企业所设计的方向和目标迈进，这一过程就是品牌对消费者的同化过程。在品牌的广告传播中，有一个非常重要的现象：传播强化品牌认知。即使消费者保持较高的警觉，长期的品牌信息传播会逐渐改变消费者对品牌或产品的认识。在消费者的认知心理模式中，长期的同一信息反复会弱化消费者的抵触情绪，引导消费者观念的改变，最终消费者被同化。广告通过高频传播和诉求强化，改变消费者自身的价值判断。当然，广告传播效率的前提：一是消费者不是专家，消费者也永远不可能都成为产品专家；二是产品的品质在功能价值方面能满足消费的需要。

近年来国内的各种保健品的兴盛大都应归因于此。天天讲补钙，果真国人都认为自己缺钙；时时讲睡眠障碍，确实大多数人都不会睡觉。在品牌广告的狂轰滥炸下，消费者的精神防线崩溃了，消费者接受了品牌传播的思想。如果品牌所传播的价值理念是消费者潜意识中本身就潜在的，品牌的同化效应会更明显。品牌同化效应是企业文化与消费者文化的同化，是相互影响和互为改变。

4. 品牌文化的市场协同效应

品牌文化的构建除了协调品牌——顾客关系外，还能有机协调品牌与供应链各环节(供应商、经销商及其他部门)的关系。品牌文化提升品牌价值，加强消费者与品牌之间的关系，增强品牌竞争力，促进了品牌市场地位的提高。强势品牌在市场上拥有较大的市场占有率和较高的盈利能力，能保持较大的市场优势。强势品牌在获得市场认可的同时，企业的资金、收益和信誉也得到强化。强势品牌的建立为企业带来供应链各环节关系的进一步协调，如在价格、付款、品质、运输和服务等方面，都能获得较多的利益，从而保持企业的良性经济循环。企业的良性发展也为供应商和经销商带来相应的经济回报，促使供应链各环节关系更紧密，它们更愿意为企业提供多方面的帮助和密切关系。世界最著名的电脑公司戴尔以其独特的直销模式快速崛起，戴尔的成功归因于其经营模式的成功，而戴尔模式同样归功于戴尔的众多供应商的紧密合作。戴尔走到哪里，供应商就将仓库建到哪里，保证在最短的时间里为戴尔提供最方便、最优质便利的服务，戴尔因此能以最优的价格为客户提供超值的产品。

强势品牌能获得更好的渠道合作。无论是经销商，还是零售商，都愿意为强势品牌提供更好的服务和较好的渠道支持，如运输、产品陈列和售点宣传等。强势品牌的市场协同效应，既为供应链各环节提供了相应的机会；反之，各环节也为品牌带来多方的收益，如更低的价格、更好的服务、更顺畅的流通和更好的信誉；即使品牌在某种突发危机事件中，也较容易获得供应链各环节的支持和理解，帮助品牌化解危机。供应链各环节协同，进一步提升了企业的竞争优势。

9.3 品牌文化价值

9.3.1 品牌文化战略的价值模式

品牌文化战略是品牌精神的贯彻实施，是顾客忠诚的建立。通过品牌精神的贯彻和顾客的品牌体验，形成以文化为基础的顾客品牌关系。如图 9-4 所示。

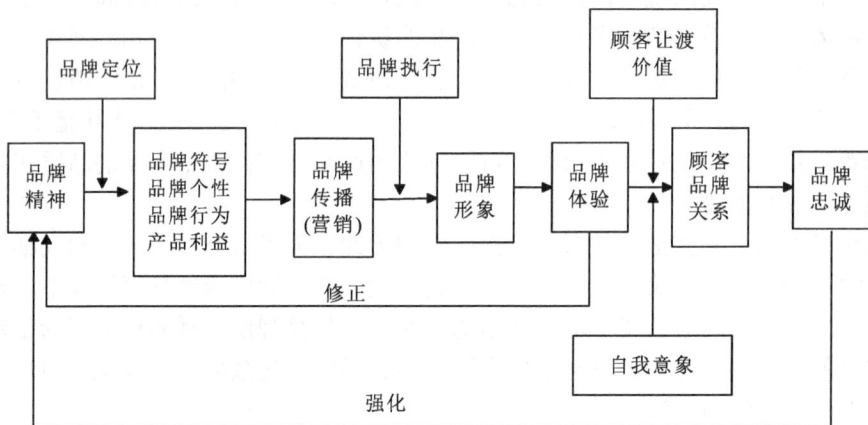

图 9-4　品牌文化战略的价值模式

品牌价值运行模式是品牌文化的市场化过程，是品牌传播、反馈、修正和再传播的过程，是消费者从认知到购买再到忠诚的过程。

品牌文化战略是品牌精神贯彻、品牌价值提升和顾客品牌忠诚的实现过程。在这一过程中，品牌精神贯穿营销的各个方面，它以顾客的品牌体验为重点，以顾客的品牌忠诚为目标，着力构建稳定的顾客品牌关系。在品牌文化战略中，品牌定位是基础，它决定了品牌的个性，确立了品牌文化要素的基本特征。品牌文化传播是品牌文化形成的关键，它不但把品牌精神、品牌态度传递给消费者，同时也将消费者的品牌态度反馈给企业，促进企业修正不足，保持品牌文化的动态平衡和螺旋上升。品牌忠诚是品牌文化价值的实现，它能保持品牌关系稳定，强化消费者的品牌意识。品牌文化传播和品牌形象塑造是一个循环往复的过程，是品牌信息传递和反馈的运行机制，在循环中品牌文化不断增强、不断放大。

品牌的价值是品牌的市场价值，是品牌所获取的顾客价值，也就是品牌的顾客忠诚。品牌文化具有竞争性和排他性，其目的是通过关系的建立获得顾客忠诚，保持企业的可持续发展。

反思企业营销战略，其核心应该是企业品牌战略，或者说企业战略的核心是品牌问题。企业的人、财、物等所有资源都应围绕品牌来配置，最终目的是建立具有较强市场优势的品牌，进而通过强势品牌实现企业资源的优化配置，实现企业价值最大化。

9.3.2　品牌文化定位与品牌差异化

品牌定位是任何品牌创建计划的基础，定位传播着产品或服务怎样满足消费者需要的概念或意义。定位是市场营销的出发点，是企业参与竞争的前提。准确的市场定位是品牌获取优势的第一步。品牌定位(从品牌拥有者的角度所理解的品牌概念)是任何品牌创建计划的基础……一个清晰、有效的品牌定位，必须是企业上下对这个品牌定位都有恰当的理解和认可，必须使其与企业的发展理念及企业的文化和价值观联系起来。

克莱斯和克雷格认为，定位"既不是对某事物的一种想象也不是一种使命，而是你希望铭刻在顾客和潜在顾客心中的一种信息，一种关于你的品牌、产品或服务的信息，以及它们是怎样不同于(因此而优于)竞争对手的信息"。

斯科特·戴维斯(Scott Davis)认为："品牌定位就是指你希望你的品牌在消费者心目中所拥有的位置——即你希望消费者在想起你的品牌时所能想到的好处。品牌定位受外部因素驱动和外界相关。它必须要与竞争对手的定位有区别，更重要的，它必须受到重视。好的品牌定位就是你向顾客传达的唯一理念。"定位指的是消费者对一个具体品牌的相对知觉。一般来讲，一个品牌并不是孤立地被感知或判断的。随着产品技术含量的增加，竞争产品增多，消费者更多地依赖产品的形象而不是产品的实际属性做出购买决定。产品在消费者心中的形象，即它的定位可能比实际的特征对最终的成功更重要。营销人员努力创造一种与目标消费者的自我意象一致的产品(品牌)形象。

品牌文化定位是品牌文化战略的出发点，关系品牌的发展方向。品牌如果缺少清晰、明确的定位，就会像没有舵的船一样，迷失方向。品牌文化定位具有竞争性和顾客导向，所有的品牌定位都要考虑竞争对手和消费者目标因素。所谓目标品牌定位，就是要求在使用品牌时具体考虑消费者的目标。

企业的品牌文化定位要准确，要从消费者和竞争者两个方面考虑品牌定位。在品牌定位中切忌脱离实际，给消费者带来名不副实的印象。品牌定位要准确反映品牌文化精神，将品牌精神理念与产品、服务和企业营销的各个方面有机结合起来。

企业在建立品牌战略时，首先要确定品牌的精神，准确定位品牌精神。品牌精神是指品牌的价值观，是品牌的精神内涵，即品牌以什么态度对待消费者、竞争者和利益相关者，品牌的形象是什么等。品牌精神是品牌系统的核心部分，决定着品牌的行为表现和品牌的发展方向。首先，品牌精神要符合企业的现状，即企业通过努力可以实现；其次，品牌精神要以消费者为核心，能为消费者提供多方面的利益；再次，品牌精神要具有积极向上的精神，富有朝气和活力；最后，品牌精神是企业文化的反应，要与企业文化保持一致。

凯文·莱恩·凯勒(Kevin L . Keller)认为，品牌竞争定位应考虑三个方面的内容，即品牌差异点(Points of difference)、品牌参照系(Frame of reference)和品牌相似点(Points of parity) 。品牌定位的第一步是建立一个参照系。品牌参照系决定了消费者将会对品牌产生哪些联想，而这些联想构成了品牌的相似点和差异点。影响参照系选择的一个因素是产品在生命周期中所处的阶段。当一种新产品刚刚推出时，它通常会把其他竞争产品作为参照系，以使消费者迅速了解新产品是什么，以及它能帮助消费者实现什么目的。但到了产品生命周期的后期阶段，新的增长机会和威胁就会出现在该产品类别之外。

因此，参照系应随产品周期的变化而变化。如果想要消费者认为你的产品在这个参照系内是合理的，并且值得信任，你的产品必须具有一些相似点，即同类产品共有的特征。只有具备了基本的相似点，品牌才能够参与竞争，至于在多大程度上具备这些相似点，则取决于你的产品处于生命周期的哪个阶段。

品牌差异点是能够把某个品牌与同一个参照系里的其他品牌区别开来的强烈、独特与良好的联想，是品牌定位取得成功的基础。品牌差异可分为三种类型，即品牌性能联想(Brand performance associations)、品牌形象联想(Brand imagery associations) 和洞察消费者内心的联想(Consumer insight associations)。赛尔希奥·齐曼(Sergio Zyman)指出，差异就是价值产生的地方。差异是品牌个性的基础，是建立强势品牌的关键。建立有效的品牌竞争定位，要使三个方面要素始终保持内在的一致，避免不同要素或利益点之间的相互矛盾。最精明的品牌定位者，也是最警觉的守望者。

菲利浦·科特勒认为，"市场定位是企业的基础战略，差异化是企业的核心战略，品牌是价值的提升器。差异化是市场定位的基础，市场定位需要有力的差异化策略来提供支持，差异化可以表现为内容(提供什么)、方式(如何提供)和基础设施(技术、人员和设备)等方面，并要将差异化导入营销组合的 4P 模型中，品牌应被创建为'价值指示器'(Value indicator)，并应通过服务战略得到不断的增值"。

9.3.3 品牌文化价值传播

1. 品牌精神贯穿品牌塑造的全过程

品牌文化战略是品牌文化的塑造过程，它要求企业将品牌精神贯穿品牌营销的所有层面。品牌文化塑造是从品牌到消费者，再由消费者反馈回企业的循环。它既源于文化的流动性，也源于品牌文化的互动性。品牌营销是品牌价值和理念的传播，是品牌精神传递的顾客，是产品的功能价值和品牌价值的结合。真正的品牌文化不是企业单方面的行为，它是交互式的循环和螺旋式的上升。

品牌文化建立是一个循序渐进的过程，是企业全过程、全员和全方位的积极参与，是品牌精神渗透、传递和升华的过程。品牌文化战略的关键是品牌文化的实施，是品牌精神的体现。

1) 品牌文化的建立是时间和空间的结合

品牌文化的建立是时间和空间的结合，不能离开特定的背景和相关的条件来谈文化的建立。品牌文化是品牌精神的消费者传递和消费者文化的品牌接纳，是开放的文化循环和交融。

2) 品牌精神是品牌文化的主线

品牌精神是品牌文化的主线，贯穿品牌营销的全部环节，品牌文化建设必须围绕品牌精神展开，并在其中发扬光大。品牌文化是品牌的灵魂，品牌精神是品牌文化的核心，是品牌营销要素组合的纽带。

2. 品牌知识与顾客品牌体验

品牌文化的定位成功与否要看顾客对品牌的认知，即顾客的品牌体验，它是顾客对品牌文化的体验。在消费者的选择中，消费者以既有的品牌知识作为个人选择的标准，凯文·凯勒认为，品牌知识由品牌意识和品牌形象两部分组成。品牌意识是顾客在不同情况下确认该品牌的能力，包括品牌认知和品牌回忆；品牌形象是顾客关于品牌的感觉，它反映为顾客记忆内关于该品牌的联想。顾客品牌知识的拥有程度决定了顾客的品牌选择态度和选择方式。顾客需求满足的提高，改变了顾客的品牌选择。顾客从产品的性能、价值需求，上升到情感满足和品牌体验。贝恩特·施密特(Bernd Schmitt)和亚力克斯·西蒙斯(Alex Simmons)认为："今天消费者消费选择的根据是产品是否符合他们的生活方式，或者产品是否代表了一种激动人心的新概念——一种值得向往的体验。"当消费者使用产品时，让消费者参与到更多的体验中去，对品牌创建有很大的推动作用。

体验源于顾客参与产品、公司或公司代表之间的互动。没有顾客参与，体验就不可能发生。一旦互动发生，顾客的反应也就出现了，顾客体验是一个或者一系列的顾客与产品、公司、公司相关代表之间的互动，这些互动会造就一种反应；如果反应是正面的，就会使顾客认可产品或服务的价值。产品满足需要，体验满足欲望。约翰·科斯特洛(John Costello)说："一个品牌的本质就是顾客对其体验的总体印象，它不仅仅是最新的广告活动或者(顾客)所听到的或读到的有关品牌的信息，它是顾客在使用你的品牌时的体验。"体验改变了企业和顾客对待产品的方式交易关系，改变了品牌文化的实质，通过顾客参与和互动建立品牌文化。

顾客的体验是多方面的，产品或品牌的不同方面都可能构成顾客体验。对企业来讲，要将顾客的体验集中到品牌体验上，即一切的体验都归结为对品牌的体验，形成良好的品牌形象。品牌提供了一种形象，向我们保证质量，并提供了全面的解决方案。品牌超越了具体的产品要素(性能和功效)，将产品作为一个整体来考虑。创造一种与公司品牌同义的顾客体验已被认为是公司业绩的关键驱动力。

贝恩特·施密特(Bernd Schmitt))和亚力克斯·西蒙斯提出了营销美学的概念："营销美学是指对公司或品牌的感官体验的营销，它能为组织或品牌的识别做出贡献。美学战略将公司战略和营销战略作为输入，通过视觉(或其他感觉)方法来表达公司的使命、战略目标和文化。"其实质在于，企业的营销活动，是企业与消费者共同创造美好体验的过程，是现代社会文化的重要组成部分。

3. 消费者自我意象与品牌检验

在现代消费中，消费者寻求在品牌选择中描述自己。自我意象是"对自我的知觉"，与人格联系相当紧密，因为个体趋向购买那些符合条件的产品和服务，这些条件是这些产品、服务和零售商的形象或"人格"紧紧与消费者自身的自我意象联系。消费者拥有的自我意象包括以下几点。

(1) 实际的自我意象，即消费者实际如何看待自己。

(2) 理想的自我意象，即消费者希望如何看待自己。

(3) 社会的自我意象，即消费者觉得他人如何看待自己。

(4) 理想的社会自我意象，即消费者喜欢他人如何看待自己。

(5) 预期的自我意象，即消费者预期在某个特定的将来如何看待自己。

在不同的情况下，消费者可能选择不同的自我意象去指引他们的态度和行为。研究表明，有着强烈的特殊品牌偏好的消费者，即有着积极的自我品牌联系的消费者，通常将所偏好的品牌看作代表他们自己的某一方面。产品的实际消费体验和消费者的意象密切相关，自我意象是体验的前提，不同的自我意象可能导致不同的品牌体验。自我意象和品牌体验的一致性也是消费者的品牌检验过程，是顾客——品牌关系的决定环节。自我意象与品牌一致，会增加消费者对产品或品牌的体验，形成正面印象，使品牌关系趋于稳定，迈向品牌忠诚。

9.3.4 品牌文化价值体现：品牌忠诚

品牌文化提升品牌忠诚，实现顾客价值最大化。

1. 品牌忠诚与顾客忠诚

顾客是摇摆的，在多种利益的引诱下，他们很难长期钟情于某一品牌。企业如果仅是从尽可能地满足消费者的多种愿望和利益出发，寻求建立更为持久的忠诚关系，其结果往往是吃力不讨好，通常企业花费了大量的精力和费用建立的"顾客忠诚"关系，可能在竞争对手的价格冲击下即刻崩溃。究其原因，消费者是理性的经济人，他们的货币选票是个人的投资工具，目标是尽可能高的投资回报，当企业相互间都在以提供尽可能多的顾客实惠为竞争手段时，企业增加的不是自身的竞争优势，而是顾客的见异思迁，怎样建立品牌忠诚是营销的主要任务。

品牌忠诚包含两个层面，行为性品牌忠诚和态度性品牌忠诚。行为性品牌忠诚是指消费者对同一品牌的持续性重复购买；态度性品牌忠诚是指消费者对某一品牌有更大的品牌偏好，对品牌有更为积极的态度。因此，真正的忠诚既是行为也是态度。

顾客的忠诚首先在于顾客的稳定，顾客愿意与品牌保持长期的关系。如前所述，品牌顾客关系是利益与情感的复合体，用其中任何一种方式来维系品牌顾客关系都是不完善的。研究顾客忠诚要从顾客的角度进行，顾客为什么要忠诚于你的品牌？即你的品牌能为顾客提供什么样的需求满足？

从建立的基于文化的顾客品牌关系模型出发，可以发现品牌忠诚来源品牌的利益和情感的满足，来源共有的价值观和精神理念。哈雷摩托、维京航空等一大批品牌忠诚度极高的品牌经验证明，品牌文化是顾客品牌忠诚的基础，是顾客保持品牌忠诚的关键。品牌文化从价值体系中维系了品牌顾客关系，品牌成为顾客生活的一部分，顾客在思想意识上存在对品牌的依存；他们需要品牌为他们提供情感满足和社会身份的彰显，而不是单一的功能需求满足。

品牌忠诚能促使企业获得更多的盈利。品牌忠诚可以降低交易成本，节约营销费用，赢得一位新顾客的成本是留住一位老顾客的 6 倍，20%的顾客为企业贡献 80%的收益，品牌忠诚是企业效率最好的营销方式。

顾客忠诚与品牌忠诚不是同一概念，顾客忠诚是多样的，顾客可能会出于某一原因，或经常性的习惯而产生忠诚行为，有顾客价格忠诚、方便忠诚和品牌忠诚等。

2. 品牌忠诚于顾客

在品牌忠诚关系的建立中，企业发挥着十分重要的作用，企业可以通过多种途径建立和维系顾客关系，发展关系，最终实现顾客忠诚。但必须意识到，品牌忠诚不是消费者单方面的行为，忠诚关系的建立是顾客与企业相互作用的结果，企业不能单方面要求顾客忠诚于品牌，品牌忠诚"不是要顾客忠诚于你，而是你要忠诚于顾客，你通过给予忠诚来获得忠诚"。

忠诚是双向互动的，没有一厢情愿的忠诚，品牌要忠诚于消费者。品牌忠诚于顾客，是品牌在价值观和行为上对顾客的公正承诺。提供优质的产品，适中的价格，完善的服务和诚信的经营。

3. 品牌文化超越顾客满意

顾客满意是品牌忠诚的基础，只有顾客满意，品牌才能获得顾客的支持，才能够与顾客建立持久关系。但是，顾客满意不等于品牌忠诚，顾客忠诚也不能简单地理解为重复购买。在美国有 70%的汽车购买者声称他们是感到满意的，然而，当其再次购买新车时，有35%的人转变了购买品牌。因为，在实际的购买活动中，有些被认为是忠诚的顾客其实是懒惰的消费者，或者有时是选择较少的消费者，他们由于种种原因不愿意改变购买习惯。

卡尔森(Carlson)营销集团的年度品牌调查发现，2000 年一年的品牌忠诚下降了 25%，尤其是年轻人。许多顾客对品牌是满意的，而不同消费者对满意的程度有不同的理解，满意到忠诚之间还有漫长的距离，它不是产品功能和价格等能填补的。营销者要记住的是，满意是顾客目前所期望的，满意的顾客不一定是忠诚的顾客。许多顾客满意目前的品牌，但他们仍然会转换选择新的品牌。

肖恩·史密斯(Shaun Smith)和乔·惠勒(Joe Wheeler)在《顾客体验品牌化》一书中认为，"公司必须超越顾客满意，给顾客创造一种不可磨灭的影响，使他们真正成为公司及其产品和服务的拥护者"。"忠诚需要与组织或产品有一种情感上的联系，创造及维持忠诚是公司组织以及行为方式背后的动力。"

品牌文化是品牌忠诚的催化剂，因为文化形成态度。顾客离不开品牌，是他们从内心里需要品牌，品牌就是顾客生活。品牌文化将价值赋予品牌，以文化的融合和情感的沟通为手段，超越满意，达成品牌与顾客的亲密关系。当物质具有情感，品牌具有思想后，消费者对品牌的依存就成为品牌消费的主要目的，成为难以割舍的依恋。

9.3.5 品牌文化战略发展的三个层次

从品牌的发展进程和品牌在企业发展中所处的地位和所发挥的作用分析，企业品牌文化战略有三个层次：建构品牌、管理品牌和经营品牌。

1. 建构品牌

建构品牌是品牌文化战略的最低层次，它是企业建立品牌的基本活动，包括品牌命名、品牌设计、包装、广告设计等基本品牌推广活动。企业对品牌的认识是以品牌作为识别的工具，品牌是促进消费者对企业和产品认识的手段。该阶段，企业的品牌营销思想是建立一套完整的品牌识别体系，未涉及品牌的价值内核。

在一般层次上，企业对品牌的认识是品牌就是"识别符号"，当市场结构发生变化后，企业出于保护自身利益和消费者风险控制的需要，普遍开始重视品牌识别的建立。通过完善品牌识别系统，品牌的营销功能强化日趋完善。

2. 管理品牌

在市场竞争中，营销思想的发展促进了人们对品牌的认识，尤其是当品牌在营销活动中发挥出越来越重要的营销效力后，人们将品牌放在提升营销力的重要地位。企业开始有目的地设计和管理品牌，从品牌建立、品牌策略到品牌形象塑造等方面全面系统地介入品牌的管理和维护工作，通过塑造个性化的品牌形象提升企业的竞争力。品牌在促进产品销售和企业发展上发挥出巨大的作用，品牌的状况关系到企业的发展。企业对品牌的认识上升到品牌是差异化竞争的主要手段，企业开始系统地建构品牌竞争优势，并通过品牌形象与消费者建立更为牢固的关系，品牌成为企业最重要的无形资产，品牌营销思想得到全面提升。

3. 经营品牌

品牌价值的提升，使品牌具有较高的市场资产价值，品牌作为独立市场资源的作用开始显现，长期以来形成的品牌使识别符号的思想受到挑战。品牌不仅成为人们消费满足的重要内容(品牌消费)，同时品牌可以作为产品进行经营。经营品牌就是将企业的品牌作为市场资源加以综合利用，采取相应的经营方式，如特许经营、连锁经营等模式，最终实现品牌本身的市场营运。在品牌经营中，企业出售的是品牌资产价值，及一整套完善的品牌盈利管理模式。近年来，在全球不断取得成功的麦当劳、肯德基等特许经营品牌和沃尔玛、家乐福等连锁品牌的范例，证明了品牌经营的思想是品牌文化战略的最高境界。

品牌经营是品牌文化战略的最高层次，是品牌市场价值的最高体现，它本身反映了品牌所具有的市场影响力和号召力。经营品牌也是市场经营的最高层次，它使商界从传统的以产品为核心的思维中解放出来，为现代经营开拓了新的路径。当然，不是所有的品牌都能迈向品牌经营，它与所经营的产品和所处行业是密切相关的，目前取得成功的经营品牌以食品和服务业居多，它是品牌战略中值得深入研究的问题。

9.3.6 品牌文化战略的优势

哈佛大学的著名教授迈克尔·波特(Michael E.Porter)认为，"竞争是企业成败的关键。竞争决定对企业经营业绩有所贡献的各种活动是否适当，例如创新、有凝聚力的文化或者有效的实施"。"从根本上讲，制定一项竞争战略也就是为某一企业规定一种广泛适用的程式以便指导企业如何投入竞争、应当有什么样的竞争目标、在贯彻执行这些目标时需要采取什么样的方针"。竞争战略是企业长远发展的方向指导，"竞争战略是公司为之奋斗的一些终点(目标)与公司为达到它们而寻求的途径(政策)的接合物"。制定竞争战略要考虑公司的强项与弱项、关键实施者的个人价值、产业机会与威胁和广泛的社会期望 4 种关键因素，发挥自身强项，获取优势。

"形成竞争战略的实质就是将一个公司与其环境建立联系"。波特认为，"许多公司战略的失败是由于不能将广泛的竞争战略转化成为获取竞争优势的具体实施步骤"。竞争优势归根结底产生于企业为客户所能创造的价值：或者在提供同等效益时采取相对的低价格；或者其不同寻常的效益用于补偿溢价而有余。

长期以来，由于对品牌价值的认识不足，致使品牌战略思想在企业战略中未得到有效贯彻，品牌战略本身研究的匮乏也加速了这种认知差异。品牌文化战略是企业战略的重要组成部分，具有独特的优势。

1. 经济优势

品牌文化战略能有效提升品牌的资产价值，建立品牌优势，为企业带来长期稳定的价值回报。品牌文化战略能塑造强势品牌，它与产品战略相比更具有利益优势。

(1) 市场份额扩大。强势品牌的特征就是市场份额较大，它通过品牌的优势扩大销量，从而占有较高的市场份额。

(2) 超额利润。品牌的市场优势除了市场份额外，它还能为企业带来行业超额利润。有的学者将消费者付给成功品牌的高昂价格称为"品牌税"。超额利润来自两个方面：一是品牌溢价，即强势品牌高于其他品牌的定价；二是行业平均利润水平之上的规模价格。例如，奔驰、劳力士等高档商品的高价格就是获取品牌溢价；而沃尔玛的"天天平价"则是通过市场规模(销量、渠道和营销成本等)获取综合溢价。因此，低价与品牌溢价并非矛盾对立，只是在最终获得超额利润的途径上不同罢了。品牌直接溢价来自顾客的高额支付，综合溢价来自品牌供应链的各个环节。

(3) 未来收益保证。品牌战略具有较强的生命力，它能避免由于产品竞争带来的市场不稳定，使企业长期获益。

(4) 形成品牌经验曲线。"学习或经验曲线，即在一种产品的生产过程中，产品的单位成本随着公司累积的经验的增加而下降。经验能够降低市场影响、分销以及其他领域，如生产或生产中的经营管理费用。"强势品牌也具有较高的经验曲线，它能有效降低企业的营销费用和品牌对消费者的投入，对消费者和企业同样具有效率。

2. 战略优势

(1) 品牌竞争是重要的差异化竞争手段。产品同质化和价格恶性竞争使企业面临严酷的竞争环境，现阶段从技术上寻找产品的差异化是非常困难的，而技术上的优势对大多数品牌来讲是可望而不可即的。品牌的可保护性，使品牌难以被竞争对手模仿，从而帮助企业建立"品牌壁垒"。投资品牌，无论是从技术上还是收益上，对企业都是最为经济的。

(2) 减少外部竞争的影响。强势品牌更少受供应商与零售商的控制，并且能改善与外部要素的关系，提高供应链环节的效率。

(3) 稳定员工队伍。强势品牌对于员工也有较强的吸引力，能减少人才流失，保持队伍稳定。

3. 管理优势

品牌文化战略建立具有市场优势的强势品牌，强势品牌在管理上能为企业(品牌)带来更多的优势。

(1) 有助于品牌延伸。品牌延伸是对现有品牌市场价值的最大化运用，同时也是企业新产品推广的有效手段。

(2) 有助于品牌国际化。品牌的国际化和全球化是品牌扩张的重要战略，也是经济全球化的基本特征，强势品牌由于具有完善的品牌营销思想和管理经验，因而在国际化进程中更容易获得成功。

品牌文化战略的优势为品牌战略的实施提供了强有力的理论支撑，确立了品牌战略在企业战略中的重要地位。竞争是企业发展的主旋律，品牌战略是企业市场竞争的有效战略。让品牌战略驱动企业经营战略，建立基于品牌的企业战略。让消费者参与品牌的创建对消费者造成的影响，是其他方式(如向消费者提供大量产品信息，尤其是使用媒体广告)所无法比拟的。

在品牌文化战略中，品牌名称定位文化，品牌形象塑造文化，品牌理念提升文化，品牌管理创新文化，品牌广告传播文化。品牌文化战略将品牌文化力转变为品牌竞争力、市场营销力。

9.4　企业文化与品牌文化的相互比较

9.4.1　企业文化与品牌文化的传播对象比较

品牌文化与企业文化最重要的差异是二者传播对象的不同，是产生其他差异的根本原因。品牌文化的目标受众是企业外部人群，主要是企业的目标消费者及相关人群。从品牌文化概念提出以来，人们对品牌文化进行了深入的研究，对品牌文化的认识上也存在一定分歧，但众多学者都认为品牌属于消费者，消费者才是品牌的最终受众。企业仅仅是品牌的创造者。企业的品牌文化战略必须以消费者作为自己的目标受众，而且最终品牌文化所传达的内涵要与消费者的价值观相一致。这样才能最终建立品牌忠诚度，赢得市场。如果消费者在选择产品时担心品牌文化与个人价值观相冲突，必将给他们做出选择带来影响，无法得到他们希望得到的情感上的利益。

企业文化的传播对象是企业内部的人群，主要是企业的员工。企业文化是企业内部大多数员工所认同的价值观、理念和行为准则。正是由于企业文化与品牌文化在传播对象上不同，因此二者不能等同。传播对象上的不同也决定了二者在形成机制上、功能上、传播渠道上、文化冲突反应方式上存在较大差异。

9.4.2　企业文化与品牌文化的形成机制比较

国内外对企业文化形成机理上有着不同的认识，只有弄清楚企业文化的形成机制，才能真正把握企业文化共存有共性和个性的根本原因，是寻找建设企业文化有效途径的基础。

一个比较定型的、系统的企业文化，通常是在一定生产经营环境小，为适应企业生存发展需要，首先由少数人倡导和实践，经过较长时间的传播和规范管理而逐渐形成的，如图 9-5 所示。

品牌文化则是在品牌的建立、品牌的传播、品牌的维护、品牌的再生等过程中精心策划形成的。以著名的麦当劳、肯德基广告为例，麦当劳、肯德基认为建立品牌一般需要四个步骤：品牌印迹，销售策略，销售意念，创意概念。这四个步骤分别对应着品牌的建立、品牌的传播、品牌的维护、品牌的再生四个过程，因此，企业文化与品牌文化在形成机制上是完全不同的。

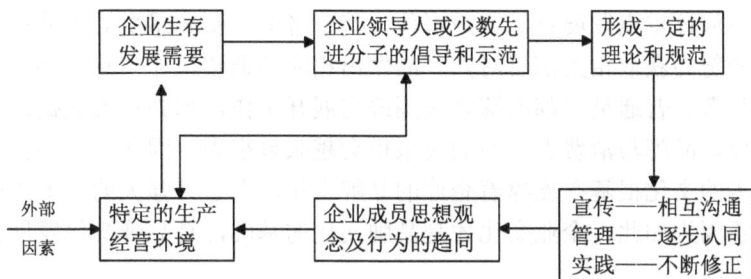

图 9-5　企业文化形成机制

9.4.3　企业文化与品牌文化的具体比较

品牌与企业、品牌与商业是一脉相连的。没有企业文化的品牌，很难形成独具一格的品牌文化；没有品牌文化的企业，其企业文化是一种生产车间文化，是单一的、原始的；没有企业文化氛围的品牌，仅仅是区别同类商品的符号。企业是品牌人格化的主体，品牌文化是企业文化的一部分。品牌文化一旦形成，可以游离于企业之外，使人们只知其品牌，不知品牌所属的企业。正因为如此，品牌具有独立性，品牌文化具有自身的内涵，使之区别于企业文化。

1. 企业文化和品牌文化的具体比较

即使企业文化与品牌文化之间存在着一脉相连的关系，但是在某些方面仍存在差异，如表 9-1 所示。

表 9-1　企业文化与品牌文化的比较

项　　目	企业文化	品牌文化
建立基础	管理与运营	销售领域
建立目的	解决企业存在的目的、未来发展方向、如何做的问题	主要解决与消费者的关系问题
建立环境	相对封闭	完全开放
构成	形象、行为、制度以及价值观	品牌建立、推广、维护、再生
形成方式	由少数人倡导和实践，不断总结提炼	也有自发过程，但最终需要精心策划
目标人群	企业内部为主	消费者为主

2. 企业文化是品牌文化的基础

品牌不是一个简单的符号，除了代表名称、术语、标记、符号或设计外，更重要的是，它们可以通过相互组合向消费者传达价值、文化和品牌个性的东西，它们的组合代表了企业品牌文化的内涵，这些是品牌文化最基础的东西。企业和消费者之间会在相互信任的情况下建立一种关系，这种关系恰恰是由品牌文化所体现出来的。要确立和维护这种关系，企业必须尽可能地从各种市场渠道关注并收集消费者信息，这些信息将作为企业文化战略的资源，企业也因此在经营管理的活动中建立了价值观体系。对产品和品牌有一定认知的消费者，是企业应该重点发展目标客户群体；消费者的体验和感受对企业来说是重要的参考标准，企业应努力获取相关信息对其产品做出相应的调整，如果有一种价值观体系，企业的领导、执行者、普通员工都能够紧紧围绕它展开工作，那必将大大提高该企业消费者对品牌的忠诚度。品牌与消费者之间的关系也会越来越牢固。因此，一种强大的、多维度体系整合而成为的文化根基在支撑着企业的品牌文化，而这种强大的、多维度体系恰恰就是企业文化。正因为如此，企业文化才是品牌文化的基础，是品牌文化发展并得以发展壮大的基础动力。

3. 企业文化可以加深对品牌文化的理解

一直以来，CIS 系统被认为是品牌形成过程中用来塑造品牌形象的完整系统，其中涉及 VI、CI、广告代言人等。而在 CIS 系统的建设过程中，企业文化也作用于消费者，使其加深理解。经过提炼总结的具有积极意义的才能被称作优秀的企业文化。当优秀企业文化所传达的价值观被社会公众充分感知并能够引起强烈的共鸣时，消费者才能逐渐认可企业的品牌，并使得消费者品牌忠诚度得以提高，加深消费者和企业品牌文化的相互沟通。

查理德·布兰森(Richard Branson)创立了曾是英国最大的民营企业的维珍集团，并将自己叛逆的精神注入了该企业，最终"叛逆、时尚、低价、优质"成为被人们认知的"维珍"品牌的形象代表。通信设备运营商华为以"狼文化"来吸引消费者的眼球，他们标榜"狂热追求、崇尚技术与竞争精神"的价值观，在很少进行品牌推广的情况下，华为依然通过其巨大的品牌影响力成为中国最大的电信设备供应商。消费者的华为品牌的印象正是建立在其企业文化的基础上的，在总裁任正非发表《华为的冬天》一篇文章后，整个 IT 界以华为作为学习的榜样和楷模。

4. 企业文化在品牌文化体系建设不同阶段中的作用

由于品牌文化，品牌因此具备文化特征，同时品牌文化的载体是品牌，是承载着人文内涵的文化，因此，品牌文化与品牌有相同的生命周期。企业文化是企业内部效应的体现，集中于企业内部的管理；品牌文化是企业外部效应的体现，属于企业对外营销的范畴。因此，在分析企业文化特点的基础上，结合品牌建设的一般规律，以下将根据品牌文化建设过程中四个阶段(品牌定位期、品牌投入期、品牌发展期和品牌维护期)对企业文化作用于品牌文化的特点进行详细的分析，具体分析思路如图 9-6 所示。

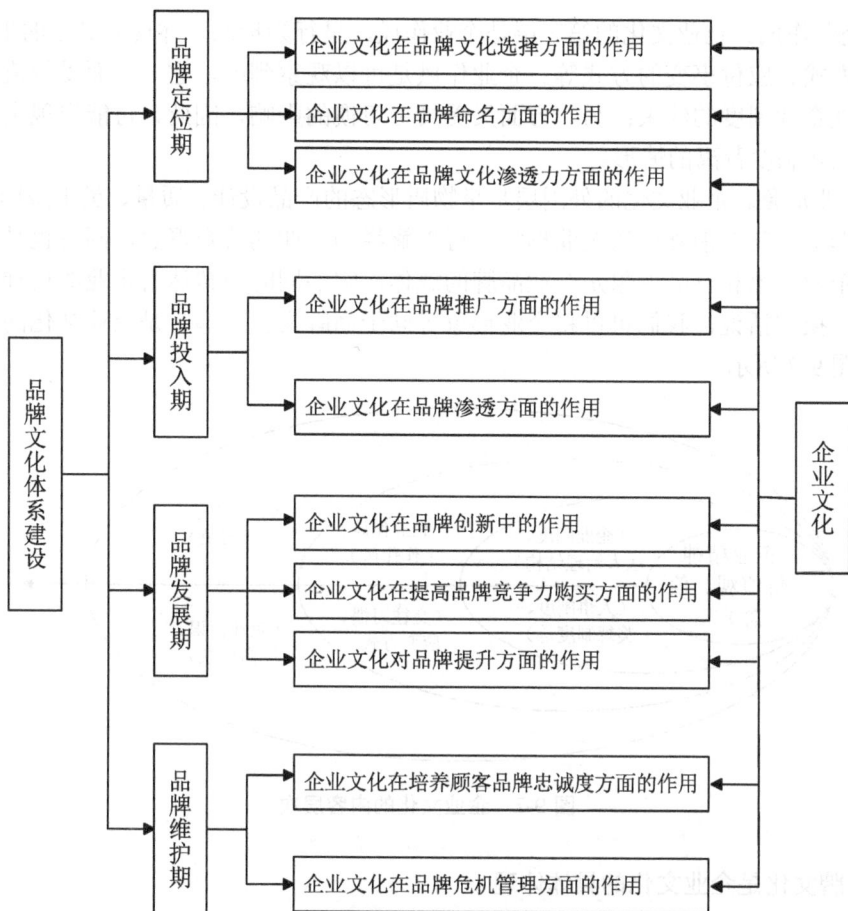

图 9-6　企业文化在品牌文化建设周期中的作用

9.4.4　品牌文化对企业文化的意义

1. 品牌文化是企业文化的重要组成部分

品牌的名称、标志、包装可看作品牌文化的显现载体。但从更深层次上分析,品牌文化传达着企业的理念。正是由于品牌中蕴含了理念,品牌文化才可以形成,品牌才可以创造文化出来。而从另外来看,企业文化是一种独特的思维方式,它是在企业生产经营过程中形成的,品牌文化可视为企业文化的重要组成部分。

从企业文化的内容来看,可以体现品牌文化,是企业文化的重要组成部分。企业文化由以下 4 个不同层次的部分组成。

(1) 企业精神。企业文化的核心层是观念形态的价值观和信念,它体现企业经营哲学、宗旨、方针和目标等方面,称作企业精神。

(2) 企业制度。企业文化的核心层是体现企业行为准则的企业制度,例如,公司治理准则、选拔各级领导的制度、分配制度和奖惩制度等。企业制度是有企业价值观和规定的行为规范。

(3) 企业作风。企业文化的第三层是企业作风，呈行为形态，体现为员工的工作方式、社会交往方式、应付事变的方式等。企业作风是可以观察到的，它一方面受价值观、信念的支配，受企业制度的约束；另一方面又受员工习惯的影响，因此，可能出现员工行为与企业价值观和制度背离的情形。

(4) 企业形象。企业文化的外围层是呈物质形态的产品设计、质量、员工服饰等，通常称为企业形象。其中最外层的企业形象，可以解释为企业的公众形象，同时也是企业的产品形象。企业形象和产品形象是企业品牌的载体，它们同时也传达着企业的精神和企业的经营理念，换句话说，我们可以将企业形象等同于品牌文化，即它是企业文化的重要组成部分，如图9-7所示。

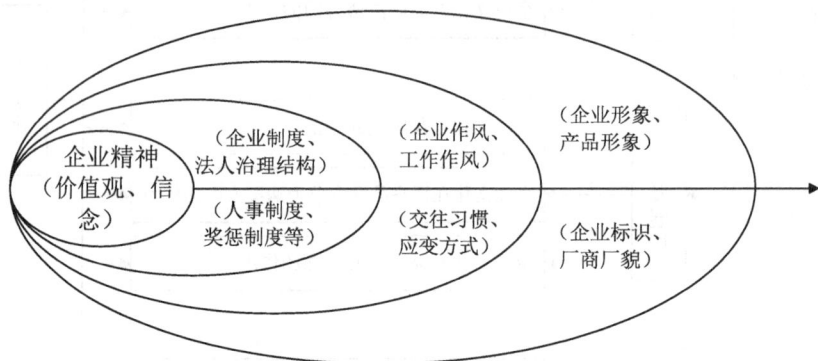

图9-7 企业文化的内容层次

2. 品牌文化是企业文化的具体体现

品牌文化是员工抽象的概念，它需要员工载体承接，而品牌就是它的载体，整个品牌文化的精华都凝结在这个载体之上。企业通过品牌使消费者产生黏性，加强消费者对企业产品的感性认识，增强其核心竞争力，最终换来的是企业效应的提高和经营管理的改善。但理念、核心价值观毕竟是无形的，无法让人真实地摸到、看到，因此，只有通过品牌让消费者充分感知。换句话说，文化不能直接传达给消费者，而是通过有形的载体同时绑定产品和服务让消费者接受。所以，品牌文化是企业文化通过品牌这个有效载体的具体体现。

七匹狼的案例就是对品牌文化是企业文化具体体现的最好例证。七匹狼一向标榜其狼道精神，公司的每一个员工都能够充分感受七匹狼所独有的男性精神，他们的团结与执着，说明狼文化已经在每一个员工的心里传播开来，企业精神已经深深地印在消费者的心中。男性的气概使得狼文化最终被消费者所认知，成为七匹狼最终获得品牌成功的关键。

3. 品牌文化对企业文化具有标识性

企业文化是企业员工所共同遵守的价值观和行为准则。企业的核心价值观和理念都是企业文化的核心，在企业的经营过程中表现为企业员工的价值观体系。但另外，企业文化的核心诸如价值观、理念等是看不到、摸不着的，不像产品那样能被肉眼感知。因此，企业文化必须要有一个载体去进行宣传，去发挥其重要的作用。在此时，品牌即充当了企业文化对外传播的载体和接口。企业文化通过品牌的传播向消费者传达其蕴含的价值观体系。

因此，品牌能够对企业文化进行标识，这也恰恰是品牌文化存在的必要性之一。

我们可以通过可口可乐的案例来详细说明品牌文化对企业文化的直接标识性。美国的可口可乐在进入中国时，为了想拥有本土化的品牌文化特点，进行了多次改名，最终才把名字确定为可口可乐。定名可口可乐的主要原因一方面是音译相似；另一方面，也即更重要的是结合了本土化的特点，给人一种幸福的感觉。因此，可口可乐在中国获得了巨大的成功。可口可乐公司在雪碧的命名中吸取了上次的经验，又一次将音译与本土化充分融合，简单明了地通过品牌名字对文化进行充分的诠释，雪碧也获得了巨大的成功。这也恰恰从根本上体现了可口可乐公司的文化理念，是其起决定作用的经营理念让这两个品牌深入中国消费者心中，成为不朽的品牌。

另外，企业进行品牌宣传是在彰显其具有特性的企业文化。一个企业让消费者了解自己的产品，就要进行广告宣传。其目的一方面是让消费者了解产品的性能，了解产品的功能及质量或是让消费者了解服务的质量。另一方面，品牌宣传更重要的是让消费者对品牌有一种感知、一种直观的感受，这种感受会让消费者弱化产品或服务本身，而更多地关注无形的东西，即企业品牌文化所传达的内涵。当消费者认可这种产品，进而认可产品所传达的企业精神，最终将使消费者有了自己对同类产品的判断，这个判断不是建立在产品和服务本身上，也不是建立在品牌的形象上，更多的是建立在品牌中所蕴含的价值观和信念上，这就是企业文化，因此，企业在进行品牌宣传时可以说在展现其企业文化最核心、最吸引人的一部分。这部分使消费者喜欢企业的文化，这部分使消费者成为企业的忠实客户，这部分真正带给了企业忠诚度。这个规律在汽车行业表现得尤为明显。宝马是这样，沃尔沃也是这样，整个宣传过程中都渗透着对其企业文化的宣传和展示。所以我们可以说，品牌文化对企业文化具有标识性。

此外，在品牌文化塑造的过程中，品牌形象建设的过程本身就是一个企业文化彰显其魅力的过程。品牌最大的特点是必须让消费者所熟知，但其中的第一步是让消费者所认知，但如果仅仅是一幅画或者一个字，消费者就不会产生逻辑上的印象，更重要的是，如果没有一段故事、没有一个传说、没有一个可表现企业价值的信念加载在里面，企业的品牌就无法在消费者口中互相传送，也就无法给消费者留下深刻的印象，品牌形象的建设将大打折扣。要想吸引消费者的注意力，让他们保持对品牌的记忆力，必须要将理念、价值观等文化核心的东西加进去。当品牌建设的过程中处处都流露出企业精神的时候，企业文化便真正通过品牌标榜了自己，彰显了其文化的独特魅力。在企业里，由于企业文化的类型不同，企业文化彰显其魅力的方式也有所不同。例如，在一个创新意识很强的企业里，诸如百事可乐这样的品牌，其目标消费群体锁定为 30 岁以下的青年。年轻、精力、旺盛便是企业文化所传达的内涵。正因为如此，其品牌中也到处流露出朝气蓬勃的动力，让人充满活力。因此，背后创新型的企业文化支撑其富有创新意识的品牌文化，创新、活力自然而然得到了最大限度的传播，消费者也通过百事的品牌文化感受到了积极向上、乐观进取的企业精神，并对生活态度具有指导作用。最终的结果是企业文化正是通过企业文化彰显了其巨大的魅力所在。再举一个企业文化通过品牌文化彰显其内涵的例子。在这个例子中，出现了一个新的企业类型，即团队型企业文化。在这种企业文化里，企业员工往往比较温和，讲求彼此合作，员工普遍受过高等教育，教育程度高，员工素质高，企业员工的表达方式往往比较含蓄。在这种企业里，团队合作的重要性远远高于个人能力。企业向外传达的即是团队、友爱、相互协作的企业精神。

本 章 小 结

一个品牌的发展总是离不开某种关于这个品牌的小故事，这是构建品牌文化的重要内容，因此，在我们看到一个个品牌故事时，我们应该能够对它的品牌文化有大致的了解。而且品牌经过发展是会有很多文化沉淀的，因此，注重品牌文化的建设对于品牌形象和品牌定位都是有帮助的。

本章主要从品牌文化的含义及构成要素入手，通过介绍品牌文化的体现与价值效应，引申出品牌文化战略的价值模式及发展层次，重点对企业品牌与品牌文化进行了比较。通过本章的学习，读者可对品牌文化战略的基本内容及品牌文化战略发展的实际应用有一个初步的认识，明确现代企业在经济全球化的发展过程中实施品牌文化战略发展的必要性。

思 考 与 练 习

1. 品牌文化的构成结构是怎样的？
2. 叙述品牌文化与品牌个性之间的关系。
3. 品牌文化的价值效应是什么？
4. 品牌文化战略发展的三个层次分别是什么，它们之间的内容及关系是什么？
5. 简述品牌文化战略的优势。
6. 对比企业文化与品牌文化之间的异同点，并进一步说明企业文化对品牌文化有什么意义？

案 例 分 析

白酒品牌文化——兼析"老广酒"品牌文化塑造

自 2012 年以来，白酒一直身处舆论质疑的浪潮中，复古式的品牌文化塑造再次被诟病。作为一个以传统文化为基因的产业，采用复古式的品牌背书策略(品牌背书是指某一品牌要素以某种方式出现在包装、标号或者产品外观上，但不直接作为品牌名称的一部分)，是极为常见的做法。尤其在传统文化复兴思潮影响下，追慕历史再次成为白酒品牌塑造的优先策略。然而，任何一种文化形态的健康发展，必然是立足于时代精神的继承与创新上，对于商业品牌的塑造而言尤为重要，从而形成了系统化的品牌塑造基本守则。如果在白酒品牌文化塑造过程中违反了这些基本守则，就好比没有稳健的根基就不可能建立起万丈大厦一样，即使侥幸获得短期的市场收益，也必然会在消费者的质疑中夭折。

为了更好地阐释白酒品牌文化创新的基本守则，广东地区冉冉升起的新兴品牌"老广酒"作为典型案例加以解读、分析。"老广酒"是广东粤强酒业有限公司旗下的战略品牌。相对于"茅台"、"五粮液"和"泸州老窖"等老名酒品牌，"老广酒"是绝对的新品牌。但是"老广酒"的母公司粤强酒业，则是业界赫赫有名的酒类经销明星企业，具有数十年酒类专销经验，与"五粮液"、"剑南春"等高档名酒企业均有密切合作，渠道资源庞大，市场经验丰富。而且粤强酒业董事长王富强在业界有很高的知名度，是中国酒类流通协会副会长，支持和参与过广东市场许多重大的创新事件，也是广东畅销白酒品牌"百年糊涂"的创始人之一。独特的公司背景所决定的，便是"老广酒"的品牌塑造从初始起就十分注重贴近市场需求，十分注重消费创新。

1. 酒体选择是基础

对于白酒品牌而言，品质和酒体的选择与营销策划、市场运营等直接相关。不同的消费群体对于酒体风味有着特殊的偏好，因此，香型风味的酒对应满足不同的消费群体。

"老广酒"在酒体选择上虽然充满争议，因为它没有按惯常思维选取广东地区生产的米香型酒和豉香型酒作为基酒，而是斥巨资在国酒之都茅台镇建造现代化的生产基地，以浓香作为其主体香型。从市场营销的基本原则来看，这样的选择策略恰恰为品牌塑造提供了无限的宽度。首先，茅台镇是世界上公认最适宜酿造纯粮固态法白酒的产区之一，得天独厚的酿酒生态环境、精湛的传统白酒酿制技艺，以及当地优质的有机酿酒原料，非常适合酿造品质优良的"老广酒"。其次，茅台镇作为国酒之都，在消费者心目中的认可度高，选择茅台镇作为老广酒的生产基地，容易为消费者所接受。最后，历史上也有茅台镇的酒流传到广东地区(古称"南越")的记载。

相比之下，广东地区生产的米香型酒和豉香型酒，由于产品研发没有跟上市场需求变化，酒体风味因循守旧，仅限于广东本土人群饮用，消费群体呈现地域化、老龄化和逐步萎缩的趋势。加之市场营销创新乏力，产品升级缓慢，低档酒的品牌形象已经固化，产品毛利率低。这些显然都不符合大力度商业运作的条件。广东省由于地处改革开放前沿，市场经济发达，外来人口和流动人口众多，商业交往频繁，地域性强，且产品形象低档的豉香型酒和米香型酒显然不能满足多元化的消费需求。

实践证明，"老广酒"以浓香型为主体香，受到了消费者的青睐，同时也得到了白酒专家的一致好评。106 岁老人、酒界权威秦含章先生在品尝"老广酒"后现场提笔赋诗道："羊城美酒兼香烧，世界驰名艺工超。华夏市场多爱醉，茅台贵货老广销。"白酒泰斗沈怡方评价说："老广酒无色透明，窖香幽雅，味醇和且回甜，香味协调酒体净，浓香风味典型，是一款物美价廉的好产品。"酿酒大师、原五粮液集团董事长王国春评价说："老广酒浓香舒畅，味醇厚，入口甜净爽，回味长，香和味谐调，酒中上品。"

以最广大消费群体的需求为导向选择酒体风味，并打造一款高性价比的产品，是"老广酒"在酒体选择上的成功体现。尽管这一选择仍有争议，但它迎合了市场需求的主流趋势；同时，以浓香型为主体香型，也为"老广酒"的酒体进一步改良提供了空间。

2. 文化诉求是灵魂

文化是酒类品牌的核心灵魂，但并不意味着品牌文化的选择和植入可以随心所欲。首先，文化的基因必须代表优秀的文化传统，且属实可信；其次，文化必须有利于守正、创新；再次，文化必须具有地域特色；最后，文化必须具有目标消费群体认同的可能性。

"老广酒"在品牌文化诉求上有两大核心要点。一是以"和谐"为核心的儒家传统文化。在"老广酒"品牌宣传册的开篇，即开宗明义道："老广酒，源自和谐。道之以德，道德乃人之根本。德以明理，德以服众。历久弥新，持之以恒。恒者，久也。凡人之所以为人者，礼仪也。礼，正以修身，可以复礼。以和为贵，谦卑礼让。和，君子和而不同。诚者，天之道也。诚，君子养心莫善于诚。致诚则无他事矣。"把"道"、"德"、"理"、"恒"、"礼"、"和"、"诚"等传统哲学文化中的核心元素作为品牌文化的基因组成，首先是对传统文化的尊重，彰显白酒作为传统文化承载者和传承者的基本特征。二是弘扬广府文化，打造广东新名片。研究和植入广府文化是"老广酒"在营销过程中不断探索的又一基本课题。广府文化是广府民系的文化，以广州为核心、以珠江三角洲为范围的粤语文化，它从属于岭南文化，在岭南文化中个性最鲜明、影响最大。由于广府文化在广东民系文化中的突出地位，常作为粤文化的代称。有学者称，研究广府文化，首先应当了解广府民系。"老广"，即广府民系的代称。狭义上的"老广"，是指土生土长的老广州人；从广义上来讲，则可以涵盖所有在广东地区生活和工作，为广东地区的社会经济发展做出过贡献的人群。"老广酒"对于广府文化理解、传承和创新，无疑倾向于后者。一方面，"老广酒"在品牌塑造过程中注重追本溯源，探究广府文化的源头，也包括探索与粤菜餐饮的搭配；另一方面，更加注重继承广府文化包容性和创新性极强的品质，强调对新广府文化的理解和演绎。

如果在文化诉求上只是选择某一历史人物或传奇故事，必然导致品牌内涵与文化诉求成为风马牛不相及的两张皮，从而让品牌冠上不诚信的帽子而短命。"老广酒"选择某种共性的文化，使得其在品牌背书和文化诉求上，更容易贴近消费者，从而将文化和品牌完美融合在一起。

3. 情感共振是方向

品牌塑造的根本目的，是为了促进销售，而影响消费者购买的最有力的因素，正是品牌主张与消费者之间情感共振的强度。

"老广酒"虽然以"老广"命名，但它的酒体选择和文化诉求，却是以广义的老广为基础。王富强认为，"老广酒"应当体现广府文化的包容性。狭义上的"老广"，是指土生土长的广东人，包括有客家人和潮汕人。但是从历史上来看，他们都是从外地迁徙而来，也曾经是"新广"，他们创造了广东历史无数的辉煌，创造了岭南文化和广府文化。如今，广东在改革开放新时期的繁荣发展，既有"老广"，也有"新广"，他们共同创造了广东今天的历史，实现了他们自己的梦想。多少年之后，"新广"的子孙后代也变成了"老广"。"老广酒"不仅是"老广"的酒，还应当在品牌诉求上尊重所有对广东地区发展做出贡献的"新广"的情感。

王富强还认为，广府文化就像一个大熔炉，所有在广东地区生活和工作过的人，都会浸染上"老广"的气质，无论走到哪里，老广的印记都深深地烙在他们的内心深处。潮汕人正是最能代表"老广"精神的群体之一。潮汕商人是古代三大商帮之一，喜欢"爱拼才会赢"，素有"东方犹太人"之称，至今潮商仍是华人最大的民系商业团体。在华人富豪榜中，潮汕人的比例最高，世界华人首富李嘉诚、泰国首富谢国民都是潮汕人，王富强也是一个地地道道的潮汕商人。

此外，王富强认为，"老广"涵盖的应当是更为广大的人群。这些都是"老广酒"在品牌塑造过程中必须重视的消费群体，"老广酒"也因此必须将品牌主张与他们的情感需求不断形成共振。

(资料来源：成万松. 白酒品牌文化创新浅议. 全球品牌网，2013)

思考

从老广酒品牌文化战略的案例中，我们可以得出哪些经验为其他企业发展多品牌文化战略提供帮助？

第10章 名 牌 战 略

【学习目标】
- 掌握名牌战略的基本概念。
- 掌握名牌战略的构成。
- 熟悉实施名牌战略应该注意的问题。
- 了解名牌战略的意义。
- 掌握企业名牌战略的核心战略。

10.1 名牌战略概述

10.1.1 名牌的含义及其属性

1. 名牌的含义

或许因为"名牌"是一个新的概念，或许因为国外没有相应的定义可以参考、引用，所以国内许多学者都试图给它下定义或给予某种解释。例如，"名牌是能引人注意、带来利益并产生价值的牌号"。"名牌就是知名的、著名的、驰名的牌子。从法学的角度讲，名牌是一种知识产权。从经济学的角度讲，名牌又是与企业的有形资产相对应的无形资产"。"所谓名牌，简言之，即驰名品牌，也即在市场上具有广泛知名度和美誉度的品牌或商标"。"所谓名牌，就是在较大范围内为大家一致公认的某个最好的牌子"等。

名牌是指消费者对某一享有较高声誉、在较大范围内拥有一定知名度及市场销售率的品牌或商标的习惯性称呼。究竟什么是名牌，目前没有统一的说法。经济学界普遍认为，名牌应是名牌产品、名牌商标和名牌企业三个层次的总和。

2. 名牌的属性及条件

1) 名牌的本质属性

名牌的本质属性有两个：一个是它的技术属性，如设计精湛、质量超群、包装考究、功能独到、使用方便等，它能最大限度地满足人们生产生活上的物质需求；另一个是它的社会属性，表明以下五种社会关系。

(1) 企业与顾客之间高度的信任关系。

(2) 生产商与经销商之间互利互惠的关系。

(3) 同对手之间的竞争关系。

(4) 在企业扩张过程中与银行之间的信誉关系。

(5) 在生产、营销和传播过程中企业对社会的奉献关系。

2) 中国名牌成立的条件

根据国家工商局的中国名牌产品管理办法第九条规定，申请"中国名牌产品"称号，应具备下列条件。

(1) 符合国家有关法律、法规和产业政策的规定。

(2) 实物质量在同类产品中处于国内领先地位，并达到国际先进水平；市场占有率、品牌知名度居国内同类产品前列。

(3) 年销售额、实现利税、工业成本费用利润率、总资产贡献率居本行业前列。

(4) 企业具有先进可靠的生产技术条件和技术装备，技术创新、产品开发能力居行业前列。

(5) 产品按照采用国际标准或国外先进标准的我国标准组织生产。

(6) 企业具有完善的计量检测体系和计量保证能力。

(7) 企业质量管理体系健全并有效运行，未出现重大质量责任事故。

(8) 企业具有完善的售后服务体系，顾客满意程度高。

但同样有一些是不能成为中国名牌的。国家工商局第十条规定但凡有下列情况之一者，则不能申请"中国名牌产品"称号。

(1) 使用国外商标的。

(2) 列入生产许可证、强制性产品认证及计量器具制造许可证等管理范围的产品而未获证的。

(3) 在近三年内，有被省(自治区、直辖市)级以上质量监督抽查判为不合格经历的。

(4) 在近三年内，出口商品检验有不合格经历的；或者出现出口产品遭到国外索赔的。

(5) 近三年内发生质量、安全事故，或者有重大质量投诉经查证属实的。

(6) 有其他严重违反法律、法规行为的。

3. 名牌的特征和核心要素

1) 名牌的特征

除了直接给"名牌"下定义之外，有些学者还试图通过给"名牌"规定一些限制条件，或指出名牌应当具备的特征来界定名牌。

刘乐山(1996)认为，名牌至少要具备以下条件：①有登记注册的商标和商号；②产品质量和服务质量有足够的保证；③为广大消费者所熟悉；④具有超常的市场占有率；⑤具有超常的产权价值；⑥有公众肯定倾向的客观依据或权威机构公正的正式认定。

周民良(1997)认为，名牌产品应具有以下基本特征：①拥有广大而稳定的消费者群体；②拥有较大的市场占有份额，企业的市场占有率较高；③拥有从产品开发到市场销售的独特运作方式；④拥有强大的技术开发与创新能力；⑤产品的高质量得到消费者的普遍认同；⑥拥有较高的盈利水平；⑦名牌商标都具有相当高的价值；⑧拥有名牌产品的企业都十分注意维护名牌的形象与信誉。

陆娟(1996)指出，被市场公认的名牌一般具有 6 个基本特征：①高品质性；②高特色性；③高知名度；④高信誉度；⑤高覆盖率；⑥高附加价值。

钟育赣、万万(1998)指出，名牌有 4 个特征：①较高的知名度；②较高的美誉度；③较大的市场份额；④较大的信誉价值。

王静(1996)认为，世界名牌具有 5 个基本特征：①较大的市场占有份额；②较高的超值创利能力；③较强的出口能力；④商标具有较广泛的法律效力和不断投资的支持；⑤商标具有较强的超越地理和文化边界的能力。

黄国珍(1996)认为，名牌具有的特征有：①高品质；②高知名度；③高市场占有率。

综上所述，大多数学者普遍认同名牌应该具有以下 3 个主要特征：高市场占有率、高知名度、高品质。

对这三个特征进行分析之后，不难发现，高知名度和高品质是名牌的必要条件，但不是名牌的充分条件。也就是说，名牌必须是高知名度和高品质的；相反，高知名度和高品质的品牌并不一定是名牌。例如，在我国曾经因大量的广告投入而产生高知名度的品牌(如脑白金和秦池酒等)，实际上都称不上名牌。至于品质好而不是名牌的产品，那就更是不乏其例，只不过说出来也没有人知道罢了。

在三个主要特征中，"高市场占有率"比较接近成为名牌的必要而充分的条件，只要加上定语"长期具有"，即"长期具有高市场占有率"就成为名牌的充分必要条件。原因有两个：首先，名牌都是高市场占有率的。想一想那些被人们称为名牌的品牌(如苹果、海尔、长虹、三星、奔驰、柯达、可口可乐、IBM 等)，它们的主产品哪一个不是具有较高的市场占有率的。其次，长时间获得高占有率的品牌一般都是名牌。名牌具有人为规定的特点，在现实经济生活中，人们往往将使用者众多的品牌当作名牌。也就是说高占有率的品牌往往被认为是名牌。另外，长时间具有高占有率，说明该品牌具有高知名度、高品质等特征。因为高占有率意味着在相应的产品领域，有较多的消费者购买、使用该品牌，因此，知道该品牌的人自然也就不少，知名度也就比较高；而长时间拥有高占有率则意味着有许多消费者反复购买、使用该品牌，意味着消费者对品牌是忠诚的，意味着该品牌得到更多消费者的认可，还意味着该产品品质是高的，至少该产品品质会被消费者认为是高的，因为消费者不会购买特别是不会重复购买他们认为品质不好的产品。

由上述分析可见，所谓"名牌"是指在某产品类别中长期具有较高市场占有率的品牌。这里需要解释两点：一是名牌应该是"长期"具有较高市场占有率的品牌，换言之，如果因某种原因获得暂时较高占有率的品牌，不能算是名牌，因为它很快又会在市场中变成微不足道的品牌。只有那些能够长期立足于市场的品牌，才可能成为名牌。二是在"市场占有率"一词中，市场是定语，用来修饰占有率。也就是说，占有率是相对市场而言的。市场有大有小，有地区的、有全国的，也有全球的，所以名牌也有地区、全国或全球的。某个地区的名牌，不一定是全国名牌；同样，国家级名牌，不一定是国际名牌。反过来，一个国家级名牌也可能不是某地区的名牌。

上述关于"名牌"的定义严格来说，它只是一个操作性定义，但是，用"市场占有率"为标准来甄别"名牌"与普通品牌，这比起由若干专家、学者或政府官员来遴选"名牌"要客观、公正、科学得多。因为"名牌"是在市场中锻造出来，"名牌"存在于广大消费者心中。市场占有率能够客观地反映一个品牌在广大消费者心目中的地位，而专家评选只反映某些专家的意见。

在注重品牌发展的同时还需要注意以下几点。

(1) 名牌不是严格意义上的法律概念，人们往往将有一定经营业绩的商品牌子、服务牌子都称为名牌，并在实践中广泛地应用它。

(2) 名牌是现代企业经营商标、品牌并使其经营业绩达到相当高度后的产物。

(3) 每个企业都有自己的商标及品牌，但不是每个商标和品牌都能发展为名牌，大多数商标、品牌会在激烈的市场竞争中被淘汰、废止或更新。

2) 名牌的核心要素

名牌的核心要素可以总结为主要的三点：个性、文化和资产。

(1) 个性。即独一无二，特色鲜明。既然成为一个名牌产品，那么必须具有高度的个性，是可以明确区别于其他任何品牌的个性，只有拥有这样的品牌核心才具有价值基础，没有个性的品牌只会被淹没在品牌的汪洋大海之中。个性化的品牌塑造了消费者的归属感及与品牌之间无可替代的关系，让消费者看到某个品牌后会认为这个产品及品牌就是为自己量身定做的，是自己需要的，具有高度差异与个性的品牌就等于给消费者一个独一无二的购买理由。

迪士尼这个品牌恐怕全球没有几个人不知道，是当之无愧的名牌，其品牌有如此大的影响力，和其具有的独特品牌内涵是分不开的。几十年来，曾经比迪士尼大几倍，甚至是十几倍的影视公司都纷纷倒闭，但是迪士尼却一枝独秀，不仅没有倒下，还从动画片、影视制作逐步发展到主题公园、玩具、图书、电子游戏和传媒网络等多个领域，成为一家世界性的大公司。很多公司曾经模仿这棵常青树的品牌运作模式，但是最后发现，迪士尼的名牌是以"米老鼠"、"唐老鸭"及那个自成体系的迪士尼文化为核心的，这一点是其他品牌无法模仿的。在今天，迪士尼成为主题游乐园的代名词，它代表了一个行业，但是它的名牌个性却不同于整个行业中的任何一家企业，这就是迪士尼能够跻身世界十大品牌的主要原因。

(2) 文化。每个品牌都有自身独特的文化内涵，既体现着民族精神，又体现着自身的企业文化。它深藏在品牌里层，又显现在品牌各构成要素中，并形成一种文化的力量。一个品牌力量的强弱决定于其文化内涵，一个拥有文化的品牌就是像一个有内涵、有深度、有故事的人，会奇妙地吸引他人的关注与兴趣。陈之藩说过这样的话："许多许多的历史才可以培养一点点传统，许多许多传统才可以培养出一点点文化。"可见文化的可贵与难得，品牌的文化也是同样如此。

(3) 资产。名牌本身就意味着价值，而且在现代市场经济条件下，其价值已经远远超过了厂房、设备、产品、管理者等许多有形资产，成为企业最珍贵的特殊资产。

4. 名牌的创立和管理

1) 名牌的创立

名牌是一种形象，是企业重要的无形资产。企业要创造这种无形资产，必须经过艰苦的努力和细致的工作。具体来说，主要应做好四个方面的工作。

(1) 市场定位。所谓市场定位，就是根据市场竞争态势和本企业的条件确定本企业产品在目标市场上的位置。春兰集团原是江苏泰州的一个冷气设备厂，固定资产仅 200 多万元，年产值不足 1 000 万元。陶建章厂长上任后，经过市场调查分析，重新对产品进行了市场定位。砍掉 30 多个效益差的产品，专攻 7 000 大卡以上的柜式空调和 3 000 大卡以下的家用空调。由于摸准市场脉搏，建立了良好的质量价格比，使春兰空调受到消费者的广泛欢迎，在较短时间内成为市场名牌。8 年时间内资产增值到 26 亿元，翻了 1 300 倍。可见企业的市场定位与品牌战略能否成功有着直接的因果关系。

(2) 质量控制。名牌产品应是优质产品。松下幸之助有个著名的质量公式：1%＝100%，即一个生产单位出了 1%的次品。这 1%的次品把 99%的优质产品全圈在耻辱的次品团内。因此，他狠抓产品质量，使松下品牌成为世界著名的优质电器产品的代名词。名牌不仅依靠质量来创造，而且依靠质量来维持。上海自行车厂"凤凰"自行车曾是誉满全国的名牌产品，后因少数联产厂商忽视质量而损害了消费者的利益，该自行车市场占有率顿时下降。再看另外一个例子：青岛电冰箱厂曾经是我国电冰箱生产厂中唯一通过 ISO 9001 认证的企业，其产品在国际市场上六次中标，在国内也连续多年被评为"最受消费者欢迎的产品"，其市场销售一直走俏。究其原因，无不在于质量的始终如一。由此可见，质量是名牌的灵魂和生命，企业要创立名牌，就必须有全面、超前的质量意识。

(3) 商标与名称的选用。名牌的基础是品牌，品牌的构成是商标图形和名称。当今世界，是商品信息爆炸的年代。消费者每天受到无数商品信息的冲击和轰炸，往往已产生厌烦心理。粗俗的品牌及其宣传，更易引起消费者的反感。因此，在设计和选用商标图形和名称时，就应该具有名牌意识。金利来是服装和领带产品中的名牌，它原名"金狮"。一天，"金狮"厂的老板曾宪梓先生送了两条自己厂生产的领带给他的一位朋友。朋友不高兴地说："金狮尽输，全输光了。"原来港语中"狮"与"输"同音，是港人忌讳的。曾先生顿时悟出了领带销路不畅的原因。怎么办呢？曾先生苦思冥想，终于想出了一个绝妙的主意，他根据"金狮"的英文词组 GOLDLION，用意译加音译的方法，将其改为"金利来"(英文中 GOLD 是金子的意思，LION 是狮子的意思，其音近于利来)。金利来，金利滚滚而来。讨了口彩，又加祝福，顿时"金利来"成了大家都欢迎的品牌。可见，商标品牌的名称及图形设计的重要性。

(4) 市场推广。名牌产生于坚持不懈的市场推广。春都牌火腿肠，在 1990 年以前默默无闻，销量很小。1991 年，该企业花费巨资在中央电视台大做广告，从此销量猛增，一跃成为中国食品行业著名的品牌。可口可乐，也是靠铺天盖地的广告宣传促销，才成为世界名牌的。可见，只有坚持不懈地做好广告宣传，广大消费者才能逐渐认知品牌，进而向周围的人群传播信息，使其成为名牌。

(5) 企业理念。简言之，即企业的理想与信念。它是企业生存、发展的基础，是企业产生凝聚力的精神支柱，是创造名牌的动力。三九集团坚持把艰苦创业的精神和严格的科学态度贯穿生产经营的始末，创出了"三九胃泰"等 999 牌系列产品。

2) 名牌的管理

名牌的管理是一个十分复杂的问题，至少应包括下列内容。

(1) 名牌认定的时间效力。名牌认定和管理法规或者规章是否应规定名牌认定的时间效力呢？有人认为某一产品的品牌之所以被认定为名牌，是因为该品牌在市场上享有较高声誉并为相关公众所熟知，即使用该品牌的产品的质量好、知名度高，因此，名牌认定和管理法规或者规章不应规定名牌认定的时间效力。本书认为，产品的质量状况、品牌声誉的高低和知名度的大小是不断变化的，如果名牌认定和管理法规或者规章不规定名牌认定的时间效力，名牌的数量只会增加而不会减少。某一产品的品牌一旦被认定为名牌就等于进了保险箱，它就永远是名牌，这种做法不能真实地反映使用该品牌的产品的质量、品牌声誉和知名度变化的客观情况。因此，应在名牌认定和管理法规或者规章中规定名牌认定的时间效力。但是，该期间不宜太长，也不宜太短。名牌认定的时间效力太长，起不到规定时间效力的作用；名牌认定的时间效力太短，企业申请认定名牌的频率太高，不利于经济发展。如前所述，使用某一品牌的产品近 3 年的产量、销售额、利润、市场占有率及在我国同行业中的排名，是反映该品牌声誉和知名度的证明材料之一，因此，名牌认定和管理法规或者规章将名牌认定的时间效力规定为 3 年比较合适。即在名牌认定和管理法规或者规章中规定名牌认定和管理机构认定的名牌，认定时间未超过 3 年的，不需重新提出认定申请。

(2) 名牌的撤销。名牌的撤销是指名牌认定和管理机构依照规定的条件和程序取消已被认定的名牌的行为。为了防止企业滥用名牌捞取不正当的经济利益，使名牌的认定和管理走上健康、有序的轨道，名牌认定和管理法规或者规章应对名牌撤销做出规定。企业有下列情形之一的，任何人都可以请求名牌认定和管理机构撤销其名牌，名牌认定和管理机构也可以依职权撤销其名牌：①企业在申请认定名牌的过程中弄虚作假或者采用其他不正当手段的；②产品质量下降，该品牌的声誉和知名度严重下降的；③产品存在危及人身、财产安全的不合理危险，或者不符合保障人体健康、人身财产安全的国家标准、行业标准，给用户、消费者造成严重损害的；④在产品中掺杂、掺假，以假充真、以次充好或者以不合格产品冒充合格产品的；⑤对产品做虚假的或者引人误解的宣传的；⑥其他严重影响品牌声誉和知名度的情形。

(3) 违反名牌认定和管理法规或者规章应承担的责任。名牌认定和管理机构以外的单位或者个人认定名牌或者变相认定名牌的；谎称名牌，欺骗公众的；在申请认定名牌的过程中弄虚作假或者采用其他不正当手段等，都属于违反名牌认定和管理规定的行为。在制定名牌认定和管理法规或者规章时，应根据我国《行政处罚法》规定的原则，具体规定处罚措施，处罚的种类应包括责令改正、罚款、没收违法所得等。

10.1.2　名牌战略的含义及特征

1. 名牌战略的含义

名牌是企业和产品的象征与代表，名牌在企业的营销活动中发挥着重要作用。探讨名牌战略的构成具有重大的现实意义。核心战略、辅助战略、维护战略是名牌战略中不可或缺的三个组成部分。实施名牌战略的企业应正确理解名牌战略的意义和处理三者之间的关系，并需依照三者的关系，有计划、有步骤地循序推进。

1) 核心战略

人们信任名牌、追逐名牌，最根本的原因是名牌产品能够很好地满足人们的需要。因此，企业创名牌的核心战略应当是设计开发满足市场需要的产品或服务，这是创名牌的基础。

2) 辅助战略

辅助战略是指企业对创名牌的辅助性工作进行规划、设计和实施的过程。辅助性工作主要有品牌设计、包装设计、对外宣传等，其目的是表现传达企业产品和服务的优秀品质和独特魅力，扩大品牌的知名度，树立品牌形象。在现代经济活动中，一个企业的产品无论质量如何卓越，设计如何精美，服务如何完善，如果没有良好的表现、表达方式和强有力的宣传，也难以为广大消费者所了解，更不可能在消费者心目中树立起良好的独特形象。因此，创名牌的企业除了要实施好核心战略外，还必须认真制定和实施辅助战略，做好辅助性工作。

3) 维护战略

名牌蕴含着巨大的利益，很多人对之虎视眈眈，想尽办法从中谋取利益，如抢注名牌商标，仿冒名牌商标，生产假冒名牌产品等，其结果是破坏了名牌的声誉。因此，创出名牌的企业必须高度重视名牌的维护，并制订和实施名牌维护战略以确保名牌经久不衰。根据对导致名牌衰落原因的分析，名牌维护战略应当是强化经营管理，不断创新，为名牌提供坚实的基础，并运用法律武器和其他手段保护名牌不受侵害。

2. 名牌战略的特征

商业企业名牌战略是指商业企业从企业发展的全局出发，从长远利益着想，根据自身的现状及名牌形成的客观规律，权衡并综合其相关因素，而制定的对发展名牌事业具有基本指导作用并体现竞争意识的总体规划。它具有如下特征。

1) 长期性和阶段性

名牌的创立、发展、经营需要一个相当长的周期，尤其是国家级、世界级的名牌需要的时间更长。名牌战略更加重视长远利益和规划，重视长期持久的名牌发展。因此，名牌战略具有长期性的特征。同时，针对名牌发展的不同阶段、不同行业、不同产品，会制定不同目标、政策、措施。因此，名牌战略具有阶段性的特征。名牌战略的长期性与阶段性是统一的。

2) 特色性与竞争性

名牌战略的发展根据自身环境及条件的不同，名牌的发展也具有各自鲜明的特色。海尔集团"真诚到永远"的口号，充分体现了海尔在名牌发展中更加重视服务的特点。微软公司自创立以来，一直坚持技术创新为企业生存的根本，不断推出新的技术，引领网络时代浪潮。中外运敦豪(DHL)目前已在中国建立了最大的快递服务网络，DHL"一路成就所托"体现了信任的态度、全程一意的企业理念，推动了品牌的不断发展。不同的企业特色，塑造了不同企业的竞争优势，确立了不同企业的名牌发展策略，不断分析不同企业的发展特色，扬长避短，奠定了企业自身的名牌竞争优势。

3) 综合性和系统性

名牌战略是一个全局性的问题，涉及了政治、经济、文化等不同的领域。名牌战略是由不同要素相互结合、相互联系构成的综合体，必须多种策略、多种方法、多种主体综合运用才能成功运行。同时，名牌战略又是一个复杂的系统，它包括了若干个子系统。名牌战略的制定、实施必须要各种方面的协调一致，不断进行系统优化才能真正体现名牌战略的意义。

3. 关于名牌战略的国内外研究现状

1) 关于名牌战略的国外研究现状

国外许多政府和企业面对着世界经济新的发展形式，开始对名牌战略进行研究，并且开始在政府和企业层面上摸索实施有效的名牌战略。

(1) 从微观角度名牌战略方面研究。美国万宝路集团总裁马克斯韦尔(Maxwell)说："名牌是企业最大的资产。"英国国际品牌公司(Inter brand)美国子公司的总经理查克·布雷曼(Chuch Bryman)也认为，在当今的工商业界，名牌是增长和获利能力的主发动机。国际营销大师菲利普·科特勒(Philip Kotler)指出，名牌的要点是销售者向购买者长期提供的一组特定的特点、利益和服务。他还指出，品牌至少反映 6 个方面的内容：属性、利益、价值观、文化、个性、使用者，它是一种错综复杂的象征。1950 年，美国名牌学者，广告权威大卫·奥格威(David Ogilvy)率先倡导名牌战略。国外许多大型企业面对新的市场挑战，正在通过实施名牌战略来不断探索其发展之路。世界上许多大公司都把质量放在首位，并依靠质量优势赢得盛誉。例如，戴姆勒—克莱斯勒汽车公司生产的奔驰汽车，论产量比不上福特、丰田，论价格比普通车贵两倍多，但却依靠产品质量荣登世界汽车工业名牌榜首。国外大企业还通过广告宣传、公关策划、捐助公益事业、参加博览会和展销会来广泛宣传。美国企业在大力宣传自己品牌的同时，又把保护品牌作为一个常规性的工作贯穿在日常经营活动之中。企业需要名牌，名牌需要规模。没有名牌，企业就无法领取市场通行证；没有规模，名牌就不能扩大对市场的占有率。只有名牌与规模连动，才能将产品的"优"转化为市场的"优"，最大限度地提高经营利润。这是美国众多大企业在上百年的发展过程中得出的结论。

(2) 从宏观角度名牌战略方面研究。美、日、英、法、意、中国香港等国(地区)政府对如何实施名牌战略进行了广泛的研究和实践。美国 1946 年成立质量管理协会之后，日本紧随其后在 1948 年迅速开展活动，并在 1951 年设立代表质量管理最高荣誉的戴明奖(Deming Prize)，通过颁奖大会表扬优秀厂商和推广有功的相关人员，使名牌意识在短期内深入人心，这对提高日本国整体产品的质量有相当大的贡献。美国 1978 年将强化知识产权保护列为国家战略工程，通过世贸组织促进国家利益上的名牌战略经营。创立名牌、保护名牌、发展名牌已成为美国企业称雄国内市场、参与国际竞争最重要的战略手段。为促进企业的创新，新加坡政府制订了全面的扶持企业创新的专项法律和援助计划。为了维护名牌的声誉，法国政府、名牌企业以及法国民众进行了长期的努力，制定了一整套相应的法律和措施。1995年 4 月，法国政府针对市场上假冒名牌商品严重的现象，成立了打击假冒伪劣产品委员会，由政府成员、公司企业、雇主协会、海关、经济司法机构和警方代表组成。而且各国政府通过为企业发展创造宽松的配套环境，对企业实施名牌战略进行支持。

2) 关于名牌战略的国内研究现状

由于名牌战略在我国发展时间不长，对名牌战略的研究还处于实践探索和理论起步阶段。从研究范式来看，主要从以下三个方面进行研究。

(1) 从企业实施名牌战略方面研究。管理学者主要从微观的企业角度论述企业如何推行名牌战略。企业管理学者刘仲康、郑明身等基于微观名牌战略的角度，从名牌战略与规模化、名牌战略与国际化经营、名牌战略与技术、名牌战略与人才、名牌战略与企业文化、名牌战略与管理创新的角度论述了企业如何推行名牌战略。佘元冠从企业形象、名牌的传播与保护以及 CIS 系统方法的角度论述了如何创立名牌以及名牌企业的途径和方法。随后的很多研究更多的是将名牌战略问题看作一种微观行为，也更多地从企业的角度来研究名牌战略。如刘辉从企业精神、CIS 战略、名牌商品、广告宣传、人才战略 5 个角度论述了企业如何来创名牌产品。

(2) 从政府实施名牌战略方面研究。许多学者认为，名牌战略不只是企业的事情，同时也是国家以及各级政府的事情。他们认为名牌战略是从全局的角度来谋划经济发展或企业经营，以名牌产品为中心，靠名牌竞争、靠名牌发展的计划或重大决策选择。名牌战略包括微观名牌战略和宏观名牌战略两个层次。陈燕平在《政府与名牌战略》中认为政府在推行名牌战略中应该以做强为思路，培育和扶持名牌；以名牌为龙头扩张品牌；创造良好环境，保护名牌公平健康发展；向广大消费者推荐和宣传名牌。沈翠珍在《论政府在实施农业名牌战略中的作用》中专门研究了政府在实施农业名牌战略中的组织、扶持和保护作用。陈银法也在《名牌战略与政府职能转变》中介绍了从经济学的角度入手，梳理名牌成长的过程及其决定因素，进而探讨名牌战略中的政府职能定位。

(3) 从区域实施名牌战略方面研究。经济学者主要从区域范围的基础之上，对区域名牌战略进行了研究。李道芳在《名牌经济：市场经济的永恒主题》中是从作用方面对名牌进行了理解，指出地方可以以名牌产品为龙头，以名牌企业为依托，通过联合和兼并等形式，进行资产优化重组，调整企业组织结构，组建大型企业集团，并通过建立规范的现代企业制度实现资源共享，优势互补，扩大规模和科学管理。他认为，名牌不仅是一种产权，也是一种机制；不仅是企业成功经营的"法宝"，也是地方经济快速健康持续发展的"助推器"。因此，区域内要积极实施名牌战略，带动区域经济的不断发展。

10.1.3　名牌战略的构成

名牌战略应当包括核心战略、辅助战略和维护战略三个组成部分。企业在实施名牌战略时必须正确理解三者之间的关系，分清轻重缓急，有序推进。

1. 核心战略

人们信任名牌、追逐名牌，最根本的原因是名牌产品能够很好地满足人们的需要。因此，企业创建名牌的核心战略应当是设计开发满足市场需要的产品或服务，这是创建名牌的基础。核心战略包括下列几个方面内容。

1) 选择目标市场

企业资源的有限性，使企业不可能为所有的细分市场服务。各个细分市场的规模、需求、竞争状况不同，并不是任何一个细分市场都适合企业进入。因此，企业必须依据自身资源的特点开展调研，选择能发挥资源优势且规模适宜、前景看好的细分市场。确定合理的产品组合宽度、深度和关联度，这样才能在竞争中保持优势，向顾客提供更好的产品和服务，为创建名牌提供坚实的基础。正确选择目标市场是创建名牌的前提。

2) 战略规划

企业通过对外部环境和内部条件的分析，制定名牌战略的可行性方案，作为名牌战略规划，具体内容包括以下四方面。

(1) 开发设计产品。企业要创建名牌，必须开发设计出具有名牌特质的产品。这种开发设计与名牌产品必须具备两大特点：卓越的质量和完美的设计。产品质量是名牌的生命源泉，在创建名牌的过程中发挥着巨大的作用。优质产品能够给顾客带来更大的利益和满足，能够减少顾客的购买风险和代价。因此，卓越的产品质量是敲开市场大门，顺利进入市场并不断扩大和维护市场占有率的最根本的手段。另外，消费者收入水平不断提高，消费观念由产品的经济实用转向产品的美观大方和新颖别致。在这种情况下，传统的竞争手段很难打动消费者，所以，产品设计已成为企业创建名牌，提高竞争力和经济效益的主导环节和手段。结构和外观的创造融合了现代科学技术、社会文化，不但追求产品经济实用，而且追求产品方便灵活、美观精致和独特性。另外，还能延长产品生命周期，引导消费，创造市场，因此，对提高企业经济效益和市场竞争力以及塑造品牌形象具有巨大的作用。

(2) 价格。名牌本身就是一种价值，但高价并不一定能创造名牌。价格是市场竞争的利器，更是树立名牌形象的有力手段，企业在定价时应注意以下三点因素。①决定价格的主要因素，即产品价值、成本费用和市场供求。②定价目标和方法应以销售利润率为转移，但须兼顾企业的名牌形象，即企业应有长期的战略目标，不拘泥于暂时的得失。③定价策略是赢得顾客、树立名牌形象的工具之一。企业在灵活运用定价艺术和技巧时，可根据具体情景选择如下策略：心理定价策略、折扣定价策略、差价策略、阶段定价策略、相关产品合格策略。

(3) 分销。分销是指销售渠道的设计选择与管理。最佳销售渠道受到产品、消费者、企业自身、中间商、经济环境等多种因素的影响。企业在实施名牌战略中，应在权衡分析的基础上，确定分销渠道的长短、宽窄，争取以最低的成本达到最大的市场覆盖面。建立和维护企业产品的营销网络，这是服务顾客，创造名牌的基本立足点。

(4) 促销。这是名牌战略的核心任务，也是最富变化、最有成效的营销策略。企业在利用促销策略实施名牌战略时应注意：①选择适当促销组合，公共关系、营业推广、人员推销构成了促销策略组合。企业应综合运用各种促销方式，同时兼顾目标、产品、市场等影响因素。②公共关系和营业推广也是实施名牌战略的重要立足点，更是树立企业良好社会形象的重要手段。③在人员推销时，要建立和管理好企业销售队伍，通过培训不断提高推销人员的促销技巧和整体素质。

3) 以人为本强化管理

实施名牌规范化管理是企业实施名牌战略立足点之一，企业在创建名牌产品时，不但要在量上、技术、设备等"硬件"上进行管理，还要不断提高运用信念、理想等"软件"，管理，促进企业管理水平的全面提高。但无论是"硬件"还是"软件"，究其根本还是要靠企业人力资源的开发和管理。实施名牌战略应该坚持"以人为本"，促进企业管理水平全面提高。人是提高产品质量、强化管理、搞好服务乃至塑造企业形象的根本。企业的管理基础是"以人为本"，它要求经营者、管理者不断树立危机意识、改革意识、创新精神。名牌企业正是以这种强烈的意识，不断促进企业创新，以国内外成功先进管理经验推动企业管理上新台阶。

4) 优质服务

名牌产品必须要与"名牌服务"相配套。首先，优质的服务可以促进产品销售、从而扩大企业及其品牌的知名度。其次，优质完善的服务能减少消费者的错误购买，使用不当，能对各种问题进行及时的处理和解决，因而可以减少顾客的风险和损失，具有维护企业和品牌美誉度的作用。最后，优质完善的服务可以增加顾客的利益，从而利于提升企业和品牌的形象。因此，企业及其品牌的形象就会在顾客心目中生根发芽，不断提升和强化。

2. 辅助战略

卓越的产品质量、精简的产品设计、科学的管理和优质完善的服务为企业创建名牌奠定了坚实的基础，但企业要创造出真正的名牌，还需辅助战略的支持、配合。辅助战略是指企业对创建名牌的辅助性工作进行规划、设计和实施的过程。辅助性工作主要有品牌设计、包装设计、对外宣传等，其目的是表现传达企业产品和服务的优秀品质和独特魅力，扩大品牌的知名度，树立品牌形象。

1) 品牌设计

名牌是指著名品牌。品牌在企业的营销活动中发挥着重要作用，不但有利于消费者识别产品、保护消费者和企业的利益，而且有利于企业进行广告宣传，扩大事业领域。因此，创名牌的企业不但要生产高质、精美的产品和提供完善的服务，而且还需设计和拥有高品位的能充分表现企业和产品特质的品牌。

2) 包装设计

产品包装不但具有保护产品、方便储运的作用，而且是直接影响产品竞争能力的重要因素。优秀的产品包装能够美化产品、提高产品档次、增加吸引，有助于树立企业及其品牌形象。因此，企业应重视包装设计，将其当作树立品牌形象的锐利武器。名牌产品的包装应达到下列要求：保护产品、便于储运和使用，反映产品内在价值，新颖别致、美观大方，符合法规、习俗。

3) 广告宣传

在现代社会中，企业面临着竞争者众多、市场空间广阔的外部经济环境。在这种环境下，企业创建名牌仅靠其他推广手段如人员推销、营业推广、公共关系，很难将一个品牌变为名牌。而广告宣传具有信息传递快、覆盖范围广、能够反复宣传等特点，能够迅速有效地提高品牌的知名度。广告宣传还具有很强的表达和表现能力，借助这种能力企业不但能够把卓越的产品质量、精美的产品设计、完善的服务等信息传达给众多的消费者，而且能够塑造独特的品牌形象，提升品牌的美誉度，从而极大地促进产品销售，提高占有率。广告宣传在创建名牌中的作用是巨大的，但要真正发挥作用，必须对广告宣传进行精心的规划设计，做到创意新颖独特且富有吸引力、广告媒体和时间选择恰当合理。

3. 维护战略

企业千辛万苦创出名牌之后，仍不能松懈，而要对名牌进行精心的呵护，否则名牌会很快衰落，消失在汹涌澎湃的商潮之中。究其原因不外乎两个方面：一是企业自己倒牌子；另一个是企业不注意对自己的名牌进行保护，让别人钻空子。因此，创出名牌的企业必须高度重视名牌的维护，并制定和实施名牌维护战略以确保名牌经久不衰、青春永驻。根据对导致名牌衰落原因的分析，名牌维护战略应当是强化经营管理，不断创新，为名牌提供坚实的基础，并运用法律武器和其他手段保护名牌不受侵害。

名牌战略对企业而言具有重要的意义和作用。核心战略、辅助战略、维护战略是名牌战略中不可或缺的三个组成部分。没有核心战略，整个名牌战略便失去了基础；只重视核心战略而忽视辅助战略，核心战略的成果将很难得到市场的承认；没有维护战略，名牌将很难持久永恒。因此，实施名牌战略的企业应正确理解和处理三者之间的关系，有计划、有步骤地循序推进。

10.1.4　名牌战略的意义

企业制定和实施名牌战略是社会营销观念的要求，也是企业立足现代社会的必要经营理念。

1. 名牌战略可以树立良好的企业形象

企业形象(CI)是企业自身在消费者心目中的地位和价值的体现。良好的企业形象是企业的一项重要无形资产，也是企业在市场竞争中取胜的有力武器。名牌战略与企业形象息息相关，知名品牌往往就是企业形象良好的具体证明。领先名牌战略而树立良好企业形象的企业数量众多，如生产"可口可乐"的可口可乐公司、生产"春兰"空调的春兰集团、生产"海尔冰箱"的海尔集团。名牌战略有助于企业形象的改善，良好的企业形象也有助于名牌战略的实施，二者相互促进，相互保障。

2. 名牌战略可以促进产品销售

在残酷的市场面前，谁能实现产品由生产领域到消费领域这一惊人的跳跃，谁就能占领市场，就能实现预期的经营目标。营销是企业的先锋，也是企业运行的灵魂。名牌战略作为一种促销手段可以很好地实现企业预定的销售目标。消费者也日益认识到名牌的价值之所在，对名牌也越来越情有独钟。企业营销部门若不能抓住名牌战略这一有力武器，就很可能被成熟的消费者所抛弃。事实证明，名牌产品的市场占有率和销售额都高于非名牌的同类产品。

3. 名牌战略可以提高员工向心力

现代企业管理要高度重视内部团结，利用各种方式把职工个人目标和企业目标结合起来，使企业在运营过程中不断满足职工日益增长的物质和文化需要。名牌战略是企业文化的一部分，也是增强企业凝聚力的黏合剂。一个具有知名品牌的企业在内部组织管理中更容易统一意志，协调行动。企业员工的团队精神和对企业的忠诚度也可通过名牌战略而培养提高。此种向心力是企业的宝贵财富，也是名牌对思想意识深刻影响的体现。名牌战略对内还可以提高员工精神上的满足感和归属感，更能调动职工积极性，提高劳动生产率。同时，名牌战略也有助于企业其他工作的顺利开展。

4. 名牌战略有助于提高经济效益

名牌本身是一种无形资产，其潜在价值有利于开发使用。可以利用名牌的光环在投入阶段降低成本，如低价采购、低成本筹资等；可以在生产阶段精诚团结，降低生产成本和各项制造费用；可以在销售阶段利用名牌战略提高单价和销量，从而增加销售额和利润总额。这种潜在的名牌效应是企业经营过程中应当很好利用的有价值资源，其使用并不逊于有形资产的作用。

5. 名牌战略是区域经济发展的龙头

名牌战略可以促进一方经济发展，使地区优势得以发挥，并以名牌企业产品为核心，形成"互联网络"。具体而言：①优化产业结构，促进资源的优化配置；②振兴一方经济，形成新的经济增长点，开创区域经济发展的新局面；③借名牌产品的名气，提高地区知名度，树立地区形象，改善本地区内引外联的软环境，促进区域经济整体发展；④对企业而言，可以形成名牌产品系列，促进相关产品的崛起。

10.1.5　企业的名牌战略

企业名牌战略是以创名牌、保名牌为核心，带动整个企业向持续、稳定、健康方向发展的战略。企业要增强竞争力，实现可持续发展，必须大力实施名牌战略。

1. 企业名牌战略的现状

1) 成果不大

企业名牌战略虽然已经开始实施，但所取得的成果不大。有的企业本身对于企业名牌战略的问题缺乏基本的认识，有的企业简单地认为名牌战略就是一套形象设计和几句品牌广告词、几段广告片头，名牌是靠高额的广告投入"吹"出来的；有的企业则将名牌战略等同于营销策划、广告创意、公关和促销活动等。

2) 实施条件薄弱

我国企业名牌化战略的实施条件薄弱。外国名牌商品和企业大肆抢占国内市场导致我国企业名牌战略的推进极为艰难，主要体现在：①国内市场的发育度偏低，行业保护与地区封锁行为时有发生，假冒伪劣商品层出不穷；②企业家市场的激励机制、监督机制不够规范，极易导致企业经营者短期化行为；③国内民族品牌生产企业规模扩张能力较低。

3) 名牌保护不力

据不完全统计，到 2012 年为止，我国已有 180 个品牌在澳大利亚被抢注，48 个品牌在印尼被抢注，100 多个品牌在日本被抢注……致使名牌企业的发展严重受阻。这种情形在国内也时有发生，据有关部门统计，每年企业商标侵权损失达 10 多亿元。另外，假冒伪劣商品也是名牌保护的一大障碍。

4) 受外国名牌冲击

目前，越来越多的外国跨国公司和名牌企业携其"强势品牌"对中国市场进行大面积、高速度地侵吞。他们为了达到占领市场的目的，采取多种方式挤垮我国名牌。方法之一，廉价收购，如美国固特异公司以 215 万美元的价格就轻而易举地购得了某橡胶厂的拳头产品"鹰"牌轮胎的品牌。方法之二，合资借牌，如我国安徽的"扬子"、苏州的"香雪海"、长沙的"中意"、广东的"洁花"等。方法之三，洋货倾销。对于一些非合资、不被外商控制的行业，外商则使用倾销这一"撒手锏"，以低价甚至亏本数年的代价来达到占领市场的目的。例如，彩色胶卷市场，日本富士彩色胶卷在日本售价为每卷 8 美元，在欧共体市场上售价为 6 美元，而在我国市场上售价仅为 2.4 美元，仅相当于其国内售价的 30%。

2. 企业名牌战略的基本特征

商业企业名牌战略是指商业企业从企业发展的全局出发，从长远利益着想，根据自身的现状及名牌形成的客观规律，权衡并综合其相关因素而制定的对发展名牌事业具有基本指导作用并体现竞争意识的总体规划。它具有如下特征。

(1) 全局性。名牌战略是对名牌事业的全局性谋划，是制约全局行动方向的决策。

(2) 长期性。名牌战略是一种长期规划，名牌战略目标的实现需要较长时期的努力。

(3) 相对稳定性。名牌战略的目标、方向、重点都不可朝令夕改，必须保持相对稳定。

(4) 层次性。名牌战略可分为不同级别、层次，如从企业的角度来看，可分为地方名牌、区域名牌、国家名牌、世界名牌的战略，低、中、高档名牌战略。

(5) 环境适应性。名牌战略着重于企业如何以高素质适应未来动荡不安的外界环境。

10.2　实施名牌战略的问题

10.2.1　人们对名牌认证的误区

1. 低价中的名牌

在当今中国市场上，名牌优于一般品牌的特征已经被其高价格所掩盖，人们一提到名牌就会想到高价，似乎名牌与高价有一种内在的联系。这种想法完全是片面的，我们看到的名牌并非全都是一些高档的产品，也有一些是我们所熟知的，下面就介绍一些相关品牌的案例。

浙江吉利控股集团有限公司是中国国内汽车行业十强中唯一一家民营汽车生产经营企业，成立于 1986 年，经过 20 年的建设与发展，在汽车、摩托车、汽车发动机、变速器、汽车电子电气及汽车零部件方面取得了辉煌业绩。特别是 1997 年进入轿车领域以来，凭借灵活的经营机制和持续的自主创新，取得了快速的发展，资产总值达到 105 亿元，连续四年进入全国企业 500 强，被评为"中国汽车工业 50 年发展速度最快、成长最好"的企业，跻身于国内汽车行业 10 强。2009 年 12 月 23 日，成功收购沃尔沃汽车 100%的股权。2012 年，《财富》世界 500 强企业最新排名出炉。上榜的五家中国民企中，浙江吉利控股集团首次入围。浙江吉利控股集团有限公司本着"沟通、合作、敬业、创新"的精神，不断推陈出新，积极参与国际竞争与合作，以先进的技术、优质的产品和细微的服务，全心全意地圆中国老百姓的汽车梦，实践着"造老百姓买得起的好车，让吉利轿车走遍全世界的"诺言！

吉利汽车的售价与其他品牌的汽车相比要低许多，但是我们不能否定其在汽车行业中的地位，在中国品牌的地位；我们一样可以称它为名牌产品，不仅仅是它的质量保障，还与它的品牌文化得到消费者的认可有很大的关系。

还有一个是众所周知的名牌——娃哈哈，这个品牌陪伴我们从小到大，生活的各个方面都有它的存在，它有着极广的知名度。杭州娃哈哈集团有限公司创建于 1987 年，目前为中国最大的食品饮料生产企业，全球第五大饮料生产企业，仅次于可口可乐、百事可乐、吉百利、柯特这 4 家跨国公司。在全国 26 个省市建有 100 余家合资控股、参股公司，在全国除台湾外的所有省、自治区、直辖市均建立了销售分支机构，拥有员工近 2 万名，总资产达 121 亿元。公司拥有世界一流的自动化生产线，以及先进的食品饮料研发检测仪器和加工工艺，主要从事食品饮料的开发、生产和销售，主要生产含乳饮料、瓶装水、碳酸饮料、茶饮料、果汁饮料、罐头食品、医药保健品、休闲食品 8 大类近 100 个品种的产品，其中瓶装水、含乳饮料、八宝粥罐头多年来产销量一直位居全国第一。

近年来，娃哈哈公司先后获得 800 多项国家、省、市级荣誉称号，在竞争几乎是白热化的中国饮料产业，娃哈哈凭借优良的品质、稳健的营销网络、良好的品牌形象，一直保持了健康快速的发展，成为最受消费者信赖和喜爱的饮料品牌，娃哈哈商标被认定为"中国驰名商标"，公司先后被国家有关部门授予"全国食品工业科技进步优秀企业"、"全国质量管理先进企业"、"全国质量效益型先进企业"、"中国企业管理杰出贡献奖"、"全国对口支援三峡工程移民工作先进单位"、"全国东西扶贫协作先进集体"、"全国重合同、守信用企业"、"全国工商企业信用评级 AAA 级信用单位"、"中国最受尊敬企业"、"中国企业信息化 500 强"等荣誉称号，并被列入国务院 520 家国家重点企业。

2. 名牌观念的纠正

一些企业急功近利地发展，认为自己的品牌就可以成为名牌，但是往往他们还缺少许多成为名牌的要素。相信大部分的消费者也是，对于名牌的理解还是存在着一些偏左的观念，为此给出了以下一些正确的名牌观念。

1) 名牌是独具特色的产品

名牌是独具特色的产品，而不一定是价格最高、档次最高的产品。名牌产品具有相对高的价值和使用价值，名牌本身就是有价值的，因而其售价必须高一些，有些企业从一开始就确立了"一流产品、一流价格的名牌高价战略"。但是售价高的产品未必都是名牌产品，售价低的产品也未必就不是名牌产品；事实上，很多产品由于质优价廉而深受消费者喜爱，以致成为消费者公认的名牌产品，相反，不少产品因为质次价高而无人问津，最终被打入"大甩卖"的行列。真正的名牌产品应当是投入少、产出多、独具特色的产品。名牌产品也不能一朝有"名"，马上就提价，使人望而生畏。对大多数消费者来说，购买名牌产品，都希望货真价实，名"质"相符，这也是名牌产品的生命力之所在。

名牌之"名"关键在于其民族、传统和时代特色，具体地表现在其独特的品质、功能、包装、服务、价格等方面，而且这种特色被消费者广泛地认同，广为传颂，无论购买与否，都可因为其"有名"，而为名牌产品。从价格来说，名牌产品的特色可以是高质高价，高质中价，也可以是中质高价，中质中价，甚至中质低价。例如，茅台"五粮液"酒是公认的名牌，可谓高质高价，可是在南京人看来，"分金亭特酿"也赫赫有名，因为其品质不差，适宜于一般公众口味，且为名厂生产，价格却只在 3 元上下，可谓中质低价，在南京及周围地区，销量远远大于茅台"五粮液"等名牌。而该厂薄利多销，获利也不菲。

2) 名牌是有时效性的品牌

名牌是有时效性的品牌，而不一定是历久不衰的品牌。名牌有传统名牌和现代名牌之分。所谓传统名牌是指经几代人甚至几十代人的努力创造和留传下来的，这种名牌凝聚了我们祖先的勤劳和智慧。而现代名牌则是许多科技人员和干部职工智慧的结晶。可以说，创造名牌是无数企业矢志不渝的追求，也是现代文明不断发展前进的一种动力。

一般来说，名牌是一个有时效性的、体现时代特征的与市场状况有着互动作用的概念，一个产品，昨天是名牌，明天就未必还是了。例如，在手表行业，南京的"钟山表"以价格低廉的优势风靡一时，但时至今日，这种 30 元一只的机械表已无人问津了。该厂由于未能及时调整产品结构，创出新的名牌，现在已处于破产边缘。

即使是大多数传统名牌产品，现代企业也不能仅仅停留在"继承遗产"上，而要不断否定自己，超越自己，根据国际市场和国内市场的变化不断开发新的名牌产品，才有持久的竞争力。五粮液酒早在 1915 年的巴拿马万国博览会上就荣获过国际大奖，但五粮液酒厂客观地认为，当时的名牌只能代表当时的生产力水平，过去是作坊式小生产，随着生产力的发展，人们的需求不断变化，企业之间的竞争日趋激烈，要在竞争中取胜就不能固守传统名牌，而要注入新的科技和管理重塑名牌。该厂现在共生产"五粮液"、"尖庄"等 3 个大类、15 个品种、40 余种规格的酒类产品，在同行业中首批荣获国家质量管理奖，连续四届蝉联"中国名酒"称号，荣获国际金奖 19 个。

3) 名牌是消费者心目中的品牌

名牌是消费者心目中的品牌，而不一定是"评"出来的品牌，更不是用钱买来的品牌。名牌产品由名牌企业生产，名牌实际上是以产品为龙头的整个企业形象，但是名牌之"名"的"根"却在消费者和用户心目中，真正名牌有口皆碑。有些产品甚至没有著名的商标，例如钢材、煤炭、化工等原材料商品和许多零部件、元器件商品，却名扬海内外，我们不能把这些产品排除在名牌产品之外。武汉钢铁(集团)公司是我国特大型现代化钢铁联合企业，拥有以一米七轧机系统为代表的技术装备和工艺水平，是我国热轧板、冷轧板和冷轧硅钢片的生产基地。武钢生产的硅钢，实物质量超过美国和西欧，达到日本同类产品水平。J23 特种硅钢片，不仅用于北京正负电子对撞机，还出口到美国，用于世界上最大的超导超级对撞机。"要硅钢，找武钢！"已成为我国机电行业的共识。武钢的车辆用耐候钢、裸露桥梁钢和集装箱耐候钢三大系列闻名于世。在稀土钢分支中，武钢目前有 48 个品种，其产量占全国稀土钢的 70%以上。武钢的目标是，到 21 世纪末，名牌产品产量占总产量的 30%以上。

相当一段时间以来，五花八门的评"优"、评"奖"、评"名牌"盛行，各种机构应运而生，其中不少属有偿行为，企业只要交出一笔费用，就可以稳操胜券，于是有的企业便由此认为，名牌是可以用金钱买来的。事实上，如果以评奖、评优为名借机敛财，是评不出真正的名牌的。在市场经济不断发展的今天，只有市场才是确立名牌的试金石，只有消费者和用户才是评判产品优劣的权威。

10.2.2　实施名牌战略应注意的问题

所谓名牌战略是指运用名牌效应带动经济发展的策略。在实施名牌战略的过程中应注意以下几个问题。

1. 正确处理生产与创名牌的关系问题

无论一个地区的生产力水平高低，经济是否发达，都有自己的资源优势，如技术、资金、劳动力、自然资源等方面的优势。企业在创名牌的过程中，要以市场为中心，立足于本地区资源优势，抓质量、促生产、搞好宣传、开拓销路，否则，其产品的品牌就不可能具备认定名牌的条件。例如，江苏红豆集团为了实施名牌战略，不仅在我国把与"红豆"近似的汉字及与拼音相同的汉字全部申请商标注册，还在几十个国家和地区办理了"红豆"商标注册；提出了"今天的质量，就是明天的市场"的口号，把提高产品的质量看作创名牌的基础。红豆集团在生产过程中严把质量关，不让不合格的产品出红豆的大门，如意大利某客户与红豆集团签订了一份服装来样加工合同，当车间的工人已加工好 3 万件服装时，发现意大利客户的服装来样中错了一个外文字母，其过错不在红豆集团，红豆集团本来可以继续按来样进行加工，但红豆集团却下令车间立即停产，电告外商协商解决此事。由于红豆集团充分利用了本地区的资源优势，在生产过程中严把质量关，不失时机地宣传自己的形象，大大地提高了"红豆"的知名度和声誉，"红豆"商标于 1997 年 4 月被国家工商行政管理局商标局认定为驰名商标。

2. 正确处理新产品开发与创名牌的关系问题

创名牌不能故步自封、因循守旧，否则，就会被时代所淘汰。因此，在实施名牌战略的过程中，必须正确处理新产品开发与创名牌的关系。四川长虹公司创名牌的做法是值得借鉴的。早在 20 世纪 70 年代，四川长虹公司就提出了创名牌的口号。近几年来，四川长虹公司投资几十亿元人民币用于开发和生产制造环节的硬件和软件，引进尖端的技术项目。1994 年，四川长虹公司又引进美国 CAD 工作站，采用计算机辅助设计，使电视机开发工作从数据处理、电路分析、外形、印制板到结构强度的三维空间设计，都直接在工作站进行，大大加快了新产品设计进度，保证了设计质量。四川长虹公司还投资上千万元人民币进口几十项高精度、多功能计量仪表，改善和增强了公司的检测能力。由于四川长虹公司不仅注重产品质量、严把质量关，还非常注重新产品的开发工作，加上强有力的广告宣传，使"长虹"的声誉和知名度大幅度提高，"长虹"商标于 1997 年 4 月被国家工商行政管理局商标局认定为驰名商标。

3. 正确处理创名牌与保名牌的关系问题

改革开放 30 多年来，几乎在任何种类的产品上，我们都可以找到"你方唱罢我登场、各领风骚三五年"的"短命"现象。如 20 世纪 80 年代初"长城"牌风雨衣，曾在北京风光了一阵，电视上广告不断，报纸、文章上赞美的文字常见，街头上男士、女士以穿着"长城"牌风雨衣为时髦。曾有一段时间，一批国货品牌家用电器争奇斗妍，但到了如今，当初的家电品牌能风光到现在的屈指可数。在药品、化妆品和各类生活用品当中，此种情况也屡见不鲜。在社会主义市场经济条件下，企业创名牌难，保名牌更难。在实施名牌战略的过程中，只有严把质量关才能保得住自己的名牌。青岛海尔集团在创品牌、保名牌的过程中走出了一条成功之路。海尔集团在创名牌的过程中严把质量关，提出了向管理要质量、要效益的决心和思路，提出了"海尔没有二等品只有一等品"的口号。经过艰苦的努力，1997 年 4 月"海尔"商标被国家工商行政管理局商标局认定为驰名商标。最近，海尔集团又提出了"海尔，中国造"的口号。在国际上有许多中国生产的产品，但以中国品牌形象出现的却很少。名牌往往代表着一个国家、一个民族的素质，如有人一听"德国造"，马上会认为这个产品的质量没问题，因为德国人一丝不苟的民族精神就体现在产品上；一听到"日本造"，就马上想到日本人能应你所需，把你想不到的功能也制造出来。"海尔，中国造"就是要在全世界传递一种信息，"中国造"和"日本造"、"德国造"、"美国造"都可以相互竞争，我们的产品并不比他们的差，而且它是中国造的。海尔集团的这一做法，不仅在保名牌的过程中起到了巨大作用，而且为创世界名牌打下了良好的基础。

4. 防止名牌流失

通过 30 多年的改革开放，我国在引进外资方面取得了举世瞩目的成就，但在引进外资的过程中名牌流失的现象应引起我们的足够重视。例如，我国驰名商标的注册人与外商合资以后，将驰名商标有偿转让给合资企业、许可合资企业使用驰名商标等。在引进外资的过程中，我国驰名商标注册人应挺起胸膛，树立民族自信心，切实保护自己的名牌和驰名商标，防止名牌流失。在引进外资的过程中，上海家化联合公司的做法是值得我们深思的。作为中方合营者的上海家化联合公司与美方合资后，成立了闻名遐迩的中美合资上海庄臣有限公司。在中美合资上海庄臣有限公司经营非常好的情况下，合营双方因合资产品使用品牌和商标的问题发生了严重的分歧。上海家化联合公司的"美加净"品牌和商标在我国的声誉和知名度都非常高，该公司与美方合资以后，合资产品多使用"庄臣"品牌和商标。上海家化联合公司认为，合资产品长期使用"庄臣"品牌和商标，"美加净"品牌和商标的知名度就会下降，长此以往会使世人只知"庄臣"而不知"美加净"品牌和商标。因此，上海家化联合公司在合资产品上多使用"美加净"品牌和商标。上海家化联合公司的这一做法，为民族品牌争了光。

10.2.3 名牌的法律保护

目前，我国尚未制定专门保护名牌的法律、法规和规章。在没有专门保护名牌的法律、法规和规章的条件下，名牌的拥有者的做法应该是运用反不正当竞争法律制度、商标法律制度和侵权法律制度保护自己的名牌。

1. 反不正当竞争法对名牌的保护

为保障社会主义市场经济健康发展，鼓励和保护公平竞争，制止不正当竞争行为，保护经营者和消费者的合法权益，1993 年 9 月 2 日，第八届全国人民代表大会常务委员会第三次会议通过了《中华人民共和国反不正当竞争法》(以下简称《反不正当竞争法》)，规定："从事市场交易，损害竞争对手……擅自使用知名商品特有的名称、包装、装潢，或者使用与知名商品近似的名称、包装、装潢，造成和他人的知名商品相混淆，使购买者误认为是该知名商品的，监督检查部门应当责令停止违法行为，没收违法所得，可以根据情节处以违法所得一倍以上三倍以下的罚款；情节严重的，可以吊销营业执照；销售伪劣产品，构成犯罪的，依法追究刑事责任。"上述规定存在以下三个问题：第一，该法未规定什么是"知名商品"，"知名商品"由谁认定及认定"知名商品"的条件；第二，该法未规定判断"混淆"和"误认"的标准；第三，行为人虽然实施了擅自使用"知名商品"特有的名称、包装、装潢或者与"知名商品"近似的名称、包装、装潢的行为，但该行为并不一定构成不正当竞争行为。只有该行为达到"造成和他人的知名商品相混淆"且"使购买者误认为是该知名商品"的程度，才构成不正当竞争行为。上述三个问题的存在，严重地影响《反不正当竞争法》第 5 条第 2 款和第 21 条第 2 款的贯彻实施。尽管《反不正当竞争法》对名牌的保护很不充分，但是，名牌被他人擅自在同种产品上作相同或者近似的使用时，名牌的拥有者可以运用《反不正当竞争法》的规定保护自己的名牌。

2. 商标法对名牌的保护

根据《中华人民共和国商标法》以下简称《商标法》第 7 条的规定，商标必须由文字、图形或者文字图形组合构成。在现实生活中，产品的品牌往往和该产品的商标联系在一起，企业可以运用商标法律制度保护自己的名牌。

1) 商标法对一般名牌的保护

我国《商标法》第 2 条规定："国务院工商行政管理部门商标局主管全国商标注册和管理的工作"。第 3 条规定："经商标局核准注册的商标为注册商标，商标注册人享有商标专用权，受法律保护。"第 37 条规定："注册商标的专用权，以核准注册的商标和核定使用的商品为限。"企业在设计或者委托他人设计产品的商标时，可以把该产品的品牌作为商标的构成要素之一，该商标经商标局核准注册之后，商标注册人对该注册商标享有专用权。根据我国《商标法》第 38 条第(1)项和《商标法实施细则》第 41 条第(2)项的规定，未经商标注册人许可，任何人不得在同一种产品或者类似产品上使用与其注册商标相同或者近似的商标，也不得在同一种产品或者类似产品上将与他人注册商标相同或者近似的文字、图形作为产品名称或者产品装潢使用，否则，就是商标侵权行为。因此，企业可以运用我国《商标法》的规定保护其名牌。应当说明的是，企业设计或者委托他人设计产品的商标时，如果没有把该产品的品牌作为商标的构成要素之一，即使该商标经商标局核准注册，名牌拥有者也无法运用我国《商标法》的规定保护其名牌。

2) 商标法对特殊名牌的保护

如前所述，产品的品牌是注册商标的构成要素时，未经商标注册人许可，任何人不得在同种产品或者类似产品上使用与其品牌相同或者近似的品牌，也不得在同种产品或者类似产品上将与他人品牌相同或者近似的文字作为产品装潢使用。那么，他人能否在非类似产品上使用与其品牌相同或者近似的品牌呢？此问题属于名牌保护范围的扩展问题。《保护工业产权巴黎公约》在 1925 年修订时，增加了保护驰名商标的条款，该条款要求各成员国为驰名商标提供强于普通注册商标的保护措施，但该公约未要求驰名商标必须是注册商标，驰名商标的保护范围仅限于相同或者类似产品，驰名商标应由成员国商标主管机关认定。关贸总协定乌拉圭回合达成的《与贸易有关的知识产权协议》(TRIPs)，将对驰名商标的保护范围扩大到非类似产品，但该协议要求驰名商标必须是注册商标。我国是《保护工业产权巴黎公约》的成员国，当时正在积极准备加入世界贸易组织，因此，国家工商行政管理局在制定《驰名商标认定和管理暂行规定》时，采取了与 TRIPs 相一致的要求，把驰名商标的范围界定在注册商标的范围之内。需要说明的是，对未在我国注册，但确实在我国驰名的外国商标，可以根据《保护工业产权巴黎公约》的有关规定办理。

《驰名商标认定和管理暂行规定》第 8 条规定："将与他人驰名商标相同或者近似的商标在非类似商品上申请注册，且可能损害驰名商标注册人的权益，从而构成《商标法》第 8 条第 1 款第(9)项所述不良影响的(有害于社会主义道德风尚或者有其他不良影响的)，由国家工商行政管理局商标局驳回其注册申请……已经注册的，自注册之日起 5 年内，驰名商标注册人可以请求国家工商行政管理局商标评审委员会予以撤销，但恶意注册的不受时间限制。"第 9 条规定："将与他人驰名商标相同或者近似的商标使用在非类似的商品上，且会暗示该商品与驰名商标注册人存在某种联系，从而可能使驰名商标注册人的权益受到损害的，驰名商标注册人可以自知道或者应当知道之日起两年内，请求工商行政管理机关予以制止。"第 10 条规定："自驰名商标认定之日起，他人将与该驰名商标相同或者近似的文字作为企业名称一部分使用，且可能引起公众误认的，工商行政管理机关不予核准登记；已经登记的，驰名商标注册人可以自知道或者应当知道之日起两年内，请求工商行政管理机关予以撤销。"根据上述规定，产品的品牌为驰名商标的构成要素时，驰名商标注册人可以运用保护驰名商标的法律规定，把法律对该名牌的保护范围扩展到非同类产品的商标领域和企业的名称领域。

由此可见，驰名商标与名牌是两个不同的概念，两者既有区别又有联系。两者的主要区别表现在以下 4 个方面：第一，驰名商标是指经国家工商行政管理局商标局认定的在市场上享有较高声誉并为相关公众所熟知的注册商标，名牌是指经名牌认定和管理机构认定的在市场上享有较高声誉并为相关公众所熟知的商品的特有名称。第二，驰名商标的认定条件是注册商标声誉的高低和知名度的大小，名牌的认定条件是产品品牌声誉的高低和知名度的大小。第三，某一注册商标被认定为驰名商标后，商标法对其保护的范围就扩展到了非同类产品的商标领域和企业名称的领域；某一产品品牌被认定为名牌后，该产品就成了名牌产品。两者的主要联系是：名牌是形成驰名商标的基础，驰名商标是名牌寻求扩大法律保护的有效途径之一；产品的品牌可以作为驰名商标的构成要素之一。

3. 侵权法律制度对名牌的保护

我国《民法通则》第 101 条规定："公民、法人享有名誉权，公民的人格尊严受法律保护，禁止用侮辱、诽谤等方式损害公民、法人的名誉。"第 102 条规定："公民、法人享有荣誉权，禁止非法剥夺公民、法人的荣誉称号。"第 120 条规定："公民的姓名权、肖像权、名誉权、荣誉权受到侵害的，适用前款规定。"企业在同种产品上擅自使用他人名牌的行为，是侵犯名牌拥有者名誉权、荣誉权的一种表现形式，名牌的拥有者可以运用侵权法律制度保护自己的名牌。

10.3 名牌战略的心理效应

10.3.1 名牌的作用基础和构成要素

"名牌"是相对于一般品牌而言的，它是具有优良品质、享有较高知名度和美誉度、拥有较高市场占有率的知名品牌。名牌实质上反映了一个商品品牌在质量、性质、款式、价格、服务、信誉等方面对消费者的满足程度。换言之，名牌之所以成为名牌，关键在于它能够最大限度地迎合和满足消费者的需要，得到广大消费者的普遍认同和赞许，进而消费者会广泛而持久地购买和使用它。因此，名牌的作用基础在于消费者的心理指向，名牌的形成和发展是消费者以自身的购买行为"投票"选择的结果。正是在这一意义上，可以说拥有名牌，就拥有了消费者，同时也就拥有了市场。纵观中外各种知名品牌，虽然产品性能、构成、用途各不相同，但都具有成为某些名牌不可或缺的基本要素。

1. 名牌的品质

名牌的品质是构成名牌的基础，没有一流的优秀品质作为基石，就不可能发展真正的名牌。例如，法国名酒"人头马 XO"，公司为了维护名牌的声誉，在制造过程中精益求精，丝毫不曾松懈。这种酒只选用夏良德省涅克地区的优质葡萄为原料，其酿造采用两次蒸馏的工艺，而且只用较小的铜制蒸馏器与酒渣一起蒸馏，以使香气更加醇厚。酒在储存方法上也颇为讲究，酒桶只以利穆赞地区生长百年以上的橡树做原料，绝不允许使用钉子或橡胶，只用白藤捆扎。经若干年后，酒就从无色变成诱人琥珀色，成为可以上市的"人头马XO"。虽然在此过程中挥发的酒达上百万瓶，但为了维护名牌声誉，公司在所不惜。又如，法国香水世界闻名，它之所以受世人青睐，是因为其原料生产和加工制造技术非同一般。它的制造过程，恐怕比其他任何地方香水的制造过程都要严格和复杂得多。1000 克重的香精，据说是从约 850 万朵花中提炼出来的，完全是集大自然的精华，不掺丝毫化学成分。因此，巴黎纯正的天然香水极品，其身价不在精美的珠宝首饰之下。香水产地格拉斯、普罗旺斯南临地中海，终年风和日丽、气候舒适宜人，土壤质地肥沃，很适合各种制造香水的花卉生长。

法国香水的制造和加工过程十分复杂，其提炼方法等核心的技术诀窍高度保密，外人难以仿效。一些长期垂涎法国香水业技术的外国人，曾千方百计地寻机窃取法国人提炼香水、香料的秘方，以便争夺法国人在世界上制造、销售香水的市场。有许多年轻人被派遣到法国学习种植花卉、提炼香料并偷窥制造技术，结果只是获得一知半解，可见法国人守口如瓶、保密到家的程度。这也足以证明此项技术及工艺奥妙无穷。

有趣的是，由于香水业的发达，法国产生了一种待遇颇丰的特殊职业——香味辨别师。他们天生一个嗅觉敏锐的鼻子，能辨别出各种不同的香味，因此，他们一生靠鼻子"吃饭"。据说，一些嗅觉大师可以辨别、鉴定出五六千种不同的香味。有了这些高超的技艺，那些假冒、伪劣香水绝逃不过他们的鼻嗅之关。

但是，名牌的品质是一个动态的概念，对名牌来说不存在"终身制"。真正的名牌必须经得起市场的经久考验。我们所熟知的诺基亚(Nokia)曾经是通信行业的巨头，自 1996 年以来，诺基亚连续 14 年占据市场份额第一。2014 年 4 月 25 日，诺基亚宣布完成与微软公司的手机业务交易，正式退出手机市场。从这个例子中，我们不难得出结论，名牌产品只有不断创新，保持卓越品质，才能在市场上立于不败之地。

2. 名牌的影响力

名牌的影响力，是指名牌影响消费者购买心理与行为的深度和广度。名牌是消费者以购买行为"投票"选择的结果。一个产品品牌之所以成为名牌，是因为它在消费者心目中享有良好的声誉、形象，有较高的知名度和美誉度，在同类产品中具有明显的竞争优势，有强大、广泛而持久的市场影响力。

而构成名牌影响力的，除优良品质这一基本要素外，还包括外观造型、商标、品名、包装装潢、广告宣传、促销服务等一系列营销要素的综合。例如，"可口可乐"作为世界知名品牌，除独特的配方和口感外，其成功还取决于其他多种因素。比如，细腰身的玻璃瓶包装具有一种与众不同的魅力；"可口可乐"的名称和译名响亮、上口、易记；红白两色的商标设计给人以强烈的视觉冲击力；无处不在的广告宣传令世人皆知；对体育、文艺及各种公益活动的积极参与，拉近了与公众的距离；令人眼花缭乱的促销活动，更使人时刻感受到它的旺盛生机和活力。正是这种全方位的造势，使"可口可乐"走遍世界的每一个角落，深深扎根于不同国籍、肤色、年龄、性别的广大消费者心中，从而成为举世公认的、具有强大影响力的世界名牌。

3. 名牌文化

从社会学角度看，商品是由品质、品韵和品德三种属性所构成。商品的品质体现了商品的使用价值，商品的品韵体现了商品的欣赏价值，而商品的品德则体现了商品的伦理价值。这种伦理价值就是品牌的文化氛围，这种文化氛围或价值是名牌不可或缺的必备要素。一个被消费者广泛认同的名牌，必定在为社会提供优质产品的同时，创造或弘扬一种文化。这种文化在直接形态上表现为企业文化，如经营宗旨、企业精神、理念追求、风格风貌。而任何企业文化又必然以所在国家民族的文化为依托，从而使名牌在不同程度上体现和折射出特定社会文化的共有特征。

例如，北京"同仁堂"，历经 300 余年，金字招牌仍熠熠生辉。其原因不仅在于它掌握了许多祖传秘方，更重要的是，它始终严格承袭"古训"，即"炮制虽繁，必不敢省人工；品味虽贵，必不敢减物力"。他们有着高尚的"药德"，将经商与做人融为一体，鲜明地体现了我国传统文化中道德价值高于商业价值的人格意识。又如，"可口可乐"闻名于世界百余年，其令人瞩目的成功和巨大的影响力已经成为美国文化的象征。

名牌文化是名牌生长的土壤，它根植于企业赖以生存的社会环境，贯穿企业活动的全过程，渗透到每一个产品之中。凡是成为名牌者，无不具有高度的文化含量。正因为如此，可以毫不夸张地说，名牌的一半是文化。可见，名牌不仅是一个商品的品牌，而且是商品的优秀品质、强大的影响力和深厚文化价值的内在统一与综合体现。唯有同时具备上述多种要素才能称为名牌。

10.3.2　心理效应的作用与意义

现代商战中，随着市场发育的高度成熟，企业之间的市场竞争日趋激烈。竞争的内容和方式也由传统的质量、价格、性能或服务等有形要素的单项竞争，上升为以产品品牌、企业形象等无形要素为主的整体竞争。名牌作为企业产品形象及经济实力的集中体现和象征，已成为竞争中最具威力的新式武器。名牌战略已成为企业谋求生存和发展、获取竞争优势的重要战略。纵观国内外商战，凡在同行业竞争中保持领先地位的企业，无一不具有自己的名牌产品。例如，饮料业的"可口可乐"、"百事可乐"，计算机业的"英特尔"、"IBM"、"联想"，家用电器业的"松下"、"东芝"、"海尔"，轿车业的"奔驰"、"劳斯莱斯"、"丰田"，手机行业的"苹果"、"三星"等，都因成为世界知名品牌而在市场上风光无限。近年来，随着社会主义市场经济的发展，通过激烈的竞争角逐，中国商品市场上一批名牌产品相继崛起，如"健力宝"、"娃哈哈"、"海尔"等，从而推动中国企业跨入名牌战略导向的发展阶段。

实践证明，名牌一旦确立，就能产生普通商标所起不到的重要作用。海尔集团总裁张瑞敏说过："在同样条件下，名牌产品该比别人卖的价格高，卖的速度快，卖的数量多。"名牌能给企业带来高额的经济收益，显赫的声誉、荣耀以及社会地位。

1. 名牌的作用

名牌的重要作用可以通过以下 5 个方面得到体现。

(1) 扩散效应。名牌一旦确立，树立起良好的信誉，就会通过消费者领域的传导和流通范围的展开，迅速扩大产品的影响力，赢得越来越多消费者的信赖，提高顾客的忠诚度。

(2) 持续效应。只要名牌不倒，不出现严重的质量问题和信誉问题，它的影响力及其经济效果会长期持续下去。

(3) 放大效应。企业一旦确立了一个名牌，其信誉可以从一个产品放大到一组产品，从一个品牌放大到一系列的品牌，从品牌形象放大到企业形象，由此带来的经济效果也起到了放大作用和乘数作用。企业在品牌经营过程中，应该把创立与发展名牌作为其最高的追求目标。

(4) 刺激效应。名牌有利于进一步刺激市场需求，挖掘市场潜力，特别是能够刺激消费者的攀比心理与炫耀心理。

(5) 资产效应。名牌作为一种重要的知识产权，它绝不仅仅具有标识"异质性"的功能，而且是一笔巨大的无形资产。根据 BRANDZ 2014 年全球最有价值的品牌的评选结果，2014 年苹果品牌价值高达 1 188.63 多亿美元，位居全球最具价值品牌的首位，其品牌价值甚至远远大于其产品的营业额。由此可见，名牌价值对于企业是多么重要，以至于微软宣布以约 54.4 亿欧元价格收购诺基亚设备与服务部门(诺基亚手机业务)，并获得相关专利和品牌的授权。

2. 深入探讨名牌心理效应的意义

现实生活中，人们在选购商品时，也普遍表现出了对名牌的偏爱、接纳和浓厚的兴趣。也就是说，人们对名牌的关注、信任与追求及对驰名商标的忠诚感是社会公众中普遍存在的一种心理现象。我们知道，消费者对一种品牌的认可，首先取决于一种心理的认可和文化的认同。因此，有必要对名牌的心理效应做深入探讨，这对于更好地实施名牌战略有着特别重要的意义。

1) 使消费者的求实心理需要落到了实处

注重商品或实物的实际使用价值，是消费者购买行为中普遍存在的心理特征。名牌，作为一种驰名商标，消费者虽不完全清楚它的内涵，但却有着对名牌的共同期盼：具有较高的知名度、美誉度和信任度；工艺精湛，内美外秀；质量稳定可靠，经久耐用，服务优良；购买和消费名牌商品能给自己带来信任感、安全感和荣誉感。而实际上，真正叫得响的、生命力旺盛持久的名牌，也正是那些消费者普遍接受的，有着过硬的质量和信誉，确能满足消费者需求的商品。

消费心理学研究表明，消费者对某种品牌商品的购买行为，直接取决于"品牌商品——购买"这一个"刺激—反应"链的巩固程度。也就是说，假如消费者经常购买某种品牌的商品，就会形成一种习惯，建立起一种稳固的条件反射。一旦他再次见到这种品牌商品或重新产生对这种商品的需求，就会自然而然地再去购买它。而且，这种"刺激—反应"的强度愈大，条件反射建立得愈牢固，带有某种"定向"性质的购买行为就愈容易出现。消费心理学的这一理论表明，消费者的购买行为是一种习惯建立的过程，而习惯一旦建立，其"惯性"是很强的，不易改变。"名牌"要想把消费者从旧有的购买行为和消费习惯中拉出来，并形成对自己品牌的忠诚，除了依靠强大的公关、广告宣传外，从根本上，还必须依靠商品质量和优良的售后服务，即充分满足消费者的求实心理需要。

一般来讲，消费者的购买行为是一种减少风险的行为。由于消费者普遍缺乏对商品知识和市场知识的了解，在购买过程中会冒有某种程度的风险。因此，每个消费者都要努力回避或减少这种风险。当消费者对某类商品感到不保险或没有把握时，为了使自己的风险降至最小，就只有依赖名牌商品。而名牌的货真价实，使消费者的风险意识降至最低点，求实心理需要落到了实处，品牌忠诚的建立也就成为必然。同时，消费的人际传播，又把这种"满意"的心理体验以谈资的形式传播到四方，产生强烈的扩散效应，名牌的购买者也就越来越多，名牌意识也就在芸芸众生中越来越强烈。

内蒙古鄂尔多斯羊绒衫，严把质量关，使无毛绒产品一等一级品率一直是 100%，羊绒衫一等品率一直保持在 98%以上。"鄂尔多斯"牌羊绒衫品牌知名度和市场占有率在全国同类产品中均列榜首，其产品不仅在国内 50 多个大中城市畅销不衰，而且还在国外建立了 5 家合资营销公司。陕西咸阳 505 集团公司坚持推行全面质量管理，向质量要效益，使 505 产品质量合格率一直保持在 100%，不仅畅销全国，而且进入世界 100 多个国家和地区。海尔集团公司经理张瑞敏，公开砸毁有质量问题的电冰箱的举动使公司上下质量意识牢牢扎根心里，从而使海尔冰箱以开箱合格率 100%的质量保证而享誉海内外。可见，企业要想以名牌求生存、促发展，就必须迎合消费者购买行为中普遍存在的求实心理需要，以过硬的质量创造一流的产品，争得名牌的地位，赢得名牌的美誉，让消费者买得放心，看得开心，用得舒心。

2) 为满足消费者的自我表现心理提供了保障条件

自我表现心理，是一种以显示身份、地位、财富和审美等为主要目的的购买心理。心理学研究表明，作为社会意义上的每个人都存在着程度不同的自我表现心理和自我表现欲望。这种心理和欲望在消费行为上的重要表现之一，就是对名牌商品的积极购买和消费。而名牌战略的实施，大量名牌商品的涌现，恰恰创造了满足消费者这一心理需求的外部条件。随着我国改革开放的深入，人民群众物质文化生活水平的提高，品牌意识的觉醒，又使内部条件趋于成熟。内因、外因相结合，名牌商品也就有了生存与发展的良好环境。而这一环境的产生，反过来又刺激和强化了人们的自我表现心理，促进了相应购买行为的产生。

我们知道，任何商品都是社会化的产品，都具有某种特定的社会含义。特别是一些知名度较高，信誉度、美誉度较强的名牌商品，其社会含义更为明显。由于商品本身所具有的社会意义，因而使消费者能够通过名牌商品的购买和消费来表现自我，即消费者可以通过购买行为来表达自身的某一种意向或心意。在香港，罗尔斯—罗伊斯和捷豹(JAGUAR)到处可见；在台湾，5 000美元一套的英格兰名瓷与猫王唱片一样好卖；在大陆，请人吃饭，喝酒必喝茅台、五粮液，这就足以证明了这一点。

消费者的性别、年龄、阅历、受教育程度、经济状况及社会地位等不同，消费心理也不尽相同，因而其自我表现心理在购买行为中也就有多方面的表现。

(1) 表现自己的社会地位。老百姓中间流传着这样一句话"贵人买贵物"。这句话可以演绎为"贵物贵人买"，或"买贵物使人贵"。名牌商品，由于大都采取高价策略促销，且质量优良，内秀外美，知名度、美誉度高，当属"贵物"。无论别人"以为"，还是消费者"自我感觉"，其效用确能在一定程度上表现消费者的社会地位。例如，某个家庭拥有现代化的名贵家具和进口名牌家用电器，这在有些消费者心目中就具有了表示这个家庭社会地位高的象征性意义，他们心里这些家具和家用电器的价值就会上升，从而具有某种社会意义。其结果就会使那些对此抱有羡慕之情的消费者更加努力去获得它，以便"显示"自己的社会地位。这也正是实施名牌战略的一个重要心理依据和心理效应。

(2) 显示自己的经济地位。把商品价格与个人的经济地位相比拟来满足社会心理的需要，这是消费者普遍存在的一种消费心理。名牌商品相对于一般同类商品而言，其价格往往较高，有的甚至高出许多。例如，"金利来"领带，"耐克"鞋，永不磨损的"雷达表"，其售价分别为同类产品的数十倍乃至数百倍。也正因为价格较高，是一般工薪阶层购买力难及的，才使得一些消费者能够通过追逐高档、名牌或进口商品来显示自己的社会地位和经济状况，并获得一种心理上的满足——买的(用的)就是那种感觉。

俗话说："好货不便宜，便宜没好货"，"一分价钱一分货"。正是商品价格的这种比值比质(即通过价格的高低来比较，判断商品的价值和质量)和自我意识比拟的心理功能，才使得"名牌高价"名正言顺，才使一些消费者对名牌商品趋之若鹜。

(3) 表现自己的文化修养、生活情趣、审美趣味等。每位消费者都有独特的个性，有自己的情趣与追求，通过购买和消费，特别是独具特色的名牌商品的购买和消费，不仅可以表达自己的情趣、审美和追求，而且可以增加自尊感，获得他人对自己的尊重。如果别人对他的购买行为又给予鼓励或赞美，那么，他一定会扬扬自得。客观事实也恰好说明了这一点。居室里摆上一架名贵钢琴，不仅表明主人的修养，也使家庭的气氛显得典雅、高贵。家具的色彩、造型，家电的品牌、种类，服装的款式、色彩、质地，无不鲜明地表达着主人的生活情趣、审美趣味等个性心理特征。虽然有些人附庸风雅而遭非议，但他们却在购买和消费中得到了自己的那份乐趣和满足。市场学研究表明，消费者购买某种商品，不是为了得到商品的本身，而是为了获得它的效用。而商品的效用又是消费者在购买和消费该商品过程中所产生的主观体验。不同的消费者其消费心理不同，但在消费名牌商品的过程中，都能找到属于自己的那份满足，这也许正是名牌的魅力所在。

3) 刺激了消费者的攀比心理需要

攀比心理是一种以争强斗胜或为了与他人攀比并胜过他人为目的的消费心理。人们在生活中相互竞争，不甘落后，奋勇争先，既是人之常情，也是社会向前发展的一个动力。攀比消费虽然不提倡，但它毕竟是一种客观存在，再加之一些企业在促销策略中有意无意地刺激消费者的攀比意识，如："今天你喝了没有？我们都喝×××"——饮料广告；"不是最好，而是更好"——电器广告。因此，攀比消费就更成为一种普遍的经济现象了。在不甘落后、胜过他人的心理作用下，在你好、我比你更好的攀比消费中，攀比的对象，必然又相对集中在名牌商品的购买和消费上。

社会学研究表明，社会阶层是一种客观存在，且以个体或家庭的私有财产、收入、职业差别、受教育程度、社会关系等重要指标的排列结果来划分。它不仅有等级秩序，而且，各阶层间都有其不同的行为规范和心理倾向。同时，社会阶层不是一劳永逸的，随着社会的发展，其相对位置会发生动态的变化，其变化的基本趋势是：个体不断追求向上，社会阶层人员都在向上发展。所以，在自我意识比拟的心理作用下，他们间的消费攀比对象，绝大多数为名牌贵重商品。

社会阶层的划分只是相对而言的，如果我们把"上、中、下"社会阶层进一步细分的话，那么，每个社会阶层都可以再划分为上、中、下三个层次。这样一细分，我们就不难发现，每两个相邻层次间的距离是很近的。无论是社会地位、经济收入，还是文化品位、审美情趣，都相差无几，只不过在某一方面"略逊一筹"或"略胜一筹"而已。这样，阶层之间的攀比心理和攀比行为就会不可避免地发生。一些生产经营企业，十分聪明地推出"名牌高价策略"，并把产品的"初始定位"定在社会上层，在产品设计、包装、公关及广告策划等方面极力适应上层消费者的各种特点和需求，这就极大地刺激和满足了上层消费者的自我表现等心理需要。而他们对名牌商品的积极购买和消费展示，会产生很强的"示范效应"，迅速成为其他社会阶层，特别是相邻阶层攀比或模仿的对象。这样，层层攀比，就为名牌战略的实施提供了广阔的市场，名牌商品的市场占有率和普及率也就会大大提高，市场前景一片光明。

4) 强化了消费者的从众心理和同步心理

市场营销学把市场分为两大部分：一部分是生产资料市场，另一部分是日用消费品市场。市场研究表明，生产资料市场上的购买行为是专家购买，而消费品市场上的购买行为大都是非专家购买。也就是说，在消费品市场上，消费者由于缺乏必要的商品知识和市场知识，他们的购买行为极易被诱导。为了降低自己的购买风险，一般情况下，个体消费者总是认为大多数人购买的商品一定是不错的商品。于是，受广告宣传等的影响，又见到人们纷纷购买和消费某种品牌商品，自己便自觉或不自觉地加入到其中，成为其中的一员。也正是在这种从众心理作用下，名牌商品才可以在更大范围内被接受。但需要注意的是，在从众心理作用下产生的购买行为大多是比较盲目的。"赶时髦"之所以被一些人理解为是个贬义词，其原因就在于从众心理作用下的从众行为，由于其盲目性而使消费者出现经济上和精神上的损失。而消费者一旦出现损失，就会利用"口耳相传"这一极具影响力的人际传播形式，把消极的信息添枝加叶地散播到四方，从而使企业及商品品牌形象受到极大的损伤。面对这一严峻的现实，企业在实施名牌战略时必须正视并处理好。诸如，如何保证产品质量的一贯性和不断提高产品影响，如何加强售后服务工作，如何有效地配合有关职能部门打假除劣，如何维护消费者的合法权益等问题。"水可以载舟，也可以覆舟"，消费者可以使名牌走向辉煌，也可以使之走向灭亡。对此，千万不可等闲视之。

趋同从众，不甘落伍，是常人常态。古人云："物以类聚，人以群分。"不同的社会阶层、社会群体，在购买心理、购买行为上是不同的；但同一阶层、同一群体间的购买心理、购买行为是大致相同的。在同阶层、同群体中，每一个成员都不想被群体抛弃，都不想落伍，都不想让人瞧不起。这一心理现象表现在购买行为上，往往是争先恐后地与同阶层、同群体的购买行为保持同步。"顾客是群羊，一轰一大帮"，这句挂在旧商人嘴边的话虽然糙了点，但道理却不糙，它恰恰说明是同步心理规范了同阶层、同群体成员的购买行为，它客观上推动了名牌商品的畅销，开拓了名牌产品市场。市场上出现的这个热、那个流行，其中的一个重要心理因素就是消费者购买行为中的同步心理。

人心不同，各如其面。消费者对名牌商品的认识和购买名牌商品的动机是十分繁杂的，名牌所带来的心理效应也不是单一的，而是复合的、多元的。它往往是以一种动机为主，以两种或几种动机为辅。

10.3.3　创造名牌，促进消费者消费本国的产品

中国的商品市场对外开放以来，大量的外国商品相继涌入，其中很多是国际知名品牌，如"可口可乐"、"苹果"、"三星"等。这些国际知名品牌占领了从饮食、化妆品到家电、汽车等各种各样的消费品市场，带走了一大批消费者，使中国的民族工业受到了很大威胁。

从产品质量上看，不少国产商品与世界名牌的差距并非绝对的悬殊，而且这一差距正在日益缩小。重要的问题是，国内企业的名牌意识远远落后于国外企业，而且在外国名牌的强大宣传、促销攻势面前，许多国内企业因缺乏雄厚的财力支持而无力抗争。然而，当今消费者由广告牵引而尝试，进而认同某一产品的现象日益普遍，这使得越来越多的国内消费者成为国际名牌的追随者和使用者。为了夺回失去的市场，创造中国的名牌已到了刻不容缓的地步。

1. 加强商标意识，强化消费者对名牌的认知

消费者选择、购买商品，常常依据自己所熟知的商标，因此，商标是树立名牌的重要环节。随着全球化经济的快速发展，国民的商标意识逐渐得到增强，从 2011 年起我国商标注册主要指标继续保持世界第一。2013 年，我国商标注册申请量继续保持快速增长势头，国家工商总局全年共受理商标注册申请 188.15 万件，同比增长 14.15%，共审查商标注册申请 142.46 万件，同比增长 16.09%。没有商标，消费者无法对商品形成明确的标识认知，企业树立名牌也就无从谈起，所以应不断提升商标意识。

此外，中国知名商标在国外被抢注的情况也时有发生，多年来精心培育出的名牌成了"为他人做嫁衣"。例如，"青岛"啤酒在美国，"凤凰"自行车在印度尼西亚，"阿诗玛"香烟在菲律宾，"全聚德"烤鸭在韩国，"天坛牌"清凉油在扎伊尔和印度尼西亚，"狗不理"包子和"同仁堂"中成药在日本，均遭到商标被抢注的厄运。消费者购买商品时，往往只认商标，而不大注意其生产地。一旦商标被抢注，中国企业无论是更新商标，还是买回商标，都将是一个痛苦的选择。因此，保护自己的商标，维护商标所拥有的声誉，是企业必须高度重视的一个问题，否则，消费者就会被竞争者抢走。

2. 创造大众化名牌，扩大名牌的消费者群

名牌不等于高档，各个档次的商品都可以有名牌。不同档次的名牌对应于不同层次的消费者群。以中国目前大多数消费者的收入水平来说，名牌发展中若单纯追求"贵族化"的倾向，只能令多数消费者"望名兴叹"。因此，创造出适合大众的平民化名牌，将会吸引更多的消费者。例如，同为减肥药，"江红"减肥茶因比"国氏全营养素"更加大众化而受到消费者的欢迎。便宜的价格并不妨碍名牌的声望。将名牌与高价挂钩的观念，是企业在创造名牌过程中对消费者心理的一种误解。创造不同档次的名牌，以促进消费、扩大消费者群，是目前中国市场的一个可行策略。

3. 利用法律、技术手段，对抗仿冒名牌产品

仿冒名牌产品是对名牌的最大威胁。消费者如果买到仿冒名牌产品而不明真相，就会对该名牌失去信任。商界人士都有一个共识：一个品牌一旦倒了，要东山再起难于登天。据有关部门调查，2013 年中央爆出的泸州老窖部分年份酒是勾兑而成，这个消息使得人们不得不关注更多关于中国酒业市场的问题。例如，在包装加防伪标志，不断改良、创新产品。同时，还要借助法律武器维护自己的利益。

名牌是当今消费者的"宠儿"，拥有了名牌就拥有了消费者。可以说，名牌本身就是促进消费的有力工具。名牌是商品特殊的通行证，它已经成为高业绩、高利润与高市场占有率的代名词。而居于领导地位的名牌更代表着一种持续性的竞争优势、极高的国际化程度，最重要的还有长远利润。

为了使自己的产品品牌成为消费者心目中的名牌，欲在市场上争得一席之地的现代化企业，必须研究消费者的求名心理，运用恰当的心理策略塑造自己的名牌，在竞争中赢得优势。尤其是在中国已经加入世界贸易组织的今天，实施名牌战略已迫在眉睫。

本 章 小 结

首先，要是一个品牌，一个有品牌识别力，并且是为大众广为熟知的品牌，有自己的品牌文化、品牌内涵，并且有许多忠实于该品牌的消费者，则可称之为名牌。成为名牌是每一个企业想要做的事情，不仅仅是给企业带来当前的效益，同时还是对名牌文化的认同，是对企业的认同，因此，企业应该立志于将自己的品牌打造为中国品牌，甚至是世界名牌。

本章主要从名牌战略的含义及构成要素入手，通过介绍企业名牌战略的基本特征和企业创立名牌的核心战略，引申出实施名牌战略的问题。同时介绍了名牌的法律问题，重点分析了名牌的作用基础和构成要素，最后介绍了名牌战略的心理效应。通过本章的学习，读者可对名牌战略的基本内容与名牌战略实施的实际应用有一个初步的认识，明确现代企业在经济全球化的发展过程中实施名牌战略发展的必要性。

思考与练习

1. 简述名牌的定义及其特征。
2. 成为名牌有哪些要求？
3. 实施名牌战略的意义有哪些？
4. 概述名牌战略的内容，分析核心战略的构成部分，了解企业实施的辅助战略。
5. 企业实施名牌战略要注意哪些问题？并给出相应的解决方案。
6. 名牌的作用以及名牌构成要素。
7. 分析名牌战略的心理效用，可从多个角度分析。
8. 要想自己的品牌成为名牌，企业应该做哪些事情？

案 例 分 析

名牌中的大众品牌——IKEA

宜家是全球最大的家具和家具用品零售商，由于商品物美价廉和成功的营销战略，宜家 2012 年的销售额达到了 270 亿欧元。

打造名牌对一家企业十分重要。广大的消费者在选择商品的时候首选一定是知名品牌。消费者信任名牌，认为名牌不但有质量保障，更能彰显消费者自身的地位与品位。所以，对于一个企业除了把自身产品做好之外，最重要的就是把自身打造成知名品牌。接下来我将分析企业打造名牌成功的因素，并将宜家的品牌战略与之相结合。

1. 企业产品受众的精准定位。

准确的市场定位在打造名牌的过程中显得十分重要。简单简约物美价廉的商品显然不能定位在高端消费人群中；反之，做工精细、材料材质极尽奢华、成本较高的商品也不能定位在低端消费人群中。

宜家对自己产品的受众有着精准的定位。在欧美国家，宜家选择了与"大多数人"站在一起，即低消费者人群，把经营理念定位在成为"物美价廉，种类繁多，让大家买得起的家居用品"。

另外，宜家在进入中国时改变了它在欧美国家的目标消费人群，宜家对中国家具市场进行了全面深刻的调查。调查中发现，中国的家具市场已趋于饱和，并且人们更希望从国外的家具中体会到不一样的文化。所以宜家在中国对准了不同的消费人群，即"收入不高，但又想买有档次的家具"的白领。这一定位十分准确，而且宜家的餐厅、儿童游戏区也是吸引消费人群的亮点。

2. 确立正确的合适的企业核心价值。

核心价值对企业来说是非常重要的。它可以让企业明白，世界上为什么要有自己这家企业，顾客选择自己而不是别的企业的理由是什么？只有当核心价值明确的时候，企业才可能在许多方面去寻找、培育实现核心价值所需要的能力。如果一个企业确立了它的核心价值，那么这个企业的方方面面就必须渗透出这个理念，有一个环节与核心理念不符都会引起消费者甚至员工的不满，从而对企业产生消极影响。

宜家的家具设计是古老瑞典家具设计史的凝聚，当走进宜家，你会感受到它独特的异国魅力。我们看到宜家注重以人为本，独立、新颖、实用和耐用。所以宜家的每件家具都是宜家的设计师亲自设计，并且拥有这些设计品的专利。在倾力设计的同时，宜家也在追求更低的价格和更高的品质，宜家的设计师们不断地寻找耐用、价格低廉的原材料以便于提供更低的价格给消费者。而且宜家在商场内部的设施也非常的人性化，你可以在宜家商场的餐厅厕所等场所中非常真切地感受到这种人性化。

3. 正确的营销战略。

当企业的产品拥有良好的品质的时候，正确的营销战略开始显现出不可忽视的作用。正确的营销战略可以提高企业对消费者的认知度，让消费者更加了解和信任企业的产品。甚至可以说，一个企业营销战略的好坏直接影响了企业的成败。

宜家采用了多种营销战略，第一种是商品目录，每年宜家生产大量的产品目录，上面展示了 1200 多种商品，这种商品目录免费发放给消费者并且方便携带，非常巧妙地闯入了消费者的生活。第二种是展示单元，宜家把展示区分成像房间一样的展示单元。宜家有一群专业的设计师和装修队员，他们把每个展示单元装扮成不同的风格，并且从顾客的角度出发，把展示单元划分成贴合实际的房屋面积，使顾客不会产生错觉进行错误消费。通过这样的方式，消费者可以原封不动地把展示区的样子搬回家去，可以产生与商场展示区一样的效果。第三种是让顾客亲身体验产品。宜家没有把床和沙发等家具围起来供人们展览，而是鼓励人们去坐沙发、躺在床上去亲身体验一下产品，也能让顾客在疲惫的时候有个歇息的地方，这样的做法非常容易博得消费者的好感。第四种是高举环保"大旗"。宜家一直倡导家具环保，这吸引了大批的环保人士的青睐，也使很多消费者在使用家具的时候十分放心。

4. 灵活的转型战略。

任何一家企业在发展到一定程度时，都面临着转型的问题。一家企业不可能使用同一种模式一直取得成功。所以想要继续发展的企业必须灵活地向另一种模式转型。当今经济低迷，宜家目前正从家具制造业向服务业转型。以前宜家专注于家具生产，现在正在提供越来越多的面对面服务于消费者。当今经济不景气，消费者在消费时更加谨慎和理智，宜家在卖出家具的同时，向消费者提供完美的售后服务，赢得了消费者的好感。而且宜家在各大社区建立了免费维修站，无论你是否在宜家买了家具，宜家都提供这种服务。由此可见，宜家从注重家具质量生产转向了"软实力"的竞争。

从以上四点来看，打造名牌企业需从多方面入手，而这四点也是当今中国企业需要改进的。中国企业要提高产品质量，创出优势，体现出自己优势的那一面；加强企业文化建设，从企业的方方面面入手，融入自己的企业文化，做出独特的企业文化；深入市场做调查，倾听消费者意见，根据自身情况和消费者的反馈做出修改和定位；根据自己的受众人群，建立切实有效的经营战略，实施推广；当发展到一定程度企业开始下滑时，做出正确的转型，谋求长远的发展。

(资料来源: http://3y.uu456.com/bp-6286c912c281es3as802ffe2-1.html)

思考

结合相关的理论知识和宜家的战略方案，仔细分析宜家成功的因素，为中国本土品牌成为名牌提供贴合实际的建议。

第 11 章 网络品牌营销战略

11.1 网络品牌营销战略概述

11.1.1 网络品牌的内涵

1. 网络品牌的含义及产生

1) 网络品牌的含义

美国市场营销协会将传统品牌定义为："品牌是一种名称、术语、标记、符号或设计，或是它们的组合运用，其目的是借以辨认某个销售者或某群销售者的产品或服务，并使之同竞争对手的产品区分开。"品牌最重要的不在于它的名称而在于它的价值、文化与个性，而这些正是竞争对手所不能复制的，也正是在这个方面品牌区别于竞争对手的产品。

罗瑞生学者将市场营销协会对传统品牌的定义延伸到了网络品牌的定义，他认为："网络品牌是用以识别某个销售者或某群销售者的产品和服务，并使之与竞争对手的产品和服务区别开来的商业名称及其标志，通常以互联网为平台，由文字、标记、符号、图案和颜色等要素或这些要素的组合构成。"

从两者的定义可以看出，网络品牌与网下品牌的区别就在于是否以互联网为平台发展品牌。从内涵上讲，网络品牌代表了企业(包括网络企业和传统企业)和企业的产品或服务；从外延上讲，网络品牌不仅是一个标志，一种符号，它更象征着一种风格、精神或是一种生活方式。

在研究网络品牌之前首先要明确研究范围，就是什么是传统品牌，什么是网络品牌，哪类品牌才是要研究的。首先，将现在的企业划分为 3 类，即传统企业、在网络上拥有品牌的传统企业、网络企业。为了研究的需要，现将第一类和第二类企业所拥有的品牌统称为传统品牌，而传统品牌与网络品牌的根本区别在于这个品牌是不是仅仅在网络上存在。

朱洁等学者将网络品牌主要概括为 3 类：提供网上销售为主的网络零售商的品牌，如

Amazon.com 亚马逊网上书店；提供网上信息服务为主的网络公司的品牌，如 sina.com 新浪网站；企业的网站品牌，如宝洁公司的网站。我们在此界定：网络品牌指的是前两种，而企业的网站品牌则划归为品牌的网络化。

要了解网络品牌的含义，必须要区别网络品牌和品牌的网络化。二者最明显的区别就是，网络品牌必须以互联网为生存空间，而品牌的网络化指的是将传统品牌在网络上进行推广。网络品牌是以互联网业务为核心的品牌，例如搜狐、淘宝、腾讯等，网络是这一类品牌存在的基础和土壤，没有网络就没有这一类的品牌。而对品牌的网络化来说，网络只是传统品牌增强影响力和巩固品牌实力的得力工具，例如曼秀雷敦、宝洁、通用等。这一类品牌发轫于传统经济，但是利用新兴的互联网来塑造和经营品牌，网络不过是增强品牌影响力的一个工具，没有了网络，它们仍然能够存在。网络品牌以网络为基础，而品牌的网络化以传统品牌为基础。通常塑造一个传统品牌需要漫长的时间，而塑造一个网络品牌需要的时间可能短得多。

网络品牌是指所有网民对某一特定网站认知的总和，是网站提供并由网络受众受用的节目(栏目)、服务以及感受的总和。另一种解释是，网络品牌又称网络商标，是指公司名称、产品或者线下品牌在互联网上的延伸和保护。线下商标、品牌名称注册后，受商标法的保护，但是超过一定范畴，商标法是做不到约束和保护的，如果企业或者公司想在互联网上发展和营销使用，需要在互联网中心登记注册网络品牌，保证线下品牌在互联网上的安全使用。做到全网保护，也是公司网络知识产权的全面保护，避免网络品牌流失。线下和线上都是需要保护，同时网络品牌具有唯一性、稀缺性、权威性、保护了网络品牌，也就是避免了品牌的重复性。

广义的网络品牌是指："一个企业、个人或者组织在网络上建立的一切美好产品或者服务在人们心目中树立的形象就是网络品牌。"

网络品牌有两个方面的含义：一是通过互联网手段建立起来的品牌；二是互联网对网下既有品牌的影响。两者对品牌建设和推广的方式、侧重点有所不同，但目标是一致的，都是为了企业整体形象的创建和提升。

2) 网络品牌的产生

依据互联网而建立的网络品牌虽然处于萌芽阶段，稚嫩且不成熟，但它的产生意义不仅彻底改变了传统的市场营销模式，而且为品牌经营和品牌资产管理提出了一系列新的课题。

20 世纪 90 年代，中国市场营销迎来了网络品牌时代。媒体分化无情地结束了昔日风光无限的电视广告的辉煌时代，与这一时代相对应的就是网络品牌的诞生，即基于互联网技术而推出的网络门户。虽然中国网络门户刚刚起步，远不像传统品牌那样历史长、知名度高，具有广泛的忠实客户，但它对中国品牌市场营销的进程具有里程碑的意义。

网络品牌成为投资未来的一张牌，一开始建立网络品牌就是资产投入。因为基于网络而建立的品牌不是依靠实际业绩取得回报，而是通过投资市场聚集财富的。这一财富积累的方式完全打破了以往工业时代必须凭借实业或股市长期积累的模式，品牌成为迅速积累资本的手段，它借助互联网经济重新进行了定义，它不再仅对企业和消费者有意义，现实的承诺变为长远投资的期待。某种程度上，网络品牌在网络上提供的服务几乎是免费的，用户使用和获得品牌的服务不再付费，这一点就从根本上区别于传统意义上的品牌存在的价值。网络品牌完全打破了传统品牌特别是产品品牌建立的模式。

2. 网络品牌的特征

相对于传统意义上的企业品牌，互联网的飞速发展引起了一场翻天覆地的变化，不仅对人们的日常生活而且对全球经济也产生了重大影响。新的市场空间需要新的观念、新的营销策略，对传统方式的创新势在必行。"网络品牌"正是适应这一变化而产生的，表现出许多新的特点，网络品牌具有以下特征。

1) 网络品牌是网络营销效果的综合表现

网络营销的各个环节都与网络品牌有直接或间接的关系，网络品牌建设和维护存在于网络营销的各个环节，从网站策划、网站建设，到网站推广、顾客关系和在线销售，无不与网络品牌相关，如网络广告策略、搜索引擎营销、供求信息发布等均对网络品牌产生影响。

(1) 个性化。网络品牌生存的唯一性在服务范围内表现出的特性就是信息服务的个性化。定制化品牌的出现是网络时代品牌宣传上科技含量提高的结果。传统经营时代无法满足顾客个性化的需求，但网络科技提供了了解个性化需求、满足个性化需求的机遇和可能。在互联网上，消费者可以根据自己的喜好点击所需信息。网络品牌的信息传递也是针对消费者的个人需求来进行的。例如 BMW 公司，在他们的 Z3 型跑车投放市场之前，他们设立了一个令人印象深刻的网站：用户可以在那里设计自己梦想的跑车。这些信息被自动存储在一个数据库里，因为有一批最忠实的顾客，所以这个数据库能够给出一个非常精确的指示，指明哪些组合是消费者所极力追求的，并且应该被投入生产。

(2) 数字化。网络品牌赖以生存的基础是互联网，它是与数字化基础共存的。

(3) 唯一性。网络品牌与传统品牌的一个显著差异就是网络品牌有很强的唯一性，网络品牌所代表的是网络门户。网络门户的竞争只承认第一，任何互联网门户要想生存下去就必须做到在某一行业里是唯一存在而不可替代的。

(4) 虚拟化。网络品牌存在的核心价值是信息，借助现代信息技术进行加工和生产都是在虚拟的空间完成的。

(5) 独创性。想要保持网络品牌在该行业领域的唯一性必须具有独创性，而确立市场细分化和专业化的定位就是基础。

2) 网络品牌的价值只有通过网络用户才能表现出来

正如菲利普·科特勒(Philip Kotler)在《营销管理》一书中所言："每一个强有力的品牌实际上代表了一组忠诚的顾客。"网络品牌的价值意味着企业与互联网用户之间建立起和谐关系。例如，集中了相同品牌爱好者的网络社区，在一些大型企业如化妆品、保健品、汽车行业、航空公司等比较常见，网站的电子刊物、会员通信等也是创建网络品牌的有效方法。

3) 网络品牌体现了为用户提供的信息和服务

Google 是最成功的网络品牌之一，当我们想到 Google 这个品牌时，头脑中的印象不仅是那个非常简单的网站界面，更主要的是它在搜索方面的优异表现，Google 可以给我们带来满意的搜索效果。可见有价值的信息和服务才是网络品牌的核心内容。

4) 网络品牌建设是一个长期的过程

与网站推广、信息发布、在线调研等网络营销活动不同，网络品牌建设不是通过一次活动就可以完成的，不能指望获得立竿见影的效果。

3. 网络品牌标识与实体商标的差别

有一些企业会咨询注册机构：如果企业已经在商标局注册了商标，还要不要注册无线网址网络品牌标识？其实，企业品牌资产包括商标局注册的实体商标及国家互联网络信息中心注册的网络商标，无线网址和商标都是企业的品牌资产和品牌保护范畴，只不过商标属于企业网下的有形商标，无线网址属于企业网上的无形商标，既有区别又有关联。如果企业能够及时将自己的名称、字号、产品注册保护，且使得网上、网下商标名称完全统一，则将建立全网品牌保护体系。

根据中国互联网络信息中心颁布的《无线网址注册管理办法》的相关规定，无线网址网络品牌资产遵循国际注册惯例"先申请先注册"的原则，即企业即使合法注册了商标，也只是在实体中的保护和应用，并不涉及在互联网上知识产权的应用和归属问题，也不代表其在互联网上就可以不进行注册。中国国际贸易仲裁委员会争议解决中心秘书长焦亚尼指出："企业即使已经合法注册了商标局的商标，并不代表在网络上它们同时拥有同一名称的网络品牌资产的所有权和使用权，只要被投诉人证明其注册的善意，企业也不能夺回已经注册成功的网络品牌。"我们也总结出了网络品牌标识与实体商标的具体差异，如表 11-1 所示。

商标的注册原则也是"谁先注册谁先拥有"，企业之所以可以拥有此商标是因为及时注册，所以无线网址网络品牌标识也需要及时注册，这样才能够拥有网上网下统一的品牌商标。

表 11-1　网络品牌标识与实体商标的异同点

项　目	无线网址网络品牌标识	商　标
注册管理机构	工业和信息化部 中国互联网络信息中心	国家工商行政总局商标局
单位性质	正厅级事业单位	正厅级事业单位
共同点	二者都是国家推出的保护企业品牌及标识的服务； 注册原则都是"谁先注册谁先拥有"，申请人必须通过核准注册，才能取得对该品牌专用权的确认，即谁先申请了注册，专有权的归属就属于谁； 都属于国家官方标准； 均由国家权威管理部门颁发正式注册证书； 注册信息均被收录到专有的国家数据库中； 注册均具有法律效益，受国家相关法律、法规的保护	

续表

项　目	无线网址网络品牌标识	商　标
区别	商标是分类别的，一个商标名称只能应用于一个行业，同一名称的品牌可以在商标的 45 大类中分别注册；而在互联网领域，一个名称只能注册为一个无线网址网络品牌标识，无线网址不分行业，全行业通用，具有全球唯一性，相比实体商标，网络商标的重复率低，含金量高，且得到国际认可。 商标是企业名称、字号或产品在线下的保护；而无线网址是企业名称、字号或产品在网上的保护，一旦注册成功，则其他任何组织、机构或自然人均无法再次申请、使用。 无线网址网络品牌资产被收录到全国最高层次的网络目录数据库中，收录资源具有绝对的权威性、唯一性和稀缺性。 商标只能注册没有配套的推广服务；无线网址网络品牌标识不仅具有商标价值，而且具有网络应用推广的属性，由中国互联网信息中心提供技术支持，对企业注册的网络品牌商标免费建立专属的商务平台进行全方位、多角度的推广、服务	

无线网址网络品牌标识是由中国互联网络信息中心负责审核、注册、管理、维护、颁发注册证书，公司若要保护注册自己的品牌资源，需及时提交相关注册材料，注册机构将协助公司在第一时间上报给无线网址管理机构，经专家评审小组审核同意后由该公司优先办理注册手续。但注册只是涉及品牌标识的相关权益人，绝对不是唯一的合法注册申请人。若该公司不能及时提交材料，办理注册手续，则属于自己主动放弃，无线网址管理机构将按照《中国互联网无线网址注册管理办法》完成其他申请者的注册流程。注册成功后申请人将合法拥有该无线网址网络品牌标识的所有权、使用权、归属权，其注册信息将被收录到国家网络目录数据库，且将获得正式的注册证书。

11.1.2　网络品牌的建立

网络品牌通常并不是独立存在的，与多种网络营销方法都有助于网站推广的效果一样，网络品牌往往也是多种网络营销活动所带来的综合结果。网络品牌建立和推广的过程，同时也是网站推广、产品推广、销售促进的过程，所以有时很难说哪种方法是专门用来推广网络品牌的。在实际工作中，许多网络营销策略通常是为了网络营销的综合效果而不仅仅是网络品牌的提升。

1. 企业网站中的网络品牌建设

企业网站建设是网络营销的基础，也是网络品牌建设和推广的基础，在企业网站中有许多可以展示和传播品牌的机会，如网站上的企业标识、网页上的内部网络广告、网站上的公司介绍和企业新闻等有关内容。

企业网站所必不可少的要素之一——域名与网络品牌之间也存在密切的关系。由于英文(或汉语拼音)域名与中文品牌之间并非一一对应的关系，使得域名并不一定能完全反映出网络品牌，这是中文网络品牌的特点。一个中文品牌可能并非只对应一个域名，如康佳集团，中文商标为"康佳"，其英文商标为"KONKA"，那么康佳的汉语拼音所对应的域名也将对康佳的网络品牌有一定影响，但汉语拼音"kāngjiā"所对应的中文并不是唯一的。除了康佳之外，还有"康家"等也有一定意义的词汇。这也为网络品牌推广带来一定的麻烦，同时也出现了域名保护问题。尽管从用户网站访问的角度来看，一个域名就够了，但实际上，由于域名有不同的后缀(如.com、.net、.cn、.biz 等)，以及品牌谐音的问题，为了不至于造成混乱，对于一些相关的域名采取保护性注册是有必要的，尤其是知名企业。但对于过多的保护性注册，也增加了企业的支出，这些网络品牌资产虽然也有其存在的价值，但却无法转化为收益。

2. 电子邮件中的网络品牌建设和传播

作为市场工作的需要，每天都可能会发送大量的电子邮件，其中有一对一的顾客服务邮件，也会有一对多的产品推广或顾客关系信息，通过电子邮件向用户传递信息，也就成为传递网络品牌的一种手段。

电子邮件的组成要素包括：发件人、收件人、邮件主题、邮件正文内容、签名档等。在这些要素中，发件人信息、邮件主题、签名档等都与品牌信息传递直接相关，但往往是容易被忽略的内容。正如传统信函在打开之前首先会看一下发信人信息一样，电子邮件中的发件人信息同样有其重要性。如果仅仅是个人 ID(如名字缩写)而没有显示企业邮箱信息的话，将会降低收件人的信任程度；如果发件人使用的是免费邮箱，那么很可能让收件人在阅读之前随手删除，可见使用免费邮箱对于企业品牌形象有很大的伤害。正规企业，尤其是有一定品牌知名度的企业在此类看似比较小的问题上不能掉以轻心。

下面是在电子邮件信息中传播网络品牌信息值得重视的一些要点。

(1) 设计一个含有公司品牌标志的电子邮件模板(其作用就像邮政信函中使用的有公司品牌标志的公文纸和信封一样)。这个模板还可以根据不同的部门，或者不同的接收人群体的特征进行针对性的设计，也可以为专项推广活动进行专门设计。

(2) 电子邮件要素完整，并且体现出企业品牌信息。

(3) 为电子邮件设计合理的签名档。

(4) 商务活动中使用企业电子邮箱而不是免费邮箱或者个人邮箱。

(5) 企业对外联络电子邮件格式要统一。

(6) 在电子刊物和会员通信中，应该在邮件内容的重要位置出现公司品牌标识。

当然，利用电子邮件传递营销信息时，邮件内容是最基本的，如果离开了这个基础，无论再完美的模板和签名也发挥不了应有的作用。因此，品牌信息的传播是产品促销、顾客服务、顾客关系等网络营销信息的附属内容，也是只有在保证核心内容的基础上才能获得的额外效果。

3. 网络广告中的网络品牌推广

网络广告的作用主要表现在两个方面：品牌推广和产品促销。相对于其他网络品牌推广方法，网络广告在网络品牌推广方面具有针对性和灵活性的特点，可以根据营销策略需要设计和投放相应的网络广告，如根据不同节日设计相关的形象广告，并采用多种表现形式投放于不同的网络媒体。利用网络广告开展品牌推广可以是长期的计划，也可以是短期的推广，如针对新年、情人节、企业年庆等特殊节日的品牌。

11.1.3　网络品牌营销战略的概念

1. 网络品牌营销战略的含义

企业或个人或组织机构利用互联网为媒介，利用各种网络营销推广手段进行产品或者服务的推广，在消费者心目中树立良好的品牌形象，最终把企业的产品或服务推广出去满足消费的需求，同时实现企业自身的价值就叫作网络品牌营销。

对于网络品牌营销战略，一种理解是"个人或者企业利用互联网提供在线的各种营销手段把企业的产品和服务宣传出去实现其自身的价值"。另一种理解是"网络营销"加上"品牌"的概念，把二者进行整合就可以得到网络品牌营销。

2. 网络品牌营销的核心

网络品牌营销的核心就是解决客户的信任度的问题，因为互联网的虚拟性，很容易给消费者带来不信任感。由知名网络品牌营销机构品牌联播率先提出来的"新闻联播"营销模式，可以很好地解决网络信任度的问题。简单来说，新闻联播即通过"新闻"的方式，多角度、多层次地为企业、产品或人物进行宣传，来吸引公众的注意与兴趣。结合互联网这一大平台，品牌联播所运营的精准企业新闻联播，能让信息从"焦点"变为"记忆点"，进而产生"卖点"，无论是短期还是长期都能为企业带来积极的效应和价值。

"新闻联播"是运用媒体新闻为企业宣传的一种新型推广方式，相对于硬性广告或传统的 B2B 平台宣传等，网络迅速发展到今天，广大网民用户对新闻的接受程度要高很多，同样是做宣传和营销，同样都是希望找到并影响、打动潜在客户，何不以新闻的形式做宣传，让公众在不知不觉中接收信息。

11.2　网络品牌营销战略的推广与方法

11.2.1　移动营销

1. 移动营销的含义

移动营销(mobile marketing)指面向移动终端(手机或平板电脑)用户，在移动终端上直接向目标受众定向和精确地传递个性化即时信息，通过与消费者的信息互动达到市场营销目标的行为。移动营销早期称作手机互动营销或无线营销。移动营销是在强大的云端服务支持下，利用移动终端获取云端营销内容，实现把个性化即时信息精确有效地传递给消费者个人，达到"一对一"的互动营销目的。移动营销是互联网营销的一部分，它融合了现代网络经济中的"网络营销"(Online Marketing)和"数据库营销"(Database Marketing)理论，亦为经典市场营销的派生，为各种营销方法中最具潜力的部分，但其理论体系才刚刚开始建立。

移动营销是基于定量的市场调研、深入地研究目标消费者、全面地制定营销战略、运用和整合多种营销手段来实现企业产品在市场上的营销目标。无线营销是整体解决方案，它包括多种形式，如短信回执、短信网址、彩铃、彩信、声讯、流媒体等。而短信群发只是众多移动营销的手段之一，是移动营销整体解决方案的一个环节。所以说，移动营销和短信群发是不一样的。

随着智能手机的普及，将不是一个层面的三者紧密联系。移动互联网技术发展促使互联网冲破 PC 枷锁，开始将网络营销从桌面固定位置转向不断变动的人本身。

移动营销的目的非常简单——增大品牌知名度，收集客户资料数据库，增大客户参加活动或者拜访店面的机会，改进客户信任度和增加企业收入。

移动营销和群发短信最大的区别在于以下几点。

1) 目标受众

将移动营销发送短信或彩信的对象首先定位于企业的潜在或意向客户，或者老客户，营销才能有比较正常的反馈效果。而大家理解的短信群发，基本属于盲目发送，导致信息对绝大多数用户来说变成垃圾短信，甚至对用户造成不必要的骚扰。

2) 营销效果

既然是营销就要有监测和评估绩效，短信群发出去以后是无法监测最终的营销结果的，只能靠用户打来电话或者上门之后人工询问统计，但这种方式显然是无法客观统计反馈效果的，按经验来看，盲目发短信带来的反馈率能有万分之一就已经算正常了。真正的移动营销，应该在制定完善的营销策略之后，能够有落地的监测反馈手段，如发送优惠券彩信到用户手机，用户消费时需要把手机上的二维码图片在 GPS 终端做识别，消费记录会进系统后台，这样整个推广到营销的流程形成闭环，可以很好地监控管理促销活动的效果。

2. 移动营销的市场意义

1) 收集目标用户手机号码实现精准营销

我国从 2010 年 9 月 1 日起正式实施手机用户实名登记制度，手机号码对应特定的手机用户，而且手机号码的使用周期一般较长，因此手机号码极具营销价值。企业通过收集目标用户信息可以有效地实施精准营销。

2) 辅助市场销售分析

移动营销可以辅助市场调查、数据采集和市场分析。比如，赛拉图推出"我的车我命名，Cerato 中文名称有奖征集活动"，通过手机媒体对潜在顾客进行了数据采集与上市宣传。这点，中小企业应该学会借鉴，借此了解企业产品市场的实际情况。

3) 加强广告效果，进行有效监测

利用传统大众媒体进行营销项目的宣传费时费力，移动营销可以迅速提升传播效果。例如，2005 年的超级女声，蒙牛集团以 1 400 万元冠名费和 8 000 万元后续资金，通过手机短信投票互动的方式，吸引了多达 60 万人的参与，从而达到广告推广的效果。最终蒙牛的销售额实现了由 2004 年的 7 亿元到 2005 年 25 亿元的超越。

4) 增加消费者黏性

雀巢推出了消费者发送"积分密码"到手机短信平台，参与雀巢花心筒积分竞拍。市场活动设计巧妙，清晰的晋级方式让参与者感觉大奖就是为其设置的。该活动应用了移动娱乐式营销，让参与者在对抗中放松对消费的警惕并持续关注此品牌，增加了消费者黏性。

5) 分众和本地化做到极致

本地化移动营销传播可以拉近企业与客户之间的距离，使更多用户可以参与进来。福特选择区别于以往的活动形式，采用区域智能回复功能，实现服务本地化。直接互动翼虎的全国性活动"你需要的是最近的那家 4S 店"平台号码直接导入 CRM 系统，进行潜在用户资料备份。

3. 移动营销注意事项

关于移动营销，下面的几点是需要知道的。

消费者可以立即同智能手机上的广告进行交互。在看完广告之后，消费者可以立即发短信、打电话，或者进行内容下载。移动设备的强大功能使得结合了全新交互方式的在线广告可以和品牌更加紧密地结合起来。比如，消费者在商店购物时，可以在线查看他人对某件产品的评价；在使用产品时，可以访问该产品的 APP；甚至可以对产品进行拍照，然后将照片发布在 Facebook 等社交媒体上，而上面所有的这些操作全都可以在用户的智能手机上进行。

我们生活在一个 APP 广告(appvertising)的时代。苹果 APP 商店里可供下载的应用数已经超过了 50 万，下载次数也超过了 250 亿次，这使得 APP 成为移动营销的前沿阵地。消费者可以下载喜欢的品牌的 APP，并可以同 APP 进行交互，从而完成购买、发现新的信息，以及同朋友分享。这是一种受到人们欢迎的广告形式，只需点击下载 APP 即可，甚至有些时候，人们还愿意为下载付费。

移动广告提升了用户体验，而不再是打扰。移动广告允许市场营销人员可以以一种个性化的、不间断的、基于位置信息的方式去同消费者进行交流。从简单的短信到丰富的 iPhone 应用，有多种选项可以供企业采纳，从而完成市场目标。

移动设备就是媒体。消费者们在散步、等待、吃饭，甚至是在开车的时候都会使用手机。事实上，有 86%的移动互联网用户在看电视的时候也会使用他们的移动设备。总之，我们无时无刻不在使用智能手机，它在未来必将会代替其他形式的媒体，虽然这一过程会比较缓慢。

消费者已经为企业做出了决定，不管企业是否情愿，数以百万计的消费者正使用移动设备去搜索产品和服务的信息。令人意外的是，企业的产品信息也可能会被检索到。但是，企业怎么去利用这些信息完全取决于企业自身。企业应该开发一款 APP，改善消费者对企业品牌的看法；创建一个移动站点，使得企业的顾客可以更加容易了解企业的服务；或者还可以提供一个移动横幅广告，这样企业的目标用户在路上就可以看见了。

手机正变得越来越智能。全球有 40 亿部手机，10.8 亿部手机为智能手机。智能手机正在改变我们开展业务、通信、购物和打发时间的方式。甚至在不久之后，它们还将代替我们的信用卡。企业应该密切留意智能手机能够做什么，并以此开展各种规模的广告活动。

社交网络促进业务增长。使用移动设备来更新社交站点正变得越来越普遍，有 40%的智能手机用户是通过手机浏览器来访问他们的社交网络的。社交网络一般拥有自己的 APP，这使得用户可以更方便地更新他们的个人资料、确认朋友请求，并随时签到。实际上，一

些社交网络就是围绕着移动设备来设计的，比如说 Foursquare，它利用了智能手机上的 GPS
定位技术。

消费者并不会非常排斥移动广告。在出现产品广告时，消费者一般会倾向于换台，不
管是在收听广播还是在看电视。在看报纸杂志的时候，他们也会省略广告；在上网的时候，
会毫不犹豫地关掉弹窗广告，甚至感到愤怒。然而，移动广告对大多数消费者来说却是一
件新鲜事物，可以提供其他媒体无法提供的交互体验，比如说消费者可以立即兑现商店的
优惠券，像 Nike 这样的公司所提供的 APP 还能帮助人们轻松减肥，等等。

在过去，条形码无处不在，在广告、直接邮寄广告(direct mailer)甚至是电话民意调查的
海报上都可能会出现条形码。然而，二维码(QR code)却可以使得任何事情同用户更加交互
起来。消费者在扫描它们之后，可以访问移动站点、观看视频或音频，从而对产品了解得
更多。而像杂志或报纸广告等静态方式，如果能插入二维码的话，也将使得消费者可以通
过他们的智能手机同商家进行更为密切的沟通。

移动设备是我们在工作、开车、人际互动甚至在睡觉时最好的伴侣。我们的手机不再
仅仅是打电话而已，我们可以使用它们来进行互联网搜索、使用 APP、发短信等。

在以前人们使用各种功能手机的年代，移动营销在很大程度上还没有被人重视。随着
智能手机的蓬勃发展，移动设备已经成为所有营销人都不应该忽视的媒体。

4. 发展移动营销形成的口碑效应

无论是传统的营销市场，还是网络的传播环境，口碑营销作为一种比较有效的营销手
段，一直以来都受到营销人的喜爱。移动互联网也应该注重口碑营销手段的应用，这也是
企业或者广告主需要研究和投入的方式。这里主要讨论通过应用程序的形式打包企业的服
务和产品价值，通过病毒式的传播实现口碑营销目的。

口碑效应最重要的特征就是其中的可信度高，因为在一般情况下，口碑传播都发生在
朋友、同事、同学等关系较为密切的群体之间。在口碑传播过程之前，他们之间已经建立
了一种长期稳定的关系。相对于纯粹的广告、促销、公关而言，可信度要更高。移动互联
网的发展提出了一个新的课题，那就是如何有效照顾好你的顾客或粉丝。相对于大众传播
时代的宣传和推广，移动互联网的个性化使得更多人通过了解其他人的体验，无论是认识
或者不认识的，消费者的评论和分享对于一项服务或产品都很重要。这时候往往有所谓"脱
媒现象"，即企业和营销者被排除在外，消费者更愿意倾听朋友的建议决定买还是不买，而
且这种讨论还是处于相对隐形的状态。

任何产品或者服务都有着其独特的价值和适应性，企业要做的就是开发出并利用好它。
对于企业来说，首要关注的就是你已有的客户。站在他们的角度，可以尝试制作一些更具
实用和贯穿了企业品牌价值的应用程序，可以自由下载安装到客户群体里，无论是侧重"有
趣"，还是偏好"有用"。照顾好企业的客户，然后才是你的潜在客户。口碑效应的传播有
赖于三点：一是信息的价值是否真的对你的客户有用，二是信息是否能够引起使用者传播
的兴趣，三是是否很容易分享和点评。有了这几点，才算基本具备了传播基础。

此外，选择推出应用程序的方式和时机也需要认真研究，先不要想着多少人关注和传
播你，别人凭什么和你玩，帮你传播，换位思考一下，能满足你现有的顾客需求就是成功

了一大半。不同的行业和产品其发布特征还是有所差异化的，但口碑效应也是人们接受新事物的重要驱动力之一，当消费者看到别人用应用程序并获得良好的体验时，他也可能会尝试。生活中，我们关注与谈论最多的莫过于与自己利益相关的各种话题。因此，口碑营销必须将传播的内容以利益为纽带与目标受众直接或间接地联系起来，这一点在中国市场尤为重要。

由于个性化的差异，每个人接受新事物的过程和周期不同，有的慢、有的快，但用户确实逐渐积累和增长的，是一个渐进的过程，除非出现或者策划出事件营销的效应来，一般都没有显著的爆炸性群体增长，但却是一直在增长，这是营销者在推广移动营销时应该理清的，重在持之以恒。

总之，对于想通过一些应用程序和服务提升口碑营销的企业而言，先不要急功近利，先为你的客户服务好，提炼出你优秀的传播元素，多渠道投放，加强使用体验，你的客户群自然就会日新月异。

11.2.2 网络品牌营销战略的推广

网络品牌营销战略推广就是通过一定的方式或方法对商品、服务甚至人进行一定的宣传和推广，而其中的媒介就是网络。网络品牌营销战略推广有两个重要任务：一是通过网络树立良好的企业和产品形象，提高品牌知名度、美誉度和特色度；二是最终要将有相应品牌名称的产品销售出去。

1. 网络品牌营销推广的核心

网络品牌推广的核心在于如何让企业品牌深入到消费者心坎里去，让消费者认识品牌、了解品牌、信任品牌到最后的依赖品牌。传统的品牌推广方式成本大，见效慢。随着网络的发展，互联网品牌推广以高性价比的优势，逐渐受到企业的青睐。

2. 网络品牌营销推广的特点

相比普通媒体的宣传效果，网络宣传有以下的特点。

1) 网络宣传是多维宣传

传统媒体是二维的，而网络宣传是多维的。互联网络具有文字、图片、色彩、电影、三度空间、虚拟现实等所有广告媒体的功能，它的宣传载体基本上是多媒体、超文本格式文件等，通过这些可以让客户非常方便地看到公司的介绍、产品说明、服务方式、联系地址，而且可以加入声音、图片、动画和影像信息，达到真正的声情并茂，从而树立良好的企业形象，大大增强产品宣传的实效，使消费者能更加直观地体验产品、服务与品牌。

2) 网络宣传拥有最有活力的消费群体

分析互联网用户群体，70.54%集中在经济较为发达地区，64%家庭人均月收入高于1 000元，85.8%年龄在18岁到35岁之间，83%受过大学以上教育。这一群体的消费总额往往大于其他消费层次之和。所以网络宣传的受众群体消费能力最强，接受新事物、新品牌的能力也最强，这是网络宣传不可多得的优势。

3) 网络宣传制作成本低，速度快，更改灵活

网络宣传制作周期短，即使在较短的周期进行投放，也可以根据客户的需求很快完成制作，成本可控。而传统宣传制作成本高，投放周期固定。很多公司为了更新广告内容及商品目录，需要花很多印刷费及人力、物力。而资料一旦放在网页上，不仅立即"问世"，开始发挥效用，更可随时更新、更正，省时省力，节省了大量的人力、物力。

4) 网络宣传具有交互性和纵深性

交互性强是互联网络媒体的最大优势，它不同于传统媒体的信息单向传播，而是信息互动传播，各种网络资源共享。用户只需简单地点击鼠标，就可以从厂商的相关站点中得到更多、更详尽的信息。

5) 网络宣传的投放更具有针对性

通过提供众多的免费服务，网站一般都能建立完整的用户数据库，包括用户的地域分布、年龄、性别、收入、职业、婚姻状况、爱好等。这些资料有助于分析市场与受众，根据信息发布目标受众的特点，有针对性地进行信息发布，可以提供有针对性的内容，为密切迎合用户的兴趣提供了可能。

6) 网络宣传的受众关注度高

据资料显示，大多数人在看电视的时候并不能集中注意力，电视观众 40%的人同时在阅读，21%的人同时在做家务，13%的人在吃喝，12%的人在玩赏他物，10%在烹饪，9%在写作，8%在打电话。而网上用户 55%在使用计算机时不做任何他事，只有 6%同时在打电话，只有 5%在吃喝，只有 4%在写作。这样的数据分析也显示了人们在从网络上得到信息的时候要比从电视上得到信息投入更多的注意力。

7) 网络宣传缩短了媒体投放的进程

传统媒体进行市场推广一般要经过三个阶段：市场开发期、市场巩固期和市场维持期。在这三个阶段中，厂商要首先获取注意力，创立品牌知名度。在消费者获得品牌的初步信息后，推广更为详细的产品信息。然后是建立和消费者之间较为牢固的联系，以建立品牌忠诚。而互联网将这三个阶段合并在一次信息发布中实现：消费者看到网络宣传，点击后获得详细信息，并填写用户资料或直接参与用户的市场活动甚至直接在网上实施购买行为。

8) 网络宣传传播范围广，不受时空限制

通过国际互联网络，网络宣传可以将信息 24 小时不间断地传播到世界的每一个角落。只要具备上网条件，任何人在任何地点都可以阅读。这是传统媒体无法达到的。

9) 网络宣传具有可重复性和可检索性

网络宣传可以将文字、声音、画面完美地结合之后供用户主动检索，重复观看。而与之相比，电视宣传却是让用户被动地接受宣传内容。如果错过宣传时间，就不能再得到宣传信息。另外，显而易见，较之网络宣传的检索平面宣传的检索要费时、费事得多。

10) 网络宣传具有价格优势

从价格方面考虑，与报纸杂志或电视宣传相比，目前网络宣传费用较为低廉。网络与传统媒体的互动已成常态，在具体价格优势的基础上，网络宣传必将为客户带来更好的效益。

网络宣传推广因其灵活多样的宣传推广手段，快速更新的宣传内容，快捷方便的操作

手法，价格合理的收费模式，正在被越来越多的个人或企事业单位接受。可以说，网络给我们提供了无限的可能，我们可以帮你宣传任何你想要宣传的东西，比如可以帮歌手艺人宣传推广歌曲，帮企业宣传推广产品。

3. 网络推广策略分析

品牌的发展时期划分为导入期、成长期、全盛期和衰落期四个发展阶段，这四个阶段的提出将对企业的品牌推广具有许多现实意义。

1) 品牌的导入期

在网络品牌发展的初期，可以采用的网络品牌推广手段有以下几种。

(1) 网站推广。即将商品、服务或对象展示在架设的网站上，通过推广网站推广推广对象。比如，要推广网站建设这项服务，就会架设自己的网站，然后通过某些网站推广方法，比如 SEO 来达到网站推广的目的，进而对服务进行了推广。

(2) 网络广告推广。有很多大公司、企业自己拥有网站，但他们并不是主要推广自己的网站，而是将自己的产品或服务在某些大型的网站联盟(谷歌 Google Adsense、百度网盟、盘石网盟等)放上自己的广告，展现给大众，从而推广自己的产品。

(3) 网络软文推广。一篇很好的文章很可能拥有数万计的浏览量，而在文章中附带一些商业信息，比如某公司的名字或者产品，便是对该公司或者产品进行了一次宣传和推广。而这些文章大多出现在大的行业网站、门户网站中。比如新浪网对某公司进行报道后，产品订单在一夜之后猛增了几倍。

(4) 网络炒作。其实这是一种很有效果的方法，如果你的产品或服务足够好，经得起大众检验，那选择网络炒作是绝对行之有效的。现在这方面的公司很多，主要为某商品甚至人策划一些炒作方案。比如快女贡米的炒作、奥巴马女郎的炒作等。

2) 品牌的成长期

在品牌的成长期应该掌握的网络品牌推广技巧有很多，重点介绍以下几点。

(1) 控制好网络广告。现在，日益丰富的网络信息传播途径，促使许多企业都纷纷投向商业性质的网络广告。网络广告除了制作成本低，更换周期灵活，投放的广告更有针对性之外，还有传播范围广的特点，冲破了时间和空间的限制，互动效果较为明显。

未来的网络广告发展趋势将会逐步从粗放式投放过渡到精准化投放。国际品牌网提醒企业或电子商务人士，收集网络广告投放前和投放后对比数据，可以查看对比网络广告的效果。

(2) 根据自身情况，建企业网站。建立企业网站是为了进行品牌推广，企业通过网络营销和网络推广，打造企业形象的基础是企业要根据企业的发展方向、企业目前情况来建设适合自己的网站，毕竟企业只有根据自身实际情况来建设的网站，品牌推广效果才是最好的。

(3) 搜索引擎推广。大部分企业网站还是挺注重搜索引擎推广的，毕竟搜索引擎推广可以使企业更容易被客户找到，在互联网的竞争中战胜竞争对手，脱颖而出。企业可以通过搜索引擎推广，赢得源源不断的客户，并且引擎竞价排名可以使企业网站的流量短时间内迅增，使企业扩展业务。

(4) 电子邮件推广。很多企业都会通过发送大量的电子邮件传递信息给客户，这是一种主动性的网络推广手段。再者，电子邮件是目前使用最为广泛的互联网应用，但是，企业在使用电子邮件推广企业产品或服务时，必须要尊重客户，否则，只会引起客户的反感，给企业造成负面影响。

3) 品牌的全盛时期

全盛期就是品牌在行业内已经尽人皆知，并已有很大范围的美誉度和有较高的忠诚度，并有跨行业穿透力的阶段。

处在全盛期的品牌还是较多的，如可口可乐、海尔等。品牌的全盛期也是企业收获的时候，如果把导入期和成长期看作是庄稼的栽种和培育期的话，全盛期就是收获期，更是企业梦寐以求的时候。全盛期的特点是，品牌已有很高的知名度；目标顾客群相当明确和顾客认知力明显上升；品牌的美誉度已经明显影响到各地区，乃至各国顾客的消费选择；顾客忠诚度也得到相应的提升，甚至有顾客以此品牌为荣；销售量和市场占有率达到前所未有的高度，谋求利益的中间商和各种合作者纷至沓来；竞争对手已经在有计划地并可能合作其他竞争者抢夺目标顾客群；品牌在媒体的传播下已有跨行业和跨地域的穿透力，同时各媒体仍将竞相报道与该品牌有关的市场新闻；品牌竞争力和影响力已经在行业内达到数一数二的位置；品牌的无形价值也已提高到新的高度。

4) 品牌的衰落期

衰落期就是品牌在美誉度和忠诚度方面表现出一定的衰落，竞争力和影响力是靠着惯性的穿透力和惯性的认知力在维系的阶段。

品牌衰落期形成的原因有许多种，有企业推广不得力、战略变化、竞争对手壮大、市场环境变化和定位不再适应等问题，但一般情况下是企业遇上危机后形成的。品牌衰落期并不必然使品牌走向衰败和消亡，只要处理得当，仍然可以重登全盛期，像雀巢、肯德基等。衰落期的特点是，品牌继续维持着很高的知名度；目标顾客的认知力仍在靠着一种惯性的力量在延续着，顾客数量可能略有减少或在一定范围内锐减；品牌的美誉度和顾客忠诚度已停滞不前或略有下降；竞争力和影响力在靠着一种惯性的穿透力和惯性认知力在维系着；销售量和市场占有率明显下降，部分合作者和中间商已准备退出合作联盟；竞争对手的阻击策略正在显现作用，并进一步提高阻击力度；各媒体也已丧失报道的兴趣或扮演着落井下石的角色；品牌的无形价值正在以极快的速度降低。

4. 网络品牌推广的重要性

互联网已经成为这个时代最强有力的宣传工具。随着每年全球上网人数的不断增长和网络覆盖面的不断扩大，网络这个虚拟的世界成为人们生活不可缺少的一部分。越来越多的人开始加入"网民"一族，网络拉近了世界的距离，更方便了人们的生活。可以足不出户就在网络上购买到自己喜欢东西，鼠标一点击自己想要的海量资料就会罗列出现，可以在网络上认识新朋友谈天说地，甚至可以在网络世界里"结婚生子"。21 世纪，不懂计算机、不会上网的人已经被定义为"新文盲"一族，以上种种足以看出网络的影响力。

网络推广或许对许多人来说还是个陌生的话题，但是这样一种依托着计算机设备和网络资源的新型宣传推广方式已经悄然兴起，并将凭借自身无法代替的优势成为这个时代最高效的宣传推广方式。截至 2014 年 12 月，中国网民规模达 6.49 亿，超过 12 个小时的平均上网时间，如果有人还在为这些数据感叹不已，那可真得说是后知后觉了。无论如何，网络已经融入了人们的生活，并超越电视成为第一大媒体。在充满着激情和喧嚣的互联网中，谁又能成为真正的受益者？事实上，如同对传统媒体的重视，企业网络推广对企业来说同样不可不做。企业网络推广意味着知名企业的线下品牌可以在网上得以延伸，普通企业则可以通过互联网快速树立品牌形象，并提升企业整体形象。

企业的网络品牌所呈现的是企业在网络上建立的一切美好产品或服务在人们心目中树立的形象。能够最大程度影响网络品牌的，恰恰是网络营销，网络营销的各个环节都与网络品牌有直接或间接的关系。

说到网络营销，可能很多企业会有感触，比如 SEO、竞价排名这些技术活，比如发软文、发邮件这些常用方法，又比如备受争议的网络炒作，等等。但实际上对于以上所说的常见手段，恰恰由于擅长此类操作的公司太重推广，而往往忽略了品牌才是一个企业发展的根本。网络品牌是网络整合营销效果的体现，网络品牌推广的过程就是口碑和权威性建立的过程。

互联网的最大特点就是开放和包容。一方面，这确实会让网络推手、恶性营销等不良现象难以避免；但另一方面，随着一批新型网络品牌推广公司的出现，企业的网络品牌推广正在迎来新的机遇。以 eKnow 为例，凭借对网络营销平台的创新应用和对品牌传播策略的精准把握，以及长期的品牌观察和网络品牌推广实战经验，eKnow 网络营销传播创立了以品牌为核心、视觉为先导、网络为通道的网络品牌推广体系，以此来系统解决品牌在互联网上的延伸与传播。

11.2.3 其他战略

1. 网络软文

从 20 世纪 90 年代中后期，软文在中国的营销词典里占有很重要的位置，因为它曾经以较低的成本为多个产品创造了市场奇迹。时过境迁，随着消费者鉴别能力的增强，消费者对传统软文产生了极强的免疫力，导致传统软文的功能在逐渐丧失。而随着网络的兴盛，未来软文的发展方向是"网络潜藏式软文广告"——把软文的功夫运用到网络营销推广的每个环节。

顾名思义，它是相对于硬性广告而言，由企业的市场策划人员或广告公司的文案人员来负责撰写的软文案例及"文字广告"。与硬广告相比，软文之所以叫作软文，精妙之处就在于一个"软"字，好似绵里藏针，收而不露，克敌于无形。等到你发现这是一篇软文的时候，你已经冷不丁地掉入了被精心设计过的"软文广告"陷阱。它追求的是一种春风化雨、润物无声的传播效果。如果说硬广告是外家的少林功夫；那么，软文则是绵里藏针、以柔克刚的武当拳法，软硬兼施、内外兼修，才是最有力的营销手段。软文应具备一定的见识面，语言驾驭能力以及与进步中的时代语言相贴近。从集中度比较高的佰依软文写手中调查来看，很多软文写手都是草根写手，他们基本有自己固定的职业，软文写作对他们来说是一种爱好。而草根写手的增多，也给软文提供了十分精彩的内容，毕竟这是个多元化的社会。软文，不只要求有语言驾驭能力，还要求有一定的社会阅历。

1) 推广作用

软文推广的目的是企业品牌的广而告之，是为刺激产品的销售做铺垫。在网络时代，一篇优秀的网络软文可以用最低的成本得以迅速而广泛的传播。我们可以看到许多中小型电子商务网站或传统企业，在成长初期没有更多的资金投入到平面或电视等传统媒体广告，而选择网络软文推广，使企业在成长初期借助网络使得企业名称和品牌得到迅速传播。绿色软文网认为软文推广中的软文必须展现企业的价值观、使命感，而不是简单地为了推广而推广，否则就是一篇毫无生命力的广告。

2) 营销作用

网络软文的营销作用，软文营销的目的是实现企业产品或服务的成交，是通过网络流量转化为网络购买力，电子商务市场已成为发展最快的市场，借助软文从事电子商务运营的企业已在经济领域崭露头角。以淘宝商家为例，无论是个人淘宝店还是淘宝商城的电子商务公司，都投入大量的人力和财力开发软文营销市场，借助网络软文引导流量，提高网站或者产品的点击率，以此促成产品成交。绿色软文网认为通过软文营销带来的流量是稳定的、持续的、有价值的，避免了通过竞价消费或联盟广告带来的单纯用钱买流量的浪费。

3) 网站关键词作用

网站关键词优化的核心是外链和内容，而软文就是外链和内容的化身。网站优化工程师借助软文，在论坛、博客、问答平台等发布软文带上外链，借此对网站关键词优化。绿色软文网认为传统的外链平台发布模式，在竞争激烈的关键词优化中已经很难达到有效的排名超过对手网站，因此，可以借助在高 PR 值的网站发布新闻软文外链，提高网站的外链价值。

网络软文发布貌似简单，其实不然，网络软文发布是个网络软文策划过程，是综合了网络推广、网络营销、网站优化的三位一体的过程。

2. 利用搜索引擎提升网络品牌的基本方法

"搜索引擎的网络品牌价值研究"提出搜索引擎的网络营销价值不仅体现在网站推广和产品促销等基本层面，还表现在企业的网络品牌价值等方面。合理利用搜索引擎可以达到提升企业品牌的目的，如果对此不够重视或者方法不当，则有可能让企业品牌形象受到损害，因此，有必要对利用搜索引擎提升网络品牌的基本方法进行系统的认识。

利用搜索引擎提升网络品牌的基本方法包括：尽可能增加网页被搜索引擎收录的数量；通过网站优化设计提高网页在搜索引擎检索结果中的效果，包括重要关键词检索的排名位置和标题、摘要信息对用户的吸引力等，获得比竞争者更有利的地位；利用关键词竞价广告提高网站搜索引擎可见度；利用搜索引擎固定位置排名方式进行品牌宣传；多品牌、多产品系列的分散化网络品牌策略等。这些方法实质上都是为了增加网站在搜索引擎的可见度，因此，如何提高网站搜索引擎可见度成为搜索引擎提升网络品牌的必由之路。

提高网站搜索引擎可见度也就是让用户在多个主要搜索引擎，利用相关关键词进行检索时，用户可以方便地获得企业的信息，主要措施包括基于提高搜索引擎自然检索结果的搜索引擎优化，以及在搜索引擎检索结果页面出现的不同形式的关键词广告等。

搜索引擎优化是通过对网站栏目结构、网站内容等基本要素的合理设计，使得网站内容更容易被搜索引擎检索，并且呈现给用户相关度最高的信息。利用搜索引擎自然检索方式增加网站搜索引擎可见度的基础，是让网站尽可能多的网页被主要搜索引擎收录，这也就是搜索引擎营销目标层次中的第一个层次。

这里有必要提出的是，在实施搜索引擎优化方案时，如果采用不合理的方式，如被搜索引擎视为作弊的手段，则有可能造成网站被搜索引擎惩罚，轻者被视为低质量网页而在用户检索时发挥不了任何优势，重则网站被搜索引擎彻底清除。如果网站出现了这种结果，那么将严重影响企业的品牌形象，对整个网络营销策略也将是严重的打击。

搜索引擎优化目前是一个比较容易引起误解的概念，往往与搜索引擎排名混为一谈，尤其是采用不正当手段的垃圾 SEO。网上营销新观察在"搜索引擎优化应该重视什么"等文章中对此进行过说明，并且在"搜索引擎优化是非问题辨析"专题中用多篇文章分析了一些错误认识和手段。在新竞争力思想库也有多篇文章对此进行深度剖析，如"网站优化与搜索引擎排名 SEO 的本质区别"、"搜索引擎优化不等于网站优化——网站优化设计的真正含义"等。搜索引擎优化包含许多细节内容，有关规范的搜索引擎优化的基本原则和方法，可以从《搜索引擎营销》中得到更多的了解。

除了对网站进行必要的优化设计之外，通过付费广告的方式让企业信息出现在搜索结果页面的显著位置作为扩大品牌知名度的一种常用方式，并且具有更多的优点。作为自然检索的补充，可以方便地在更大范围内以更灵活的方式展示企业的品牌形象和产品信息。付费搜索引擎广告的形式包括竞价排名广告、固定位置排名广告，以及出现在搜索引擎联盟网站上的基于内容定位的关键词广告，如 Google AdSense 等。

11.2.4　网络品牌营销战略的方法

1. 做好企业网络品牌定位

作为中国的中小企业，网络品牌的定位非常重要，我们可以从以下两个方面做好网络品牌的定位。

1) 定位网络品牌的目标客户群

对中小企业来说，企业的产品可能不会太多，所以可以通过分析企业的产品或服务的目标客户群与网络用户的关联，得出企业的网络业务主要面向的网络用户，即网络目标客户群范围。没有一个企业能向所有人提供所有的服务，因此，选出我们正在努力做的和能够做得最好的那部分，以最有效的方式提供给我们所选定的目标客户群，这是最重要的。企业需要对自己所面对的网络客户群进行筛选和定位，甚至确定对于企业业务来说，最主要的网络客户群会是哪些，企业应该采取怎样的品牌策略与这部分客户群建立和发展良好的关系。

2) 定位网络品牌的利益或价值

在确定了网络品牌的目标客户群之后，我们需要进一步分析，通过网络，我们能够向这些目标客户提供哪些有价值的信息或服务，这就是定位网络品牌利益的内容。我们的网络品牌需要有明确的消费者诉求或利益主张，并能够在第一时间向用户明确这种主张。一个有明确定位的网络品牌，能够让接触它的网络客户很快明白它能够带给他们的利益，这不仅能够节省用户的时间，也有助于用户深入了解品牌以及品牌所提供的服务。

2. 重视企业网站品牌建设

企业网站建设是网络营销的基础，也是网络品牌建设和推广的基础，在企业网站中有许多可以展示和传播品牌的机会，如网站上的企业标识、网页上的内部网络广告、网站上的公司介绍和企业新闻等有关内容。对中小企业来说，由于资金和人力等问题，网站并不需要投入太多，但以下几个方面必须重视。

1) 域名选择

我们必须选择一个好的域名，由于英文(或汉语拼音)域名与中文品牌之间并非一一对应的关系，使得域名并不一定能完全反映出网络品牌。所以我们取域名时，最好选择一个短小、念得响亮、不拗口的。同时，我们也必须做好域名保护工作，由于域名有不同的后缀(如.com、.net、.cn 等)，以及品牌谐音的问题，为了不至于造成混乱，对于一些相关的域名采取保护性注册是有必要的。

2) 网络实名申请

做好网络实名申请工作。网络实名以人工智能技术为基础，独创了智能推测功能，保证客户可以用多种输入方式自由查找，可以直接输入拼音、拼音缩写查找企业，即使有错字、多字、少字、字序颠倒的情况，也可以找到企业网站。这既方便了客户，又大大增加了企业网站被找到的机会。我们可以将与企业品牌关联性强的企业、产品、商标名及其简称，以中文、英文、数字、符号等多种形式，以及与这些词组关联性强的词语申请网络实名，方便客户查找。

3) 搜索引擎申请

做好搜索引擎的申请工作。搜索引擎是提高网站访问率，增强网站自我搜索功能的重要手段。搜索引擎有助于开发潜在消费群体，扩大企业网站的影响力。搜索引擎得到广泛的应用：一方面是由于其强大的搜索指向功能，能帮助访问者很容易地访问到企业的网站；另一方面是因为访问者不愿意花更多的时间来记忆企业的域名，以及希望用最简单的方式获得所需要的信息资源。所以我们建立网站后一定不要为省钱，不去做搜索引擎的申请工作。

3. 重视网络品牌文化建设

文化是网络品牌的底蕴和根基。网络品牌不仅代表着物质文化中的精品，也代表着凝聚于精品内的文化。没有文化优势的网络品牌是不可能拥有市场地位的，是没有持久度的。所以，我们要从品牌网站信息结构的安排，从价值的提供到消费者的每一个网上经历和体验，无不渗透出品牌所倡导的理念和文化，这样我们的品牌才有生命力，才能通过电子商务走向世界，创造世界消费者所接受的世界级品牌。

1) 解决方案

在网络品牌文化的建设过程中，会出现一些普遍性的问题，在这里给出了一些解决方案，有以下 11 种。

(1) 分析网站品牌定位及现状。

(2) 网络品牌战略分析。

(3) 网络品牌表现形态确定，如域名、网站、网站名称、LOGO、基色和网站内容、电子邮箱、网络实名、通用网址等。

(4) 制订网站品牌推广计划。

(5) 协助实施网站品牌推广计划。

(6) 网络品牌延伸规划。

(7) 网络品牌愿景规划。

(8) 网络品牌管理制度设计。

(9) 网络品牌塑造、提升、巩固与维护规划。

(10) 网络品牌危机管理。

(11) 评估网络品牌推广效果。

2) 实施步骤

网络品牌文化建设的实施步骤如下所述。

(1) 招商网站专题策划与建设。

(2) 招商文案撰写。

(3) 招商信息发布。

(4) 网络招商广告投放。

(5) 网络招商商务合作。

(6) 网络招商加盟实施。

企业立足市场靠的是品牌的响应，一个初建的企业第一步就是打响企业品牌，让消费者知道你的存在。也就是说创业企业的首要工作就是创建品牌，推广品牌。品牌推广的消费者营销方式具体又分为：样品、优惠券、付现金折扣、特价包装、赠品、奖金、免费试用、产品保证、联合促销、销售现场展示和表演等推广方式。

3) 营销方式

(1) 营业营销方式是品牌营销中针对性最强和灵活多样，可以是一次性的，也可以是不定期的。在以下情况，营业推广是非常有效的。

① 品牌类似品牌经营者有意利用心理学的方法在顾客心理上造成差异，形成本品牌的特色，这就需要大规模地进行营销活动，多采用营业推广方式。

② 在新品牌刚上市的阶段。由于顾客对新品牌是陌生的，需要采用营业推广方式促使广大消费者认知新品牌。

③ 品牌处于成熟期。为了维持品牌的市场占有率，营业推广方式被广泛采用。常用的营业推广方式主要有举办展览会、展销会、抽奖、时装表演等。

(2) 交易营销方式在品牌营销活动中，用于交易的资金要多于用于消费者的奖金。品牌经营者在交易中耗资是为了实现以下目标。

① 交易营销可以说服零售商和批发商经营该品牌。由于货架位置很难取得，品牌经营者只有经常依靠提供减价商品、折扣、退货保证或免费商品来获得货架。一旦上了货架，就要保住这个位置，这样才有利于提高品牌知名度。

② 交易营销可以刺激零售商积极地通过宣传商品特色、展示以及降价来推广品牌。品

牌经营者可能要求在超级市场的人行道旁展示商品，或改进货架的装饰，或张贴减价优惠告示等。他们可根据零售商完成任务的情况向他们提供折扣。

由于零售商的权力越来越大，品牌经营者在交易营销上的花费有上升的趋势。任何一个竞争品牌如果单方面中止交易折扣，中间商就不会帮助他推销产品。在一些西方国家，零售商已成为主要的广告宣传者，他们主要使用来自品牌经营者的推广补贴。

4) 营销路径

对于品牌营销的认识，有的人可能会存在一些观念上的错误，比如没有意识到品牌的重要性，以为企业只要把产品做好就可以了。如果企业还很小，或许是这样，但是如果企业要发展，进入更大的市场，就要面对其他也有好产品的同行的竞争。这时如果没有品牌的支撑，企业就很难从市场中突围，更别说突破发展瓶颈。所以，企业要成长，首先企业的决策者必须建立起品牌意识。

不要把品牌看得高不可攀，也不要以为品牌营销一定难度很高，投入很大。实际上，品牌营销是需要分阶段进行的，一开始不一定就要进行大投入。企业可以先把整体的战略方向规划好，做好品牌蓝图，然后根据这个蓝图一步一步去做，先实现第一阶段的品牌目标，再将第一阶段得到的收益用于第二阶段的品牌营销上。这样循序渐进，所投入的费用其实大多数企业都是可以承担的。

那么，品牌营销是不是很难呢？所谓思路决定出路，我们只要抓住品牌营销的思维路径，它就不是那么复杂艰难的事情。品牌营销的思维路径说到底无非就是三点——洞察、策略、沟通。这是构成整个品牌营销过程的三个环节，环环相扣，缺一不可。洞察是指南针，让你知道该往什么方向走；策略是地图，让你知道该怎么走；沟通是交通工具，把你顺利送往目的地。把这三个环节做好了，品牌营销也就水到渠成了。

但是，这不等于说品牌营销是随随便便可以成功的。做品牌需要方法，也需要坚持，可以找到捷径，但没有可能速成。很多企业做品牌营销常常犯喜欢山寨的错误，看谁做得好，就学谁那么做。比如今天看到美的做得好，就来学美的，明天看到海尔势头旺，又去学海尔，结果就是四不像。

因为每个企业都有自己的特殊情况，适合别人的东西未必就适合你。企业的营销策划、定位、产品线规划、广告传播、公关活动、组织架构、运作流程、经销商招商、消费者政策、终端陈列、团队培训等，都需要根据自身的情况去进行量体裁衣，而不能把别人的衣服硬往自己的身上套。

5) 优势所在

(1) 网络营销对企业的市场进入条件的影响。互联网是一个开放式的大市场，客户主要关注的是该企业能够提供他们所需的产品或服务，因此，只要企业提供的产品满足消费者的需求，一样能够在网络市场上占有一席之地。然而网络对于企业来说，既是机遇也是挑战，网络营销使中小企业更容易参与到全球的竞争之中，从而市场竞争也将更加激烈。国际品牌网认为，如果企业想要在市场上立于不败之地，就必须保持一定的竞争优势，满足客户需求的同时又拥有自身的独特性，创造出个性化的产品或服务的竞争优势。

(2) 降低企业的成本。网络营销的发展和普及，将不同领域、不同种类以及不同特点的企业都联系在了一起，企业可以通过网络将自己的产品和服务直接面向全世界，从而减少了传统的交通费和通信费用。而且企业可以直接通过网络来与客户沟通并处理营销中所出现的问题，方便客户及时地找到自己所需的信息，这样不仅提高了工作效率，而且企业还可以减少工作中不必要的员工，降低了员工薪酬费用和一些日常费用。除此之外，企业通过网络可以进行产品直销模式，自动化管理，减少管理人员，降低营销渠道费用，还能够提高销售管理效率。戴尔公司1995年建立了戴尔在线网站，其中包括电子商务和在线技术支持。今天，戴尔在线网站不但为戴尔公司赚取了将近1/4的收入，而且为戴尔公司减少了大量成本，大大减少了公司的运营费用。

(3) 全天候无空间运作，增加企业的交易机会。由于网络的开放性和全球性，企业的网络营销也没有了时间和空间的限制。企业不但可以实行全天候运作的营销模式，而且还可以突破传统市场的区域限制，将市场拓展到世界的每一个角落，促使企业更好地发展。再者，网络营销改变了传统模式的一对一或一对多，变成了多对多的模式，为买卖双方创造了更广阔的交易空间。

4. 关注与消费者的关系

网络品牌营销效果取决于消费者的接受，消费者给予企业品牌营销的权利，消费者决定品牌声誉和品牌资产价值。网络品牌营销是消费者接触品牌、识别品牌和改变品牌形象及忠诚度的重要方式。

(1) 网络品牌营销效果取决于消费者的接受。网络品牌营销效果的衡量因素主要包括以下几个方面。

① 点击量。点击就是反映访问者点击了多少次广告。为了统计方便，可以把广告链接到一个单独的页面，这样只需看这个页面在页面排行报表中的页面浏览就能知道点击数。

② 访问量。如果访问者多次点击广告，并且相邻两次点击的间隔不超过半小时，那都会被统计为一次访问。投放网络广告就是为了吸引访问。

③ 进入页面的跳出率。广告所链接的目标网站页面就是这个广告的进入页面，也称登录页面。如果访问者访问了进入页面后没有再访问下一个页面而是直接退出了，这称为跳出。跳出次数占这个广告的访问次数的比率，就是跳出率。跳出率越低越好。

④ 访问路径。访问路径就是用户访问页面的次序，在访问路径报表能看到统计结果。研究访问路径时，要重点看访问者是否在按照你预先设想的流程访问网页。

⑤ 退出页面。很多访问者没有到最后付款或注册就退出了，知道他们是在什么页面退出的很重要。

⑥ 转换率。转换率就是从网络广告过来的访问者中最终成为付款客户的比率。这个指标主要针对以销售为目的的网站，如果企业的网站并不是以销售为目的，这个指标可以转化为注册率，如以访问者在企业的网站注册账号的比率为转换率。

网络广告的点击量、网站的访问量、企业网站浏览量、转换率等以上提及的指标，这些核心的内容是消费者的接受。只有在消费者接触到了企业品牌营销的信息以后，经过消费者的选择比较，那些被消费者真正接受和认可的品牌才是营销成功的品牌。因此，网络品牌的营销效果取决于消费者的接受。

(2) 网络品牌营销是消费者接触品牌、识别品牌和改变品牌形象及忠诚度的重要方式。

网络品牌营销是消费者接触、识别品牌的重要方式。消费者可以通过多种渠道接触品牌、识别品牌。例如，通过电视广告，通过报纸、杂志以及网络的方式接触和识别到品牌。然而，现代网络信息技术的高速发展推动了网络传播品牌的发展，而网络的特点决定了消费者更容易接触、识别企业品牌。

互联网的普及为企业的网络品牌营销创造了便利。网络品牌营销较之传统的品牌营销方式能够更加深入地、广泛地为消费者所接触与认可，因此，网络品牌营销成为消费者接触品牌、识别品牌的重要方式。

网络品牌营销是企业改变品牌形象及提高消费者忠诚度的重要方式。网络品牌营销的过程就是企业改变品牌形象的过程。品牌形象是消费者对传播过程中接收到的所有关于品牌的信息进行个人选择与加工之后留存在头脑中的关于该品牌的印象和联想的总和。品牌形象的构成主要包括三个层面：核心层面的品牌形象内涵，包括品牌文化、品牌个性等品牌要素。中间层面的品牌形象承载物主要包括企业的产品或服务、产品或服务的提供者及使用者。通过这些载体，消费者可以直接从这些实体中感知品牌的形象。外在层面的品牌形象符号系统，包括语言符号系统和非语言符号系统，具体而言，主要包括品牌名称、品牌语言、品牌标志和品牌包装。在网络品牌营销的过程中，企业着重对消费者的需求分析，重在传播推广企业的品牌文化、品牌个性、品牌形象的核心要素。通过网站推广、广告宣传等网络营销手段，可以将企业及其产品的品牌名称、品牌标志等全方位地展现在消费者的面前。因此，网络品牌营销是企业改变品牌形象的重要方式。

11.2.5 网络品牌扇形生命周期

品牌与互联网共生形成了网络品牌，网络品牌也就具有了特殊的特点，这些特点与互联网是息息相关的。互联网及互联网相关的技术促进了网络品牌在网络中的无限延展和丰富多样的表达形式。网络品牌的国际性、网络品牌服务互动性和服务时间的无限性、网络品牌的虚拟化、营销策略与品牌传播的独特性、网络品牌的技术性等特点，使得网络品牌在传播过程中能够满足网络消费者消费个性化、消费感性化、传播互动化等特点。在消费者的主权意识不断强化，消费者越来越追求高层次、个性化消费的背景下，网络品牌利用互联网的优势，不仅能满足消费者的生理需求，同时也能满足消费者的心理需求和伦理需求。反过来，消费者对一个网络品牌的反复使用就延续了网络品牌的生命。因为，在消费者的长期购买和个性、情感购买过程中形成了网络品牌的价值，而这种累积的网络品牌效应会把品牌资产中的文化、价值观念等传递给新生代顾客，因而网络品牌在短时间内并不会消亡，消失的只是某一时期的网络产品。图 11-1 所示为网络品牌的扇形生命周期。

技术进步、研究和开发使得创新永不停息，这些创新正是网络品牌应该包含纳入的，因为没有持续的网络产品或服务更新，网络品牌就会走向穷途末路。互联网平台为网络企业的持续创新提供了良好的条件，革新与网络新产品为网络品牌提供了展示自己的使命与方向的机会，能够让它构筑一个神形俱备的形象。认识顾客从上而下的需求，强化网络顾客对网络品牌的印象，是网络品牌的另一任务。完善的网络品牌个性能与目标社会公众(顾客及潜在顾客)建立起有利于网络企业的情感联系。它向目标社会公众展示了某种价值观、消费观的生活方式，这种生活方式既与网络产品的特色相适应，又能引发符合目标社会公众个性需求的、心理上和情感上的联想，激发目标社会公众的购买欲望。这时的网络品牌以及网络品牌所代表的产品就满足了目标社会公众的持续需要，成为一种有个性、有生命的东西，并延续下来。

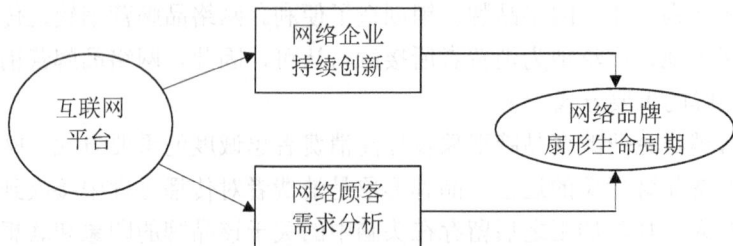

图 11-1　网络品牌的扇形生命周期

11.3　网络品牌与传统品牌的对比

11.3.1　网络品牌与传统品牌概念对比

　　网络品牌主要指企业注册在通用网址的域名与企业名称、商标一起构成企业的名牌，是一种无形资产。广义的网络品牌："一个企业、个人或者组织在网络上建立的一切美好产品或者服务在人们心目中树立的形象就是网络品牌。"网络品牌有两个方面的含义：一是通过互联网手段建立起来的品牌；二是互联网对网下既有品牌的影响。两者对品牌建设和推广的方式和侧重点有所不同，但目标是一致的，都是为了企业整体形象的创建和提升，如韩都衣舍、麦包包、飘飘龙鞋、神外贸鞋店等。

　　传统品牌的价值包括用户价值和自我价值两部分。品牌的功能、质量和价值是品牌的用户价值要素，即品牌的内在三要素；传统品牌的知名度、美誉度和普及度是品牌的自我价值要素，即品牌的外在三要素。传统品牌的用户价值大小取决于内在三要素，传统品牌的自我价值大小取决于外在三要素。

　　网络品牌常常是民意的结果，带有明显的草根性，大幅度拉动网络品牌人气的网络红人常常是平常人，只因为一些颠覆性的特点而被网民发自内心地接受。而为传统品牌代言的明星常常是名人，是万人瞩目的明星，一般是比较完美的，由专业公司包装而成。

　　例如，轰动一时的"贾君鹏事件"——2009 年 7 月 16 日，网友在百度贴吧魔兽世界吧发表的一个名为"贾君鹏你妈妈喊你回家吃饭"的帖子，随后短短五六个小时内被 390 617 名网友浏览，引来超过 1.7 万条回复，被网友称为"网络奇迹"。"贾君鹏你妈妈喊你回家吃饭"也迅速成为网络流行语。后来，重庆一传媒公司突然自曝是他们制造了"贾君鹏"，目的是帮助一款游戏保持关注度和人气。该策划"总计动用网络营销从业人员 800 余人，注册 ID 达 2 万余个，回复 10 万余次"。这个创意也让他们赚了"6 位数"。

　　从该案例我们可以看出，在网络上迅速蹿红的人物与事件通常直击一种网络心态，如本案例中"寂寞"、"无聊"这样的群体性情绪。与在传统媒体中的"大事"、"要人"被广为关注的特点不同，在网络上，平民、草根，或者一些被大众传媒忽视的群体，以及被大众媒体忽视的情绪都会在网络上被集中反映。这也与长尾理论不谋而合，长尾理论认为："由于成本和效率的因素，当商品储存流通展示的场地和渠道足够宽广，商品生产成本急剧下降以至于个人都可以进行生产，并且商品的销售成本急剧降低时，几乎任何以前看似需求极低的产品，只要有卖，都会有人买。这些需求和销量不高的产品所占据的共同市场份额，可以和主流产品的市场份额相比，甚至更大。"同理，在网络上，由于传播成本极低，以前看似关注度极低的人物、事件与情绪都会有人关注。这些原本关注度不高的人物、事件与情绪所占据的共同份额，可以和主流人物、事件与心态的关注程度不相上下，甚至更高。因此，从一个名不见经传的小人物、小事件入手，打造网络品牌的个性，已经成为网络品牌与传统品牌的重要区别。

11.3.2　网络品牌与传统品牌优势对比

随着信息化的迅猛发展，互联网已经成为信息时代的普遍沟通方式。这在给企业带来巨大发展机会的同时，也给他们带来了前所未有的挑战。曹芳华在《本土二、三线品牌的电子商务发展策略》中提出关于网络品牌与传统品牌在开展网络营销的优势对比，下面是他对其进行的分析。

1. 网络品牌优势

曹芳华认为网络品牌在开展电子商务时的优势有以下几点。

1) 灵活的价格策略

网络品牌基于网络而生，因此只有在网络上才像个品牌。如果按照传统的品牌价值评估，这些网络品牌只不过是一个商标，一个 logo 而已，如果说算一个品牌，那也只是一个极其小众的品牌。正因为网络品牌的草根性，它可以更为灵活地运作。网络品牌就是为销量，就是为赚钱，因此没有太多的顾虑。而且网络品牌的销售渠道只存在于网络，没有中间环节成本，因此，可以根据季节变化、消费热点转移、消费者口碑等因素灵活调整价格。

2) 灵活的产品策略

网络销售的核心消费热点是价格和款式，前面讲到网络品牌具有灵活的价格策略，在产品款式上同样具有灵活的策略。在传统营销领域有一个打击竞争对手屡试不爽的做法，那就是功能相同、价格减半。这个战术在宝洁与纳爱斯的 PK 中经常出现。

但是在网络销售市场上，模仿竞争对手来得更为快速及时，而且没有中间环节，因此，能够复制竞争对手的热销产品，然后采取价格制胜的方式赢取市场。同时，基于网络品牌的草根性，网络品牌可以做到让奢侈品不再奢求，如何做到，那就是模仿国际大牌的产品，价格不到这些大牌的十分之一。

3) 轻公司运作

自从 PPG 出现之后，轻公司成为人们津津乐道的话题，但是 PPG 出事之后人们一直在反思是不是轻公司不能承受商务之重。

但是网络品牌的出现把轻公司的优势发挥到了极致。它们没有庞大的线下销售系统、没有强大的生产工厂，他们有的只是时尚买手、网络营销、供应链管理等环节。

所以轻公司运作一方面提升了公司的运作效率，另一方面让产品的价格和产品线的调整更为灵活，没有线下渠道的牵制。

2. 传统品牌优势

传统品牌在开展电子商务上有什么优势呢？曹芳华给出了以下几点优势。

1) 资金优势

传统品牌的资金运作能力一般都比网络品牌强，因此具有开展电子商务的资金保障，本土品牌开展电子商务动不动拿出几百万的广告预算，甚至福建某运动品牌对外号称 2010 年的电子商务广告预算为 1000 万。而对于网络品牌来说，它们的资金都是滚动的，或许下个月的广告费还要靠这个月的销量，赌错一把就面临资金短缺、现金流断裂的问题。

2) 生产优势

传统品牌一般有自己的相对成熟的生产线或者代理加工企业和产品管理体制，因此，在产品研发生产方面比网络品牌具有更多的资源可以整合。

3) 传统企业开展电子商务的起点高

除了资金、生产等，传统品牌开展电子商务可以一开始就导入完善的品牌管理体系，做到规范运作，而网络品牌更多的是走一步看一步。但是在网络销售这个江湖上，我们看到某网络品牌的包包，销售 1000 多个，某网络品牌的皮鞋销售几百双；另外一边我们又看到不少传统品牌高薪招募电子商务总监，高调启动网络销售，但是销售结果很可能还不够支付总监的年薪。

不管是网络品牌还是传统品牌，都有其发展网络营销的优势，但是就上面给出的曹芳华的观点，不难看出在发展网络营销方面，网络品牌还是占有一定优势的。

11.3.3 品牌定位差异对比

品牌定位方式的差异主要是自主定位与客户定位。

传统品牌的建设常常是主观程度更强，一般采取自主定位的方式，即企业内部人员或外骋专业的策划团队进行品牌的定位策划，而网络品牌却是在品牌与客户的不断互动中形成的动态定位。淘宝网十大网商麦包包有一个非常成功的经验，即"让客户自己去定义品牌吧"。可见由于网络的互动性，品牌的定位方式在网络品牌与传统品牌之间形成了巨大的差异。成功的网络品牌的定位是针对网络的虚拟市场进行粗略的界定，快速形成品牌的初步定位，随后在与消费者进行不断的交互式探询后反复进行调整的结果。

网络品牌的定位非常重要，我们可以从以下三个方面做好网络品牌的定位。

1. 目标客户群

初步定位网络品牌的目标客户群。通过分析企业的产品或服务的目标客户群，得出企业的业务主要面向的网络用户，即网络目标客户群范围。没有一个企业能向所有人提供所有的服务，因此，选出我们正在努力做的和能够做得最好的那部分，以最有效的方式提供给我们所选定的目标客户群，这是最重要的。企业需要对自己所面对的网络客户群进行筛选和定位，包括确定对于企业业务来说，最主要的网络客户群会是哪些，企业应该采取怎样的策略与这部分客群建立和发展良好的关系。

2. 利益或价值

初步定位网络品牌的利益或价值。在确定了网络品牌的目标客户群之后，我们需要进一步分析。通过网络，我们能够向这些目标客户提供哪些有价值的信息、产品或服务，这就是定位网络品牌利益的内容。我们的网络品牌需要有明确的消费者诉求或利益主张，并能够在第一时间向用户明确这种主张。一个有明确定位的网络品牌，能够让接触它的网络客户很快明白它能够带给他们的利益，这不仅能够节省用户的时间，也有助于用户深入了解品牌以及品牌所提供的服务。

3. 与客户反复沟通

在初步确定的定位基础上与客户反复沟通让客户确定品牌定位。通过对客户反馈信息的不断了解和分析，对企业初步进行的品牌定位进行反复地研究和调整，从客户的视角去定位品牌，并且这一品牌定位将随着客户的需要在一定的范围内不断地波动，迅速调整的特色恰恰是网络零售品牌的特色与优势所在。

11.4　网络品牌的保护

11.4.1　网络品牌保护的含义及原因

1. 网络品牌保护的含义

网络品牌保护(online brand protection)是对企业品牌的所有人、合法使用人的品牌实行资格保护措施，以防范来自网络上的侵害和侵权行为，包括对企业的域名保护，企业名称、商标的线上保护，企业品牌舆情监控，DNS 保护等。

2. 保护网络品牌的原因

一位业内专家分析道，互联网络一旦运用于企业发展，其突出的特点之一是它可以"使大企业变小，小企业变大"。在传统的企业生存环境下，企业的知名度往往来自企业自身经济规模大小、企业的历史等各种因素，企业的业务范围一般也是确定的。客户资源是有限的，而大规模的促销、广告等手段对大多数企业往往又是可望而不可即的。相比而言，网络营销最为直接、经济。企业通过这种方式进行营销，吸引的眼球远比传统的广告促销方式成本低、效率高。

在国内，已进入了网络关联式营销阶段。这是一种通过定义某些概念在特定情景模式下的相关性，使品牌和商机能够建立相互关联、相互作用的营销方法，如垂直门户、实名、搜索等。

而在国外，利用网络平台进行商业推广早已成为大多数企业所习惯的营销方式。大量的企业都在通过网络营销，使企业的资讯"脱颖而出"。有数据表明，网络营销在互联网经济所占比重越来越大。

对于国内网络营销的前景，资深网络营销专家苏汗东表示，互联网已经进入规模经济时代，越来越多的国内企业希望利用互联网获得更多的商业机会。采取主动营销的方式，发现用户的主动需求，提供即时有针对性的信息，是企业利用互联网制胜的秘诀。

随着互联网竞争的日益激烈，域名的滥用、网站安全、品牌风险等问题不断增加，很多人获得信息都是从网络上获取的，如果网络上存在对品牌不利或是诋毁的因素，直接会影响到顾客对品牌的认知，而企业面临的最大挑战就是面对诸多风险如何保护好网络品牌。网络品牌被滥用会造成收入损失，损害品牌美誉度和客户的信赖，增加法律风险。通过对域名、商标、媒体的保护、监控可以防止和抵御网络品牌受到威胁和损害。

11.4.2　政府对网络品牌的保护措施

在目前因网络品牌保护不足引起一系列问题的情况下，企业自身只能提高网络品牌保护意识，积极注册域名减少利益损失。面对网络品牌保护相关法律不完善，域名网址的全球性以及新兴的网络营销运行体系不健全等方面，企业不能依靠自身来解决这些问题，并且这些问题关系到我国法律制度建设及经济发展，所以政府有必要采取措施解决网络品牌保护问题。

对于法律制度的完善包括两方面。一方面建立域名与网址防御登记系统，完善注册程序、审查制度及争议行政程序解决机制。

(1) 组建商标域名检测系统，建立一个专门审查注册域的防御网址。申请人提出域名注册申请后，先纳入商标检索系统中检测是否有相同或者类似商标再决定是否予以注册，若发现检测到相同或者类似商标，申请人又不能证明其差别的，不予注册。

(2) 将域名终身制改为续展制，申请人申请注册后要将该域名公布一段时间，异议者可在此时间段内提出异议，公告期满无异议则予以注册。

(3) 正确规制域名注册申请人的相关信息，保证真实准确，防止恶意域名注册人乘虚而入。因为身份信息不准确将导致异议人无法同相关域名持有人建立有效联系，对于域名纠纷的产生难以遏制。就此，应该赋予域名登记机关适当的审查权，审查经营者的合法身份和经营资格，这能有效地杜绝那些恶意抢注域名行为的发生。

(4) 扩大 CNNIC 行政程序的域名争议范围。目前该行政程序只适用于中文域名与商标之间冲突的解决，但实际多数企业以英文域名为主体。应将行政解决争议程序扩大适用于中英域名、商标、商号、姓名、企业组织名称以及其他标识等多种权利客体之间的冲突解决。

另一方面是立法对驰名商标的反淡化保护。就此，不同国家有不同的措施，例如美国的《联邦商标反淡化法》、德国的《商标和其他标志保护法》、法国的《法国知识产权法典》等。我国《商标法》只禁止将与驰名商标相同或相似的在不相同或者不相似的商品上的行为，然而将驰名商标用作企业名称、域名，这些都是驰名商标的淡化形式，会使驰名商标注册人的利益受到损害，目前法律对此则没有进行规范。所以我国应制定专门的《驰名商标反淡化法》，保护驰名商标，防止驰名商标被淡化。设置总则、分则且要包含必要的损害赔偿责任形式具体规范。再次修订我国《商标法》时，应增加相应条款明确对驰名商标反淡化的保护措施。例如，不得将驰名商标用作企业名称、商品名称以及网络域名等行为，通过立法明确淡化的含义、淡化的种类、责任承担方式等。

在国际层面上应加强合作，共同解决域名网址问题。域名及网址伴随着网络技术的发展而产生，它是全球性的、国际化的。它作为新兴事物对于各国来说都很陌生，法律具有滞后性，各国的立法规定都不完备，需要逐步积累经验从而完善法律规范。所以，解决域名及网址问题就要依靠相关国际公约及多边协议。国家必须积极参与国际域名工作的合作与协调，然后制定既符合国际标准又符合我国自身情况的域名及网址法律法规。

除此之外，政府部门应增强对网络品牌的认识，加强组织领导，制定一系列商标网络品牌发展的规划及相应的扶持措施，加大对网络品牌的培育，推动商标网络品牌战略的实施。由此，提高社会大众的网络品牌保护意识，让企业自身也行动起来保护网络品牌，从而推动经济进一步发展。

11.4.3　企业如何实施网络品牌保护

目前，国内还没有一部专门性法律来规范网络标识注册、使用和争议等相关问题，专门性法律的缺失是导致目前国内网络标识争议时有发生的重要原因。而从现有的法律来看，并不能行之有效地解决两权冲突问题，鉴于现状，提出如下解决建议。

1. 积极注册域名、商标，为企业的品牌战略服务

商标在品牌创建和维护中具有举足轻重的作用，而域名作为商标在网络上的延伸，是企业整体品牌战略中不可忽视的组成部分。如果忽视了对网络标识的利用和管理，在新的网络环境下企业的品牌必然会受到很大的冲击。

对我国企业来说，拥有直接体现自己商标的域名是开展网络业务、树立网络品牌形象的最佳选择。对此，企业应该密切关注域名的进展，并积极注册与自己的商标、经营业务相关的域名。

同时，网络时代的企业还应时刻保持对可能的域名侵权的警觉，一旦发现侵权，就应立即采取积极有力的措施夺回域名，以保护自身的无形资产不受侵害。

2. 实行域名保护

运用域名保护战略来斩断仿冒者的企图已经成为知名企业实施品牌保护重要措施。跨国企业的网上品牌保护意识比较强，它们不仅广泛地将与自身商标、商号、行业属性等一切可能与自身形象发生关联标识的衍生形式域名注册下来，甚至为此不惜诉诸公堂，不给"李鬼"形式的域名有可乘之机，做到"防患于未然"。更有企业将企业领导人的域名和含有敌对性词汇的域名也注册下来，建立全面的保护体系。因此，也就出现了企业一口气注册了上百个域名的情况。

3. 实行针对域名的全网品牌保护

企业品牌是具有生命力的，从早期的商标、商号到传统互联网的域名，再到当前的移动互联网，甚至到未来的物联网，在不同的时代，其品牌内涵与外延也将发生变化。如何通过一个品牌关键词打通传统互联网、移动互联网乃至物联网，开展品牌营销，让客户通

过品牌关键词在传统互联网和移动互联网乃至以后的物联网找到企业，是企业面临的新机遇与挑战。

域名在知识产权意义上，实际都具有商业标识功能。在新的网络时代，企业若在品牌保护方面疏于防范，曾经在互联网领域上演的域名高额赎回事件将有可能重现。当前，全网资产保护是迫在眉睫的事情，企业应当转化品牌意识，将自己对于品牌的保护防线拉伸至移动互联网乃至物联网领域。

在新的互联网形势下，企业应当以品牌关键字为核心，对品牌实施"全网保护"措施。通过"商标＋域名网址资源"为手段来构建品牌体系，树立商标、域名一个都不能少的理念，阻止品牌资产流失。"全网保护"可以进一步完善企业在新网络时代的品牌保护体系，增强企业在新形势的抗风险能力和自主权，从而提升企业在新网络时代的竞争力。

4. 采取合理措施减少域名被抢先注册

为平衡商标、企业名称等民事权益人与互联网域名持有者之间的权益，我国修订了域名争议解决办法。对于拥有驰名品牌的企业来说，也可以通过驰名商标的特殊保护来制止他人的抢注行为。目前世界大多数国家都对驰名商标予以特殊保护，主要是扩大保护范围，将他人在不相类似的商品或服务上的使用也作为侵权行为加以处罚，我国在司法实践中也有过类似的判例。

但若是先注册人为善意，比如双方共同拥有相同商标、缩写相同的商标或谐音商标，则企业无法通过争议程序获得域名及网址注册机构的支持，此时可以采取协商的方式解决，通过与对方对话、谈判，要求对方转让其域名；若企业认为转让成本高过域名的价值，就只能放弃该域名及网址，重新寻找一个新的域名或网址，或寻求其他的补救措施。

总之，企业要密切关注自己的品牌在互联网上的使用情况，发现与自己相似的新域名注册，就要即时采取措施，维护自己的合法权益。

5. 合理使用争议解决机制、仲裁和民事诉讼手段

为平衡商标、企业名称等民事权益人与互联网域名持有者之间的权益，《中国互联网络信息中心通用网址争议解决办法》、《中国互联网络信息中心域名争议解决办法》已出台，并已经全面实施。与之前相比，新修订案最大的变化在于加大对域名网址资源持有者的保护力。

6. 委托品牌保护机构注册保护相关域名

企业在实施知识产权保护时，应同时委托品牌保护机构注册保护相关域名。品牌保护机构作为专业的第三方机构，具有敏锐的市场嗅觉和前瞻性、系统的保护意识，其专业建议可以帮助企业抢先一步，更好保护网络知识产权。

7. 监控企业品牌舆情

对企业进行媒体监测，随时掌握自身、用户、竞争对手等舆情动态，可以掌握先机，及时处理品牌危机，确保品牌声誉安全。

8. 做好 DNS 保护

做好 DNS 保护对企业的域名解析进行操作管理、统一部署安排，保证域名使用规范和安全，同时防止由于误操作和恶意攻击篡改带来的风险和损失。网络品牌保护机构ICANN——互联网名称与数字地址分配机构是一个非营利性的国际组织，成立于 1998 年 10月，是一个集合了全球网络界商业、技术及学术各领域专家的非营利性国际组织，负责互联网协议地址的空间分配、协议标识符的指派、通用顶级域名以及国家和地区顶级域名系统的管理，以及根服务器系统的管理。这些服务最初是在美国政府合同下由互联网号码分配当局以及其他一些组织提供。现在，ICANN 行使 IANA 的职能。中国互联网络信息中心是经国家主管部门批准，于 1997 年 6 月 3 日组建的管理和服务机构，行使国家互联网络信息中心的职责。

作为中国信息社会基础设施的建设者和运行者，中国互联网络信息中心以"为我国互联网络用户提供服务，促进我国互联网络健康、有序发展"为宗旨，负责管理维护中国互联网地址系统，引领中国互联网地址行业发展，权威发布中国互联网统计信息，代表中国参与国际互联网社群。

中国互联网络信息中心是亚太互联网络信息中心的国家级 IP 地址注册机构成员，以中国互联网络信息中心为召集单位的 IP 地址分配联盟，负责为中国的网络服务提供商和网络用户提供 IP 地址和 AS 号码的分配管理服务。

本 章 小 结

网络品牌应该算是全新的内容，也是应该不断更新的内容，所以在学习的过程中一定要不断更新对网络品牌的认识。网络品牌战略有其独特的推广方式，与传统品牌是有区别的，所以学习时也要把握这一点。

本章主要从网络品牌的含义及产生入手，通过介绍网络品牌营销战略的含义和网络品牌营销的核心，引申出网络品牌营销战略，同时介绍了网络品牌营销战略的方法，重点分析了网络品牌与传统品牌的对比，最后介绍了网络品牌的保护。通过本章的学习，读者可对网络品牌战略的基本内容与网络品牌保护的实际应用有一个初步的认识，明确现代企业在经济全球化的发展过程中实施网络品牌战略发展的必要性。

思考与练习

1. 简析网络品牌在建立的过程中需要哪些条件？
2. 网络品牌营销战略有哪些？并对其进行相应的总结。
3. 网络品牌营销战略的方法具体有哪些？
4. 分角度地对网络品牌与传统品牌进行对比，分析各自的优缺点。
5. 网络品牌的保护有哪些具体的措施？

6. 为什么要对网络品牌进行保护？

案 例 分 析

网络品牌的王牌品牌——亚马逊

亚马逊网站是一家财富500强公司，总部位于美国华盛顿。它创立于1995年7月，目前已经成为顾客涵盖160多个国家和地区，全球商品品种最多的网上零售商。亚马逊致力于成为全球最以顾客为中心的公司，以使人们能在网上找到与发掘任何他们想购买的商品，并力图提供最低价格。

在内部经营方面，亚马逊充分认识到当前电子商务的环境和自身的特点，不断进行资源重组，改进业务流程，扩大客户来源，通过加强合作、丰富商品、规范物流等手段有效净化了公司内部的各个环节，使每个环节发挥最大的效益。最后为顾客提供丰富而又价廉的商品，从而提高自身竞争力。在客户方面，亚马逊从来没有停止对客户关系管理上的改进。亚马逊非常重视顾客的关系发展，从资料的保密、网络数据的动态更新、及时的配送和售后服务都赢得了顾客的认可。同时，亚马逊收购多家网站，其主要目的就是为了获得宝贵的顾客资源，使得更多的顾客在光顾这些网站时能友善地链接到亚马逊网站上来。

(1) 成功的网络营销离不开信息化的大环境。实践证明，电子商务的应用与企业信息化、自动化管理有着极为密切的关系。企业只有在自身信息化发展到一定程度，才能真正利用电子商务开展网络营销等活动。亚马逊的成功就是一个有力的例证。

(2) 选择良好的市场机会，不能盲目跟风。可以依循SWOT(优势、劣势、机会、威胁)分析法，分析市场机会、预估规模、竞争情况、进入障碍、行业领先者的优势大小、物流水平、达到规模经济所需的资源、人才等。时机相对成熟时，宜早不宜迟。因为网络有"先入为主"的优势。

(3) 有领先的网上品牌形象。应特别注意树立网络中的品牌意识，一旦顾客建立了自己品牌评价，那么就会通过经常光顾喜欢的站点来加强这种感受。在提供的产品和服务类似的情况下，争夺了顾客的注意力就赢得了竞争的胜利。亚马逊具有前瞻的战略眼光，不在意眼前利益(连续亏损)，投巨资扩大品牌的影响，从而使人们一提电子商务，就会想起亚马逊。

(4) 拥有强有力的数据库管理和交互式多媒体技术，网络不断创新。网络技术发展迅猛，一项新的技术往往能够改观商业网站的所有方面，比如提高链接速度、美化网页页面，容纳顾客意见、保护顾客隐私等，所以关注并合理利用新技术是网站成功的保证。

(5) 提供消费者多样选择、快速送货、简易使用等良好的消费者服务功能。B2C模式相对传统店铺的区别在于重新搭建价值链，提供更多的便利。因而，成功的电子商务网站应具备的基本内容：无条件退货、网上商品检索功能、多样化的网上促销、信息服务、个性化服务、免费赠送商品目录、保留顾客的购货记录。

(6) 提供特色产品与特色服务，不断创新。以批量生产的成本提供个性化商品，是网上企业的一大竞争优势。通过与顾客互动的营销服务，满足顾客个性化需求。网络需要不断地创新,包括创造新的游戏规则。亚马逊最近推出一个定制网页,名为"个人商店"。用户只要一登录该网页就会受到热烈的欢迎,每位用户都可以看到网站为新产品提供的性能介绍以及基于每位不同用户推出的相关商品专栏等。"个人商店"的推出是亚马逊拓展业务范围、增加用户浏览量的又一大举措。

亚马逊网站取得的成功是世界瞩目的。已经成为全球性的电子商务网站,具备健全的营销系统,不断的创新举措为自己赢得了发展的空间,但由于人们的观念以及竞争环境的不确定因素,使得亚马逊网站处于不稳定的边缘。多种现象表明了亚马逊的网站投资仍然面临窘境。为了能避免窘境的发生,亚马逊应考虑以下几个方面:摆脱全方位作战模式、提高运作能力、与传统产业对接、建立战略同盟、数字式配送等战略的实施。

(资料来源: 尹钰. 亚马逊公司网站营销策略分析. 2012)

思考

亚马逊在发展的过程中有哪些是网络品牌经常出现的问题。在企业发展网络品牌营销的过程中,有哪些是可以从亚马逊的网络营销经验中得到借鉴和运用的?

第 12 章　品牌保护战略

【学习目标】

- 熟悉品牌保护的内涵及原因。
- 掌握品牌自我保护的含义和战略的内容。
- 掌握品牌的经营保护战略的内容。
- 掌握品牌的法律保护战略的内容。
- 了解如何处理品牌的危机。

12.1　品牌保护的内涵及原因

品牌不是永恒的，因为市场竞争是极其残酷的。在变幻莫测的市场上，一些默默无闻的品牌会一夜之间突然成为名牌；与之相反，一些知名度颇高的品牌也可能悄然不知去向。其原因就在于企业能否运用各种有效的品牌保护策略保证品牌发展的良性循环。

品牌是一项十分重要的无形资产，品牌的背后是市场，保护自己的品牌就是保护已经占领的市场。好的品牌特别是名牌、驰名商标具有极高的品牌价值，是企业的一笔巨大财富。而恶意抢注已成为当前商战中的一种新趋势，值得国内企业高度警惕。为使企业自身这一巨大的无形资产和宝贵财富不受侵犯，企业必须对自己的品牌实施有效的保护策略。

12.1.1　品牌保护的内涵

所谓品牌保护，就是对品牌的所有人、合法使用人的品牌实行资格保护措施，以防范来自各方面的侵害和侵权行为。品牌保护包括品牌自我保护、品牌经营保护和品牌法律保护三个部分。品牌保护的实质是对品牌所包含的知识产权进行保护，即对品牌的商标、专利、商业机密、域名等知识产权进行保护。品牌保护的关键就是提高品牌的知名度和美誉度。一方面，品牌的知名度是保持品牌市场竞争力的重要条件，品牌一旦有了知名度后，一些不法商人为追逐利益便会群起仿冒，因此，企业利用商标等知识产权法律制度保护自己的品牌，可以避免不法经营者的故意造假仿冒，维护自己的合法权益，保护消费者的利益；另一方面，品牌的美誉度是品牌保持旺盛生命力的关键，其核心就是高质量，产品要具有高质量就必须进行技术开发和创新，开发和创新所取得的科技成果也要通过专利申请取得专利权，获得《专利法》的保护，否则很快就会因被仿冒而失去市场。由此可以看出，商标权、专利权、商业机密权、域名权等知识产权的保护是品牌保护的核心，品牌保护是品牌营销的一个关键环节，企业必须给予高度重视。

12.1.2　品牌保护的原因

在当今经济生活中，已被一些经济学家称为"黑色经济"的造假和仿冒现象，像肿瘤一样正迅速在全世界蔓延。这种病毒般的黑色，笼罩着的已不仅仅是某个国家或某个区域，已波及整个世界。品牌保护的主要原因有以下几点。

1) 假冒商品的泛滥

假冒商品的泛滥，像国际贩毒网一样，已在全世界一些地区形成了生产、运输、走私、批发、销售的严密网络。据估计，假冒商品的销售额约占世界贸易总额的 2%，甚至更多。据不完全统计，全球制药厂因假药充斥而受到的各种损失每年达几十亿美元，在非洲每年有成千上万人因服用假药而丧生。假冒伪劣商品使广大消费者蒙受了经济上、精神上和肉体上的多重伤害。20 世纪 90 年代初，在法国，各大名牌公司因假冒商品的恶劣影响每年的损失达 50 亿法郎。基于这个原因，导致 2 万人失去了就业机会。东南亚和中东出售的零配件近一半是假冒的，在假冒汽车零配件的冲击下，美国汽车工业每年的损失高达 30 亿美元。假冒商品已成为仅次于国际贩毒的世界第二大"公害"。

近年来，假冒商品日益泛滥，已成为我国经济生活中的一大恶疾。假冒商品品种多、数量大，从生活日用品到生产资料，从一般商品到高档耐用消费品，从普通商品到高科技产品，从内销商品到外贸出口商品，几乎无所不在、无所不有。其中又以制作简单、利润丰厚、销售快捷的假冒名烟、名酒和药品问题最为严重，而且假冒伪劣商品还有向大商品和高科技产品方向发展的趋势。

2) 商标恶意抢注

在中国成功加入世界贸易组织、内地企业开始向境外阔步推进的同时，境外一些企业或个人开始上演抢注国内各地知名商标的大戏，成为中国内地企业产品进入抢注企业所在的国家或地区市场的新阻碍。伦敦奥运会结束不久，"林丹"牌饲料、"叶诗文"牌泳衣等商标注册信息不断出现在媒体的报道中。2012 年 8 月 26 日，央视《每周质量报告》报道称，商标市场近年涌现出了新群体——商标职业抢注者。他们申请商标不是为了自己使用，而是通过商标高价转让，进行不正当的牟利。对此，工商部门表示，目前正在探索建立恶意抢注他人商标的个人、企业以及代理机构"黑名单"制度。有关资料显示，近几年，中国企业知名商标在国外被抢注事件频发。抢注清单触目惊心："英雄"钢笔在日本被抢注；"大宝"在英国、英国、荷兰、比利时、卢森堡被抢注；"红星"二锅头在瑞典、爱尔兰、新西兰、英国被抢注；"大白兔"商标在日本、菲律宾、印度尼西亚、美国、英国被抢注；中国老字号"郫县豆瓣"、"桂发祥十八街麻花"在加拿大被抢注。据不完全统计，我国曾有超过 80 个商标在印度尼西亚被抢注，有近 100 个商标在日本被抢注，有近 200 个商标在澳大利亚被抢注。

分析各种抢注案例，不难发现一个共同之处：这些抢注大都属于主观恶意性非常明显的抢注行为。例如，福建泉州企业的 17 个知名商标在我国澳门被抢注。申请者是同一个人，其申请的商标中文名称和部分商标的图形与泉州企业产品的商标中文名称和图形完全一致，中国台湾抢注泉州 3 个名鞋商标的也是同一个人，而且其申请的商标多为这些商标的中文及拼音组合商标。

恶意抢注对中国企业危害极大。一些境外商标注册公司或个人利用商标的地域性限制，对中国知名商标进行市场进入的可能性预测，并花少量的注册费在境外抢先注册，然后进行商标倒卖，或以"侵权"之名起诉以骗取赔偿，或索要巨额商标转让费，或按销量索要进入本地市场的许可费。上海"英雄"牌钢笔深受日本消费者的喜爱，但其商标却被日本商人抢先在日本注册，从而要求中方按"英雄"牌钢笔在日本的销售量向其支付 5%的佣金，致使中方在日本的代销商因无利可图而停止代销。在加拿大，近几年甚至成立了"老字号商标转让公司"，专门做中国老字号商标的"买卖"。

恶意抢注还成为一些国外企业对我国企业实行反倾销的一种手段，通过抢注对手商标筑起"市场篱笆"，使被抢注商标的企业以原商标进军国际市场困难重重。

2014 年 4 月的沈阳圣心商标代理案件，就给了我们一个很好的警示，同时，国家工商局商标评审委员会也做出裁决，其为终局裁决。企业对自己已形成一定品牌的商标要及时注册，避免被他人抢注而失权；同时，也告诫那些想走"捷径"的人，不要去恶意抢注别人的商标，这样到头来的结果只能是"搬起石头砸自己的脚"。

恶意抢注的成功还会使抢注公司盗用已成功进入市场企业的名牌效应，大摇大摆地进入世界市场，挤压被抢注企业的市场开拓空间，扰乱被抢注企业的市场销售秩序，严重损害被抢注企业的利益。

我国知名商标在境外遭抢注现象正进入高峰期，而中国企业对此准备不足，商标国际注册意识薄弱。面对日趋激烈的国际市场竞争，中国内地企业亟待提升商标意识，加强商标的国际注册工作，为产品迈出国门、走向世界创造条件。

12.2　品牌的自我保护策略

所谓品牌的自我保护，就是品牌的所有人、合法使用人主动对品牌实行资格保护措施。品牌经营者为提高企业效益，从容面对来自各方面的竞争，必须努力营造高知名度品牌。然而，品牌知名度越高，品牌被侵权的威胁也就越大，技术失窃的可能性也就越高。品牌之间的搏杀竞争会导致"商场"中一些"鸡鸣狗盗"之徒受利益的驱动，采取不正当的手段，恶意抢注合法使用人的品牌，或者故意注册与知名品牌相同或相似商标，严重损害品牌经营者的利益。因此，品牌经营者为使品牌健康成长，必须注意提高品牌自我保护意识，加强对品牌的保护。

12.2.1　设计时的品牌自我保护

品牌的显著性也称为区别性或识别性，即能够起到区别不同厂家产品作用的特性。品牌要得到法律的保护，就必须具备这一特性，因为缺乏显著性的品牌，在世界各国均不能作为商标得到注册和保护。《商标法》第 9 条规定："申请注册的商标，应当有显著特征，便于识别，并不得与其他在先取得的合法权利相冲突。"可口可乐品牌位居世界品牌之首，之所以能够运行了 100 多年还领先于世界，除了其产品本身爽口而富有个性的味道、稳定的质量和高强度的品牌宣传推广策略外，还与可口可乐简洁、醒目、朗朗上口的品牌设计密不可分。

一般来说，品牌名称按其显著性程度不同可以分为以下四类。

1) 臆造性品牌名称

臆造性品牌名称，如"Kodak"(柯达)、"Xerox"(施乐)，这种由臆造词汇构成的品牌名称，具有独创性，因而在所有商品和服务上都具有显著性。

2) 任意性品牌名称

任意性品牌名称，如"Apple"(苹果)，这种品牌名称虽然不是独创的，但它作为电脑或服装的品牌标记，能起到区别作用，此外，它不能作为苹果本身的品牌名称，因为如果它作为该类商品的通用名，就会缺乏显著性。

3) 暗示性品牌名称

暗示性品牌名称，如"Ivory"(象牙)、"Microsoft"(微软)，用在香皂和计算机软件上，虽然暗示了商品的特点，但因为是在用户经过想象后联想起该产品或服务的某种特性，而不是直接叙述，故仍可作为有效商标而注册。

4) 描述性品牌名称

描述性品牌名称，如用于计算机键盘的"104 键"、用于寻呼机的"Easy call"，它们缺乏任何想象而直接描述商品或服务特点，因而不具备显著性。描述性品牌名称虽然能一语道破产品的某一特性，但在许多国家是不给予注册的。在英、美等国，《商标法》虽允许注册描述性品牌名称，但申请人必须证明其产品确实具有该种特色。

从受法律保护的程度和范围来讲，臆造性品牌名称的显著性最强，任意性和暗示性品牌名称的显著性次之，描述性品牌名称的显著性最弱。

例如，申请人中国香港的左少权申请"青龙 GREEN DRAGON"品牌注册，被商标局驳回。商标局驳回的理由是："青龙 GREEN DRAGON"品牌出现多个名称及图形，缺乏品牌应有的显著性，并且图形中的鸡与鸡蛋容易误认为是本商品的生产原料。申请人左少权提出复审申请，理由是：品牌图形中鸡与鸡蛋不是本商品的主要原料，品牌主体由龙、鸿、鸡蛋三部分构成，文字与图形风格独特，具有可辨别性。最终，商标委员会裁定结果：此品牌不予初步审定并公告。

这是一个典型的缺乏显著性的案例。图形部分包括二龙戏珠——两只鸡和数枚鸡蛋，文字部分有中文"青龙"及英文"GREEN DRAGON"。文字与图形并不是都有对应关系。由此可以认为，该品牌是个杂乱无章的组合，既不利于消费者识别，也不利于称谓。即使申请商标获准注册，保护起来也很困难。企业应该选择消费者便于记忆的商标。

根据品牌显著性的基本要求，商标注册申请有下列情况之一者，商标管理机关也不予注册。

(1) 过于简单的文字或图形。品牌作为表示商品出处的标记，应当具备一定的内容和表现形式，才能给人以感观印象，达到传达信息的目的，发挥识别作用。过于简单的文字或图形，难以给人明确的感观印象，故无法起到标识的识别作用。

(2) 过于复杂的文字、图形。品牌是传递商品出处信息的符号，其文字和图形必须简明醒目，主体显著，过于复杂的文字或图形，不便于识别及称谓，在众多商品申请时只需使用一种语言、缴纳一次费用、使用一种货币、填写一份表格，即可获得成员国的认可。目前，《马德里协定》成员国有 50 多个，加上《议定书》成员国，马德里国际商标体系覆盖 70 多个国家。也就是说，申请人只需通过一个申请就可以同时指定在 70 多个马德里系统成员国申请商标注册。

12.2.2　宣传中的品牌自我保护

品牌存活在市场中，宣传是其得以生存的重要条件。只有宣传，消费者才能认知、了解品牌及其标准下的产品，进而提高品牌知名度。企业在宣传推广中还要考虑品牌保护问题，也就是说，企业进行品牌广告宣传必不可少，但在广告宣传中不必过于详细，如果在宣传中有意(其目的是为了让消费者或中间商认可、接受)或无意泄露附着在品牌之上的专有技术或其他商业秘密，就有可能招致竞争者的直面重创，严重者还可能引起品牌及企业夭折甚至倒闭。由此可见，在品牌宣传推广中，积极做好品牌保护工作，借助宣传树立品牌形象，其意义是深远的。

1) 宣传要适度，不能自我泄密

日本的"精工"集团能长期成为手表零件市场上最大的供应商，其成功秘诀之一就是守口如瓶，用该公司董事长接受采访时的话讲就是，"干我们这一行，嘴巴守紧点，比什么都重要"。而国内一些企业，市场竞争意识不强，宣传适度性问题常常被忽视，不打自招现象屡屡发生。若企业的商业秘密为国外竞争者或需要此信息的人获取，就会在将来的谈判、合作中陷于被动。

2) 切忌互相攻击、诋毁

企业间的竞争是买方市场条件下的一种必然现象，是企业从事市场营销活动中无法回避的现实问题。在市场竞争中，企业与竞争对手之间共同争夺消费者的既定支付能力，或者说，市场竞争是企业与竞争对手的利益之争。可见，市场竞争确实如战场上的拼杀，但市场竞争并不是一定要将所有对手置于死地，更不允许在竞争中不择手段。

一方面，市场运行的监控机制不允许竞争企业之间随意乱来；另一方面，消费者对违反职业道德、违背公平竞争原则的做法也是不能接受的，进而必将使违规者的品牌形象与企业形象严重受损，品牌或企业形象受损、下降是市场竞争的大忌。因此，企业在品牌宣传中应注意对品牌形象宣传的同时，还应防御出现不利于品牌形象、企业形象的反向宣传。在不公平、不合理的竞争中，必然存在企业间的恶语相讥。如果竞争中存在竞相攻击，既可能触犯法律法规，也会遭到对手更为猛烈的反击，其结果只能是两败俱伤。所以，为了保护品牌资产(品牌保护的实质是保护品牌资产)，企业要正确处理与竞争者之间的关系，切忌互相攻击、诋毁。

此外，企业在塑造品牌良好形象的过程中，还应注意慎用降价策略，以免引起企业间竞相降价，最终导致品牌形象受损。

3) 借用热门话题宣传自己，塑造品牌形象

在目前市场环境下，品牌形象塑造不能只靠"四两拨千斤"的市场炒作，成功的品牌总是善用热门话题，借题发挥，宣传自己。

2007 年 8 月下旬，媒体大量报道郑州"李俊杰超常教育机构"收取十万零一元的天价学费事情，产生了很大的反响。"天价学费"成了街头巷尾热议的话题，把沉寂已久的"超常教育"话题重新"惹火"。上海爱心城堡家具有限公司对此进行了大量炒作，同时对此提出的"超常教育"做了否定，提出了对儿童教育的正确认识，用自己一贯坚持的"本真教育"与"超常教育"抗衡，掀起了"本超之争"。"本超之争"立即受到了人们的广泛关注，收到了始料不及的效果。在"本超之争"策划案中，爱心城堡几乎以"零"成本的付出，得到了巨大的回报。"本超之争"不仅使爱心城堡的知名度飞速提升，而且为爱心城堡赢得了大量的美誉度和忠诚度。

2008 年 5 月 12 日汶川大地震发生后，王老吉企业慷慨解囊，为灾区捐款 1 亿元。其慈善之举获得了国人的感动和敬意，王老吉的品牌美誉度也随之大增，一时间"封杀王老吉"、"喝饮料就喝王老吉"的口号妇孺皆知，就此王老吉的品牌形象更加丰富。

通过事件营销来提高产品知名度、传达产品定位和品牌内涵，是很多商家梦寐以求的事情。不过，由于经过太多网络炒作的洗礼，网友的分辨力和免疫力已经很高了，在事件营销中植入产品或品牌，一定要设身处地地想到网民的感受，要不然被揭发出来还会使品牌形象大打折扣，损害自己的利益。

12.3 品牌的经营保护策略

12.3.1 品牌经营保护策略的含义

所谓品牌的经营保护，是指企业经营者在具体的营销活动中采取的一系列维护品牌形象、保持品牌市场地位的活动。品牌的经营保护首先表现在对商标权的维护上。商标权的维护取决于能否正确地使用商标。因没有正确使用商标而导致注册商标被撤销的案例屡见不鲜，因此，对注册商标的正确使用是品牌经营保护的重要环节。

12.3.2 正确使用注册商标

1. 商标注册后要投入商业上的使用

商业上的使用是指带有该商标的商品在注册国进行实际销售时，在媒体上刊登商业性广告或散发介绍商品的说明等宣传品。为防止注册簿上大量的"垃圾"商标(不使用而失去意义的商标)的存在，各国《商标法》都明文规定：商标取得注册后，应当投入商业使用。但各国对使用期限有不同的要求。例如，英国、法国、德国、泰国等大部分国家规定为 5年；日本、韩国、意大利、加拿大和澳大利亚等国家规定为 3年；巴西、智利等国家规定为 2年。也就是说，在无正当理由的情况下，在商标注册后连续 2年、3年或 5年不使用，商标主管部门主动或依第三方请求将注册商标从注册簿上剔除。

有些国家对于使用的规定更为严格：美国法律规定，商标注册后第 5年，注册人应当向商标当局递交一份使用声明，以宣誓该商标已在美国实际使用。这种使用声明应当是真实的，如果没有实际使用却递交使用声明，一旦被发现，将以欺骗罪论处。还有的国家规定，商标在续展时，申请人应当提供 3 年或 5 年内的使用证据，如果证据不足，主管当局有权拒绝续展注册。

2. 使用商标与注册商标要一致

企业在经营过程中使用的商标，也就是商品标签上的、包装容器上的或商品包装上的商标要与申请注册或已经获准注册的商标保持一致，不得有实质性的改变。否则，其使用不被视为注册商标的使用。有些国家甚至规定，自行改变注册商标的文字、图形或者其组合的，其注册商标有被注销的危险。

如果注册人不仅使用被批准注册的商标，而且使用了与该注册商标的其他标识，其行为就属于"自行改变注册商标的文字、图形或其组合"。依照我国《商标法》第 30 条规定，商标局将会给予处理，甚至会撤销其注册。

商标颜色的使用也是非常重要的。各国《商标法》一般都规定：如果注册黑白商标，将适用于所有颜色；如果注册的是彩色商标，那么注册的是什么颜色使用的也必须是什么颜色，改变颜色将视为自行改变商标。因此，如果没有非常固定的颜色使用，最好注册黑白商标，这样使用时方便灵活，对商标的保护更广泛。要保证使用与注册的商标相一致，在申请注册商标之前，就应当对商标进行精心设计。只设计商标的黑白墨稿还不够，必须将其制成使用标签，以检查实际总体效果。只有这样，才能保证使用商标与注册商标一致。

3. 将注册商标用于指定的具体商品或服务项目上

商标注册后，注册人应当将商标用于指定的商品或商品范围内，绝不能用于非指定的商品上或超出指定的商品范围。如果擅自把注册商标使用到注册时并未指定的其他商品上(即使是类似商品上)，该商标也有被撤销的危险。

未经国家商标主管机关核准注册自行使用的商标，通常称为未注册商标。这种商标不享有专用权，不受法律保护。未注册商标一般做临时性、过渡性使用，主要使用在那些生产不稳定、产品未定型，或者一次性、季节性生产商品上。在经济活动中，未注册商标的使用现象十分常见。

在日常监管工作中，有时会发生未注册商标被侵权的情况，但《商标法》中对未注册商标被侵权应如何处理没有明确的规定。《商标法》第 51 条规定，注册商标的专用权，以核准注册的商标和核定使用的商品为限。第 52 条规定，未经商标注册人的许可，在同一种商品或者类似商品上使用与其注册商标相同或者近似的商标的，属于侵犯注册商标专用权的行为。上述规定是针对注册商标的，不涉及未注册商标。

实际上，如果未注册商标使用时间较长，在市场上产生了较大的影响，且这个未注册商标被当作商品特有名称使用，那么有人未经许可擅自使用，就有可能构成侵权行为。

江西仁和集团麾下子公司江西康美医药保健品有限公司(以下简称康美公司)自 1999 年开始使用未注册商标妇炎洁。2002 年 7 月 18 日，康美公司向国家工商总局商标局提出在第五类商品上注册妇炎洁商标的申请。国家工商总局商标局认为"妇炎洁"可能反映商品的功能，未核准注册该商标。2004 年以来，市场上又出现了几种妇炎洁洗液。康美公司向工商机关举报，希望保护自己的合法权益。工商机关依照有关规定，立即对生产该产品的某医药科技有限公司进行立案查处。工商机关经调查认为，妇炎洁一词是康美公司首创，在长期经营中具有了较高知名度，经过使用产生了特定的含义。因此，妇炎洁应属康美公司拥有的知名商品的特有名称。某医药科技有限公司生产的妇炎洁洗液于 2005 年 4 月才投放市场，比康美公司使用和申请妇炎洁商标的时间晚，其傍名牌、搭便车的主观意图明显。工商机关根据《反不正当竞争法》第 5 条第 2 项 "擅自使用知名商品特有的名称、包装、装潢，或者使用与知名商品近似的名称、包装、装潢，造成和他人的知名商品相混淆，使购买者误认为是该知名商品" 的规定，查处了某医药科技有限公司仿冒知名商品特有名称的行为，责令其停止侵权行为，销毁所产妇炎洁产品的包装及容器。2005 年 7 月 14 日，国家工商总局商标局初步审定并公告康美公司申请注册的妇炎洁商标，经过 3 个月的异议期，2005 年 10 月 14 日，妇炎洁商标获得核准注册。

由此可见，未注册商标在长期使用中产生了特定的含义后，如果有人出于傍名牌、搭便车的目的擅自使用，也会构成侵权行为。

4. 不轻易将注册商标特许他人使用

允许他人使用自己的品牌，实际上是允许他人使用自己的信誉。因此，注册商标许可他人使用，应正式签订许可协议，并在有关国家的商标注册当局办理商标使用许可备案手续，这是因为商标被许可人对注册商标的使用一般都会被视为商标注册人的使用，使用许可备案将有利于商标权的维护。此外，商标注册人还要加强对被许可人的商标使用管理，监督被许可人使用其商标的商品品质，以防止注册商标被撤销或影响商标信誉。

呼和浩特市一家同以 "蒙牛" 为企业字号的酒业公司对外宣称与蒙牛乳业(集团)股份有限公司是一家，被蒙牛乳业以侵犯注册商标专用权及不正当竞争为由告上法庭。2006 年 12 月，北京市第一中级人民法院一审判决，被告蒙牛酒业在合理清理期满两个月后，停止使用含有蒙牛字样的企业名称，并赔偿原告经济损失 400 万元。判决做出后，蒙牛酒业并未提出上诉。

在上述案件中，原告蒙牛乳业诉称，蒙牛酒业明知蒙牛品牌具有较高知名度，仍恶意申请注册以 "蒙牛" 为字号的企业名称，生产和销售同样作为奶制品系列的奶酒产品，并在其生产和销售的奶酒包装及广告宣传中突出使用 "蒙牛酒业" 字样，涉嫌商标侵权及不正当竞争。

原告蒙牛乳业同时起诉的还有蒙牛酒业特许经销商之一王某，认为王某自 2004 年起开始代销蒙牛酒业生产的昂格丽玛奶酒，同样构成侵权。

原告蒙牛乳业请求法院判令蒙牛酒业立即停止侵权、停止恶意注册和使用蒙牛字号的不正当竞争行为，赔偿经济损失 1000 万元。

被告蒙牛酒业辩称，"蒙牛" 文字系其合法注册的企业字号主体，其在产品上使用 "蒙牛酒业" 4 字是正当权利。

经销商王某称，2004 年 3 月，蒙牛酒业在北京的报纸上发布招商广告，以为生产牛奶、奶制品和冰激凌的蒙牛乳业也开始生产 "用牛奶做的酒" 了。因看好蒙牛这个驰名品牌，于是其与蒙牛酒业北京分公司签订了经销合同。

法院经审理认为，在原告蒙牛乳业已先享有企业名称、注册商标专用权，且又是具有较高知名度商标的情况下，蒙牛酒业明知故犯，注册取得其企业名称，借合法形式故意制造混淆与冲突，侵占了原告的商誉，其注册行为已经构成对原告的不正当竞争。同时，蒙牛酒业在其宣传和经营的奶酒产品上突出使用"蒙牛酒业"，故意对外宣称原告蒙牛乳业与其是一家，造成商品来源的混淆，侵犯了原告在先已有的注册商标专用权。

另外，法院认定，经销商王某作为蒙牛酒业北京分公司的奶酒产品的代理经销商，实施了销售涉案奶酒的行为也属侵权。

5. 注册商标变更的品牌保护

注册商标的变更是指企业在经营过程中如商标注册人的名义、地址等发生改变，经申请，商标局得以核准的法定程序。我国《商标法》第 23 条规定："注册商标需要变更注册人的名义、地址或者其他注意事项的，应当提出变更申请。"

1) 注册商标的变更手续

(1) 申请变更商标注册人名义的，申请人应当向商标局交送《变更商标注册人名义申请书》和变更证明各一份，并交回原《商标注册证》。变更申请书应将商标注册号、商标名称、原注册人名称以及变更后注册人名称填写清楚，变更证明为主管部门批准的证明文件。

(2) 申请变更商标人地址或者其他注册事项的，申请人应当向商标局交送《变更商标注册人地址申请书》或者《变更商标其他注册事项申请书》以及有关变更证明各一份，并交回原《商标注册证》。

2) 注册商标提出变更申请的注意事项

(1) 变更申请，只能是注册人名义的变更、地址的变更或其他注册事项的变更。

(2) 变更商标注册人名义或者地址的，商标注册人必须将其拥有的全部注册商标一并办理变更手续。

(3) 在提出变更申请时要缴纳一定的费用，否则变更申请将被退回。

(4) 变更申请委托商标代理机构代理的，需交送《代理人委托书》一份。

(5) 如果商标注册人名义改变后不及时履行变更手续，改变后的商标注册人不再拥有这个商标的专用权，所以，商标注册人名义改变后，应及时向商标局办理变更手续。

12.3.3 品牌保护的有效手段和方法

不同的品牌，其所面临的内部和外部环境存在较大差异，品牌经营者所采取的保护手段和方法自然也各不相同，但是无论采用何种经营活动，都必须从以下几个方面入手，才能有效地对品牌进行保护。

1. 以市场为中心，全面满足消费者需求

消费者是企业品牌经营者的上帝，以市场为中心，也就是以消费者需求为中心。消费者的购买习惯与偏好是随着生活水平的提高而不断变化的，而品牌的经营保护又是与消费者的兴趣、偏好密切相关的，这就要求品牌内容也要随之做出相应的调整，否则，品牌就会被市场无情地淘汰。

几乎每一个知名品牌都是在不断地变化着，以满足消费者的"口味"与偏好，可口可乐的口味、柯达的新型号、海尔空调的品种、李维斯牛仔裤的款式都随着市场发展潮流而不断调整、变化，否则根本不可能适应消费者的需求变化趋势，就连曾说"福特汽车只有一种颜色，那就是黑色"的福特汽车也随着消费者的需求变化趋势而推出不同颜色、多种款式的新产品。以宝洁公司的"碧浪"洗衣粉为例，该产品在进入市场后的很短时间内，不断更新，更换过多次产品标识，从"碧浪"到"碧浪漂渍"，再到"碧浪第二代"，可谓花样不断翻新，以至于现在的"碧浪"标识早已与最初的"碧浪"标识大相径庭了。

那些抱着"知名品牌吃一辈子"、不肯防微杜渐、对市场变化莫衷一是的思想，实际上是在扼杀品牌，其结果也只能是被市场所淘汰。这就是为什么国内有些知名品牌只能"各领风骚三五年"的缘故。"大前门"、"恒大"、"凤凰"香烟已被人们遗忘，"蜂花"洗发水也是度日如年，就连曾经在市场上红极一时的"康巴斯"石英钟也惨遭淘汰。

市场是无情的，它不管你是中国名牌还是世界品牌，只要你违反了市场发展的客观规律，就会遭到市场的惩罚，导致企业经营失败。李维斯是大家熟悉的牛仔服装品牌，在 20 世纪 80 年代中期，随着美国摒弃正装、崇尚休闲的流行，以及美国西部影片的全球热映，李维斯公司创下了在一年内股票狂升 100 多倍的新纪录，市值由每股 2.53 美元上涨到每股 262 美元，创造了举世瞩目的"李维斯神话"。然而市场上没有永远称雄的品牌，由于李维斯品牌没有抓住其主要消费者即 14 岁至 19 岁年轻人的需求心理，故步自封、我行我素，总是想当然地闭门造车，最终导致它的风光不再，90 年代它开始走向没落，到 1997 年公司被迫关闭了设在欧美地区的 29 家工厂，裁员 1.6 万人，1998 年李维斯公司销售额又比上年下降了 13%。李维斯品牌的没落主要原因是，公司忽视了它的主要消费者——年轻顾客的需求心理变化，其款式设计和品牌传播方式都与当时的流行时尚格格不入而导致的。

以市场为核心，完全满足消费者的需求，要求品牌经营者建立完善的市场监察系统，随时了解消费者的需求变化状况和趋势，及时调整自己的品牌，以便使品牌在市场竞争中获胜，顺利完成品牌的保护工作。

2. 苦练内功，保持高质量的品牌形象

质量是品牌的灵魂，高质量的品牌往往拥有较高的市场份额。反之，尽管一个知名度很高的品牌，倘若它的产品质量出现了问题，就会大大降低它的品牌形象，使品牌受损。河南春都集团的"春都"牌火腿肠曾经是全国驰名的品牌，然而就是这样一个企业因为盲目"求大求强"而降低产品质量，以至于一段时间内消费者买到的火腿肠像面棍，使消费者产生不信任感，导致名誉扫地，最终客户萎缩、销量下降，昔日的名牌沦落为"末路黄花"；当年中央电视台标王山东秦池公司的失败，同样是因为没有对盛名之下的产品质量负责，为满足市场订单大量生产真正的"酒水"酒，结果聪明反被聪明误，遭到消费者的遗弃。"春都"与"秦池"的悲惨结局都是因产品质量出了问题，使品牌受损。对品牌经营者而言，维持高质量的品牌形象，可以通过以下几个方面进行。

1) 评估产品目前的质量

在目前生产的品牌产品中，是否严格按照本企业的生产质量管理体系进行，与 ISO 9000 系列国际质量认证体系是否还有差距？在品牌组合中，目前被消费者认为质量较低的是哪些品牌，是整个品牌还是某个方面？企业的销售人员是否完全具备与产品品牌有关的业务知识？品牌经营者应该从内部挖掘，即全力贯彻实施内部质量管理体系，从根本上了解消费者对产品的意见和建议。

2) 产品设计要考虑顾客的实际需要

海尔集团针对不同地区、不同国家推出了"小小神童洗衣机"和在部分地区才用得着的可以洗红薯的洗衣机。正是由于海尔人从顾客的实际需求出发，才使它每推出一款新产品都颇受消费者的青睐。无独有偶，东京麦肯锡顾问公司决定改进电动咖啡壶的设计，以适应人性化需要。在设计时，负责设计的技术人员问了一大堆问题，诸如壶应该大一点好还是小一点好这样的小问题。后来经过讨论，大家一致认为咖啡爱好者普遍对味道香醇的咖啡感兴趣，该公司负责人问设计人员，哪些因素会影响咖啡的味道？设计小组研究的结果表明，有很多因素会影响咖啡的味道：咖啡豆的品质和新鲜度、研磨方式、加水方式和水质等，其中水质是决定性因素。所以，该品牌产品设计了一个去除水中氮化物的装置，另外，新产品还附有一个研磨装置，消费者要做的只是加水和放咖啡豆。实践证明，改进后的电动咖啡壶受到了广大顾客的欢迎。

3) 从品牌广告、营销、公关、策划等多种角度，建立独特的高质量形象

知名品牌主要由"品位高雅"、"质量可靠"、"设计新颖"等内在因素起主要作用，但品牌也要善于包装自己，通过各种有效的手段把自己宣传出去。国美电器在这方面做得很好，它通过媒介向消费者宣传自己，进行自我炒作，用彩电等几个家电品牌价格的低廉换取了消费者认为国美的东西都便宜的印象，从而扩大了企业的知名度，使国美成为销售终端大户的杰出代表。

4) 随时了解消费者对质量要求的变化趋势

在现代社会中，人们追求更加有质量的生活，因此，对于质量的要求也越来越高。

5) 让产品便于使用

如今人们似乎变得越来越懒惰，对任何商品都追求方便，方便食品大行其道、技术产品一律"傻瓜"、一次性产品充斥街头巷尾。面对市场要求使用方便、轻松掌握的新潮流，恒基伟业公司推出了新型全能手写掌上电脑——商务通电脑。商务通电脑一上市颇受白领阶层欢迎，其成功的秘诀就在于商务通电脑轻便灵活，便于顾客随时使用，无怪乎该公司会打出"商务通，科技让你更轻松"的广告语来招揽顾客，确实如此。

3. 严格管理，锻造强势品牌

企业品牌的经营保护最强势要素就是企业对企业品牌进行全方位的严格管理，以便保持和提升品牌竞争力，使品牌更具活力和生命力，锻造出市场的强势品牌。

坚持全面质量管理和全员质量管理。"以质取胜，价格公道"是"巧手"品牌的广告语，大家已都很熟悉。"以质取胜"是永远不会过时的真理，要牢固树立"质量是企业的生命"的思想，并把它贯彻到企业的一切活动和全部过程之中。企业要制定切实可行的质量发展目标，积极采用国际标准和国外先进标准，形成一批高质量、高档次的名优产品，提高产品品牌的市场占有率。要深入开展全面质量管理、质量改进等活动，认真贯彻质量管理和质量保证系列国家标准，积极推进质量认证工作，并借鉴国外企业科学的质量管理新方法，

推行"零缺陷"和可靠性管理，提高企业的质量管理水平。

例如，海尔集团早在 20 世纪 80 年代就提出了创名牌的目标，海尔抓的第一个观念就是"有缺陷的产品等于废品"。为了教育职工树立追求高品质产品的意识，海尔首先做的具体工作就是砸烂了 76 台有缺陷的冰箱，尽管这 76 台冰箱还可以按二等品、三等品降价出售。在整个质量管理过程中，海尔采用"日清管理法"，即通常所说的"OEC 管理法"，海尔提炼为"日事日毕，日清日高"：今天的工作必须完成；今天完成的工作必须比昨天有质的提高；明天的目标必须比今天更高。海尔在质量管理中同意这样一种观点：成功的企业永远没有激动人心的事情发生。为了保持产品有一个恒久的高质量，海尔把所有的目标分解到每个人身上，每个人的目标中，即每个月、每天都有新的提高，这样才可以使整个工作有条不紊。海尔的冰箱制造共有 156 道工序、545 个责任区都落到每个人身上，从而使得整体质量都能保证是优质的。其中，最关键的是员工的素质，只有优秀的员工才能生产出优秀的产品。海尔在生产经营中始终向职工反复强调一个基本观点：用户是企业的衣食父母。在生产制造过程中，他们始终坚持"精细化，零缺陷"，让每个员工都明白"下道工序就是用户"。这些思想被职工自觉落实到行动上，每个员工将质量隐患消除在本岗位上，从而创造出了海尔产品的"零缺陷"。海尔空调从未发生过一起质量事故，产品开箱合格率始终保持在 100%。

纵观国内外成功的企业，无一例外地把提高产品质量和品牌形象作为战略问题列入企业生存发展大计之中。荣事达公司自 20 世纪 90 年代初就引入了 ISO 9000 质量认证体系和推行"零缺陷"管理，该公司将"用户是上帝，下一道工序是用户，换位思考，100%合格"等质量意识转变为员工的自觉行动，创建了属于荣事达自己的"零缺陷生产"模式。与此相关的一系列制度纷纷出台，从而发展为分散与集中、全民自控与专门控制、内在质量控制与系统信息反馈相组合的"零缺陷生产"质量管理体系。

"零缺陷供应"是"零缺陷生产"的前提和保证，"零缺陷服务"则是"零缺陷生产"的后延。其中，荣事达售后服务的"红地毯"于 1997 年推出，迅速在语言和服务技术方面按照"零缺陷目标"严格执行服务承诺，"视顾客为上帝，尊重用户为贵宾"，使用户毫无后顾之忧，充分体验到上帝的感受。

1) "零缺陷员工"是企业生存与发展的根本保证，是企业贯彻全员管理的主体

荣事达以员工群体化为企业发展的根本，注重员工主体意识的培育，从而保证了整个企业实施"零缺陷"的良性循环。反之，忽视质量控制，降低品牌产品质量，这对于企业品牌来说无异于自杀。有的企业一看到市场紧俏，产品供不应求，就降低质量管理，结果很快就被消费者抛弃，被市场淘汰。

2) 坚持成本控制和成本管理

最低成本优势是企业品牌保护的一大法宝。优势品牌必须实施成本最低领先战略，采用先进技术，提高劳动生产率。我国的格兰仕企业品牌就是推行成本控制的最好范例。格兰仕公司通过规模扩张和成本控制使其成为微波炉行业的领先者，在我国占有 60%以上的市场份额，在欧洲的市场份额也达 60% 左右。在坚持成本控制的基础上，还要加强企业的资金管理、费用管理、财务管理、劳动管理、设备管理、原材料管理和其他管理，把成本降到最低水平。

3) 实施差异化策略，进行品牌再定位

一种品牌在市场上的定位不论最初是如何恰当，但到后来往往由于消费趋势的变化、消费者的兴趣变化、偏好转移以及市场占有率的变化，不得不对它重新定位或者实行差异化策略。

国内饮料市场被可口可乐、百事可乐占领了一大半，国际品牌饮料厂商在国内连续收购也更加令人揪心，众多民族品牌遭受毁灭性打击。在这种情况下，椰树集团凭借其独一无二的椰子汁在国内饮料市场发展起来，在其进入市场之前该类产品在市场上是一片空白，这使之具备完全差异化的优势，终于跻身于全国十大饮料企业之列。如果说椰树集团是依靠产品本身差异化取得成功的，那么农夫山泉则是在产品本身差异不大的情况下，利用概念差异取得成功典型。最初农夫山泉在瓶装水市场上并不具备竞争优势，前有娃哈哈和乐百氏两大品牌的压迫，后有各地区品牌的追击。在这种不利的市场环境中，农夫山泉充分利用人们对纯净水是否真的有益于身体健康的疑虑，提出了"天然健康"的新概念，通过一系列外在表现手段，锻造出"天然水"新概念，广泛宣传推广"来自千岛湖水下 80 米的天然水"。正是由于它实施了概念差异化策略，进行了品牌的再定位，使得农夫山泉在很短的时间内就崛起成为国内瓶装水市场的一支奇葩。

4. 不断创新，增强企业活力

创新是企业品牌的灵魂，是企业的活力之源，只有不断创新才能使企业品牌具有无限生命力和永不枯竭的内在动力；只有不断发展和壮大品牌，才是企业品牌经营保护当中最为有效的策略。品牌的创新是一个系统工程，它包括观念创新、技术创新、质量创新、管理创新、服务创新、市场创新、组织创新、制度创新等多方面的内容。

品牌的生命力在于创新，唯有创新，才能维持品牌个性，提高品牌的技术水平，强化品牌的核心价值，维系品牌与消费者之间的持久联系，稳定与提升企业的品牌形象。这是延续品牌寿命，以攻为守的高明策略。

品牌的创新保护策略包括以下几个方面：第一，发现产品的新用途。在产品同质化严重的情况下，发现与利用品牌所覆盖的产品的新功能、新用途，能使品牌不断延长自己的寿命，保持自己的个性，散发出新的活力。第二，进军新市场。将处于成熟期的某品牌产品引入一个全新的市场，从而赋予品牌更丰富的内容。第三，增加新服务。在品牌竞争日益激烈的背景下，通过不断增加消费者所看重的服务，可以突出与对手的差别，在较高程度上满足消费者的欲望，提高顾客的满意度与品牌忠诚度。第四，锐意创新，不断强化对核心能力的控制。核心能力是品牌保持长期竞争优势的源泉，如果企业不注重通过创新去发展新的品牌核心能力，对新老核心能力进行有效的整合，适时实现品牌核心能力的跃升，并不断扩大核心能力的内涵与外延，才能有效地保护品牌的市场地位。

四川长虹是国内家电行业的龙头企业，也是世界排名第三的彩电制造商。2014 年 6 月 25 日，由世界品牌实验室主办的"世界品牌大会"在北京发布了 2014 年(第十一届)《中国 500 最具价值品牌》排行榜，长虹集团以 1016.86 亿元的品牌价值评估入围中国品牌千亿阵营。

长虹成功的秘诀在哪里？就在于长虹不断地进行产品创新和技术创新。新产品开发和技术创新是长虹发展之魂。长虹人紧紧抓住"科技兴业"这条命脉，不断向高科技领域进军。仅"七五"期间就投入技术改造资金 2 亿多元，"八五"期间的投入资金超过 5 亿元。10 年间进行过三次重大的技术改造。如今的长虹，3 天产生一个专利，5 天开发出一个新产品。目前，长虹集团还决定，按照年销售收入 3%～6%的比例，加大新产品、新技术的开发投入。长虹在集团本部，已与东芝、三洋、飞利浦等国外多家著名公司或企业建立了多家联合实验室。长虹在技术开发和新产品开发上实施"生产一代，研制一代，预研一代，储备一代"的策略。正是由于有了如此强大的科技实力，长虹集团才能不断地推陈出新，不断地为消费者奉献精品，也才取得了今天如此辉煌的成就。

12.4　品牌的法律保护

12.4.1　品牌法律保护的原因

商标是经过注册的品牌，商标的一个重要功能就是标记，它是通过商标的显著性实现的。然而，在现实生活中，有意或无意地在同类或相似的商品或服务上注册、使用与他人相同或相似商标的事件时有发生，从而侵害了商标所有人的专用权，造成商标来源混淆，引起消费者的误认、误购，影响在先注册商标的品牌形象。因此，企业品牌保护的又一项重要任务就是以法律为武器，防止他人在相同或相似的商品或服务上注册相同或近似的商标。

方便食品行业"双白"之争在 2008 年 11 月末经由河南省高级人民法院终审而告一段落。根据该终审判决，四川白家食品有限公司在方便粉丝商品上使用竖排"白家"商标侵犯了河南正龙食品有限公司第 1506193 号"白象"注册商标专用权。

假冒商标行为作为一种商标侵权行为，是指以盈利或者以获得其他非法利益为目的，故意侵犯他人注册商标专用权的行为。这种侵权行为不同于一般的侵犯他人注册商标专用权的行为。假冒商标行为是主观上故意地假冒他人注册商标和销售假冒商品，制造、销售他人注册商标标识的行为，是在同一种商品上使用与他人注册商标相同的商标的行为，而不是在同一种商品上使用与他人注册商标相似的商标的行为，也不是在类似商品上使用与他人注册商标相同的商标的行为。与此种行为不同的是，一般的商标侵权行为既可以存在主观上的故意，也可以是无意的；而假冒通常是故意的。

假冒是全球性的一大难题。由于知名品牌具有较大的感召力，假冒总是与名牌同步发展。哪里有名牌，哪里就有假冒。各国政府对假冒问题都十分重视。1993 年 6 月 16 日，由国际高级警官联合会组织的打击伪造商品的国际研讨会在巴黎举行，会议成立了一个由警官、法官和海关官员组成的专门打击制造和销售伪造商品的犯罪活动的机构。

生产经营企业也要认真学习有关的法律知识，学会运用法律防止他人假冒自己的产品和防止他人注册相同或近似的商标。

12.4.2　在法律程序范围内保护商标专用权

各企业要安排专人或委托他人注意监视《商标公告》，若发现与自己的注册商标相同或近似的要及时提出异议，对于已经核准注册但不满一年的相同或近似商标可以提出争议。总之，要将影响自己商标专用权的商标消灭在造成不良影响之前。

1. 企业要设置专门机构负责品牌保护事宜

国际著名的大公司都有专门负责商标的机构，如联合利华的商标部、马斯公司的市场财产部、苹果公司的市场部等，它们负责本公司所有商标在全球范围内的日常保护工作。法国著名的香奈儿公司只要发现中国《商标公告》中有与其商标图形或文字相似的，就提出异议或争议，据粗略统计，在1997年以前，该公司就提出异议、争议近200件，虽然异议、争议成立得少，但该公司仍坚持不懈地提出异议，矢志不渝地保护自己的商标权。他们认为，不让影响自己商标权的商标流入市场比查处商标侵权更为重要。

目前，我国的一些大企业也逐步建立、健全了商标管理部门。例如，美的集团1997年就成立了科技与知识产权部，颁布并实施了集团《商标管理办法》，从而使公司的商标管理逐步得到规范。

2. 建立、健全商标档案，保存好各种证据

建立、健全商标档案对于保护商标起着重要作用。商标从创立到使用中的任何重要文件，不仅在商标申请过程中对于商标能否注册有重要作用，也在克服异议、制止侵权时起重要作用。因为在异议、争议侵权案件中，往往需要说明自己的商标与他人商标的区别，证明本企业享有商标专用权，或者通过长期、广泛的使用而具有较高的知名度等。

对我国企业来说，由于材料不全、证据不足，以致在克服官方驳回，或引证商标时处于被动地位的事例屡见不鲜。例如，"海天"、"金华火腿"等商标都是由于不能提供最早的有效证据而在某些国家不能取得注册。

要保存的档案资料主要包括：商标设计原稿；在本国及其他国家或地区的注册证件；商标使用的证据，如销售合同、展览、广告实样等；有关该商标在各国遭异议、侵权或他人提出异议等裁定的结果；等等。特别要注意的一点是，在使用证据即销售合同、展览、广告实样等上面要有商标，无商标的使用证据不具备法律效力。

3. 聘请商标代理

商标保护是一项专业性很强的工作，因此，许多大公司不仅在企业内部设立专门的负责机构，还特别聘请商标律师或商标代理机构负责其商标的保护职责。联合利华就在英国伦敦聘请了5名商标律师配合他们在全球负责跟踪查找，如发现有其他公司使用被代理公司的商标，立即采取行动。根据我国《商标法》和《商标代理管理办法》的规定，商标代理不仅是代理商标注册申请，还可代理注册商标的续展、撤销、转让、变更等事务，代理商标异议、不当商标撤销申请等。更重要的是，商标代理要对商标事务提出专业化建议。如何对现有的商标进行有序化管理；在商标使用和广告宣传中如何防止商标淡化；如何签订商标许可合同；哪些商标在什么时候需要续展、变更；如何建立监测网络，及时发现他人的商标侵权或假冒行为，以及采取何种救济手段，解决与他人的商标纠纷等问题，都可通过定时查阅《商标公告》，及时发现、制止他人注册与本代理企业商标相似的商标。

目前，国内企业聘请商标顾问的还不多，大多数企业还习惯于自己处理商标事务。结

果，由于企业因无专门人才，不能对商标进行有效管理，从而削弱了企业对商标这一无形资产的保护力度。例如，把法律事务委托给法律顾问处理，把商标事务委托给商标代理机构比企业自己打理是更明智的选择。

12.4.3　申请认定驰名商标

1. 驰名商标可受到扩大保护

随着卫星电视、互联网等全球通信技术的发展和世界人口更大范围的流动性以及贸易全球化的发展，20 世纪 90 年代以来，驰名商标的保护已成为现今世人关注的问题，受到了国际社会尤其是发达国家的高度关注。越来越多的商标所有人寄希望于在世界范围内对商标特别是驰名商标给予同一水平的保护。

1) 国际社会对驰名商标的保护

随着国际上对驰名商标的保护呼声日益增高，世界知识产权组织业产权协会均认为，对驰名商标的保护范围要进一步扩展。

目前，在《巴黎公约》成员国有关保护驰名商标的司法实践中，对驰名商标的扩大保护主要体现在以下 4 个方面。

(1) 将保护范围扩展到相关产品。所谓相关产品，是指商品属于同一类或有同样的描述特征；商品具有相同的自然特征或在它们的形式、组成、结构或质量方面有同样的本质特征时，它们是相关的。它们还因为用于同样的目的或在同样的商店销售，有可能被认为相关。

(2) 将保护范围扩展到有产销关系的商品上。有产销关系的商品是相关商品的进一步延伸和精确化。因为相同或近似商标在不同竞争的行业同时使用，容易使人认为原商标所有人已扩展业务，或者使人认为后继商标所有人与原商标所有人有某种产销关系，这便不可避免地分散和弱化了原有商标的声誉和形象。

(3) 反淡化保护。这是目前国际上对驰名商标保护比较流行的做法。反淡化保护的实质是对那些驰名商标在非相同、非类似的商品上实行保护。例如，不得将"全聚德"商标用于体育器材上，或将"可口可乐"商标用于口红、服装等商品上。

(4) 对超级驰名商标扩展到所有商品或服务上。国际保护工业产权协会的决议中规定：对超级驰名商标，其保护范围应扩展到所有的商品和服务上，理论上称为绝对保护。不过这种超级驰名商标为数极少，只有像柯达、可口可乐这样的驰名商标才能享受这种待遇。这种商标在全世界仅有 20～30 个，且这种商标必须具有独创性。

2) 我国对驰名商标的保护

为了制止他人对驰名商标的非法侵害，法律对驰名商标的保护比对普通商标的保护力度要大得多。根据国家工商行政管理局于 1996 年 8 月 14 日发布的《驰名商标认定和管理暂行规定》(以下简称《暂行规定》)，我国对驰名商标的扩大保护主要体现在以下三个方面。

(1) 将与他人驰名商标相同或近似的商标在非类似商品上申请注册，且可能损害驰名商标注册人的权益，由国家工商行政管理局商标局驳回其注册申请；已经注册的，自注册之日起 5 年内，驰名商标注册人可以请求国家工商行政管理局商标评审委员会予以撤销，但恶意注册的不受时间限制。

(2) 将与他人驰名商标相同或近似的商标使用在非类似的商品上，且会暗示该商品与驰名商标注册人存在某种联系，从而可能使驰名商标注册人的权益受到损害的，驰名商标注册人可以自知道或应当知道之日起两年内，请求工商行政管理机关予以制止。

(3) 自驰名商标认定之日起，他人将与驰名商标相同或者近似的文字作为企业名称的一部分使用，且可能引起公众误认的，工商行政管理部门不予核准登记；已经登记的，驰名商标注册人可以自知道或应当知道之日起两年内，请求工商行政管理机关予以撤销。

2. 从法律上界定驰名商标

驰名商标是一个法律概念，是中国商标领域约定俗成的一个用于同英文 WELL-KNOWN MARK 一词相对应的概念。

1925 年，《巴黎公约》在其修订本中加入第 6 条第 2 款规定，从而正式引入驰名商标概念。其目的在于，当《商标法》规定的保护制度无法合理保护商标时，运用驰名商标保护方法对其实施保护，以便使商标权利人得到超越其依据商标法取得的权利，阻止其他人以商标法允许的方式使用与其商标相同或者相似的商标。

为了使这种已经超越一般商标法原则的保护不至被滥用，法律必须对其做出严格限定，即只有当某一商标在市场上已经具有一种特殊影响，以致相关领域的普通消费者在见到此商标时，一般不再对商品本身给予特别关注即可做出购买选择，从而使这种商标的标识作用已经超出其最初使用并取得商标权的商品时，即使另一商品生产者将其使用于完全不同的商标权利人生产的商品上时，同样可能导致消费者对商品来源及其在其他方面与生产者的关系产生误认或混淆的，法律即应对这种使用加以制止，并赋予商标权利人请求法律救济的权力。

可见，在国际上，对驰名商标的保护更倾向于驰名商标遭受侵权后，通常是有了"案子"后，由有关的主管机关依据相关条款加以纠正，是一种事后的认定。

《暂行规定》第 1 条规定：本规定中的驰名商标是指在市场上享有较高声誉，并为相关公众所熟知的注册商标。

从上述定义可知，一个驰名商标必须具备三个条件：一是在市场上享有较高的声誉；二是为相关公众所熟知，即具有较高的知名度；三是必须是注册商标。这三项要求是并列的，缺一不可。

与国际做法不同的是，在我国，根据上述《暂行规定》，任何想要获得驰名商标保护的商标，必须事先通过国家工商管理局商标局的认定，即只有被商标局认定为驰名商标了，才可能在认定后获得高于其他商标的法律保护水平。凡事先未获得这种认定者，不论其本身的市场信誉如何，也不管被指控是以何种方式使用相关商标的，更不管此种使用是否造成了消费者的误认和混淆，均只能以普通商标权加以保护。因此，作为一种特别保护，驰名商标的认定是以商标权利人的请求为必要前提的。对企业来说，应在条件成熟的时候申请认定驰名商标，要求得到特别保护。

3. 驰名商标认定具有一定标准

1) 国际社会对驰名商标的认定标准

世界知识产权组织承担着在国际范围内对驰名商标的保护工作。根据有关专家的多次讨论，对驰名商标的认定标准达成以下共识。

(1) 地域范围：对于认定商标是否驰名的地域范围问题，世界知识产权组织经讨论已达成共识，即对一商标是否驰名进行考察时，应在该商标寻求保护的地域内进行认定，只要在该地域内驰名即可，而不得要求商标在寻求保护以外的地域驰名。

(2) 人群因素：世界知识产权组织认为，商标的驰名应该是指在相关公众中驰名，而不是指在一般公众中驰名。世界知识产权组织国际局在其《驰名商标保护条款》草案第 2 条中规定，为确定商标是否应享受驰名商标保护，不应要求该商标广为人知，仅需其在相关公众领域内为人熟知即可。至于何为相关公众领域，该草案进一步规定，应考虑下列要素而确定：使用相关商标的商品的潜在消费者；使用相关商标的商品销售渠道；使用相关商标的商品的经营圈(Business Circle)。

(3) 商标使用方面的因素：上述草案第 3 条规定，为了确认商标是否驰名，所有据以判断其驰名与否的因素均应加以考虑，尤其要考虑以下因素：该商标使用的时间、程度及地理区域；对该商标加以宣传的时间、程度及地理区域，包括对使用该商标的商品所做的广告或在博览会、展销会上的展示与展销情况；对该商标的任何注册的时间及地理区域；成功实现商标权的记录，尤其是该商标被法院或其他权力机构认定为驰名的记录；该商标所附带的经济价值。

2) 我国对驰名商标的认定原则及标准

我国参照国际通用做法，结合我国的实际情况，对驰名商标的认定做了具体细化的规定。根据《暂行规定》，认定驰名商标应考虑以下七个方面的因素并提交相关材料。

(1) 使用该商标的商品在中国的销售量及销售区域。

(2) 使用该商标的商品近 3 年来的主要经济指标(年产量、销售额、利润、市场占有率等)及其在同行业中的排名。

(3) 使用该商标的商品在国外(地区)的销售量及销售区域。

(4) 该商标的广告发布情况。

(5) 该商标最早使用及连续使用的时间。

(6) 该商标在中国及外国(地区)的注册情况。

(7) 有关该商标驰名的其他证明文件。

总之，驰名商标的认定只是一种手段，其根本目的在于寻求法律对商标的扩大保护。这是保护驰名商标的一个最佳途径。自我国实施《暂行规定》以来，我国许多企业以驰名商标为武器，有效地保护了自己的商标权益。

目前，国际上对于驰名商标的保护还体现在《巴黎公约》所规定的国际相互保护上。《巴黎公约》第 6 条第 2 款规定了成员国保护国保护驰名商标的义务。世界上大多数国家都是《巴黎公约》的缔约国，我国也是缔约国，我国的商标管理机构一直依据该条约对我国驰名商标实行保护，也有权要求缔约国对我国专管机关认定的驰名商标予以保护。据报道，我国的"凤凰"被认定为驰名商标后，在美国、印度尼西亚被抢注商标后转让给了凤凰有限公司；"乐凯"以驰名商标为由撤销了在美国的商标注册。

12.5 品牌保护的危机管理

企业经营充满风险和挑战，为获得发展和更高效益，一批企业家们"战战兢兢，如履薄冰"。海尔提出市场中的企业如同放在斜坡上的球，它受到来自市场竞争和内部员工惰性而形成的压力，如果没有动力，就会下滑。各个企业正是在这种提升力和阻力的综合作用下经营发展，一些前进了，一些则衰落了。

相对于常规状态下的经营压力和阻力，危机如同前进道路上潜藏的陷阱，伪装粉饰后耐心等待着莽撞者的闯入。那些不慎被危机撞亡的企业，往往要使尽浑身解数方能脱身，而脱身乏术者只能被危机吞噬。发现陷阱、避免危机是企业经营者必须面临的课题。特别是随着经济全球化的日益深入，国内市场竞争延伸到国际市场竞争，无论多么著名的企业，都不可能总是一帆风顺，在其经营过程中，每时每刻都存在危机发生的可能。作为一种公共事件，任何组织在危机中采取的行动，都会受到公众的审视。实践证明，一个组织如果在危机处理方面采取的措施失当，将使企业的品牌形象和信誉受到致命打击，甚至危及生存。因此，加强对品牌的保护，危机管理就成为摆在我国企业面前的一个紧迫、重要的课题。

12.5.1 品牌危机及其影响

近年来，由媒体曝光引发的品牌危机事件接连不断，被危机击中的名牌企业包括肯德基、高露洁、雀巢奶粉和光明乳业等，其中食品行业最为集中，而此前创维集团原董事长也因法律诉讼同样被卷入危机旋涡。

通过对上述品牌危机事件的分析，一般认为，品牌危机按性质可以分为两类：第一类是产品质量问题引发的危机；第二类是非产品质量问题引发的危机。前者包括上面提到的肯德基、高露洁、雀巢奶粉和光明乳业，而创维集团可归为后者。第一类危机事件之所以引人关注，在于其品牌的突出知名度和此前的良好形象，在于其产品的大众日常消费品特征及由此而具有的庞大消费群体，在于其产品直接关系消费者的身体健康和生命安全。比较而言，对第二类危机事件，消费者关注程度较低。

两类危机引发的原因和影响有较大差别。第一类是产品质量问题直接引发消费者不信任和不购买，随之造成销售量的大幅度下滑，引发企业经营危机和困境。第二类非产品质量问题乃是企业内部某方面失误而引起的经营危机和困难，如资金问题、法律诉讼、人事变动等，内部问题逐渐向外传递造成客户对企业的不信任。

12.5.2 品牌危机产生的原因

品牌营销活动是在不断变化的环境里实现的，品牌营销活动的成败决定了企业对环境的适应能力，当然也受制于企业外部环境的突变。

所谓品牌危机，就是由于企业外部环境的突变和品牌营销管理的失常，而对品牌整体形象构成的不良影响。这种影响会在短时间内波及开来，最终使企业陷入困境。品牌危机有各种各样的直接原因，概括起来有以下几种。

1. 漠视市场变化

市场是不断变化着的，不同的时代有不同的市场需求。谁能最早发现并满足市场的新需求，谁就能获得成功，这就需要企业不断适应环境，不断超越自我，不断进行改革创新。尤其当一个企业处于顺境中时，快速发展而成为行业领先者时，往往会自认为已经驶入安全港，于是昨天的制胜之道变成了今天的惯性思维。如果企业还陶醉于昔日的辉煌之中而不注意适应市场的需求变化不断创新，就必然导致管理者的思维局限于固有的思维之中，对变化的环境反应麻木迟钝，对未来的趋势缺乏敏锐的前瞻，从而丧失了创新的内在动力，最终很有可能导致行为僵化。

值得注意的是，开发新产品不是发生危机的必然。但在新产品开发与市场开拓上，企业如果未能结合市场需求与市场竞争状况及发展趋势而做出正确的选择，就容易出现危机隐患。

2. 产品和服务缺乏一致性

品牌的实质就是承诺，是企业就其产品特征、利益和服务等对顾客做出的一种保证。正是品牌的这种承诺，才使得企业与消费者联系在一起，也是企业获取效益的源泉。这种关系能否维系或保持取决于企业是否履行承诺以及履行承诺的程度。如果企业提供给顾客的产品或服务未能履行或未能全部履行其品牌承诺，那么该品牌的整体形象在消费者心目中就会受到损害，这是产生品牌危机的重要成因之一。

3. 品牌营销环节脱节

如果品牌定位不能与目标市场对接，或者品牌宣传未能体现品牌定位，或者品牌宣传与品牌产品及服务不相一致，都可能导致品牌形象下降，使消费者不满，进而为出现品牌危机留下隐患。品牌陡然坠落，几乎无一不是对品牌运营的系统性、全员性缺乏正确认识所致。

4. 内部管理失控

品牌危机是企业生产经营活动个"综合征"的集中迸发。除了企业品牌营销对市场环境的适应能力较低以外，企业内部管理失控也会致使生产经营不能很好地适应环境，从而导致品牌危机发生。

5. 社会不可抗力

政治、法律、媒体、公众等社会力量作为品牌的宏观环境因素，它们间接或直接地影响和制约着企业的品牌营销活动。由于社会力量具有明显的不可控制性，企业无法改变其发生与发展进程，所以，当某些社会力量发生重大的突变，企业无法预计而避之不及时，也有可能发生品牌危机。

既然社会力量是不对抗力的因素，企业的经营目标必须适应它们。为此，企业就要时刻关注宏观经济环境的变化，预测其发展趋势，尽量做到防患于未然，从而及早做出有利于企业摆脱品牌危机和有利于企业发展的决策。

6. 自然不可抗力

地震、台风、洪水、火灾等自然因素也是企业营销活动不可控的重要影响因素，所以，一旦影响企业品牌营销活动的自然环境发生骤变，就极有可能使企业一夜之间陷入危机之中。

总之，在品牌营销过程中，企业要全面而深刻地认识品牌危机，分析品牌危机产生的原因，并采取有针对性的措施，防范和降低品牌危机的发生，保护品牌和企业的生存。

12.5.3　建立主品牌危机预警系统

危机管理可分为危机预警和危机处理两部分。前者是在危机发生前未雨绸缪，建立品牌危机预警系统；后者是指在危机发生后如何处理、应对。

危机预警着眼于未雨绸缪，策划应变，及时捕捉企业危机征兆，为各种危机的发生提供切实有利的应对措施。除了不可抗力因素外，危机往往是有征兆的，因此，危机预警系统的建立必不可少。在这个系统中，企业完全可以设想到品牌可能会发生什么样的危机，并在其中预先做好预防性准备。有了这样的计划，企业才能从容面对突如其来的危机，有条不紊地拿出自己的应对之策。

建立一个卓有成效的品牌危机预警系统必须做到以下几点。

(1) 组建一个具有较高专业素质和较高领导职务的人士组成的品牌危机管理小组，制定和审核危机处理方案，清理危机险情。一旦危机发生，及时遏制，减少危机对品牌及整个企业的危害。

(2) 建立高度灵敏、准确的信息检测系统，及时收集相关信息并加以分析、研究和处理，全面、清晰地预测各种危机可能发生的情况，捕捉危机征兆，为处理各种潜在危机制定对策、方案，尽可能避免危机的发生。

(3) 建立主品牌自我诊断制度，从不同层面、不同角度进行检查、剖析和评价，找出强弱环节，及时采取必要措施予以纠正，从根本上减少乃至消除发生危机的诱因。

(4) 开展职工危机管理教育和培训，增强职工危机管理的意识和技能，一旦发生危机，职工能具备较强的心理承受能力。

12.5.4　品牌危机公关

由于企业的管理不善、同行竞争甚至遭到恶意破坏或者由于外界特殊事件的影响，而给企业或品牌带来危机，企业针对危机所采取的一系列自救行动，包括消除影响、恢复形象，就是危机公关。危机公关属于危机管理系统中的危机处理部分。

危机公关活动的开展包括以下三个阶段。

1. 危机公关的准备期

企业在遇到危机时，绝不能听之任之，应立即组织有关人员尤其是专家参与成立危机公关小组，调查情况，并对危机的影响进行评估，以制订相应计划，控制事态的发展。

1）动作要快

由于以网络技术为代表的信息时代的到来，危机造成的负面影响在极短时间内就可传遍世界，形成极为严重的局面，因此危机公关最大的一个特点，就是反应要迅速。

2）确定危机级别

一个国家在遭受重大危机时，会适时地宣布国家进入紧急状态，调动全国资源解决危机。企业也可以借鉴国家的危机处理机制，将危机定级，针对不同的危机宣布企业进入某一状态，举全企业之力，解决危机。

3）"无可奉告"是最愚蠢的处理方式

要明确哪些话是可以说的，哪些话是不能说的，最忌讳的是什么也不说。"无可奉告"一类的词语就像斗牛场上挥舞的红布，只会更加引起人们的好奇心。国内一些企业在危机时刻，往往是铁将军把门，或者是用两个保安封堵记者镜头，或者万般无奈之下让一两个无关紧要的人物出场，还是用一律"无可奉告"之类的言辞，其公关意识和危机处理能力实在令人不敢恭维。

4）企业内部要统一口径

明确怎么说、说什么，谁来说、跟谁说。内部要确定统一的发言人，如果董事长是一种表态，总经理又是另一种表态，那么事情只会越弄越糟。

2. 危机公关的处理期

明确了怎么说、对谁说、说什么以后，就应该把发生危机的真相尽快告诉新闻媒体和公众。因为危机发生后，最关心此事的人除了企业之外，还有公众舆论、受害者、竞争对手等。

危机处理着眼于对已发生的危机处理，力求减少或是扭转危机对品牌的冲击和给企业带来的危害。在处理危机时，应坚持以下原则。

1）主动性原则

任何危机发生后，都不可回避或被动性地应付，而应积极地直面危机，有效控制局势，切不可急于追究责任而任凭事态发展。主动表示关注是企业危机公关必须注意的首要原则，被动应付只会损失更多。

2）快捷性原则

企业对危机的反应必须快捷，无论是对受害者、消费者、社会公众，还是对新闻媒体，都尽可能成为首先到位者，以便迅速、快捷地消除公众对品牌的疑虑。一般来说，企业应当在 24 小时内将处理结果公布。按照危机公关程序，如果一个危机发生时不能在 24 小时之内将处理结果公布，就会造成信息真空，让各种误会和猜测产生。

3）诚意性原则

保护消费者的利益，减少受害者的损失，是品牌危机处理的第一要义。切不可只关心自身品牌形象的损失。事实虽重要，态度是关键。在现代社会中，人们对企业社会责任的期望值越来越高。若一个企业在发生危机事件时，不能与公众沟通，不能很好地告诉公众它的态度、它正在尽力做什么，这无疑会给组织的信誉带来致命的打击。人非圣贤，孰能无过，相信消费者也会谅解。

4) 真实性原则

危机爆发后，必须主动向公众讲明事实的全部真相，而不应遮遮掩掩，因为遮遮掩掩反而会增加公众的好奇、猜测乃至反感，延长危机影响的时间，增强危机的杀伤力，不利于控制危机局面。

5) 统一性原则

危机处理必须冷静、有序、果断，指挥协调统一、宣传解释统一、行动步调统一，而不可失控、失序、失真，否则只能造成更大的混乱，使局势恶化。

6) 全员性原则

企业员工不应是危机处理的旁观者，而应是参与者。让员工参与危机处理，不仅可以减轻企业的震荡，而且能够发挥其宣传作用，减轻企业的内外压力。

7) 创新性原则

危机处理既要充分借鉴成功的处理经验，也要根据危机发生的实际情况，尤其要借助新技术、新信息和新思维，进行大胆创新。

3. 企业形象恢复期

在这一期间要做好善后处理工作，尽快恢复公司信誉与商业形象，重新取得客户、政府部门以及社会的信任。对于重大责任事故，导致社会公众利益受损的，企业必须承担起责任，给予公众一定的精神和物质补偿。在进行善后处理过程中，企业必须做到一个"诚"字，只要顾客或社会公众是由于使用了本企业生产的产品而受到了伤害，企业就应该在第一时间向社会公众公开道歉以示诚意，并且给受害者相应的物质补偿。对于那些确实存在问题的产品应该不惜一切代价迅速收回，立即改进企业的产品或服务，以表明企业解决危机的决心。只有以诚相待，才能取信于民。

本 章 小 结

对品牌保护最有效的办法就是法律保护，在设立品牌初期就应该确立自己的品牌保护意识，最先做好品牌商标的注册，对品牌的所有人、合法使用人的品牌实行资格保护措施，以防范来自各方面的侵害和侵权行为。

本章主要从品牌保护的内涵及原因入手，通过介绍品牌的自我保护策略和品牌的经营保护策略，引申出品牌的法律保护，同时介绍了品牌危机及其影响，重点分析了主品牌危机预警系统的建立，最后介绍了品牌危机公关。通过本章的学习，读者可以对品牌保护战略的基本内容与品牌法律保护的实际应用有一个初步的认识，明确现代企业在经济全球化的发展过程中实施品牌保护战略发展的必要性。

思考与练习

1. 品牌保护的意义是什么？
2. 如何进行品牌的自我保护，具体有什么措施？
3. 品牌要进行法律保护的原因，并给出如何进行品牌法律保护？
4. 品牌危机产生的原因有哪些？
5. 如何做好品牌危机公关，给出自己的观点？

案 例 分 析

王老吉商标之争

1. 事件概述

价值 1080 亿元的"王老吉"商标合同争议案在历时 380 多天后以广药胜诉告终，鸿道将被停用"王老吉"商标。王老吉凉茶归入国有企业——广州羊城药厂，隶属广药集团。

问题产生：1995 年，作为王老吉商标的持有者，广药集团将红罐王老吉的生产销售权租给了加多宝，而广药集团自己则生产绿色利乐包装的王老吉凉茶，也就是绿盒王老吉。1997 年，广药集团又与加多宝的母公司香港鸿道集团签订了商标许可使用合同。2000 年，双方第二次签署合同，约定鸿道集团对王老吉商标的租赁期限至 2010 年 5 月 2 日到期。2001 年至 2003 年期间，时任广药集团副董事长、总经理李益民先后收受鸿道集团董事长陈鸿道共计 300 万元港币。得到了两份宝贵的"协议"：广药集团允许鸿道集团将"红罐王老吉"的生产经营权延续到 2020 年，每年收取商标使用费约 500 万元。

2004 年广药集团下属企业王老吉药业推出了绿盒装王老吉，2011 年 11 月，广药集团开始将王老吉的其他品类授权给其他企业。对此，加多宝发表声明，双方的矛盾开始公开化，并在 2011 年年底诉诸之于中国国际经济贸易仲裁委员会。

2. 案例分析

商标权是商标所有人对其商标的使用享有的支配权。随着商标在经济发展中的作用日益重要，在市场竞争中地位的日益提高，商标已成为企业生存发展的基础，成为企业的灵魂。商标作为企业重要的无形财产、信誉的载体，不仅能为企业带来可观的经济效益；同时，也为企业可持续发展，创造强势品牌奠定基础。因此，企业应加强商标管理，重视保护自己所享有的商标权。企业注册的商标除了可以自己使用外，还可通过转让、许可、继承、投资等方式来实现其价值。广药集团正是将自己注册申请的"王老吉"商标授权许可香港鸿道集团使用来实现其价值。但是，在签订商标许可使用合同时，许可方和被许可方都应从长远考虑商标的价值，注意保护自己的商业利益。

商标的许可权：商标属于财产权，商标权人可以许可他人使用，从中获得利益回报。

以合同的形式确定。《商标法》规定："一般是商标权人通过签订许可使用转让合同的方式，许可他人使用其注册商标。"

标侵权是指未经许可，使用他人商标或使用与他人相似的商标，可能使消费者在商品或服务的源上产生混淆的行为。诸如未经许可，复制、假冒、模仿他人的商标都是侵权行为。王老吉商标被许可使用方加多宝公司的红罐王老吉销售收入已达到160亿~180亿元，按照国际惯例，商标使用费应是销售额的2%~5%。以红罐王老吉年销售160亿元来计算，商标使用费按其销售额的2%来计算，加多宝公司应至少向广药集团缴纳商标使用费3.2亿元。然而，2000年至2011年，商标使用费年租金仅有400多万元，即使延续到2020年，也只有500多万元。而相比广药集团租给其他合作伙伴(如广粮集团等)的商标使用费，则是销售额的2.3%~3%，即便是广药集团下属的合资公司王老吉药业，每年都要按销售额的2.1%缴纳商标使用费。因此，可以说广药集团在"王老吉"商标使用许可费用上受到了巨大的损失。作为商标权使用许可的被许可方，也应考虑最大限度地维护自己所获得的商标使用权的最大利益。除了应考虑约定合理的许可期限和许可费用外，还应考虑如何对合同到期许可方收回商标使用权进行约定。和中国式所有蹩脚的合作一样，加多宝和广药的合作也是江湖式进入，法律式退出。

自2008年开始，加多宝就应该意识到和广药品牌租赁中可能存在的合作风险。后来虽然又违规签约了5年，但是事实上意义也不是很大，因为这还有合作结束的时候。可以说，加多宝至少有3~5年对时间准备应对和广药合作的失败，应该是战略清晰、策略得当。可是，在市场上，我们看到的却是无战略、不从容的加多宝，看到的是仓促更换品牌、仓促渠道物料变革、仓促中的法律应诉等，更遗憾的是，加多宝没有在知识产权上做其他辅助性的保护，今天还在和王老吉争谁到底"怕上火"。

广药拥有商标权，但不能将品牌价值归入自己麾下。商标价值不等于品牌价值，商标是商品的符号，品牌价值则与生产经营者的广告投入、销售营运密切相关，广药高调宣布品牌价值千亿元缺乏实据，甚至有贪加多宝之功的嫌疑。10年前，加多宝以非法手段获得了王老吉商标使用权；10年后加多宝又仗着违法合同的保护拒绝给广药适当地增加商标使用费，最终导致了双方的鱼死网破。不得不说这是一个两败俱伤的结局。一个有品牌但没产品；一个有产品却失去了品牌。前者借它的品牌启动产品体系，后者则希望用产品再打造一个品牌。王老吉的品牌推广其实一直是加多宝在做。

3. 结论

通过以上对"王老吉"商标纠纷事件进行多角度的法律剖析，我们充分认识到，企业应注重保护自己的商标权、专利权等这些具有战略价值的无形资产。企业应注意通过申请专利来保护企业产品的包装设计。

这场商标纠纷，给所有的企业提了一个醒，就是在转让商标的时候，不要低估商标的价值。从国际上的商标转让来看，例如，欧美这些发达市场，他们对商标的使用转让都是非常"贼"的，绝对不会让对方占很大的便宜，他们非常担心小土鸡有一天可能会变成金凤凰，绝对不会让一家独占金凤凰的价值。因此，企业在追求利益最大化时一定要重视知识产权的保护，以免"为他人作嫁衣"。

另外，企业应不断完善其治理结构，通过建立科学、规范的企业治理结构，来规避企业在日常经营管理中的可能出现的一些风险。

（资料来源：http://www.docin.com/p-658858440.html）

思考

从王老吉商标之争案例中，我们可以得出哪些经验为其他企业发展品牌保护战略提供帮助？

参 考 文 献

[1] [美]菲利普·科特勒. 营销管理：分析、执行和控制[M]. 上海：上海人民出版社，1997.

[2] 黄昌富. 品牌竞争：买方市场条件下的系统竞争[J]. 中国流通经济，1999.

[3] 王新新. 新竞争力[M]. 长春：长春出版社，2000.

[4] 年小山. 品牌学[M]. 北京：清华大学出版社，2003.

[5] 邝鸿. 现代市场营销大全[M]. 北京：经济管理出版社，1990.

[6] 艾丰. 中国品牌价值报告[M]. 北京：经济科学出版社，1997.

[7] 李保俊. 品牌国际化的动机与对策[J]. 企业改革与管理，2004.

[8] 宋永高. 品牌战略和管理[M]. 浙江：浙江大学出版社，2003.

[9] 李成. 我国企业还未弄懂"品牌国际化"[J]. 企业研究，2005.

[10] 韩中和. 品牌国际化战略研究[J]. 上海对外贸易学院学报，2002.

[11] 赵恩芳. 现代广告文化学[M]. 济南：山东人民出版社，1998.

[12] 谭长春. 可口可乐——特许经营成就品牌价值[EB]. http://www.ad126.com/article/html/2006-1-19/4952.shtml，2006-1-19.

[13] 北京名牌资产评估有限公司. '2005 中国品牌价值报告[EB]. http://www.mps.com.cn/cn3.htm，2005-12-6.

[14] 商业周刊. 2005 年度"全球知名品牌 100 强"[EB]. http://www.drcnet.com.cn/DRCNet.Channel.Web/subject/chnp_p100.htm.

[15] 朱振中. 我国企业品牌的国际化策略[J]. 企业活力，2002.

[16] 宋永高. 中国品牌国际化：难点和化解途径[J]. 机电信息，2005.

[17] 王效杰. 品牌形象战略[M]. 哈尔滨：黑龙江科学技术出版社，2002.

[18] 李玉刚. 非核心技术创新战略[J]. 中国工业经济，2001.

[19] 季六祥. 品牌竞争力战略的全球化定位[J]. 中国工业经济，2002.

[20] 毛蕴诗，程艳萍. 美国企业竞争力超过日本企业之探究[J]. 南开管理评论，2001.

[21] 张维迎. 品牌价值与中国企业的国际化战略[J]. 中外管理导报，2002.

[22] 中华工商时报. 格兰仕的国际化生存之道[EB]. http://www.herobank.com/conzs_content.asp？keyno=234.

[23] 何静. 扬帆出海路——中国企业跨国营销模式[J]. 商业文化，2005.

[24] 宋永高. 中国品牌国际化，该怎么做？[EB]. http://www.emkt.com.cn/article/80/8078-4.html.

[25] 迈克尔·E.波特. 竞争优势[M]. 北京：华夏出版社，1997.

[26] 艾·里斯，杰克·特劳特. 定位[M]. 北京：中国财政经济出版社，2001.

[27] 韦福祥. 品牌战略研究[M]. 兰州：甘肃文化出版社，2000.

[28] 芮明杰等. 中国竞争力报告[M]. 上海：上海人民出版社，2004.

[29] 迈克·波特著. 竞争战略[M]. 陈小悦译. 北京：华夏出版社，1997.

[30] 宋永高. 中国品牌国际化：出口模式与海外投资模式比较[J]. 经济师，2003.

[31] 武勇. TCL 并购汤姆逊公司的动机、风险与整合[J]. 管理现代化，2005.

[32] 曹芳华. 本土二、三线品牌的电子商务发展策略[J]. 中国电子商务研究中心，2011(6).

[33] 高定基. 品牌定位的十五支令箭[J]. 企业管理，2003.

[34] 雷勤. 浅谈创意对广告发展的影响[J]. 陕西师范大学学报(哲学社会科学版)，2001.

[35] Kevin Lane Keller. Strategic Brand Management[M]. Prentice Hall，1998.

[36] 崔文丹. 提高我国企业广告投入效率的策略与方法研究[J]. 学术交流，2005.

[37] 陈恢忠，杜蕾. 对友谊促销术的理论思考[J]. 2003.

[38] 陈秋红，周发明. 我国企业品牌竞争力的提升[J]. 现代企业，2006.

[39] 刘凤军. 品牌运营论[M]. 北京：经济科学出版社，2000.

[40] Rushing Francis W. Intellectual Proporty Right in Science, Technoloy and Economic Performance [M]. London：Westview Pre., 1990.

[41] 陆娟. 企业品牌发展阶段战略研究[J]. 财经论丛，2003.

[42] Wind,Yoram.The Myth of Globalization[J]. The Journal of Consumer Marketing,Spring.

[43] Ralf Tomas Kreutzer. Marketing-Mix Standardization Debate in Internation：AnIntegrated Approch in Global Marketing[J]. European Journal of Marketing, Vol.22Issue 10.

[44] G..ran Svensson. "Glocalization" of Business Activities：A "Glocal Strategy"Approch [J].Management Decision, 2001,Vol.39 Issue.

[45] 魏杰. 名牌战略与制度创新[J]. 中国品牌价值报告，1997.

[46] 徐康宁. 现代企业竞争战略[M]. 南京：南京大学出版社，2001.

[47] 周朝琦，侯龙文，邢红平. 品牌文化的内涵[EB]. http://www.sinoec.net/brand/view/200604/20060406163107.html.

[48] 贾强. 文化制胜——如何建设企业文化[M]. 沈阳：沈阳出版社，2002.

[49] [德] C.Schneider&Jean-louis Barsoux. 跨文化管理(中译版)[M]. 北京：经济管理出版社，2002.

[50] [美]查尔斯·汉普登一特纳等. 国家竞争力——创造财富的价值体系[M]. 海口：海南出版社，1997.

[51] 谢健. 中国区域品牌建设探讨[J]. 中国工业经济，2003.

[52] [美] Michal E. Porter 著. 国家竞争优势[M]. 李明轩，邱如美译. 北京：华夏出版社，2002.

[53] 屈云波. 品牌营销[M]. 企业管理出版社，1996.

[54] 范秀成. 基于顾客的品牌权益测评：品牌联想结构分析法[J]. 南开管理评论，2000(6).

[55] 吴健安. 市场营销学(第二版)[M]. 北京：高等教育出版社，2004.

[56] 俞满娇. 品牌资本是一个有用的工具吗[J]. 南开管理评论，2001(1).

[57] 符国群. Interbreed 品牌评估方法评介[J]. 外国经济与管理，1999(11).

[58] [加]Barnes，J. G. 著. 客户关系管理成功奥秘——感知客户[M]. 刘祥亚，郭奔宇，王耿译. 北京：机械工业出版社，2002.

[59] 卢泰宏. 品牌资产的评估模型与方法[J]. 中山大学学报(社会科学版)，2002 (3).

[60] [美]Duncan, T, Moriarty, S 著. 品牌至尊——利用整合营销创造终极价值[M]. 廖宜怡译. 北京：华夏出版社，2000.

[61] 李庆华. 基于顾客价值创新的企业战略定位研究. 浙江大学博士学位论文，2001.

[62] 大卫·艾克(Aaker D)等. 品牌管理[M]. 北京：中国人民大学出版社，哈佛商学院出版社，2001.

[63] 符国群. 约翰·桑德斯. 中、美、新三国消费者对品牌延伸的评价[J]. 经济评论，1995(5).

[64] Bob Hartley, Michael W. 销售管理与客户关系. Starkey，张永，等译. 北京：机械工业出版社，2002.

[65] [美] Rust, R T, Zeithaml, V A & Lemon, K N 著. 驾驭顾客资产[M]. 张平淡译. 北京：企业管理出版社，2001.

[66] [加]Barnes，J. G. 著. 客户关系管理成功奥秘——感知客户[M]. 刘祥亚，郭奔宇，译. 北京：机械工业出版社，2002.

[67] 刘启明. 品牌价值的检测[J]. 企业研究，2001 (7).

[68] 卢泰宏，周志民. 基于品牌关系的品牌理论：研究模型及展望[J]. 商业经济与管理，2003(2).

[69] Cartwright, R.. 掌握顾客关系[M]. 涂颀，等译. 广西：广西师范大学出版社，2001.

[70] 李广修. 如何维系老顾客[J]. 企业管理，2000(2).

[71] 柳思维. 市场营销学(第二版)[M]. 湖南：中南大学出版社，2005.

[72] 刘丹. 品牌形象的有形要素与无形要素作用机理分析[J]. 华中农业大学学报，2010(4).

[73] 焦洋. 企业文化与品牌文化关系的研究[D]. 硕士论文，2009(3).

[74] 杜荣飞. 现代企业实施名牌战略的探讨[J]. 企业工作研究，2007(5).

[75] 于志凌. 网络品牌与传统品牌差异分析[J]. 研究院，2011(10).